高等院校法学专业规划教材

侵权法教程

主　编　丁海俊

副主编　王洪友

撰稿人　丁海俊　李　昊　周友军

侯国跃　王　竹　韦　祎

王立争　王洪友　周玉辉

对外经济贸易大学出版社

中国·北京

图书在版编目（CIP）数据

侵权法教程／丁海俊主编．—北京：对外经济贸易大学出版社，2010

高等院校法学专业规划教材

ISBN 978-7-81134-828-6

Ⅰ．①侵… Ⅱ．①丁… Ⅲ．①侵权行为－民法－中国－高等学校－教材 Ⅳ．①D923

中国版本图书馆 CIP 数据核字（2010）第 178741 号

侵权法教程

丁海俊 **主编**

责任编辑：林 木 毛飞琴

对外经济贸易大学出版社

北京市朝阳区惠新东街 10 号 邮政编码：100029

邮购电话：010-64492338 发行部电话：010-64492342

网址：http://www.uibep.com E-mail：uibep@126.com

北京市山华苑印刷有限责任公司印装 新华书店北京发行所发行

成品尺寸：170mm×230mm 21.25 印张 392 千字

2010 年 10 月北京第 1 版 2010 年 10 月第 1 次印刷

ISBN 978-7-81134-828-6

印数：0 001－3 000 册 定价：35.00 元

高等院校法学专业规划教材编委会名单

总　序

对外经济贸易大学出版社出版一套高等院校法学专业规划教材的想法由来已久，现委托我来组织编写，我感到很荣幸。近年来，中国法学教育的繁荣发展是令人欣慰的，全国设立法学专业的院校多于五百所，在读学生数万人，这对法学教材也提出了新的要求。目前已经出版的几套法学系列教材可以说各有特点。我们编写这套教材，算是为百花齐放、百家争鸣做一点自己的贡献，使读者多一种选择。作为本套教材的组织编写者，我要对所有的作者表示感谢，并特别感谢对外经济贸易大学出版社刘传志等老师的辛勤劳动。

本套教材由全国数十所高校教师共同参与编写。具体有：北京航空航天大学、西北工业大学、武汉大学、华中师范大学、哈尔滨工程大学、吉林大学、广东海洋大学、东北大学、厦门大学、山东大学、山东大学威海分校、重庆邮电大学、云南民族大学、云南师范大学、云南财经大学、河南大学、海南大学、暨南大学、南京航空航天大学、河海大学、河海大学常州商学院、江南大学、湖南商学院、中南大学、中南财经政法大学、北京师范大学、中央财经大学、中国政法大学、中国人民大学、北京大学、北京理工大学、对外经济贸易大学、北京科技大学、首都经济贸易大学、北京交通大学、北京工业大学、北方工业大学、北京邮电大学等。

本套教材具有以下几个特点：首先，其难易程度比较适中。教材主要面向本科学生，以介绍大纲规定的基本知识为重点，避免写成法学理论专著。其次，避免写成大部头。编者对教材的篇幅作了比较严格的限制，在减轻学生学习负担的同时，注意减轻学生的经济负担。最后，本套教材的主编均是来自教学第一线的年轻教师，多数具有博士学位或副教授以上职称。他们年富力强，思维敏捷，实践与理论的结合使他们对于各种版本教材的特点有直接的认识，可以取长补短。当然这套教材适用性到底怎么样，只有读者才具有最终的评价权。

借此机会，我想对法学专业的同学们多说几句，概括起来就是“一种技能两颗心”。

现今我国的大学教育，已经从精英教育转向了大众教育。法学专业的同学，毕业后未必一定会从事法律方面的工作。不论从事什么行业的工作，法律知识都是十分有用的。因此，大学期间一定要注意法律专业知识的学习，这是你的优势所在。这就是上面所说的“一种技能”。而所谓“两颗心”，一是真正的公正之心，一是感恩之心。大学教育不仅是培养技能，更是培养思想。公正是法律的基本要求，也是每一个人所希望的。但是很多人所希望的公正，其实是片面的公正。举一个十分常见的例子。一辆公共汽车在路上行驶，有人在路边招手。车停了下来，招手的人上了车。车继续行驶，又看到了路边有人招手。司机准备停车。刚刚上车的人开始嚷了：“已经这么挤了，还停！”他忘记了自己也是刚刚挤上来的了。这就是典型的片面公正。片面公正的人对于什么是公正，没有客观标准，只有主观标准，一切以自己的个人利益为出发点。对自己有利的就是公正，对自己不利的就是不公正。作为法学专业的学生，一定要注意克服这种片面的公正观，确立真正的公正之心。公正其实是一把双刃剑。在坚持公正会给你带来损害的时候仍然坚持公正，这才是真正的公正。

2003 年春末夏初的一个明朗的上午，对外经济贸易大学的礼堂里正在举行研究生毕业典礼。袍帽辉映着一张张踌躇满志的青春的面庞。校长陈准民教授致辞。很意外，致辞不是惯常的鼓励话语和事业发达的祝福，而是低沉的劝告。他说：“我不担心你们会有令人羡慕的前途，只担心你们忘记了感恩。人生的幸福并不在于拥有多高的职位和多少的财富，而在于能够对他人有所贡献。希望你们常怀感恩敬畏之心，与社会和谐相处，一生平安。”当时的中国，刚刚经受了一场非典的灾难。这场灾难的起因，不正是因为我们人类缺乏感恩之心吗？我们把地球当成自己的私有财产，为了满足自己毫无必要的欲望而为所欲为，结果受到了惩罚。我们的存在即使不是对这个世界的贡献，至少也不应该成为这个世界的负担。我经历过多次的毕业典礼，惟独这个很意外的关于感恩的致辞，至今似乎仍在耳边，特地拿来和同学们共勉。

以上文字，作为序。

薄守省

2007 年 1 月 12 日于北航法学院

boshx@ sohu. com

boshx001@ yahoo. com. cn

编写说明

2009年12月26日十一届全国人大常委会第十二次会议表决通过了《中华人民共和国侵权责任法》，并于2010年7月1日起实施。这部与《中华人民共和国物权法》一样，核心在于保障私权，在社会主义法律体系中起支架作用的法律，跨两届人大、历经4次审议后终于面世。它对包括生命权、健康权、隐私权、专利权、继承权等一系列公民的人身、财产权益提供全方位的保护，其中许多内容是法律上第一次作出了明确规定。《侵权责任法》的最终通过，标志着我国民商事法律体系得到了最终完善，向最终完整民法典的目标进一步迈进，标志着中国法制化进程的加快，建设社会主义法治国家的目标得到进一步贯彻实施。

《侵权责任法》的颁布实施，标志着民事侵权专门法的最终诞生，结束了我国长期以来依靠《中华人民共和国民法通则》相关条文并结合司法解释进行司法裁判的时代，侵权法司法实践正式进入了法典化时期。但同时，侵权责任法的研究和学习却从此刚刚进入解释论阶段，如何结合实践对法律条文进行正确且合理的解释成为我们面临的主要任务。本教程就是力图完成这一任务的体现。编者根据自己的研究，结合司法实践和立法过程中的讨论，试图对侵权责任的基本理论和制度作出合理解释，以期能为学生掌握侵权责任法提供便利，并为司法裁判提供一种借鉴。

本书的撰稿人及分工如下（以撰写章节先后为序）：

丁海俊（北京航空航天大学法学院）：第一章、第十一章；

李昊（北京航空航天大学法学院）：第二章、第五章；

周友军（北京航空航天大学法学院）：第三章；

侯国跃（西南政法大学民商法学院）：第四章；

王竹（四川大学法学院）：第六章；

韦祎（天津师范大学法学院）：第七章、第十章；

王立争（天津商业大学法学院）：第八章、第九章；

王洪友（西南科技大学法学院）：第十二章、第十四章；

周玉辉（北京航空航天大学法学院）：第十三章。

全书最后由主编丁海俊和副主编王洪友共同统稿、定稿。侵权责任法的理论博大精深，实践样态纷繁复杂，加之立法刚刚通过不久，许多理论和实践问题尚未完全展开和显现。而作者学力有限，虽借鉴各辈先贤，仍不免有所疏漏，错误之处，敬请批评指正。

编者

2010 年 8 月

目　录

第一章

侵权责任与侵权责任法

第一节　侵权责任概述

一、侵权责任的概念和特征

侵权责任，是因侵权行为而依法应当承担的民事责任的总称，即侵权人因实施侵害或者损害他人民事权益的行为而依据《中华人民共和国侵权责任法》（以下简称《侵权责任法》）所应当承担的具有国家强制力的不利法律后果。由此可知，侵权责任是民事责任的一种类型，通常与违约责任对称。此外，侵权责任不是无源之水，侵权责任的成立是以侵权行为为前提的，侵权行为是侵权责任发生的根据。因此，作为民事责任的一种，侵权责任除了具有民事责任的一般特征外，还具有以下特征：

（1）以侵权行为的存在为前提。侵权行为是侵权责任产生的法律基础，而侵权责任则是侵权人实施侵权行为所应承担的法律后果。

（2）侵权责任是依据《侵权责任法》的规定而应承担的责任。《侵权责任法》第2条第1款将侵权责任的承担依据限定在《侵权责任法》。此外，依据《侵权责任法》第5条的规定，侵权特别法与《侵权责任法》构成一个侵权责任规范整体，都可以成为确定侵权责任的依据。

（3）侵权责任主要是合同外的民事责任，侵权责任是因违反法律规定的义务而应承担的法律后果。一般情况下，违反法定义务会构成侵权责任，违反约定义务则构成违约责任。因此，侵权责任不能取代整个民事责任，《侵权责任法》并非全部民事权益的救济法。

（4）侵权责任的承担方式具有法定性和多样性。与违约责任的约定性不同，侵权责任方式及其具体内容，《侵权责任法》都有明确规定。《侵权责任法》第15条列举了8种侵权责任方式，实现了侵权责任方式的多样化。

二、侵权责任的分类

依据不同的分类标准，可以对侵权责任作出不同的类型划分。侵权责任的分类意义在于：不同的侵权责任类型应适用不同的归责原则、构成要件和责任方式。

根据侵权责任法，可以对侵权责任作出如下分类。

（一）一般侵权责任和特殊侵权责任

依据归责原则、责任构成要件的不同，可将侵权责任区分为一般侵权责任和特殊侵权责任。

一般侵权责任是指行为人因过错侵害他人民事权益造成损害而应当承担的侵权责任。《侵权责任法》第6条第1款以及《中华人民共和国民法通则》（以下简称《民法通则》）第106条第2款确立了一般侵权责任的适用规则。《民法通则》第117~120条规定的侵害财产、知识产权、人身权的侵权责任、《侵权责任法》第36~40条规定的网络侵权责任、违反安全保障义务的侵权责任、教育机构的侵权责任以及《侵权责任法》第七章规定的医疗致害责任等是对一般侵权责任的不完全列举。此外，依体系解释，《侵权责任法》第6条第2款规定的过错推定责任，亦是一般侵权责任的特殊规定，与普通过错侵权责任的区别，仅在于依据法律规定对过错实行举证责任的倒置。因此，虽然《侵权责任法》第38条、第58条、第75条后段、第81条、第85条、第88条、第91条以及《民法通则》第125条、第126条等条文对过错推定责任进行了列举性规定，但均以过错为归责原则，属于一般侵权责任的特别规定。

特殊侵权责任，是指行为人损害他人民事权益不考虑其是否存在过错而承担的侵权责任，以及责任人基于法律规定（如监护关系、用工关系）而为他人之侵权行为所承担的侵权责任。据此，《侵权责任法》和《民法通则》规定的产品责任、机动车交通事故责任、环境污染责任、高度危险责任、动物致害责任、建筑物等设施倒塌致害责任、妨碍通行物致害责任等无过错责任，以及监护人责任、单位用工责任、个人用工责任等转承责任，因此类责任构成不以过错为归责事由，属于特殊侵权责任。

二者的区别。第一，一般侵权责任与特殊侵权责任区别主要表现在归责原则不同：一般侵权责任适用过错责任原则，而特殊侵权责任适用无过错责任原则。

第二，归责事由不同：一般侵权责任以过错为责任构成的最终要件；而特殊侵权责任则以特定危险①以及法律规定的监护关系、用工关系等监督关系为归责事由。第三，责任减免事由不同：《侵权责任法》第三章规定的过失相抵、受害人故意、第三人原因、不可抗力等均可作为一般侵权责任的减免责事由，而特殊侵权责任的减免责事由则受到法律的严格限制，实现了责任减免事由法定化。如，不可抗力不能作为民用核设施、民用航空器致害责任的免责事由。第四，法律依据不同：一般侵权责任在法律没有特别规定的情况下通常适用《侵权责任法》第6条第1款的规定，而特殊侵权责任的适用需要准确的法律依据，除了《侵权责任法》的有关规定外，特殊侵权责任还散见于《环境保护法》等特别法中。

（二）作为的侵权责任和不作为的侵权责任

以侵权行为的具体情形的不同，可以将侵权责任分为作为的侵权责任和不作为的侵权责任。

作为的侵权责任，是指违反法定的不作为义务，行为人积极地实施某种侵权行为造成他人损害而应当承担的侵权责任。作为侵权责任既可以是过错侵权，也可以是无过错侵权。作为侵权责任构成了侵权责任的典型形态。例如侵害财产、毁损名誉、使用高速轨道交通工具致人损害等，均属于作为的侵权责任。

不作为的侵权责任，是指违反法律规定、合同约定、先前行为②等对他人负有某种作为义务，行为人消极地不实施某种行为而致他人损害所应当承担的侵权责任。因此，不作为侵权责任，必须以某种法定的作为义务为前提。《侵权责任法》中关于不作为侵权责任，主要包括：（1）第37条和第40条规定的违反安全保障义务的侵权责任；（2）第36条第2款和第3款规定的网络服务提供者承担的侵权责任；（3）第46条规定的生产者、销售者违反及时警示、召回等补救措施所应承担的侵权责任；（4）第91条第1款规定的地面施工未设置明显标志和采取安全措施致人损害的侵权责任。

（三）自己责任和转承责任

根据侵权行为主体和责任主体是否一致，可将侵权责任分为自己责任和转承

---

① 危险责任（无过错责任）的中心在于“特定危险”概念，即损害发生的可能性特别大（如机动车），或者损害特别巨大（如民用核设施、民用航空器），或者指潜在危险的不可知性（如基因技术）。

② “先前行为”特指具有特别危险性的合法行为。如，成年人甲带未成年人乙去河里游泳，但是甲疏于照管，导致乙溺水身亡。甲带乙去游泳的行为即构成“先前行为”，此行为赋予甲必要的照管义务。甲疏于履行此义务，导致乙溺死，构成不作为的侵权责任。

责任。

自己责任，就是指行为人因自己的侵权行为致他人损害而应当承担侵权责任。自己责任，不仅包括对自己的侵权行为承担责任，还包括对自己管领的物件致人损害（学理上称为“准侵权行为”）承担侵权责任。自己责任的核心在于责任人对自己的过错承担责任。《侵权责任法》以自己责任为常态，仅在个别条文中要求责任人为他人的行为承担侵权责任。

转承责任，又称替代责任或者为他人行为责任，是指侵权责任主体的行为与损害之间没有直接因果关系，其也不对损害的发生存在具体的过错，但是其仍然要依据法律的规定来承担侵权责任。为他人行为责任的归责事由不是其存在过错，而是基于法律规定某种监督关系的存在。在《侵权责任法》中，转承责任主要包括两种：（1）监护责任（《侵权责任法》第32条、《民法通则》第133条）；（2）用工责任（《侵权责任法》第34、35条）。

二者的主要区别在于：第一，对自己行为负责是一般的侵权形态，符合自己责任原则，而对他人行为责任，是对自己责任原则的突破，须有法律明文规定方可援用；第二，责任主体不同：自己责任的责任主体是行为人自己，而转承责任的责任主体不是行为人，而是对行为人负有法定监督职责的特定主体；第三，侵权行为形态不同：在自己责任中，都是行为人自己实施的某种侵权行为，或者行为人管领的物件致人损害，而转承责任中，责任人并没有从事积极的行为，而大多处于消极的不作为状态；第四，归责原则和归责事由不同：自己责任其侵权行为类型适用过错责任原则或者无过错责任原则，并以过错或者特定危险为归责事由，而《侵权责任法》中的转承责任一概采用无过错责任。

（四）单独侵权责任和数人侵权责任

依据侵权责任主体数量的不同，可将侵权责任区分为单独侵权责任与数人侵权责任。

单独侵权责任，是指由一个责任主体独立承担的侵权责任。《侵权责任法》中规定的侵权责任以单独侵权责任为典型。单独侵权责任的责任主体一般是侵权行为主体，但是在监护人责任和用工者责任中，责任主体为监护人、单位用工者或者个人用工者。

数人侵权责任，是指由数个责任主体向同一被侵权人承担的侵权责任。在《侵权责任法》中，依据侵权责任形态的不同，数人侵权责任可以进一步分为按份责任、不真正连带责任、补充责任和连带责任：

1. 按份责任

按份责任，是指数个责任人按照一定的份额对侵权人承担的赔偿责任。《侵权责任法》第12条确认了按份责任适用的一般准则：能够确定责任大小的，各自承担相应的责任；难以确定责任大小的，平均承担赔偿责任。[①] 而《侵权责任法》第67条规定，两个以上的污染者污染环境，污染者承担责任的大小，根据污染物的种类、排放量等因素确定。

2. 不真正连带责任

不真正连带责任是指数个责任人基于不同的发生原因而依法对同一被侵权人承担全部的赔偿责任，某一责任人在承担责任之后，有权向终局责任人全部追偿。不真正连带责任具有以下特征：产生的原因不同、存在终局责任人[②]。

《侵权责任法》规定的不真正连带责任与传统民法中的不真正连带责任的最大不同，在于明确规定：在某个责任人承担了全部责任后，可以依法向终局责任人追偿。

《侵权责任法》有4个条文规定了不真正连带责任：其一，第43条有关产品的生产者和销售者之间的不真正连带责任；其二，第59条有关医疗领域产品责任中的不真正连带责任；其三，第68条关于因第三人过错污染环境中的污染者与第三人的不真正连带责任；其四，第83条有关第三人过错造成动物致害中的动物饲养人、管理人与第三人的不真正连带责任。

3. 补充责任

补充责任，是指在不能确定直接侵权人或者直接侵权人不能够承担全部责任的情况下，由补充责任人在一定范围内对被侵权人直接承担的赔偿责任。易言之，若直接侵权人能够承担全部责任，就无适用补充责任的余地。补充责任具有以下特点：次位性（补充责任人是第二顺位的责任人）、从属性（责任成立和责任范围上的从属性）以及相应性（即承担与其过错、原因力大小相应的补充责任）。《侵权责任法》在多个条款规定了补充责任：其一，第34条第2款后段规定有过错的劳动派遣单位承担相应的补充责任；其二，第37条第2款后段规定未尽到安全保障义务的管理人或组织者承担相应的补充责任；其三，第40条后段规定未尽到管理职责的教育机构承担相应的补充责任。

4. 连带责任

连带责任，是指数个侵权人实施了共同侵权行为、共同危险行为、聚合因果关系的无意思联络数人侵权以及依据《侵权责任法》第36条第2、3款、第51、74、75条、第86条第1款等条文，被侵权人有权请求侵权人承担部分或者全部

① 此处所说的“责任大小”，就是要根据原因力、过错等因素确定的份额。

② 所谓“终局责任人”，是指对数个责任的发生应最终负责的人。

连带责任。由此可知，《侵权责任法》上的连带责任具有法定性、连带性和强行性等特点。

承担连带责任须遵循以下规则：对外规则，即被侵权人有权请求部分或者全部连带责任人承担责任；对内规则，即连带责任人根据各自责任大小确定相应的赔偿数额；难以确定责任大小的，平均承担赔偿责任。支付超出自己赔偿数额的连带责任人，有权向其他连带责任人追偿。

- 侵权责任
  - 单独侵权责任
  - 数人侵权责任
    - 按份责任
    - 不真正连带责任
    - 补充责任
    - 连带责任

（五）过错责任、危险责任和替代责任

侵权责任法以“所有权人自吞苦果”为逻辑起点，不断调整权益保护和行为自由之间的紧张关系，因此行为人为他人损害承担责任，必须具备“特别的理由”，即可归责事由。

由《侵权责任法》第6条、第36～40条、第七章医疗致害责任可知，行为人的过错为其承担过错责任的归责事由；由产品责任中产品缺陷、机动车交通事故责任中的机动车运行风险、高度危险责任中的高度危险以及饲养动物致害责任中动物的本能致害举动可以推出，行为人承担危险责任的归责事由是行为或者物品招致的特定危险；由《侵权责任法》第32条规定的监护人责任中的监护人与欠缺行为能力人之间的监护关系、第34～35条使用人责任中的使用人与被使用人之间的使用关系，可以推出转承责任的归责事由是法律规定的监督关系。

因此，按照归责事由的不同，可以将侵权责任分为过错责任、危险责任以及转承责任三个基本类型。本书将以此为线索讲解侵权责任相关规范。

所谓危险责任，是指以特定危险的实现为归责事由的侵权责任，也就是说，在民事主体进行危险活动，或者其所有、占有以及管理具有危险的物品、设施或活动场所，致使侵害他人权益时，应就所发生的损害承担赔偿责任。而责任主体是否有过失，则无须考虑。

《侵权责任法》规定的危险责任主要有：产品责任、机动车交通事故责任、环境污染责任、高度危险作业责任、高度危险物品责任以及饲养动物致害责任（动物园的动物致害责任除外）等。

三、侵权责任关系的主体

依据《侵权责任法》第 3 条的规定：被侵权人有权请求侵权人承担侵权责任。这就确定了《侵权责任法》调整的侵权责任关系的主体，即侵权人和被侵权人。在具体民事侵权诉讼中，则表现为原告和被告。

1. 侵权人

在侵权法律关系中，侵权人是承担侵权责任的主体，在诉讼中为被告。侵权人，通常是指侵权责任法律关系中侵害他人民事权益的人。在转承责任中，直接造成损害的行为人不直接承担侵权责任，承担侵权责任的主体是转承责任的责任人。如《侵权责任法》第 34 条第 1 款规定，用人单位的工作人员因执行工作任务造成他人损害的，由用人单位承担侵权责任。因此，侵权责任关系中的"侵权人"包括行为人和责任人。

2. 被侵权人

这里的被侵权人指的是侵权行为损害后果的直接承受者，是因侵权行为而使民事权利受到侵害的人。被侵权人可以是所有具有民事权利能力的民事主体，只要具有实体法上的民事权利能力，又因侵权行为而使其民事权益受到侵害的人，就具有被侵权人的资格，包括自然人、法人和其他组织。在被侵权人死亡时，其近亲属有权请求侵权人承担侵权责任。被侵权人为单位，该单位分立、合并的，承继权利的单位有权请求侵权人承担侵权责任。

《侵权责任法》上同时使用了"被侵权人"和"受害人"两个术语，其中，"被侵权人"是在侵权责任法律关系的角度上使用的，例如《侵权责任法》第 3 条规定："被侵权人有权请求侵权人承担侵权责任。"第 26 条规定："被侵权人对损害的发生也有过错的，可以减轻侵权人的责任。"而"受害人"只是从权益受到损害这个角度来使用的。例如，《侵权责任法》第 24 条规定："受害人和行为人对损害的发生都没有过错的，可以根据实际情况，由双方分担损失。"由此可见，民事权益受到损害的人并不一定与行为人形成侵权责任法律关系，只有与行为人形成侵权责任法律关系的直接受害人才是被侵权人。

第二节 侵权责任法的理念与功能

一、侵权责任法的基本理念

侵权责任法，是规定侵权行为及其法律责任的法律规范的总称。侵权责任法以归责原则、责任构成要件、抗辩事由、侵权责任方式、责任限制等法律技术手段为工具，维系着行为自由的维护和民事权益的保护之间的利益平衡。可以说，整个侵权责任法的历史就是“行为自由”和“权益保护”这对基本利益博弈的斗争史，侵权责任法的立法理念在“行为自由”和“权益保护”之间不断地摇摆。

1. 古代侵权责任法的基本理念

奉行结果责任，即只要出现了损害，即便行为人没有过错，其也应当承担损害赔偿责任。结果责任虽最大限度地维护了被侵权人的地位，却牺牲了其他民事主体的行为自由。

2. 近代侵权责任法的基本理念

以法国民法、德国民法为代表的近代侵权责任法以“所有权人自吞苦果”为逻辑起点，将过错责任原则作为侵权责任法的基本原则。过错责任奉行这么一种基本价值观：当维护法律地位和行为自由这两种利益发生冲突时，行为自由优先。保护行为自由被近代侵权责任法视为“当务之急的法律政策”。

3. 现代侵权责任法的基本理念

20 世纪以来，人类社会步入工业社会，同时也进入了风险事故社会。传统的过错责任，使得大量的风险事故受害人得不到赔偿，极为不公，激化了社会矛盾。经过反复抗争，终于导致在交通肇事、矿山事故等纠纷中率先突破过错责任而实行无过错责任。20 世纪中叶以来修订和颁行的现代侵权责任法，在坚持过错责任基础上，产品责任、交通事故责任、环境污染责任等无过错责任渐次由侵权特别法纳入“正册”。此外，过错的客观化、过错推定、因果关系推定等立法技术的采用，雇主责任、监护人责任等“归责于上”的转承责任的立法化，使得以被侵权人救济为中心，兼顾行为人自由的立法理念得以确立。

4. 我国《侵权责任法》的基本理念

《侵权责任法》体现“以人为本”的精神，其基本的制度和规则都是适应“以被侵权人保护为中心”建立起来的，但也充分考虑到其他方面的合法权益。《侵权责任法》既要保护被侵权人的合法权益，使其遭受的损害得到补偿，也要充分尊重行为人的行为自由。具体而言：（1）《侵权责任法》第 2 条第 1 款确定侵权责任承担的依据为《侵权责任法》，以及第 6 条第 1 款确立了过错责任为侵权责任法的一般条款，赋予其极大的适用空间。这表明《侵权责任法》认同了“所有权人自吞苦果”、侵权责任的承担必须以可归责性为基础的逻辑起点。（2）《侵权责任法》第 1 条突出了保护民事主体的合法权益，预防并制裁侵权行为的立法目的，确立了以人为本的精神，其基本制度大多是围绕“被侵权人保护为中心”构建的，并且强调人身权益优位保护的思想。具体体现为：第一，《侵权责任法》第6条第1款没有要求以违法性作为责任构成要件，降低了被侵权人的举证难度。第二，《侵权责任法》第6条第2款和第7条确立过错推定责任和无过错责任原则，并在分则中大量采用过错推定和无过错责任规则，强化了对被侵权人的救济功能。第三，《侵权责任法》第15条列举了8种侵权责任方式，并于第21条规定了停止侵害、排除妨碍、消除危险等损害预防型侵权责任的有别于过错责任的适用条件，第22条规定的精神损害赔偿规则未规定故意或者过失等主观要件，拓展了其适用范围，以及第46条产品责任领域警示、召回等补救措施的立法化等，强化了侵权责任法的损害预防的事前救济功能，并扩大了被侵权人民事权益的保护范围。第四，《侵权责任法》第三章规定的责任减免事由，并没有将学界和司法实务中公认的损益相抵、自甘冒险、自助行为等规定为侵权责任的减免事由，使得侵权人开脱责任的机会大为减少，变相地强化了被侵权人的救济功能。

二、侵权责任法的功能

侵权责任法的功能，是指侵权责任法在社会生活中所发挥的具体作用。它是民法功能的具体体现，亦为全部侵权责任法律规范存在的目的。侵权责任法的归责原则、责任构成要件、责任减免事由、侵权责任方式以及举证负担，均受制于侵权责任法的功能。

《侵权责任法》第1条规定了立法目的，即为保护民事主体的合法权益，明确侵权责任，预防并制裁侵权行为，促进社会和谐稳定，制定本法。由是可知，本条采纳了侵权责任法的多重功能说，具体概括为：救济（补偿）功能、预防功能以及制裁（惩罚）功能。根据《侵权责任法》的基本制度，我们主要讲解侵权责任法的救济（补偿）功能和预防功能。

1. 救济（补偿）功能

救济功能，又称补偿功能，是指在受害人遭受侵害以后要通过侵权责任的承担，使其尽可能恢复到如同侵害没有发生的状态。救济功能是侵权责任法的首要功能。

《侵权责任法》强化了救济功能，主要表现为：

（1）规定侵权责任优先原则：《侵权责任法》第4条确立了侵权责任较之于刑事、行政财产责任优先的规则，目的就是要弥补权利人因他人的侵权行为而遭致的经济损失。

（2）在过错责任中规定相应的、补充的责任等，尽可能使受害人获得救济；

不仅规定过错推定责任和严格责任为归责原则，并以此为骨架列举各个具体适用这些归责原则的情形，同时还在这些特殊责任中限制免责事由，不仅符合责任客观化趋势，也尽可能减轻被侵权人的举证负担，大大增加被侵权人获得救济的几率。

（3）规定公平责任：公平责任体现了损失分担的思想，很大程度上是对意外损害进行合理的分配。由于我国社会保障制度尚不健全，对某些意外的损害还需要通过侵权责任法予以救济，不能使无辜的受害人自己完全承受损失。这在《侵权责任法》中主要体现在：① 第 24 条对公平责任的适用条件作出明确界定：受害人和行为人对损害的发生都没有过错的，可以根据实际情况，由双方分担损失。② 第 23 条规定了受益人的补偿责任：因防止、制止他人民事权益被侵害而使自己受到损害的，侵权人逃逸或者无力承担责任，被侵权人请求补偿的，受益人应当给予适当补偿。③ 第 33 条第 1 款规定：完全民事行为能力人对自己暂时没有意识或者失去控制造成他人损害没有过错的，根据行为人的经济情况对受害人适当补偿。④ 第 87 条规定：高楼抛物致人损害难以确定具体侵害人的，由可能加害的建筑物使用人给予补偿。本条规定为中国侵权责任法的独创，应予以重视。

（4）连带责任突破了共同侵权的范畴，《侵权责任法》第 36 条第 2、3 款、第 51 条、第 74、75 条、第 86 条第 1 款等条文均规定了连带责任，强化了对被侵权人的有效救济。

（5）为了进一步减轻被侵权人的举证负担，《侵权责任法》不仅多处采取过错推定立法技术，还采取因果关系推定的做法。《侵权责任法》第 66 条规定，因污染环境发生纠纷，污染者应当就其行为与损害之间不存在因果关系承担举证责任。《侵权责任法》第 10 条改变了《最高人民法院关于审理人身损害赔偿案件适用法律若干问题的解释》（下称《人身损害赔偿解释》）对共同危险行为责任的免责事由的规定，采用更为苛刻的“确定具体的加害人”，方可免除共同危险行为人的连带责任。

（6）《侵权责任法》第 53 条通过垫付责任和建立赔偿基金，给予受害人侵权责任以外的救济。

2. 预防功能

所谓侵权责任法的预防功能，是指侵权责任法通过规定侵权人承担侵权责任，从而有效地教育不法行为人、引导人们正确行为，预防和遏制各种损害的发生。

损害的预防胜于损害补偿。基于此理念，《侵权责任法》通过制度创新，强化了对侵权行为和损害的预防功能。具体表现为：

（1）第15条将停止侵害、排除妨碍、消除危险、返还财产等传统物权请求权的内容确立了侵权责任方式，它们的主要功能在于实现防患于未然的损害预防功能。尤其是第21条特别规定了停止侵害、排除妨碍、消除危险等侵权责任的适用条件：侵权行为危及他人人身、财产安全。而没有囿于损害赔偿责任的行为人过错和实际损害后果的窠臼。第45条就产品缺陷危及他人人身财产安全，亦作出承担排除妨碍、消除危险的规定。

（2）第46条规定了缺陷产品的警示、召回等补救措施以及相应的责任救济。

（3）侵权责任法规定安全保障义务、监护人责任、教育机构责任、建筑物等设施倒塌致害责任等制度，强化对直接侵权人的注意义务，督促潜在责任人积极采取安全保障措施，预防损害的发生。

（4）在机动车交通事故责任、环境污染责任、高度危险责任、饲养动物致害责任等无过错责任中，法律往往要求能够控制危险发生的人来承担责任，着眼于对风险的控制与损害的预防。

（5）第47条规定了产品责任领域的惩罚性赔偿责任，并以实际损失数额为惩罚性赔偿的基数，并且没有明确的倍数限制。这必将有效地遏制“三鹿毒奶粉”事件等重大产品侵权案件的发生，体现了立法机关重典治世的立法理念。

第三节 侵权责任法的保护范围

一、侵权责任法保护范围的概念

所谓侵权责任法的保护范围，是指侵权责任法具体保护哪些权利和利益，换言之，哪些权利或利益遭受侵害后，受害人可以依据侵权责任法获得救济。

侵权责任法作为民法的重要组成部分，是从基本法的角度对侵权责任作出规定，但一部侵权责任法解决不了所有民事侵权问题，世界上也没有一部侵权责任法囊括所有民事侵权内容。因此，首先要解决侵权责任法的适用范围问题，即哪些权利和利益属于侵权责任法的保护范围。

二、《侵权责任法》规定的保护范围

侵权责任法的保护对象为民事权益，但是并不是所有的民事权益都应受到侵权责任法的保护。《侵权责任法》第2条第2款采用开放式列举的模式，规定了侵权责任法保护的权益范围既包括民事权利，也包括法律保护的私人利益。具体

而言：

1. 侵权责任法的保护对象为民事权益

"民事权益"作为不确定法律概念，具有较大的包容性，能够适用于较为广泛的对象。第 2 条第 2 款采用了"等人身、财产权益"的兜底条款，表明其对侵权责任法的保护范围保持了足够的开放性。

"民事权益"的概念，也初步廓清了侵权责任法保护范围仅限于特定民事主体的民事权利和合法民事利益（即法益）。这就将公法上的权利、社会公共利益以及受公法保护的利益，排除在侵权责任法的保护范围之外。例如，所谓受教育权、劳动就业权受到侵害不能通过侵权责任解决，只能通过公法上的救济方式加以解决。

2. 侵权责任法保护的主要是合同债权之外的绝对权

绝对权较之相对权，具有典型的社会公开性，绝对权的权利人可以对抗除他之外的任何人，故具有极强的对世性。以绝对权作为侵权责任法的保护对象，可以建立侵权责任法最起码的期待可能性，以保留合理的行为空间。

3. 侵权责任法对受法律保护的人身和财产利益作了概括性规定

但是没有就侵害民事法益的侵权责任构成作出特别的限制。学界广泛研究和司法实践中数量众多的第三人侵害债权制度虽然没有在《侵权责任法》中作出专门规定，但是《侵权责任法》第 2 条对合法民事利益的概括规定，为法院将第三人侵害债权作为一类民事法益纳入侵权责任法预留了操作空间。

三、侵权责任法保护的具体民事权利

《侵权责任法》第 2 条第 2 款将 18 种具体的民事权利纳入侵权责任法的保护范围：

1. 人格权

（1）侵权责任法列举的人格权主要有：生命权、健康权、姓名权、名誉权、肖像权、隐私权、婚姻自主权，但是却没有规定一般人格权、身体权、名称权等典型的人格权。这主要是因为侵权责任法为权利救济法而非权利确认法，所以其不可能对人格权作全面的列举。《侵权责任法》第 2 条第 2 款采取……"等人身、财产权益"的兜底条款，并且《侵权责任法》多处条文出现"人身权益"的表述，表明《侵权责任法》保障的人格权不限于具体列举的各类。

（2）《侵权责任法》强化了人身权益优位保护的理念，用了较大篇幅规定侵害人身权益的法律救济。例如，第 16～18、20、22 条等条文系统规定了人身损害赔偿的范围和计算方式，并对精神损害赔偿作了适用范围极广的规定，赔礼道歉、消除影响、恢复名誉等侵权责任方式，是为侵害人身权益量身定做的。

2. 荣誉权、监护权等身份权

《侵权责任法》采有限列举的方式对身份权的侵权责任法保护予以规定。受侵权责任法保护的人身权主要限于人格权，因为绝大部分身份权在知识产权法中作出了保护性规定，而存在于家庭领域的身份权，以损害赔偿为主要救济方式的侵权责任法则难以有效介入。此外，身份权多为相对权，是特定人之间的权利，故难以被第三人侵害。

《侵权责任法》第2条第2款具体列举了荣誉权、监护权这两种身份权。① 需要指出的是，除了侵权责任法主要列举的荣誉权和监护权外，身份权还包括配偶权等其他类型，可以通过该法第2条第2款中的“……等人身、财产权益”兜底条款予以确定。在侵害身份权的情形下，一般不会造成财产损失，而是造成精神损害。因此，被侵权人可以通过《侵权责任法》第22条的规定主张精神损害赔偿。

3. 物权

依据《中华人民共和国物权法》（以下简称《物权法》）第2条第3款的规定，物权是指权利人依法对特定的物享有的直接支配和排他的权利。物权属于绝对权，具有典型的社会公开性，物权人之外的其他人负有消极的不得侵害物权的不作为义务。因此，物权是侵权责任法重要的保护对象。

《物权法》作为权利法，确立所有权、用益物权和担保物权的亚物权类型，其下分别规定了国家所有权、集体所有权、私人所有权、建筑物区分所有权、共有权；土地承包经营权、建设用地使用权、宅基地使用权、地役权；抵押权、质权和留置权等具体物权。这些具体物权均是侵权责任法的保护对象。

《侵权责任法》第15条秉承《民法通则》第134条的立法传统，确立停止侵害、排除妨碍、消除危险、返还财产、恢复原状以及赔偿损失等可适用侵害物权救济的侵权责任方式，这就与《物权法》第34～37条规定的物权保护方式形成规范竞合。鉴于《侵权责任法》第21条对停止侵害、排除妨碍、消除危险等侵权责任的适用条件作出特殊规定，故物权人目前可实现其利益的最大化和意思自治原则，选择适用其中的一种救济方式。须特别指出的是，《物权法》第37条规定的侵害物权的损害赔偿属于普通的过错责任，应受辖于《侵权责任法》第6条第1款规定的过错责任归责原则和责任构成要件。

4. 知识产权

---

① 关于荣誉权的性质属于人格权还是身份权，学界和实务界存有争议。而监护究竟是权利还是职责，论争更为激烈。但现实生活中，确实存在侵害监护权的行为，如偷盗婴儿等。《侵权责任法》对此作出规定具有现实意义。

知识产权，是指权利人对其智力成果和工商业标志等享有的权利，包括著作权、专利权、商标专用权与发现权等。知识产权属于私权，得到《民法通则》和Trips协议等国际条约的肯定。

《侵权责任法》第2条第2款将著作权、专利权、商标专用权以及发现权作了列举性规定。此外，随着社会发展，新的知识产权权利类型不断涌现，可以通过“人身、财产权益”的兜底条款予以涵盖。

知识产权兼具人身权和财产权两块权利内容。若知识产权中的财产权受到侵害可以适用侵权责任法第19条；若侵害知识产权中的人身权益，受害人也可依据《侵权责任法》第22条的规定请求精神损害赔偿。至于《侵权责任法》与《中华人民共和国著作权法》（以下简称《著作权法》）、《中华人民共和国专利法》（以下简称《专利法》）、《中华人民共和国商标法》（以下简称《商标法》）之间适用关系，需要依照《侵权责任法》第5条来处理，即在侵害知识产权时，如果知识产权法中有明文规定的，原则上优先适用知识产权法中有关侵害知识产权的救济措施，倘若知识产权法规定阙如，则应当适用《侵权责任法》的规定。

5. 股权、继承权

（1）股权，是指股东因出资而取得、依法定或者公司章程的规定和程序参与公司经营管理并在公司享有财产利益的、具有可转让性的权利。股权可以分为自益权和共益权。

股权由于采取记载于公司章程、股东名册或者办理工商登记等方式而具有一定的典型社会公开性，易为第三人所知悉，所以股权具有绝对权属性，理应纳入侵权责任法的保护范围。

（2）继承权，是指继承人依法取得被继承人遗产的权利。以继承开始为结点，继承权可分为继承期待权和继承既得权。即在继承开始前，继承权为期待权，在继承开始后，继承权为既得权。特别指出的是，作为侵权责任法保护对象的继承权，特指继承既得权，而不包括继承期待权。原因在于，在继承开始前，作为期待权的继承权，仅是一种期待，不具有可侵害性；继承开始后，作为既得权的继承权转化为财产权，此时所谓侵害继承权，实为侵害了继承人的共有权。①

6. 其他民事权利

如前所述，《侵权责任法》第2条第2款采取开放列举方式规定侵权责任的保护范围，所以凡是法律上已经规定或者约定俗成应当成为一种绝对权的，都能成为侵权责任法的保护对象。

---

① 依照《物权法》第29条的规定，因继承取得的物权，自继承开始时发生效力。

四、侵权责任法保护的合法民事利益

既然侵权责任法的保护范围涵盖民事权益，所以在确定侵权责任法保护范围时，必须要明确侵权责任法所保护的权益是能够通过侵权责任方式予以救济的。具体来说，侵权责任法保护的人身和财产利益主要包括如下几类：

1. 人格利益

（1）一般人格利益，是指由法律采取高度概括方式赋予民事主体享有的具有集合性特点的人格利益。在法律没有确立一般人格权的情况下，其均属于人格利益范畴，包括如下三项：① 人格平等；② 人格尊严；③ 人身自由。2001 年《最高人民法院关于确定民事侵权精神损害赔偿责任若干问题的解释》（《以下简称《精神损害赔偿解释》）第 1 条对此予以确认，为《侵权责任法》保护人格利益奠定了基础。①

（2）死者的人格利益。《民法通则》第 9 条规定自然人的民事权利能力始于出生终于死亡。据此，人格权作为一种民事权利只能由活着的人才能享有，死者的名誉、姓名、肖像和隐私等不再体现为一种权利。但是，由于人是一种社会性动物，关涉多种社会关系，故死者的名誉、姓名、肖像和隐私具有伦理利益和社会利益因素。因此，在自然人死亡后，法律仍有必要对死者的人格利益进行保护。同时，侵害死亡的人格利益，还将导致死者近亲属遭受财产损失和精神损害，所以对死者人格利益的保护，实为对某些社会利益和个人利益的保护。《精神损害赔偿解释》第 3 条基于此种考虑，对死者人格利益的保护作出明确规定，为侵权责任法保护死者人格利益累积了宝贵经验。

2. 财产利益

（1）占有，是指民事主体基于占有的意思对物进行控制的事实状态。因此，在对占有的性质的认识上，应将占有理解为一种事实而非权利。为保护占有、维护秩序，需要扩大占有的概念，即使未形成权利的占有也能获得法律的保护。《物权法》第五编专门规定了占有制度，该法第 245 条确立了占有保护规则，即占有的不动产或者动产被侵占的，占有人有权请求返还原物；对妨害占有的行为，占有人有权请求排除妨害或者消除危险；因侵占或者妨害造成损害的，占有人有权请求损害赔偿。占有人返还原物的请求权，自侵占发生之日起 1 年内未行

① 《精神损害赔偿解释》第 1 条规定："自然人因下列人格权利遭受非法侵害，向人民法院起诉请求赔偿精神损害的，人民法院应当依法予以受理：（一）生命权、健康权、身体权；（二）姓名权、肖像权、名誉权、荣誉权；（三）人格尊严权、人身自由权。违反社会公共利益、社会公德侵害他人隐私或者其他人格利益，受害人以侵权为由向人民法院起诉请求赔偿精神损害的，人民法院应当依法予以受理。"

使的，该请求权消灭。该条确立侵害占有的救济方式为排除妨害、消除危险或者损害赔偿，亦为《侵权责任法》规定的侵权责任方式。因此，占有理应为“财产利益”所涵盖。而成为侵权责任法的保护对象。

（2）纯粹经济损失，是指除了因对人身损害和对财产的有形损害而造成的损失以外的其他经济上的损失。据此，纯粹经济损失不表现为对民法上绝对权的侵害，而是绝对权之外的财产法益损失。从侵权责任法保护范围角度来看，它关涉侵权责任法的保护范围事由应当扩张至纯粹经济损失的问题。尽管《侵权责任法》第2条第2款规定的保护范围具有极强的开放性，从文义解释看，纯粹经济损失已被其涵盖，但是鉴于“诉讼闸门”的忧虑和行为自由的维护，“民事权益”应作限缩解释，即原则上纯粹经济损失不能获得补偿。只有在例外情况下，从保护受害人的需要出发，才有必要对纯粹经济损失予以保护，且因果关系具有相当性或者可预见性时，应当对纯粹经济损失提供救济。最高人民法院已通过司法解释对部分纯粹经济损失予以类型化，并提供司法救济。①

（3）债权利益。《侵权责任法》第2条第2款没有列举债权，这表明债权原则是不受侵权责任法保护的。否则，违约责任必将陷入侵权责任法的“汪洋大海”，侵权责任与违约责任的界分将不复存在。但是，由于债权囿于债的相对性，债权在遭受第三人侵害时，通常难以获得有效的救济，而加害人也逃脱了法律的制裁。

在我国司法实践中曾发生了几起第三人侵害债权的典型案例。并且侵害债权行为实际上已得到有关司法解释的认可。例如，最高人民法院《关于信用社违反规定手续退汇给他人造成损失应承担民事责任问题的批复》（1988年10月18日法（经）复198845号）、《关于信用社非法转移人民法院冻结款项应如何承担法律责任的复函》（法函1995 51号），均体现了司法界认为债权同样具有不可侵性和对第三人侵害债权应承担责任的赞成态度。

《民法通则》第5条规定，公民、法人的合法民事权益受法律保护，任何组织和个人不得侵犯。债权作为民事权利之一种，在外部效力上，债权与物权一样具有不可侵性。因此，在第三人故意以悖于善良风俗之方法侵害他人债权的，应当承担侵权责任。②《侵权责任法》第2条第2款“等人身、财产权益”的兜底

① 例如，2007年6月颁布的《最高人民法院关于审理涉及会计师事务所在审计业务活动中民事侵权赔偿案件的若干规定》第1条规定；“利害关系人以会计师事务所在从事注册会计师法第十四条规定的审计业务活动中出具不实报告并致其遭受损失为由，向人民法院提起民事侵权赔偿诉讼的，人民法院应当依法受理。”此条对会计师事务所不实报告致利害关系人遭受的纯粹经济损失予以救济。

② 1998年9月7日《人民日报》公布的《合同法》（全民讨论稿）第125条曾规定：“第三人明知当事人之间的债权债务关系，采用不正当手段，故意阻碍债务人履行义务，侵害债权人权利的，应当向债权人承担损害赔偿责任。”但在后来进一步审议表决的时候被删除了。

条款，也为第三人侵害债权的侵权责任承担预留了解释空间。

（4）其他合法利益。侵权责任法保护的其他合法利益在法律难以一一列举时，《侵权责任法》第2条第2款所作的开放性列举，使得各种新的合法利益受到侵害之后，若无法获得违约责任、不当得利等救济，则可以受到侵权责任法的保护。

第四节　侵权责任规范体系与适用规则

一、侵权责任规范体系概说

所谓侵权责任规范体系，是指将侵权责任法和侵权责任特别法中的侵权责任规范、制度加以有机结合时所依据的科学、合理的逻辑结构。简言之，即诸多侵权责任规范是按照何种体例和结构来排列布局。

二、我国《侵权责任法》上的侵权责任规范体系及其特点

我国《侵权责任法》从形式上看，共分为十二章，实际上可以分为三个部分：一是侵权责任法的一般规定（参见《侵权责任法》第一章）；二是侵权责任的一般规则，具体来说是关于归责原则、构成要件、责任方式、不承担责任和减轻责任的情形（参见《侵权责任法》第二、三章）；三是特殊侵权责任的规定（参见《侵权责任法》第四至十一章）。

我国《侵权责任法》上的侵权责任规范体系具有以下特点：（1）基于归责原则来建构侵权责任规范体系；（2）采用“一般条款与类型化”相结合的技术；（3）一般责任方式与具体损害赔偿规则的结合；（4）有效地衔接侵权责任普通法与特别法的关系。

三、我国现行有效的侵权责任规范体系

根据《侵权责任法》第2条第1款规定的《侵权责任法》是承担侵权责任的法律依据，第5条以及《立法法》确立的侵权责任特别法优于普通法、新法优于旧法、上位法优于下位法的法律适用规则，我们有必要将《侵权责任法》、《民法通则》、《中华人民共和国产品质量法》（以下简称《产品质量法》）、《中华人民共和国环境保护法》（以下简称《环境保护法》）等法律中的有效的侵权责任规范按照一定的标准构建统一的侵权责任规范体系。我主张按照侵权责任的

归责事由建构侵权责任的规范体系。侵权责任的主要归责事由有过错、特定危险、法律规定的特定监督关系，分别对应过错责任、危险责任和转承责任三种主要侵权责任类型。

我国现行有效的侵权责任规范体系，参见图 1－1 所示：

- 我国现行侵权责任规范体系
  - 过错责任（过错责任原则（侵 6I））
    - 过错责任一般条款（侵 6I）
    - 具体过错责任
      - 权利侵害型过错责任
        - 侵害财产（民 117；物 37）
        - 侵害知识产权（民 118；知识产权法相关规定）
        - 侵害身体（民 119）
        - 侵害人格权（民 120）
        - 侵害其他权利（侵 2II）
      - 机动车之间的交通事故责任（道 76II 前段）
      - 专家责任
        - 医疗致害责任（侵 54、55、58）
        - 律师责任（律师法 49）
        - 注册会计师责任（注会法 42 和司解）
      - 违反安全保障义务的责任（侵 37）
      - 网络侵权责任（侵 36）
      - 教育机构的责任（侵 39、40）
      - 违反管理规定的动物致害责任（侵 79）
      - 过错推定责任（侵 6II）
        - 物件致害责任（民 125、126，侵 85、88、90、91）
        - 教育机构对无行为能力人受损害的责任（侵 38）
        - 动物园的动物致害责任（侵 81）
  - 危险责任（无过错责任原则（侵 7））
    - 产品责任（民 122，侵 41、43）
    - 机动车与非机动车、行人之间交通事故责任（道 76，侵 48）
    - 环境污染责任（民 124，侵 65）
    - 高度危险责任（民 123，侵 69～75）
    - 动物致害责任（民 127，侵 78、80、82）
    - 建筑物等设施倒塌责任（侵 86）
    - 妨碍通行物致害责任（侵 89）
  - 转承责任（无过错责任原则（侵 7））
    - 监护人责任（民 133，侵 32）
    - 使用人责任
      - 单位使用人侵责任（侵 34）
      - 个人使用人责任（侵 35）

（注：民 =《民法通则》，侵 =《侵权责任法》，注会法 =《注册会计师法》，道 =《道路交通安全法》，同时，"侵 6（2）"表示《侵权责任法》第 6 条第 2 款，下同）

图 1－1　我国现行侵权责任规范体系示意图

四、我国侵权法规范的适用规则

（一）侵权责任特别法优于侵权责任普通法

《侵权责任法》第5条规定："其他法律对侵权责任另有特别规定的，依照其规定。"本条确立了侵权特别法优于侵权普通法的法律适用规则。

本条规定中的"法律"是指由全国人民代表大会及其常务委员会制定的法律文件。据此，只有法律有权创设侵权责任规范，而国务院制定的行政法规、国务院各部委制定的部门规章、有立法权限的地方各级人大及其常委会、地方人民政府制定地方性法规和政府规章均无权创设新的侵权责任规范。司法解释仅能对侵权责任法的具体问题作出解释，而无权修改侵权责任法的规定、创设新的侵权责任规范。

在法理上，根据法律的适用范围有无限制，可将法律分为普通法和特别法。普通法是指适用于全国领域、规范一般事项、无适用时间限制的法律；特别法是指适用于特定区域、规范特定事项、有适用时间限制的法律。根据此种分类，可将规范侵权责任的法律分为侵权普通法和侵权特别法。其中，侵权责任法是关于侵权责任的普通法，其他法律如对侵权责任另有特别规定的，属于侵权责任特别法。其主要区别在于：

（1）适用范围上的区别：侵权责任法关于侵权责任归责原则、构成要件、侵权责任方式、责任减免事由等规定，就其适用的地域范围而言，是适用于全国范围的，属于侵权责任的普通法；而《产品质量法》等大量的单行法律中有关侵权责任的规定，仅适用于特定领域和特定事项。

（2）对人效力上的区别：侵权责任法适用于一切侵权人的规定，属于侵权责任普通法；而仅适用于特定侵权人的规定属于侵权责任特别法。

（3）具体内容上的区别：侵权责任普通法与侵权责任特别法的区别主要体现在具体内容上，而不是表现形式上。不能认为在侵权责任法中规定都属于侵权责任普通法，而在单行法律和法规中的规定都属于侵权特别法。需要说明的是，普通法和特别法只是一个相对的概念。某一法律或者法律规范相对于此一法律规范是普通法，相对于另一法律规范则是特别法。

（4）适用顺序的不同：根据特别法优于普通法适用的规则，在适用侵权责任法时，同一效力等级的侵权责任特别法应优先于侵权责任普通法；在没有或不能适用侵权责任特别法时，才应适用侵权责任普通法。当然，此种规则以侵权责任特别法规范符合侵权责任普通法确立的基本原则和制度为前提。

本条规定不仅规定了侵权责任特别法优于侵权责任普通法的适用规则，更为侵权责任法的发展留下空间，通过民事特别法的制定，使得侵权责任法能够在相当长的时间中适应社会不断发展的需要。

(二) 新法优于旧法

依据《立法法》第83条的规定，新法优于旧法，是指在同一效力位阶的法律之间，新颁布的法律优先于先前颁布的法律。

新法优于旧法的依据是：立法机关通过新颁行的法律修改了原有的法律。即便旧法没有明确被废止，但是也无法适用。

新法优于旧法的适用前提是：同一效力位阶的法律。如果是不同效力位阶的法律，则应受上位法优于下位法规则的影响。

由于《民法通则》是由全国人民代表大会制定的，而《侵权责任法》是由全国人大常委会制定的，二者是否属于同一效力位阶的法律，存有一定的争议。我们认为既然全国人大常委会的审议报告中将《侵权责任法》定性为中国特色社会主义法律体系中的支架性法律，并《侵权责任法》在全国人大的立法规划中属于“分阶段、分步骤”制定的中国民法典的重要组成部分，《侵权责任法》与《民法通则》应属于处于同一效力位阶的民事基本法。

因此，《侵权责任法》与《民法通则》应当适用新法优于旧法规则。即《侵权责任法》实施后，《民法通则》中的侵权责任规范凡是与《侵权责任法》的规定不一致的，都应当适用《侵权责任法》。否则，《侵权责任法》对《民法通则》中的侵权责任规范的修改将失去意义。例如，在监护人责任中，《民法通则》第133条第2款规定：“有财产的无民事行为能力人、限制民事行为能力人造成他人损害的，从本人财产中支付赔偿费用。不足部分，由监护人适当赔偿，但单位担任监护人的除外。”而《侵权责任法》第32条第2款则规定：“有财产的无民事行为能力人、限制民事行为能力人造成他人损害的，从本人财产中支付赔偿费用。不足部分，由监护人赔偿。”显然，《侵权责任法》第32条修改了《民法通则》第132条的规定。

本章小结

本章结合侵权法理论和立法，阐述了侵权责任的概念和基本分类，侵权责任法的立法理念及其功能，侵权责任法的保护范围，我国现行侵权责任法律规范的体系和适用规则等侵权责任法的基础理论问题，为学生学习我国侵权责任法的具体理论和制度奠定了理论基础。

思考题

1. 简述侵权责任的基本分类。
2. 简述侵权责任法的立法理念。
3. 简述侵权责任法的功能。
4. 简述侵权责任法的保护范围。
5. 简述侵权责任规范的适用规则。

第二章

侵权责任归责原则

第一节 侵权责任归责原则概述

一、侵权责任归责原则的概念

归责，顾名思义，指确定责任的归属，即在损害发生之后，得以何种根据使某人对该损害负责。它并不意味着责任的成立，而只是为责任的成立寻找根据，要成立责任还须看是否符合侵权责任的其他构成要件。

侵权责任归责原则，是指侵权归责的一般规则，是据以确定某人承担侵权责任的根据和标准，也是贯穿于侵权责任法之中，并对各项侵权责任规则起着统帅作用的立法指导方针。侵权责任归责原则在侵权责任法中居于核心地位，一定的归责原则决定着侵权责任的构成要件、举证责任的负担、免责条件、损害赔偿的原则和方法等，也是司法人员处理侵权案件时所应依据的基本准则。确定合理的归责原则，建立逻辑统一的归责原则体系，实际上是构建整个侵权法的内容和体系的关键。

侵权责任归责原则要受民法基本原则的指导，是民法基本原则在侵权责任法中的具体体现，它体现着民法平等、公平、诚信的原则和精神，又具有自身的特点。

二、侵权责任归责原则体系

侵权责任归责原则体系是由各归责原则构成的具有逻辑联系的系统结构。在现代世界各国，侵权责任归责原则都呈现多元化的趋势。但就我国《民法通则》规定的侵权责任归责原则体系（具体体现为第 106 条第 2、3 款），学者们的意见产生较大分歧，出现一元说、二元说、多元说等多种说法。一元说主张单一的过错责任原则；二元说则以过错责任原则和无过错责任原则为侵权责任法的两项基本归责原则；① 多元说存在不同观点，其中都承认过错责任原则为侵权责任法的基本归责原则，而在过错推定责任、无过错责任（或严格责任、危险责任）以及公平责任是否为侵权责任法的归责原则问题上出现分歧。② 《侵权责任法》第6条和第7条基本继承了《民法通则》第106条第2、3款规定的内容，但于第6条第2款对过错推定责任作出了一般性的规定。因此，学者在该法所确立的归责原则上出现分歧，差别集中于两个方面：一是过错推定责任（第6条第2款）和公平责任是否为独立的归责原则，二是无过错责任原则（严格责任原则）是否和过错责任原则一样为一般的归责原则。③

我们认为，确定侵权责任归责原则，其适用范围是否具有普遍性是一项标准，但更重要的是每项原则所包含的内在的质的规定性，在于它能否调整某类特定的社会关系。根据这个观点，我们认为，我国侵权责任法的归责原则体系包括两种归责原则：一种是适用最为广泛的过错责任原则，过错推定责任是其在实践中的具体适用，但我们可以看到，过错推定责任也有其独特的作用，即它可以发挥从过错责任到无过错责任的过渡作用；另一种是主要为适应现代化大工业生产而出现的无过错责任原则（主要体现为危险责任和替代责任），对于以“分配不幸”为主要机能的公平责任，不应认为是一种独立的归责原则。

第二节　过错责任原则

一、过错责任原则的概念与特点

过错责任原则，又称过失责任原则，它以行为人的过错作为归责的根据和最

---

① 如米健．再论现代侵权责任法的归责原则．政法论坛．1991（3）；张新宝．侵权责任法原理．中国人民大学出版社，2005：26；尹志强．侵权行为法论．北京：中国政法大学出版社，2008：32。

② 部分学者采四元论：过错责任原则为一般，无过错责任原则为特殊，过错推定责任原则为过渡，公平责任原则为补充，如郭明瑞等．侵权行为法．北京：科学出版社，2006：23。部分学者采三元论，其中又可分为不同学说：（1）过错责任原则、严格责任原则和公平责任原则，如王利明．侵权行为法研究：北京：中国人民大学出版社　上卷，2004：209；（2）过错责任原则、过错推定责任原则和公平责任原则三元论，如王利明、杨立新．侵权行为法．北京：法律出版社，1996；（3）过错责任原则、过错推定责任原则和无过错责任原则三元论，如杨立新．侵权法论：第二版，北京：人民法院出版社，2004：119；（4）过错责任原则、危险责任原则和公平责任原则三元论，如孔祥俊．论侵权行为的归责原则．中国法学．1992（5）。

③ 主张四元说的如：王利明，周友军，高圣平．侵权责任法教程，北京：人民法院出版社，2010：125～126；主张三元说的如：杨立新．侵权责任法，北京：法律出版社，2010：57。

终要件，同时，也以过错来确定行为人的责任范围。我国《民法通则》第106条第2款、《侵权责任法》第6条第1款规定了这一原则。

过错责任原则有如下四个特点：

第一，它以行为人的过错作为责任的构成要件，加害行为人只有具有故意或过失才可能承担侵权责任。这里的过错不包括受害人的过错和第三人的过错，它们只是行为人减免责任的理由。

第二，它以行为人的过错作为归责的最终要件，即将行为人的过错作为最后的或最基本的因素来加以考虑，体现“无过错即无责任”的精神。

第三，行为人的过错程度在一定程度上会影响责任范围的确定，具体表现为：（1）在数人共同侵权的情况下，数人的过错程度便成为决定他们所应承担的责任范围的依据。（2）根据《精神损害赔偿解释》的规定，侵权人的过错程度会影响精神损害的赔偿数额。（第10条第（一）项）受害人对损害事实和损害后果的发生有过错的，可以根据其过错程度减轻或者免除侵权人的精神损害赔偿责任。（3）行为人的过错程度会影响惩罚性赔偿的适用。如《消费者权益保护法》第49条规定，对消费者实施欺诈行为的，应双倍赔偿损失。《侵权责任法》第47条也规定：“明知产品存在缺陷仍然生产、销售，造成他人死亡或者健康严重损害的，被侵权人有权请求相应的惩罚性赔偿。”（4）过错程度会影响与有过失制度的适用。如《最高人民法院关于审理人身损害赔偿案件适用法律若干问题的解释》（以下简称《人身损害赔偿解释》）第2条第1款规定，受害人对同一损害的发生或者扩大有故意、过失的，可以减轻或者免除赔偿义务人的赔偿责任。但侵权人因故意或者重大过失致人损害，受害人只有一般过失的，不减轻赔偿义务人的赔偿责任。

第四，它贯彻的是“谁主张谁举证”的原则，受害人在主张加害人承担民事责任时，要举证证明加害人对损害的发生具有过错，如不能举证证明，则其主张不成立。在特定的情况下，也采用“举证责任倒置”的方法，由加害人负责举证证明其无过错，也即所谓的“过错推定”原则。

二、过错责任原则的产生和发展

过错责任原则是在否定古代法中的加害责任原则的基础上形成的。在古代法中，如《汉谟拉比法典》、雅典法与早期的罗马法中，加害责任原则是主要的归责原则，又称结果责任原则，它不问行为人主观上有无过错，只要其行为造成他人损害，即应承担赔偿责任。首次确立过错责任原则的是在公元前287年通过的《阿奎利亚法》，在此基础上，通过罗马法学家的解释和裁判官的判决的补充、注释，形成了较为系统和完善的主观归责体系。究其原因，主要有二：一则古代罗马奴隶制商品经济高度发达，它要求商品生产者和交换者能够自由进行生产和交换，为保障这种自由，就要避免动辄的法律制裁，而过错责任原则以过错作为责任成立的最终依据，有效地实现了“个人自由”与“社会安全”之间的平衡，适应了这时期的需要；二则是自然法思想的兴起，自然法学家提出“法是一种自然的权力，是理智的人的精神和理性，是衡量正义和非正义的标准。”将过失作为归责的根据，正体现了理性的精神，也是惩恶扬善的正义理念的体现。

在中世纪，封建的地方习惯法和宗教法盛行，理性原则被压抑，商品经济得不到发展，加害责任死灰复燃。14、15 世纪时，罗马法复兴运动开始兴起，影响到后世的资本主义立法。1804 年《法国民法典》正式确立了“过错责任原则”，其第 1382 条和第 1383 条分别规定了作为和不作为的过失责任。后世资本主义立法纷纷仿效之。过错责任在此时期得以确立并空前发展的主要原因亦有二：一是资本主义商品经济得以迅速发展，要求经营者的生产积极性和创造性得以充分发挥，法律的责任是在最大地保障这种主动性、创造性的前提下，谋求社会生活的秩序和平衡，“过错责任”要求个人只要尽到注意义务，即可免负责任，最大程度地满足了这种需求。二是自然法学的复兴和理性哲学的创立为过错责任的重新确立提供了理论根据。他们认为行为只有作为意志的过错才能归责于行为人。耶林曾宣称“使人负损害赔偿的不是因为有损害，而是因为有过失，其道理如同化学上之原则，使蜡烛燃烧的，不是光，而是氧，一般的浅显明白。”①

在我国，《民法通则》第 106 条第 2 款、《侵权责任法》第 6 条第 1 款确立了过错责任原则，这一原则的确立，为民事主体的行为确立了标准，它要求行为人行为时要尽到对他人的谨慎和注意，努力避免损害后果，也要求每个人充分尊重他人的权益，尽量做到正当作为和不作为，从而为行为人确定了自由行为的范围，并体现了对个人尊严的尊重；它也有利于预防损害的发生，通过赋予过错行为以侵权责任，它教育行为人行为时应谨慎、小心，尽到注意义务，努力避免损害的发生；它还有利于协调“个人自由”和“社会安全”两种利益的关系，有助于社会主义良好道德风尚的发扬。

三、过错推定责任

过错推定责任是过错责任的具体适用，并非一种“原则”。它指行为人致人

① 转引自王泽鉴．侵权行为法：第一册．北京：中国政法大学出版社，2001：13.

损害时，如不能证明自己无过错，就被推定有过错并承担侵权责任，它仍然以行为人有过错为要件，只是在举证责任上采用了倒置的方法，更有利于保护受害人。《侵权责任法》第 6 条第 2 款对过错推定责任作出了一般性规定，但仍限于法定情形，而没有作出原则性的扩张规定。

我国《民法通则》第 125 条规定的地面施工致人损害责任、第 126 条规定的工作物致人损害责任以及《侵权责任法》第 38 条规定的幼儿园、学校或者其他教育机构对无民事行为能力人受损害所承担的责任、第 58 条规定的医疗损害责任、第 81 条规定的动物损害责任、第十一章（第 85、88、90、91 条）规定的物件致人损害责任、最高人民法院《关于审理涉及会计师事务所在审计业务活动中民事侵权赔偿案件的若干规定》规定的会计师事务所的侵权赔偿责任（第 4 条）等就采用了过错推定责任。

第三节　无过错责任原则

一、无过错责任原则的概念与特点

无过错责任原则，又称无过失责任原则，是指不问责任人主观是否有过错，只要其保有的危险物或其行为与损害后果之间存在因果关系，就应承担侵权责任的归责原则。

无过错责任原则具有以下几个特点：

(1) 它不以责任人的过错为构成要件。无论责任人有无过错，都要承担侵权责任，但并不意味着无过错责任原则不考虑受害人的过错和第三人的过错，它们可以成为行为人责任减免的事由。此外，由于不必考虑责任人有无过错，故也没有必要推定责任人的过错。我国《民法通则》第 106 第 3 款在这方面的规定并不严谨，“没有过错”应解为“无论行为人是否有过错”。《侵权责任法》第 7 条对此作出了完善：“行为人损害他人民事权益，不论行为人有无过错，法律规定应当承担侵权责任的，依照其规定。”

(2) 受害人不必举证证明责任人有过错来支持自己的主张，他也不能以自己没有过错来抗辩，法院在处理案件时也不必考虑责任人的过错问题。

(3) 责任人承担的责任，并非绝对责任，他有权依照法定的抗辩事由进行抗辩，如《侵权责任法》第 70、71、72、73、76 条规定的受害人故意、不可抗力等。《精神损害赔偿解释》第 2 条第 2 款也明确规定，适用无过错责任确定赔偿义务人的赔偿责任时，受害人有重大过失的，可以减轻赔偿义务人的赔偿责任。

（4）无过错责任原则的适用范围通常由法律作出特别规定。我国《民法通则》第 106 条第 3 款即明确规定："没有过错，但法律规定应当承担民事责任的，应当承担民事责任。"《侵权责任法》第 7 条亦同。

（5）无过错责任往往有最高赔偿限额或限制赔偿范围，以适当减轻责任人承担的责任。我国《侵权责任法》第 77 条即规定："承担高度危险责任，法律规定赔偿限额的，依照其规定。"相关的特别法规定如《国内航空运输承运人赔偿责任限额规定》第 3 条："国内航空运输承运人（以下简称承运人）应当在下列规定的赔偿责任限额内按照实际损害承担赔偿责任，但是《民用航空法》另有规定的除外：（一）对每名旅客的赔偿责任限额为人民币 40 万元；（二）对每名旅客随身携带物品的赔偿责任限额为人民币 3 000 元；（三）对旅客托运的行李和对运输的货物的赔偿责任限额，为每公斤人民币 100 元。"

二、无过错责任原则的产生与发展

无过错责任原则是在 19 世纪伴随着现代化工业大生产而发展起来的。虽然在资本主义发展时期确立的过错责任原则促进了自由资本主义经济的蓬勃发展，充分体现了处于上升时期的资产阶级在事业上生气勃勃的进取精神和在竞争中优胜劣汰的价值观念，但进入 19 世纪以后，面对着机器大工业生产所带来的高度危险和巨大的事故损害，过错责任原则显得力不从心。现代工业社会是事故频繁的时代，这种事故多是在合法而必要的活动中由难以发现的工业技术缺陷引起的，常具有频发性特点，它所造成的损害又极为巨大，受害者众多。如果要求受害人举证加害人主观上有过错，则是非常困难的，而且企业主也常常找各种理由来免除责任，如果坚持过错责任的话则受害人利益得不到有力保护，社会秩序难以安定下来，于是，各国通过立法和判例，逐步确立了无过错责任原则。

最早确立这一原则的是普鲁士王国 1838 制定的《铁路企业法》，以后德国又通过一系列单行立法逐步扩大了无过错责任原则的适用，从而形成了双轨制的危险责任立法模式。

法国则主要是通过扩大解释其民法典第 1384 条第 1 款规定的"物之监管人责任"来确立无过错责任。1896 年法国最高法院在 The Teffaine 一案中以无过错主义解释了其民法典第 1384 条第 1 款，确立了该款的独立地位，并在 1930 年的 The Jand'heur v. Les Galeries Belfortaises 案中正式确立了物之监管人责任。此外，法国还制定了大量的特别法来规范无过错责任。

在英美法系，无过错责任原则是通过判例逐步确立的。英国在 1866 年的

Rylands v. Fletcher（（1866）L. R. 1 Ex. 265）一案中通过类推古代的“逃逸责任”确立了严格责任。美国则是从规定商品制造人的责任开始确立严格责任的，具体体现为1916年的MacPherson v. Buick Motor Co.（217 N. Y. 382，111 N. E. 1050）一案。此外，它们还通过各种单行立法逐渐扩大了严格责任的适用范围。

1922年的《苏俄民法典》和1964年修改后的《苏俄民法典》也确立了无过错责任原则。

我国的《民法通则》借鉴前苏联立法，在第106条第3款规定了无过错责任原则，并且具体规定了高度危险作业、动物致人损害、环境污染、产品责任、职务侵权责任、无行为能力人、限制行为能力人致人损害责任等一系列无过错原则的适用类型。此外，我国的特别法和司法解释也创设了交通事故责任（机动车与非机动车、行人之间，《道路交通安全法》第76条）、国家赔偿责任（《国家赔偿法》第2条）、法人或其他组织的替代责任（《人身损害赔偿解释》第8条）、雇主责任（《人身损害赔偿解释》第9条）等诸多的无过错责任类型。2009年通过的《侵权责任法》在《民法通则》和特别法规定的基础上，于第7条明确规定了无过错责任原则，并于第五章、第六章、第八章、第九章和第十章分别规定了产品责任、机动车交通事故责任、环境污染责任、高度危险责任、动物损害责任等五种主要的危险责任类型，第四章关于责任主体的特殊规定还分别规定了采无过错责任原则的监护责任（第32条）和雇主责任（第34、35条）。因此，整体上，我国的无过错责任类型可分为危险责任和替代责任两大类型。

三、无过错责任原则确立的理论基础

从根本上说，从过错责任原则过渡到无过错责任原则，是与资本主义经济的高度发展和法哲学理念的演变分不开的。资本主义经济的高度发展必然带来许多无法预防的高度风险，如果适用过错责任原则，强调人的意志，则这些风险是人的意志所难以控制的，加害人即可免负责任，而作为弱者的受害人的利益就会受到严重损害，社会公平也难以实现，顺应这种需求，社会本位逐渐取代个人本位，法律开始强调对弱者利益的保护，强调对社会利益的保护，作为既得利益者的垄断企业应当为其经营风险带来的损害承担责任，无论其是否有过失，无过错责任原则应运而生。在社会主义国家，更强调对个体公民生命财产的保护，对生产经营者提出更高的要求，以便促其改善生产技术，加强安全措施，以有效地防止事故的发生，无过错责任原则的确立符合这一要求。

四、无过错责任与加害责任、过错责任、严格责任的关系

（一）无过错责任与加害责任

无过错责任与加害责任都不以行为人有过错为责任构成要件，但在质的规定性上有着明显区别：

（1）无过错责任产生于现代化大工业生产的背景下，而加害责任则是在古代社会法律不发达的情况下实行复仇制度的产物。

（2）无过错责任是为了弥补过错责任的不足而适用的，其适用范围有限且常与责任保险、社会保障制度相联系；加害责任则适用于所有的损害案件。

（3）无过错责任的责任形式是民事责任，加害责任还适用刑罚、同态复仇等责任形式。

（4）无过错责任的责任范围常受限制，它强调对受害人不幸的补偿，加害责任则实行法定主义，赔偿数额与实体损害相差很大，它强调对加害人的威慑、制裁作用。

（二）无过错责任和过错责任、过错推定责任

（1）无过错责任以行为与损害后果之间的因果关系为归责的最终要件，而过错责任则以加害人的过错为归责的根据。

（2）适用无过错责任时，受害人不必对行为人的过错负举证责任，行为人也不能以无过错来免责，法官在确定责任成立时也不考虑行为人是否有过错，适用过错责任时，受害人经举证证明加害人有过错，适用过错推定责任时，加害人须举证证明无过错，法官在确定责任成立时也要考虑加害人的过错。

（3）在适用无过错责任时，无过错不能成为责任人的免责事由。

（4）无过错责任在赔偿范围上通常受到限制，它考虑的是受害人一方的损害程度，其目的在于合理分配不幸损害，而不具有责难性；过错责任则无赔偿额的限制，责任范围的确定要考虑加害人的过错程度，其目的在于对加害行为予以道德的责难和法律的制裁。

（5）无过错责任的适用范围由法律直接规定，目前在我国主要适用于高度危险责任、产品责任、环境污染责任、动物损害责任、雇主责任、监护责任和职务侵权责任等；过错责任则适用于任何一般侵权行为的场合。

（三）无过错责任与严格责任

严格责任是英美侵权行为法上的常用概念，它是指一种比没有尽到合理注意而应负责的一般责任标准更加严格的责任标准，与无过错责任原则在语义上基本

一致，但在逻辑上并不周延，还存在绝对责任的更高形态。在侵权法的体系内，可以将严格责任和无过错责任视为同一层次的概念，它们都是指不以过错为要件的责任，被告不能以自己无过错（已尽到合理的或最高的注意并采取了妥当的预防措施）而免责，绝对责任则是它们中最为严格的责任形式，在该责任下不存在抗辩事由。

第四节　公平责任

一、公平责任的概念与特征

公平责任，又称衡平责任，指在当事人双方对损害的发生均无过错，法律又无特别规定适用无过失责任原则时，由法院根据公平观念，在考虑当事人双方财产状况和其他情况的基础上，责令加害人对受害人的财产损害给予适当的补偿，由当事人合理地分担损失的一种责任形态。

公平责任的特征主要有：

(1) 公平责任主要适用于当事人双方都没有过错的情况，如果加害人有过错，则适用过错责任原则来处理，如仅受害人有过错由其自己承担损害，如第三人有过错，则由第三人承担责任，均无公平责任适用的余地。

(2) 公平责任主要适用于侵害财产权的案件，因为公平责任的目标在于衡平当事人之间的财产状况，并对不幸的损失在当事人间进行平衡，其适用应以侵犯财产权为主，对侵犯人身权而造成的财产损失也可适用公平责任原则，但两种情况都限于对直接财产损失的赔偿。

(3) 公平责任是基于公平观念来确定责任归属的，这种公平要根据案件的具体情况、受害人所受损害的程度、当事人的受益状况、当事人的经济状况等因素来决定，它给予了司法审判人员以较大的自由裁量权。

(4) 公平责任是在法律没有特别规定适用无过错责任原则，而适用过错责任原则又会导致显失公平的情况下才予以适用的，是对两种归责原则的补充，而非独立的侵权归责原则。

二、公平责任与过错责任、无过错责任的区别

（一）公平责任与过错责任的区别

公平责任与过错责任有着明显的区别：

（1）公平责任适用于双方当事人都无过错的情况，而过错责任适用于加害人有过错的情形。

（2）公平责任适用于造成直接财产损失的情况，其责任形式是赔偿损失而过错责任原则适用于任何一般侵权行为，其责任形式也多种多样。

（3）公平责任是根据公平观念在当事人间分配损失，而过错责任则是根据加害人的过错程度来确定其责任范围。

（二）公平责任与无过错责任的区别

根据我国法律的规定，无过错责任只适用于法律规定的特殊情况，具有一定的固定性，在特殊情况下，无法适用，而公平责任原则正是为了弥补这一缺陷而出现的，二者都以补偿损失为目的，但仍有着一定区别：

（1）公平责任适用于双方当事人都无过错的情况，当事人应举证主张自己无过错，而无过错责任只是不考虑责任人的过错，并未要求双方当事人都无过错；受害人对责任人的过错不负举证责任。

（2）公平责任只适用于产生直接财产损失的情况，而无过错责任无此限制。

（3）公平责任存在损失分担问题，其赔偿范围和赔偿数额由法院依据公平观念来确定；而无过错责任不存在损失分担问题，责任人的赔偿范围通常由法律作出限定。

（4）公平责任的适用不限于法律规定的情况，而无过错责任只适用于法律规定的特定情况。

三、公平责任的适用范围

《民法通则》第 132 条的规定被认为是对公平责任的规定：“当事人对造成损害都没有过错的，可以根据实际情况，由当事人分担民事责任。……”但这里使用民事责任的分担显然不妥，因为在受害人和行为人都无过错的情况下，除非构成无过错责任，否则并不成立侵权责任，依据公平原则只是让行为人适当分担受害人所受的损害而已。《最高人民法院关于贯彻执行〈中华人民共和国民法通则〉若干问题的意见（试行）》（下称《民法通则意见》）第 157 条对《民法通则》第 132 条则作了一定的限定：“当事人对造成损害均无过错，但一方是在为对方的利益或者共同的利益进行活动的过程中受到损害的，可以责令对方或者受益人给予一定的经济补偿。”即分担损害的行为人应当是受害人行为的受益对象。《侵权责任法》第 24 条继承了《民法通则》第 132 条规定的精神，只是将“当事人”更替为“受害人和行为人”。

就《民法通则》而言，公平责任主要适用于第 129 条规定的紧急避险。根据《民法通则》第129条的规定，因紧急避险造成损害，如果危险是由自然原因引起的，紧急避险人可以承担适当的民事责任。这里采用民事责任的表述显然也有所不当，紧急避险人如果无过失，是否仍承担民事责任？鉴于此，《民法通则意见》第156条对《民法通则》第129条作了限缩："因紧急避险造成他人损失的，如果险情是由自然原因引起，行为人采取的措施又无不当，则行为人不承担民事责任。……"在《侵权责任法》中，相当于《民法通则》第129条的是第31条："因紧急避险造成损害的，……如果危险是由自然原因引起的，紧急避险人不承担责任或者给予适当补偿。紧急避险采取措施不当或者超过必要的限度，造成不应有的损害的，紧急避险人应当承担适当的责任。"但对于何种情况下不承担责任，何种情况下给予适当的补偿，区分标准为何，法律规定并不明了。若结合最高人民法院上述司法解释的规定，将本条第2句解释为在紧急避险人采取措施并无不当时不承担责任，则与该条第3句有所重复。

同时，《侵权责任法》第33条第1款规定的原因自由行为也体现出了公平责任的思想："完全民事行为能力人对自己的行为暂时没有意识或者失去控制造成他人损害……没有过错的，根据行为人的经济状况对受害人适当补偿。"

第87条规定的高空抛物责任亦同："从建筑物中抛掷物品或者从建筑物上坠落的物品造成他人损害，难以确定具体侵权人的，除能够证明自己不是加害人的外，由可能加害的建筑物使用人给予补偿。"但这里仅因加害人不明而让所有可能的加害人承担责任则不当地扩大了公平原则的适用范围，违背了侵权法风险自负的基本原理。

应当注意区分公平责任与受益人对特定受害人的补偿义务。《民法通则意见》就受益人对特定受害人的补偿义务规定了两种情况，一是因紧急避险造成他人损失的，如险情由自然原因引起而行为人又不能承担民事责任并且存在受益人时，可责令受益人适当补偿受害人的损害（第156条），另一则是当事人对造成损害均无过错，但一方是在为对方的利益或共同的利益进行活动的过程中受到损害的，可责令受益人予以适当补偿（第157条）。《人身损害赔偿解释》第15条也规定，为维护国家、集体或者他人的合法权益而使自己受到人身损害，因没有侵权人、不能确定侵权人或者侵权人没有赔偿能力，赔偿权利人请求受益人在受益范围内予以适当补偿的，人民法院应予支持。《侵权责任法》第23条则借鉴《人身损害赔偿解释》第15条的精神，作出如下的规定："因防止、制止他人民事权益被侵害而使自己受到损害的，由侵权人承担责任。侵权人逃逸或者无力承担责任，被侵权人请求补偿的，受益人应当给予适当补偿。"由于这些补偿发生在受害人与受益人之间，而受益人非侵权行为人，故在主体上与公平责任原则有所区别。

第五节 侵权归责体系的动态性

在现代侵权行为法中，过错责任和无过错责任已然形成归责体系的两大支柱，协同调整着纷繁的人类日常生活，然而两大归责原则并非是自成封闭体系，而是存在着密切的关联，形成明显的流动体系。这一体系是借助于过失的客观化、过失推定的适用以及过错判断中蕴涵的危险因素等来实现的。

一、过失的客观化

侵权行为法侧重的是对损害的赔偿或补偿，而不是对加害人的人格责难，因此，损害补偿通常不以个人的可归责性即过错为前提，导致归责结果的是对所要求的行为标准的偏离。① 这便形成了“过失客观化”的现象。所谓过失客观化是指现行行为比较对象之当为行为，采用客观标准认定，而非行为人主观上能力所及者。②

过失的客观化代表了对过错责任原则的攻击，使得过错责任和无过错责任之间在理论上的区分在实践中经常是非常模糊的。因为附加在理性之人身上的注意义务要求越严格，不当行为责任就越接近于无过错责任，据以确定注意义务标准的人群限定的越小，不当行为这一范畴的主观色彩就会越浓。③

二、过失推定

对过失责任的第二种强化方式就是采用过错推定的举证方法。举证责任倒置的规定在某种程度上已经修正了过失责任，性质上属于介于过失责任与无过失责任之间的“中间责任”（我国台湾地区在修订其“民法典”的债编时即将此类责任称为“中间责任”），它使得法院可以基于社会需要，衡量当事人的利益，进而合理地分配损害。④

在未确定采用举证责任倒置的过错责任的情形，法院也通常采用表见证据（Prima Facie Beweis，Beweis der Ersten Anschein）的方式来减轻受害人的举证责

---

① ［德］克里斯蒂安·冯·巴尔．欧洲比较侵权行为法：下卷．焦美华译．北京：法律出版社，2001：306.

② 陈自强．民法侵权行为法体系之再构成：下．台湾本土法学杂志，17：24.

③ ［德］克里斯蒂安·冯·巴尔．欧洲比较侵权行为法：下卷：306.

④ 林美惠．侵权行为法上交易安全义务之研究．台湾大学法律学研究所2000年博士论文：216；王泽鉴．侵权行为法：第一册，北京：中国政法大学出版社，2001：274－275.

任。此时，如果根据一般的生活经验可以推断出事件发生的经过及加害人的过错时，法官就会从这一事件发生经过出发，让加害人就事故的发生并不属于该一般生活经验的范围或属于其他生活经验的范围来举证，① 也就是说，无需受害人首先提出加害人违反注意义务的证据，具体的证据提出责任由加害人来承担。他需通过证明“另一种事件发生过程的确实可能性”来动摇表见证据。如果这种经验法则的确信度很高，实际上就达到了类似于举证责任倒置的效果。

可以说，过失的客观化在有成文法或判例法创造的举证责任倒置或表见证据予以辅助的情形下使得过失责任与无过错责任之间的区分更为模糊。冯·巴尔教授甚至认为不当行为本身在核心上就已经是无过错责任形式：只在极少的例外情况下它才和当事人的可归责性相联系。②

三、作为过错责任核心概念的注意义务本身内涵着危险的要素

作为过失责任与无过错责任之间的关联，还需要引入危险的因素。在德国侵权法上，这一因素是借助于交易安全义务而实现的。所谓的交易安全义务，其基本意思就是，在自己与有责任的领域内，开创或持续某一危险源之人，负有依情形采取必要且具期待可能性的防范措施保护第三人免于遭受此种危险的义务，如果其一旦违反此种义务就被认为是具有了过失且具备了客观的违法性。③ 对于交易安全义务的理论基础，冯·巴尔教授从危险升高（危险的开启或维持）、对危险领域的控制可能性以及危险领域对私人和公众的有用性等角度进行了分析，从而鲜明地揭示出交易安全义务和危险责任在理论基础上的一致性。④

我国最高人民法院在《人身损害赔偿解释》第 6 条中所创设的安全保障义务源自德国侵权法的交易安全义务，从学者和最高法院法官对该义务的法理依据的阐释来看，危险因素（危险升高和危险控制的要求）在该义务的产生中也扮演着决定性的角色，⑤ 相应地也就可以扮演过错责任向无过错责任过渡的中介角色。这一义务在《侵权责任法》中被规定在第 37 条中。

---

① Hein Kötz, Deliktsrecht, 8. Aufl., Luchterhand, 1998, S. 105.

② ［德］克里斯蒂安·冯·巴尔．欧洲比较侵权行为法：下卷：401.

③ 林美惠．侵权行为法上交易安全义务之研究：37.

④ Christian von Bar, Verkehrspflichten, — Richterliche Gefährsteuerungsgebote im deutschen Deliktsrecht, Carl Heymanns Verlag KG, Köln, 1980, S. 112ff.

⑤ 张新宝．经营者对服务场所的安全保障义务．法路心语．北京：法律出版社，2003：91~94；黄松有．最高人民法院人身损害赔偿司法解释的理解与适用．北京：人民法院出版社，2004：101-102.

四、无过错责任和过失责任之间的流动性

现代过失侵权行为责任与无过错责任在发展上，并非有时间先后之别。二者均以现代意外事故损害填补的课题作为发展的契机，与时俱进，且如车的双轨，并行而不悖。虽然过失责任是因未为法律所期待的行为而负责，而无过错责任则是纵已为法所期待的行为仍应负责，但二者并未有无法跨越的鸿沟，反而，显现一定程度的流动性与共通性。个别侵权行为类型，究竟属于前者或后者，经常相当困难。①

在过失标准提高、过失标准客观化以及在适用过错推定责任导致举证责任倒置的情况下，过错责任实际上就接近于危险责任。② 可以说，透过学说判例的发展，过失责任亦能发挥与严格责任相同或近似的功能。而与故意及过失责任相对立的所谓无过失责任中也常常规定有不同程度的免责事由的规定，若无过错责任（严格责任）带有免责的可能性，则与过失责任原则之间是否有结构上的差别，或仅为用语的不同，即颇堪玩味。③ 因而，有学者认为，因应现代意外事故损害的分配，纯正无过失的危险责任并非二门不法。无论透过传统无过失责任的修正，或将过失界定为客观注意义务的违反，形式上的过失责任主义，实际运用上，亦可达成相同的结果，责任严格的程度，过失责任甚至有过之而无不及。④

五、建构侵权归责原则的动态体系

过失责任和危险责任之间的流动性可以通过动态系统论得到很好地阐明。这一理论由奥地利著名法学家 Wilburg 教授提出。Wilburg 教授提倡的动态系统论的基本构想是：就一定的法律领域，存在特定可能会发生作用的作用力，通过这些作用力的动态协动作用可以说明各个法律规范、法律效果及其变迁，并将其正当化。⑤ 在损害赔偿法领域内则体现为：单个责任要素，即加害人领域内的每个瑕疵，都能以可分层的强度表现出来，法律结果就取决于各个因素所给定的强度以及该因素和其他因素的相互作用。⑥

---

① 陈自强．民法侵权行为法体系之再构成：上、下．台湾本土法学杂志，16.

② Kötz, Deliktsrecht, 8. Aufl., Luchterhand, 1998, S. 107.

③ 陈自强．民法侵权行为法体系之再构成：上．70.

④ 陈自强．民法侵权行为法体系之再构成：下．33.

⑤ ［日］山本敬三．民法中的动态系统论．解亘，译．民商法论丛（第 23 卷）．香港金桥文化出版（香港）有限公司，2002：181.

⑥ Koziol, Rechtswidrigkeit, bewegliches System und Rechtsangleichung, JBl 1998, 621.

这一构想的最初提出体现在 Wilburg 教授于 1941 年出版的论著 Die Elemente des Schadensrechts（《损害赔偿法的要素》）中。① 在该书中，Wilburg 教授针对当时出现的无过失责任已兴起但尚未形成成熟理论而等待立法发展的情况，试图摆脱过失责任的独家支配，探明包括无过失责任在内的损害赔偿法整体的崭新基础。基于此，Wilburg 提出其基本的想法，即“将损害赔偿责任还原为多个要素，这些要素具有不同的强度，它们以各种组合结合在一起，综合地构成损害赔偿义务的基础。”Wilburg 教授并提出了四项决定性的要素：（1）因侵害或者危险化而导致对他人权利领域的利用；（2）因责任承担者领域发生的事情而导致的损害事实的引发；（3）就瑕疵对责任承担者领域提出的责任；（4）责任承担者的经济能力以及付保可能性。前三项关注的是“责任承担者对损害发生的参与”，而第四项则是建立在“让国民共同体、特别是最容易承担损害的人负担此义务”这样一种想法上的要素。具体到各项要素，（1）中的侵害和危险化分别构成不法行为责任和危险责任的基础，而“对他人权利领域的利用”则统合两者。（2）则考察的是因果关系的问题。（3）涉及的是过错和违法性的问题。它们在不同的具体情形中也体现出不同的强度，如过错可分为故意和过失，而过失又可以分为轻过失和重大过失。（4）涉及的主要是被害人一方的原因，如被害人的过错、自我危险化等。

在建构责任基础时，这些要素所具有的价值综合在一起，决定整体的价值。判断者衡量这些价值，构建全部或部分责任的基础。因此，这些责任要素形成所谓的价值序列，根据各自的数量和强度，相互补充，形成损害赔偿义务。这样可能出现四项要素都具备的情形，此时各要素的强度比较少，也可以构成责任基础。其他责任要素的配置方式如（1）和（2）、（1）、（2）和（3）以及（2）和（4）等。而在（1）或（3）的强度特别大的情形下，单独就可以构成损害赔偿责任的基础。但这并不是说这些配置是任意的，而是存在着基础价值，以上述第（3）项为例，在损害是恶意地造成时，就很容易促成责任的成立，但若仅是完全不可避免的轻微过失就不足以构成责任，而即使是存在恶意，但如果缺乏因果关系，或者不存在损害，也不足以构成责任。②

利用动态系统论，就可以很好地解释过失责任和无过失责任之间的互动关系。由于无过失责任和过失责任不过是前述四项因素中的某几项相结合的产物而

---

① 下面的介绍主要引自山本敬三．民法中的动态系统论．182－187.

② Berhard A. Koch. Wilburg's Flexible System in a Nutshell. Helmut Koziol and Barbara C. Steininger. eds. *European tort law* 2001 ; *tort and insurance law yearbook*. Springer, 2002: 546.

已，这样，就可以将二者以一种动态的体系观点统合起来，建构起一种统一的损害赔偿的基础理论。这也是 Wilburg 教授提出这一理论的初衷。同时这一理论也为过失责任向无过失责任的过渡提供了一种很好的视角。由于过失责任强调的是侵害和对责任人的责难因素，而无过失责任强调的是危险和损害的公平分配因素，构成责任的相对的两极，在二者之间由于各项责任要素的强度不同，其相互配合体现出偏向过失责任或无过失责任的倾向，从而使得过失责任和无过失责任之间存在着多样的中间责任形态。由于对构成责任的各个要素的评价，留给了法官以相当大的裁量余地，这样就可以使法官的判决能够迎合价值的变迁，[①] 在过失责任和无过失责任之间实现对行为人的自由领域的保障和对被害人法益的保护这对价值的衡平。

本章小结

侵权责任归责原则，是指侵权归责的一般规则，是据以确定某人承担侵权责任的根据和标准，也是贯穿于侵权责任法之中，并对各项侵权责任规则起着统帅作用的立法指导方针。我国侵权责任法的归责原则体系包括两种归责原则：一种是适用最为广泛的过错责任原则，过错推定责任是其在实践中的具体适用，但我们可以看到，过错推定责任也有其独特的作用，即它可以发挥从过错责任到无过错责任的过渡作用，一种是主要为适应现代化大工业生产而出现的无过错责任原则（主要体现为危险责任和替代责任），对于以“分配不幸”为主要机能的公平责任，不应认为是一种独立的归责原则。

思考题

1. 简述侵权责任归责原则的概念和体系。
2. 简述过错责任的意义和类型。
3. 简述无过错责任的适用范围。
4. 简述公平责任的含义与本质。
5. 简述归责原则体系在当代立法和司法中的发展变化。

---

① 参见山本敬三．民法中的动态系统论．188.

第三章

侵权责任的构成要件

第一节 过错责任的一般条款与构成要件

一、过错责任的一般条款

过错责任的一般条款，是指规范普通的过错责任的一般条款。在比较法上，各国基本上都采取一般条款的方式来规范普通的过错责任。《侵权责任法》第6条第1款规定："行为人因过错侵害他人民事权益，应当承担侵权责任。"该条是在《民法通则》第106条第2款的基础上修改完善而来，它确立了过错责任的一般条款。过错责任的一般条款具有如下特点：

（1）它是以一般条款的形式来规范普通的过错责任。所谓一般条款，就是指法律只是对行为及裁判设定一些概括性的要求或标准，为判决指示一定方向的条款。[①] 一般条款是相对于决疑式（casuistic quality）而言的，它可以实现立法的简约。

（2）它具有高度的抽象性。过错责任一般条款的特点就是抽象性，它并非针对特定案件或者特定类型的案件，而是可以适用于所有普通的过错责任案件的法律规范。因此，在适用时，法官必须进行具体化的操作（即价值补充）。

（3）它具有高度的适用性。过错责任一般条款的特点就是其具有高度的适

① 韩新华，金涛．论概括条款及其具体化．郑永流：《法哲学与法社会学论丛》（五）．北京：中国政法大学出版社，2002：306.

用性，足以充分因应社会实情的变迁。① 这对于保持法律的稳定性具有重要意义，避免因频繁修改法律而产生的社会成本。

(4) 它具有兜底性的作用。过错责任一般条款的兜底性作用源于过错责任原则的基础性地位。其兜底性作用就意味着，除非法律另有不同的规定或不同的意思，就应当适用该一般条款。

二、过错责任的一般构成要件

过错责任的构成要件分为一般构成要件和特殊构成要件。前者是指过错责任一般条款之中所包含的构成要件；后者是指侵权法就特殊类型的过错责任（包括过错推定责任）所规定的构成要件。例如，在共同加害行为的情况下，虽然行为人也承担过错责任，但要求共同故意。

过错责任的一般构成要件包括哪些？或者说，《侵权责任法》第 6 条第 1 款所包含的构成要件包括哪些？对此，我国学界存在不同的看法，主要有两种观点：(1) 三要件说。此种观点认为，过错责任的一般构成要件包括：损害、过错以及过错和损害之间的因果关系。② (2) 四要件说。此种观点认为，过错责任的一般构成要件包括：违法行为、损害、因果关系和过错。③

三、过错责任一般构成要件的层次性

(一) 过错责任一般构成要件的三个阶层

我国多数学者认为，过错责任的一般构成要件处于同一层面。这一看法似乎值得商榷，应当借鉴德国法上的三阶层理论，即分别认定符合性（即符合客观构成要件，包括侵权行为、损害和因果关系）、违法性和有责性（包括责任能力和过错）时，行为人才应对受害人遭受的损害负赔偿责任。从逻辑的角度来看，它有利于明晰各个构成要件之间的逻辑联系。在普通的过错侵权责任中，各个构成要件之间是存在逻辑联系的。多数学者所主张的各个构成要件处于同一层面的做法，就割裂了其相互联系，导致构成要件的简单堆砌。例如，因果关系应当是侵权行为与损害之间的因果关系，如果各个构成要件并列，就无法明确清晰地体现侵权行为与损害之间的内在联系。而三阶层结构就可以充分反映各个构成要件

---

① 邱聪智．民法研究．北京：中国人民大学出版社，2002：132.

② 王利明，周友军，高圣平．中国侵权责任法教程．北京：人民法院出版社，2010：183 以下。此处是王利明教授撰写。

③ 杨立新．《中华人民共和国侵权责任法》条文释解与司法适用．北京：人民法院出版社，2010：28 以下．

之间的相互联系，体现出高度的逻辑合理性。

（二）过错责任的一般构成要件与抗辩事由

抗辩事由是一个相对模糊的概念，它既可以是责任不成立的抗辩（如不存在因果关系），也可以是责任减轻或免除的抗辩（如受害人过错）等。如何对其进行体系化的梳理，值得探讨。抗辩事由可以结合前述三阶层的结构，分别置于符合性、违法性和有责性三个层面来探讨，具体来说：

（1）在符合性层面，要判断是否符合客观构成要件，包括侵权行为、损害和因果关系。被告要提出抗辩，只能提出其并没有满足相应的要件，如不存在侵权行为（如没有作为义务）、不存在损害、不存在因果关系（如不可抗力）。

（2）在违法性层面，要判断侵权行为是否具有违法性。被告要提出抗辩，可以提出违法阻却事由，包括正当防卫、紧急避险、受害人同意、自助、权利正当行使、无因管理、依法执行职务等。

（3）在有责性层面，要判断行为人是否具有过错，而过错认定的前提是侵权责任能力。被告要提出抗辩，可以证明事变的存在（包括意外事件和不可抗力）。

另外，被告还可以提出的抗辩包括，其应当承担相应的责任、受害人的过错、受害人因损害事故获得利益，这三者与过错责任的构成要件无关，而是侵权损害赔偿中的三个制度解决的问题。相应的责任是完全赔偿原则的例外，受害人的过错要适用过失相抵规则，受害人因损害事故获得利益要适用损益相抵规则。

第二节　侵权行为

一、侵权行为的概念和特征

在过错责任领域，“侵权行为”包含了两方面的含义，即行为和权益侵害。[①] 所以，侵权行为应当界定为，侵害他人民事权益的作为或不作为。《侵权责任法》第6条第1款虽然没有明确强调“行为”的要件，但是，从其所使用的“行为人”、“侵害他人民事权益”等表述之中可以解释出，其认可了侵权行为的要件。作为过错责任构成要件的侵权行为具有如下特征：

（1）它是事实行为。事实行为与法律行为的区别在于，前者的法律后果依

① 有学者将两者区分开，作为两个不同的构成要件。参见王泽鉴．侵权行为法：第一册．北京：中国政法大学出版社，2001：92.

据法律直接规定而产生，后者的法律后果要尊重当事人的意思。民法上有一项规则，即“违法行为恒为事实行为”。在过错责任领域中，侵权行为具有违法性，所以，它必然是事实行为。不过，作为侵权行为的法律事实的组成部分，可以是事实行为，也可以是法律行为。例如，将自己所保管的他人的物出卖，该买卖行为是法律行为，但是，对于寄托人来说，保管人的买卖行为就是构成侵权行为的法律事实。①

(2) 它是过错责任的构成要件。在过错责任（包括过错推定责任）中，侵权行为是其构成要件。因为责任人是对自己的行为负责，符合自己责任原则。即使表面上表现为物（如动物园的动物或工作物、堆放物等）导致他人损害，此时，责任的构成要件中也包含了侵权行为。因为责任人也是为自己具有过错的行为负责，只不过，过错是被推定的且往往表现为不作为。

(3) 它是过错责任的首要构成要件。在过错责任的一般构成要件中，究竟是以损害作为首要的构成要件，还是以侵权行为作为首要的构成要件，对此，存在不同的看法。有学者认为，损害应当作为首要的构成要件；也有学者认为，侵权行为是首要的构成要件；还有学者认为，以侵权行为作为构成要件，更符合逻辑。毕竟先有侵权行为，然后才有损害。

(4) 它是侵权人自己的行为。侵权人自己的行为通常是侵权人自己亲自实施的行为，也可以是侵权人利用他人无意识的行为而实施的侵权行为。例如，利用法院的诉讼程序侵害他人；再如，将毒药交给不知情的第三人，第三人又交给受害人，导致受害人死亡。此时，第三人只不过是工具，侵权行为仍然是侵权人自己的行为。②

二、法人的侵权行为

法人是否可以实施侵权行为，这取决于不同的法人本质理论。采不同的法人本质理论，会影响到法人是否可以实施侵权行为的认定。在法人否认说之下，法人是被否认的，不可能实施侵权行为。在法人拟制说之下，法人的机关不是法人的一部分，法人与法人机关之间的关系是代理与被代理的关系。因为侵权行为无法代理，所以，法人也就不可能实施侵权行为。而在法人实在说之下，法人机关是法人的一部分，法人机关的行为就是法人的行为，③ 所以，法人机关的侵权行

① 史尚宽．债法总论．北京：中国政法大学出版社，2000：123.

② 参见孙森焱．民法债编总论：上册．北京：法律出版社，2006：176.

③ 参见龙卫球．民法总论．北京：中国法制出版社，2001：362.

为就是法人的侵权行为。

我国《民法通则》第36条第1款明确采法人实在说，确切地说是采组织体说，因此，法人可以实施侵权行为，与此相应，《侵权责任法》第6条第1款中的“行为人”也应当解释为包括自然人和法人。这就是说，法人机关的行为就视为法人的行为，由法人承担侵权责任。法人机关通常就是法人的法定代表人，在法人清算、被宣告破产等情况下，则是其清算组织、破产管理人等。当然，法人机关的行为要被视为法人的行为，必须其行为是执行职务的行为。① 另外，就法人机关自身来说，其人格被法人所吸收，所以，法人的机关自身并不对外承担责任。例如，法定代表人实施了侵害他人商业秘密的行为，但其自身并不对受害人负责。

在侵权法上，法人机关与法人的雇员的区分，会导致不同的法律后果。法人机关的行为就是法人自身的行为，而法人的雇员的行为并不是法人自身的行为，而是由法人对其行为承担替代责任。所以，法人对其机关的行为承担责任，适用《侵权责任法》第6条第1款，而法人对其雇员的行为承担责任，适用该法第34条。

三、作为侵权与不作为侵权

很多国家的侵权法都采纳了区分作为侵权和不作为侵权的理论，即将过错侵权细分为作为侵权和不作为侵权。② 因作为而侵害他人权利时，可以成立侵权行为；而不作为原则上并不构成侵权行为，只有当不作为违反了作为义务时，才例外地认定其是侵权行为。我国立法者认为，《侵权责任法》第6条中的“行为”包括作为和不作为。可见，作为侵权和不作为侵权的区分是被立法者认可的。

侵权法的价值目标之一就是保障行为自由。如果不作为一概认定为侵权行为，就等于承认了一般性的照顾他人义务的存在，这与侵权法的基本价值目标是相违背的。另外，这一区分也是法律发展继承性的要求。法律一如语言，并无绝然断裂的时刻。大陆法系国家传统上一贯坚持作为侵权和不作为侵权的区分，我国自清末变法以来也引入了区分二者的理论，从法律发展继承性的角度考虑，我们应当继续此种区分。

具体而言，学者们主要提出了如下标准来区分作为侵权和不作为侵权：(1) 从违法的含义角度来区分。此种理论认为，违法就是指人的行为违反了法

---

① 参见尹田．论法人的侵权行为．河北法学，2002（2）．

② 有学者认为，在危险责任之下，并没有区分作为侵权和不作为侵权的必要，因为危险责任赖以产生的原因是危险活动或危险物，没有必要先认定作为义务的存在与否从而确定责任。

律秩序，即违反了法律的命令（ein Rechtsgebot）或法律的禁令（ein rechtliches Verbot）。作为违反的是法律的禁令，不作为则违反了法律的命令。（2）从因果链的角度来区分。此种理论认为，作为就是指侵权人在受害人的法益上制造了危险，不作为则是指未排除威胁到受害人的危险。确切地说，在作为中，侵权人自己启动了具有法律意义的因果链；而在不作为中，则是侵权人未中断这一因果链。① （3）从行为的外部表现来区分。此种理论认为，作为指有所而为，这可以由外部来认识，如手术开刀、出版刊物等。不作为指有所不为，如见亲友遭绑架，坐视不报警；孩童溺水，不加援手等。②

作为可以直接认定其属于侵权行为。而不作为原则上不被认定为侵权行为，只有违反了作为义务时才认定其是侵权行为。在我国既有理论中，作为义务的产生原因有三：法律规定、合同约定和先前行为。另外，《侵权责任法》借鉴了德国法上的交往安全义务理论和我国司法解释相关规定（《人身损害赔偿解释》第6条），于该法第37条规定了安全保障义务制度，并且规定负有安全保障义务的主体包括两种类型：一是宾馆、商场、银行、车站、娱乐场所等公共场所的管理人；二是群众性活动的组织者。这是我国法上作为义务的扩张。

四、权益侵害

（一）权益侵害的概念和特点

权益侵害，是指民事主体的民事权益遭受的侵害。权益侵害是侵权行为要件的组成部分。《侵权责任法》第6条第1款中“侵害他人民事权益”似乎也表明了对权益侵害的要求。权益侵害的特征：

（1）它是民事权益的侵害。所谓民事权益的侵害，是指妨害民事权益的享有或行使。侵权法的保护范围限于民事权益，不包括公法上的权益。公法上的权益受到侵害，应当通过公法予以救济。

（2）它是行为造成的权益侵害。在德国法上，区分责任成立的因果关系和责任范围的因果关系。前者是指行为与权益受侵害之间的因果关系；后者是指权益受侵害与损害之间的因果关系。③ 我国学者并没有进行如此细致的分类，往往

① ［德］克雷斯蒂安·冯·巴尔著．焦美华，译．欧洲比较侵权行为法：（下）．北京：法律出版社，2001：261.

② 王泽鉴．侵权行为法：第一册．北京：中国政法大学出版社，2001：91.

③ 王千维．由财产损害与非财产损害之区分，看民法第五百十四条之八之非财产损害的财产化．林诚二教授祝寿文集编辑委员会：《私法学之传统与现代：林诚二教授六序华诞祝寿论文集》（上）．台湾：学林文化事业有限公司，2004：8.

简单认为，因果关系是侵权行为与损害之间的因果关系。但是，在认定侵权行为要件时，也应当借鉴因果关系理论，认定权益侵害必须是由行为造成的。

（3）它具有开放性的特点。《侵权责任法》第6条第1款中使用了“民事权益”的概念，结合第2条第2款的规定，可以看出，它不限于已经列举的民事权利，还包括其他民事权利和利益。因此，“权益侵害”的概念具有开放性。

（4）它是不同于损害的要件。权益侵害只是表明权利的圆满状态受到不利影响，它与损害存在联系，损害是权益侵害的结果。但是，两者是不同的责任构成要件，存在明显的区别，损害是指现实的损害，而权益侵害仅仅表明民事权益的侵害而已。

（二）权益侵害与侵权行为的对象

权益侵害之中包含了一项重要的内容，即民事权益。它是侵权行为的对象，也是侵权法保护的对象。根据《侵权责任法》第2条第2款的规定，民事权益“包括生命权、健康权、姓名权、名誉权、荣誉权、肖像权、隐私权、婚姻自主权、监护权、所有权、用益物权、担保物权、著作权、专利权、商标专用权、发现权、股权、继承权等人身、财产权益。”概括来说，侵权行为的对象可以分为两类：

（1）权利。这里所说的权利应当限于绝对权。绝对权通常具有一定的公示方式，能够为权利人之外的第三人知晓，且绝对权有明晰的内容及界限，第三人可以确定不侵犯他人绝对权的行为方式。所以，绝对权是侵权责任法保护的主要权利类型。至于相对权（主要是债权），其仅仅在当事人之间发生效力，在侵权法上，相对权的侵害应当纳入到利益侵害之中。具体来说，作为侵权行为对象的绝对权主要包括如下几类：① 人格权；② 身份权；③ 物权；④ 知识产权；⑤ 股权、继承权等其他权利。

（2）利益。利益也是侵权法保护的客体。“侵权行为”的说法并非意味着，侵权法仅保护权利，不保护利益。如此称谓只不过是“举要以概其余”而已。[①]《侵权责任法》第2条第2款使用“等人身、财产权益”的表述，其应解释为包含了利益。另外，在比较法上，这也几乎被一致认可，例如，《日本民法典》第709条就规定，侵权行为的对象是“权利或受法律保护的利益”。

① 史尚宽．债法总论．北京：中国政法大学出版社，2000：105.

第三节 损　　害

一、损害的概念和本质

（一）损害的概念和特征

损害，是指受害人受法律保护领域内的不利变化。① 正所谓“无损害则无赔偿”，损害是所有侵权责任的构成要件，当然也是过错责任的构成要件。《侵权责任法》第6条第1款仅使用了“侵害他人民事权益”的表述，但立法者在解释该条时认为，损害是过错责任的一般构成要件之一，大概是将侵害他人民事权益与损害作等同的理解。损害的特征在于：

（1）它是过错责任的构成要件之一。损害是过错责任的构成要件，也是区分侵权行为和不当得利、无因管理等法定之债的重要标准。有学者甚至认为，损害是第一位的构成要件。但有学者认为，将侵权行为作为第一位的构成要件，更符合逻辑。

（2）它是侵害权利或侵害利益造成的不利后果。损害与权益侵害具有密切联系，② 它或者是因权利受侵害造成的，或者是因利益受侵害造成的，但是必须给受害人造成了不利后果，包括财产上的不利后果和非财产上的不利后果。

（3）它是特定民事主体所遭受的不利后果。侵权法上可以救济的损害应当是特定民事主体所遭受的损害，如果是集体损害（如生态损害），则无法通过侵权法来救济。③

（4）它是现实的损害。现实的损害大致等同于确定的损害，学者称其为损害的事实方面。有学者认为，侵权法上的损害包括现实的损害和可能的损害。这是对侵权法的认识有误，也混淆了侵权责任与绝对权请求权。

（5）它是可救济的损害。它也被称为损害的法律方面。社会生活中的损害并非都是侵权法的损害，侵权法上的损害应当是法律认可的、可救济的损害。④ 例如，侵害财产权导致的精神损害（如宠物死亡的痛苦），原则上就不能获得救济。

---

① ［德］马格努斯主编．谢鸿飞，译．侵权法的统一：损害与损害赔偿．北京：法律出版社，2009：277.

② 在德国法上，责任范围的因果关系，就是指权益侵害与损害之间的因果关系。

③ 在比较法上，似乎只有法国承认集体损害。集体损害有两种：一是很多人都受到微小损害；二是集体（不特定的组织）遭受的损害。参见［德］马格努斯主编．谢鸿飞译．侵权法的统一：损害与损害赔偿．北京：法律出版社，2009：292.

④ 张新宝．侵权责任构成要件研究．北京：法律出版社，2007：122.

（二）损害的本质

关于损害的本质，历来存在着两种学说，即利益说（差额说）和组织说。德国学者默姆森（Mommsen）于1855年提出利益说，认为，损害是受害人对于该特定损害事故的利害关系，或者说，受害人因该特定损害事故所损害的利益。利益说，又称为差额说（Differenzmethode），认为损害就是假想的状况（即如果没有遭受侵害受害人所处的状况）与实际的状况（即受害人目前的真实状况）的差别。例如，受害人新购买的手机一部，价值1 000元，加害人不慎将其掉入河里，受害人的损害就是其对手机的利益，即1 000元。

组织说是德国学者奥特曼（Oertmann）、诺伊纳（Neuner）教授倡导的学说。奥特曼教授认为，损害是法律主体因其财产的构成成分被剥夺或毁损，或其身体受伤害所遭受的不利益。诺伊纳教授认为，在侵权法上，损害区分直接损害和其他损害。直接损害是直接被毁标的物所受的侵害，直接损害应客观确定，无论如何都要赔偿；而直接损害以外的损害，应当通过利益说来衡量其是否超出直接损害的差额，超出部分仍然应当赔偿。

比较利益说和组织说，其区别在于：第一，损害概念的统一性。利益说之下的损害概念是统一的，而组织说之下，损害的概念，是由客观损害的成分及其他整体财产上所受损害的成分两部分构成。第二，损害确定的方法。按照利益说，损害是以受害人的总财产的变动来衡量损害是否存在及其大小，而按照组织说，损害要考虑外在的具体破坏来认定。①

我国原则上应当采利益说。这就意味着，就财产损害，应当采利益说，因为财产损害借助于利益说可以很方便地认定。目前，很多国家都采差额说来确定财产损害（如德国、法国、奥地利、意大利、荷兰、比利时、南非等）。② 至于精神损害，也原则上采利益说，以受害人对该事故的利益关系来认定精神损害。当然，在特殊情形下，为了更充分地实现受害人保护，也可以借鉴组织说。

二、侵权法上损害的特点

（一）事实方面的特点：现实性和不利性

1. 现实性

在侵权法上，损害应当是现实的损害，不能是可能的损害。侵权行为没有

---

① 曾世雄．损害赔偿法原理．北京：中国政法大学出版社，2001：120.

② ［德］马格努斯．谢鸿飞，译．侵权法的统一：损害与损害赔偿．北京：法律出版社，2009：283.

"未遂"的问题，这与犯罪行为不同。另外，这也是侵权责任与绝对权请求权区分的基础。绝对权请求权可以救济可能的损害，如物权请求权中的消除危险请求权；而侵权责任只能救济现实的损害。损害的现实性（也可以称为确定性）体现在如下两个方面：

（1）损害的存在是确定的。损害必须是确定存在的，而不能纯粹是臆想的，受害人必须对其负有举证责任。例如，因侵权行为导致抵押物遭受损害，但是，在债务到期之前，不能确定是否导致债权不能实现，所以，损害没有确定，无法请求加害人承担侵权责任。有时，权利的侵害本身就可以推定损害的存在。例如，在侵害人格权的案件中，侵害事实就足以推定存在精神损害。① 另外，在英国、美国等极少数国家存在名义性赔偿（nominal damages），它是指在没有认定受害人遭受了实质性损害时，法院判决给予其极少额的象征性损害赔偿。名义性赔偿具有确认被告行为的违法性、确认原告权利的存在的效果。② 我国立法和理论一直没有认可这一制度，所以，我国法上侵权责任的承担必须要求损害的存在是确定的。

（2）损害的大小或范围是确定的。通常来说，受害人主张侵权责任，还必须以损害的大小或范围的确定为前提。受害人所遭受损害的范围，既包括已经实际发生的，也包括将来确定要发生的。例如，受害人因受伤而应当支付的医疗费，虽然目前还没有支付，但是将来一定要支付。原则上，受害人也应当证明损害的范围，但是，也存在两个例外：一是受害人可以估计其损害。这主要是考虑到，受害人有时无法证明其损害的准确范围，如未来安装假肢的费用，要取决于假肢的价格上涨、身体康复状况等。二是法院可以酌定损害的范围。它适用于证明损害的精确数额过于困难或花费过高的情形。《侵权责任法》第 20 条就规定，针对侵害人身权益无法确定损害，法院可以酌定。例如，即将毕业的硕士生遭遇车祸而成为残疾人，对其就业产生影响，但具体的财产损害难以确定。

2. 不利性

损害是受害人在其受法律保护领域内的负面变化。这就是说，损害往往表现为受害后的财产、人身状况相对于受害前的财产、人身状况发生了不利于受害人的改变。③ 损害的不利性是从客观角度判断，而不是从受害人或行为人的主观角度判断。损害的不利分为财产性的不利（即财产损害）和非财产性的不利（即

---

① 程啸．侵权行为法总论．北京：中国人民大学出版社，2007：246.

② ［日］望月礼二郎．郭建，王仲涛，译．英美法．北京：商务印书馆，2005：258.

③ 张新宝．侵权责任构成要件研究．北京：法律出版社，2007：121.

非财产损害或精神损害）。

（二）法律方面的特点：可救济性

从法律方面来看，损害必须具有可救济性。侵权法上的损害与日常生活中的损害并不是同一概念，即使是日常生活中的损害，但不是可救济的损害，也不是侵权法上的损害。损害的可救济性特征，可以排除一些日常生活中的损害，主要排除如下几类损害：

（1）微额损害。微额损害，也称微小损害，是指受害人所蒙受的至为微小的损害。微额损害的特点在于，损害的微小，而且是经常、频发的。① 例如，邻居之间偶尔因电视的噪音而影响对方；乘坐公交车的乘客相互拥挤而造成的疼痛。法谚有云，“法律不管琐事”。从司法资源的有限性和避免诉讼泛滥的角度出发，微额损害不应当获得赔偿，属于不可救济的损害。不过，在微额损害的认定上，法官应当依据社会一般观念、法秩序的整体精神等来考虑，尽可能谨慎地作出认定，避免任意裁定，导致与强化受害人保护的立法目的冲突。

（2）非法损害。它是指与非法行为密切联系的损害。可赔偿的损害必须是合法的，不能是与违法行为密切相连的损害。如果作为收益或利润来源的行为是非法的或者法律不认可的，受害人的损害就不是可救济的损害。非法损害不能获得法律的保护，是因为法律秩序作为一个整体必须被尊重。侵权法的保护不能覆盖法律秩序禁止获得的利益。我国《民法通则》第 5 条规定“公民、法人的合法的民事权益受法律保护……”，据此似乎也可以解释出上述规则。例如，驾驶“黑出租车”的人因汽车被撞坏而导致其一段时间内不能驾驶该车，该损失就是非法损害，无法获得赔偿，否则就与法律禁止开“黑出租车”的精神相违背。在认定非法损害时，应当采用广义的违法性判断，包括违反法律的强制性规定和违反公序良俗。不过，法官在认定时，也应谨慎操作，并尽到充分说理的义务。

（3）侵害人身权益导致的轻微精神损害。根据《侵权责任法》第 22 条的规定，精神损害赔偿的适用必须以受害人遭受了严重的精神损害为前提。“严重”，即超出了社会一般人的容忍限度。② 所以，在社会一般人的容忍限度内的损害，就是法律上排除的轻微精神损害。这主要是为了避免精神损害赔偿制度被滥用和限制法官的自由裁量权。

---

① 曾世雄．损害赔偿法原理．北京：中国政法大学出版社，2001：140.

② 张礼洪．意大利法中非财产性人身损害赔偿制度及其启示∥全国人大常委会法工委民法室和中国人民大学法学院．2009 年中日侵权责任法研讨会会议资料：43.

（4）侵害财产权益导致的精神损害。在侵害财产权益的情况下，原则上不赔偿精神损害。这主要考虑到如下原因：一是精神损害赔偿的判定往往缺乏明确的标准，容易导致法官滥用自由裁量权；二是侵害财产权益中的精神损害往往是比较轻微的。在例外情况下，法律也认可侵害财产权益的精神损害赔偿，我国《精神损害赔偿解释》第4条就规定，侵害具有人格象征意义的特定纪念物品，受害人可以获得精神损害赔偿。不过，按照例外规定要严格解释的规则，“具有人格象征意义的特定纪念物品”应当严格认定。

（5）其他法律不予救济的损害。除了上述类型之外，法律上还会排除一些损害，这往往是基于法政策考量。例如，在工作物致害责任中，纯经济损失被排除在可救济的损害之外，这也是为了避免给工作物所有人等强加过重的责任。再如，在危险责任中，法律往往也不救济纯经济损失，这也是不具有可救济性的损害。

三、损害的分类

（一）财产损害和精神损害

依据损害是否可以通过金钱来衡量，其可以分为财产损害和精神损害。财产损害，是指可以通过参考市场，借助客观的经济手段衡量的损害。例如，汽车因交通事故全损，可以通过市场上同类车的价格来确定其损害。精神损害，也称非财产损害，是指无法通过参考市场，借助客观的经济手段衡量的损害。例如，受害人骨折所遭受的肉体痛苦就是精神损害。不过，两者的区分也存在模糊之处。德国联邦法院认为，如果精神享受已经商业化，妨害或剥夺该享受就构成财产损害。这一经验值得借鉴，例如，因旅行社过失导致旅行计划落空，也应当认定为财产损害。

区分财产损害和精神损害的意义主要在于：（1）是否贯彻完全赔偿原则不同。财产损害的赔偿要贯彻完全赔偿原则，赔偿的结果如同损害事故没有发生。而精神损害赔偿无法贯彻完全赔偿原则，因为损害无法以金钱来衡量，只能估定。（2）两者的认定标准不同。财产损害往往以客观的市场价格为标准；而精神损害必须也只能用主观方法评价。（3）侵权责任形式不同。财产损害与精神损害都可以“回复原状”，但是，具体的方式不同，如物的毁坏可以采取修理的方式，而恢复名誉、赔礼道歉等只能适用于精神损害。

（二）所受损害和所失利益

财产损害可以分为所受损害和所失利益，精神损害中没有类似的分类。所受损害，也称积极的损害，是指因损害原因事实的发生，致使现存财产的减少。例如，因殴打他人导致受害人支出了医疗费。所失利益，也称消极的损害，是指因损害原因事实的发生，致使应增加而没有增加的利益。例如，因交通事故导致受害人的误工损失。所失利益包括两类：一是依据通常情形可以预期的利益。它是指按照事物的自然趋势，本来可以取得，但因为损害原因事实却没有取得的利益。二是依据特别的情事而可以预期的利益。它是指依据通常情形未必能够取得的利益，但因为存在特殊的情况而可能取得，却因损害原因事实而没有取得的利益。

侵权法上所受损害和所失利益的区分意义在于：（1）因果关系的认定上存在区别。所受损害与侵权行为之间的因果关系容易认定；而所失利益与侵权行为之间是否具有因果关系，也需谨慎认定。可以说，因果关系具有划定所失利益赔偿范围的作用。（2）损害确定性的程度不同。所受损害的确定性容易认定，而所失利益的确定性认定存在一定的困难，受害人应当证明其利益取得的客观确定性。

四、损害认定中的若干疑难问题

（一）预防事故的费用

预防事故的费用，是指为预防损害而支出的金钱和其他成本（如劳动）。例如，工厂为了避免突然停电的损失，而购置应急的发电机。预防事故的费用是否救济，如何救济，学界存在争议。有学者提出，受害人预先支出的费用与加害行为之间并不具有因果关系，因为受害人早在事故发生以前就预先支出了该费用。有学者提出，可以借助无因管理制度来解决。该费用可以看作是受害人为了避免加害人的损失而管理加害人的事务，应当基于无因管理而请求加害人补偿。还有学者认为，这属于与加害行为有因果关系的损害，应获得赔偿。[①]《欧洲侵权法原则》第2：104条也规定，“为避免紧急危险支出的费用在合理的范围内可以获得赔偿。”即为了强化侵权法的预防功能，预防事故的费用也应当作为损害而获得赔偿。

可以获得赔偿的预防事故的费用，必须是合理的。其合理与否的判断，应当以预防措施采取之时为准，客观地判断，即一个合理而谨慎的人对危险的预先判断。从客观上看，在采取措施时，该措施不能阻止损害的发生或者是不必要的，这种费用就是不合理的。反之，则是合理的。所以，即使危险没有出现，并且事后表明预防是不必要的，预防费用也可赔偿。同样，尽管有合理的预防，损害最终还是发生了，预防费用也可以赔偿。

---

① 曾世雄．损害赔偿法原理．北京：中国政法大学出版社，2001：143.

（二）错误出生和错误生命中的损害

错误出生（Wrong Birth）是指父母原本不愿意生育特定的子女，但因被告的过错（如医院的避孕措施失败）而导致该子女的出生。在该类案件中，子女自身不享有请求权，其不能主张自己遭受了损害（如因医生的过失导致自己出生）。因为没有人享有在出生前或出生后被杀害的权利。① 至于父母支出的扶养费是否属于可救济的损害，比较法上有不同的做法。在德国、希腊、荷兰、比利时等国家，父母有权获得其不想生育的子女的扶养费。而在奥地利、法国等国家则认为，扶养费的支出与获得子女不能严格分开，因此，不承认错误出生中赔偿扶养费的请求。②

错误生命（Wrong Life）是指父母不愿意生育有残疾的子女，但因被告的过错（如医生没有检查出胎儿有残疾）导致其生育了有残疾的子女。在该类案件中，残疾的子女自身，不能请求赔偿。因为医生并没有造成孩子的残疾。至于父母的扶养费是否可以作为可救济的损害，比较法上也有不同的做法。在德国、法国、意大利、荷兰等国家，父母有权请求赔偿全部扶养费，包括扶养残疾子女增加的特别扶养费。而在奥地利、美国、希腊等国家，父母仅有权请求赔偿因子女残疾而增加的特别扶养费。有学者认为，父母的扶养费应当区分为一般扶养费（即任何子女的扶养都需要的扶养费）和特别扶养费（即因子女残疾而需要的特别支出），前者属于不可救济的损害，后者属于可救济的损害。因为前者是父母生育该子女本应负担的法律义务，不应作为可救济的损害。

（三）物的使用损失

物的使用损失，是指因侵权行为导致物的一定期限内无法使用而造成的损失。③ 例如，汽车被撞而送去维修期间，无法使用该汽车。

物的使用损失是否是可救济的损害？对此，比较法上有不同的做法：（1）可救济的损害模式。在法国、希腊、美国、南非等国家，无论受害人是否租用了替代物，物的使用损失都是可救济的损害，都予以赔偿。（2）区分处理模式。德国法区分物的类型，对于生活急需的物，如房屋、公寓、汽车和轮船的使用损失，应予赔偿；其他物的使用损失则不予赔偿。（3）不可救济的损害模式。在奥地利和意大利，纯粹的物的使用损失属于非财产损害，受害人不能请求赔偿。从强化受害人保护的角度考虑，应当认可物的使用损失属于财产损害，并

---

① 欧洲侵权法小组．于敏，谢鸿飞，译．欧洲侵权法原则：文本与评注．北京：法律出版社，2009：59.

② ［德］马格努斯．谢鸿飞，译．侵权法的统一：损害与损害赔偿．北京：法律出版社，2009：297.

③ 曾世雄．损害赔偿法原理．北京：中国政法大学出版社，2001：144.

且不考虑受害人是否租用了替代物，都应当是可救济的损害。

（四）无益费用

无益费用，是指因侵权行为而导致已经支出的费用变得没有意义。例如，例如，因身体受到伤害而导致演唱会门票的支出变成无益费用。

在很多国家（如德国、英国、奥地利、荷兰、比利时等），因违法行为而变得无益的费用都属于可救济的损害，应予赔偿。① 这一做法值得借鉴。但是，受害人请求赔偿无益费用的权利必须受严格限制，要么是典型的、合理负担的成本，要么是为避免或减轻损害而支出的费用，这些费用因损害的发生而变得无益。例如，因宠物狗被汽车撞死而导致当年的养犬证费用变成无益费用。

（五）诉讼成本

在侵权法上，律师费用和诉讼费用等诉讼成本是否是可救济的损害？在一些国家（如德国、奥地利、英国等），律师费用和诉讼费用都主要由程序法的特别规则调整，通常不属于损害赔偿法的对象。在另一些国家（如荷兰），律师费用和诉讼费用被规定在损害项目之中。在我国，法律没有明确规定。有学者认为，除了恶意诉讼之外，应当认为其是程序法调整的对象，不宜纳入损害赔偿的项目之中。所以，诉讼成本不是侵权法上可救济的损害，但是，可以通过程序法的方式来分配诉讼费用。

（六）纯经济损失

“纯经济损失”（英 Pure Economic Loss，德 Reines Vermögenschaden），是指没有侵害受害人的绝对性权益（Ein Absolutes Gut），而仅存在于其一般财产中的损害。纯经济损失是侵权法的一个重要的新领域，并被认为是侵权法体系中的真正的难题。纯经济损失的“纯”就体现在，它不是侵害人身或财产的结果。在这一点上，纯经济损失与附随的经济损失不同。附随的经济损失是附随于绝对性的人身权益或财产权益而发生的经济损失。例如，侵害他人健康权而导致的医疗费支出就是附随的经济损失。

纯经济损失案件类型很多，并且有不断发展的特点。从目前来看，其主要有如下几类：其一，电缆案件。挖断电缆，导致电力供应中断，相关民事主体遭受纯经济损失。例如，甲挖掘地道，不慎毁坏了乙的电缆，导致了电力供应中断，从而致使丙的餐厅不能营业。在此情况下，乙的所有权遭受了侵害，而丙遭受了纯经济损失。其二，不实陈述案件。专家（如会计师等）对他人为不合事实的说明，从

① ［德］马格努斯．谢鸿飞，译．侵权法的统一：损害与损害赔偿．北京：法律出版社，2009：289－290.

而造成第三人纯经济损失。例如会计师出具不真实的会计意见，导致收购该公司的人的纯经济损失。其三，商品瑕疵案件。商品具有瑕疵，致使买受人或第三人受有经济上损失。因为买受人或第三人获得的所有权自始存在瑕疵，所以，不能认定为所有权侵害，而是纯经济损失。其四，第三人侵害债权案件。第三人侵害债权，是作为侵害权利的案件处理，还是作为纯经济损失案件来处理，学说上有不同的看法。有学者认为，其属于纯经济损失案件，因为债权具有相对性，从第三人的角度来看，债权只不过是财产性利益，不是绝对性权益。其五，遗嘱案件。遗嘱案群中的典型案件是，律师受他人委托起草遗嘱，但是，因律师的过错而导致遗嘱无效或者被撤销，进而导致可能通过遗嘱而获得利益的人遭受纯经济损失。

就特定情形的纯经济损失赔偿，我国一些法律作出了规定。[①] 除此之外的纯经济损失案件，就应当适用《侵权责任法》第 6 条第 1 款，即“行为人因过错侵害他人民事权益，应当承担侵权责任。”其中的“侵害他人民事权益”，包含了对他人单纯的财产利益的侵害，或者说包含了纯经济损失的赔偿。问题是，该法没有采纳德国法上的权利位阶理论，而是采取与法国法几乎相同的做法，只要造成损害，就可能获得赔偿。这就也导致了与法国法类似的问题，即责任的限制比较困难。在法政策上，纯经济损失的赔偿应当受到比较严格的限制，这主要是基于如下考虑：（1）这是保障社会一般行为自由的需要。如果纯经济损失的赔偿不受严格限制，责任就变得漫无边际，个人的行为自由也会受到过分的限制。（2）这是避免诉讼泛滥的需要。正如卡多佐（Cardozo）法官所言，纯经济损失的赔偿，可能导致“在不确定时间、对不确定人的、不确定的责任”。如果打开了诉讼的闸门，将导致诉讼洪水的泛滥。第三，这是比较法上经验的总结。国外的立法和判例都表明，纯经济损失的赔偿要受到比较严格的限制。

第四节 因果关系

一、因果关系的概念和特征

从广义上说，因果关系被理解为“一种情形引发另一种情形的判断”。[②]

---

① 例如，《证券法》第 69 条、173 条，《注册会计师法》第 42 条等。

② ［荷］施皮尔．易继明，等，译．侵权法的统一：因果关系．北京：法律出版社，2009：85.

它适用于所有的侵权责任，包括过错责任、危险责任、替代责任和公平责任。此处所探讨的因果关系限于过错责任，因此，它是指侵权行为与损害后果之间的引起与被引起的关系。《侵权责任法》第6条中“因过错侵害他人民事权益”的表述（尤其是“因”一字）表明其要求因果关系要件。因果关系的特点在于：

（1）它是过错责任的构成要件。侵权法坚持因果关系原则，所有类型的侵权责任都以因果关系为要件，否则，在受害人和其请求赔偿的人之间就不存在法律上的关系。这一要件的存在可以避免有人无端地提起诉讼，伤及无辜，进而确保承担责任的人都是对损害的发生应该负责的人。

（2）它是归责正当性的基础。只有行为人有责任地、有因果关系地开启了该因果链条时，行为人才对损害承担责任。这就使得归责具有了正当性，而非纯粹偶然地被归责。

（3）它是哲学上因果关系的特殊运用。侵权法上的因果关系是哲学上因果关系在侵权法领域的具体运用，不过，它也具有自己的特殊性，主要表现为，它是有证据支持的因果关系，而且要更多地进行价值考量，① 以实现责任承担的公平合理。

（4）它实现损失分配上的公平与合理。一般认为，因果关系要件是为了避免因果关系链条过分延伸，从而有效限制责任。这一认识并不全面，确切地说，因果关系的判断是为了更公平、更合理地实现损失分配，在多因一果、第三人因素介入等情形下表现尤其突出。

（5）它与完全赔偿原则具有内在一致性。完全赔偿原则要求受害人遭受的损害都获得赔偿，而这一目的的实现是通过因果关系来限定的，即凡是有因果关系的损害都应当获得赔偿。

二、因果关系的证明

（一）因果关系的证明概述

按照“谁主张、谁举证”的一般规则，因果关系应当由受害人证明。其证明标准应当符合诉讼法的要求，即原则上采优势证据规则。要求受害人举证，在一定程度上可以避免无辜的人被起诉，避免诉讼的不必要增加。但是，一概地坚持这一举证分配规则，也可能导致受害人救济的困难，无法实现法律的目的。此时，法律上出现了若干的制度，以减轻受害人的举证负担，主要是因果关系推定

① 参见王利明．侵权行为法研究（上卷）．北京：中国人民大学出版社，2004：450.

和表见证明。

（二）因果关系推定

因果关系推定，是指通过举证责任的转换，免除受害人就因果关系的举证责任。[①] 当然，在因果关系推定的情况下，也并非意味着，受害人一方可以不负担任何的举证责任，它仍然要给出初步的证明。

因果关系推定可以分为两类：一是法定的因果关系推定。它是指法律直接规定的因果关系推定。例如，《最高人民法院关于民事诉讼证据的若干规定》（以下简称《证据规则》）第4条第1款第3项确立了环境污染案件中的因果关系推定。[②] 二是裁定的因果关系推定，它是指法院依职权而进行的因果关系推定。《证据规则》确立了这一制度。[③] 从解释论上，裁定的因果关系推定应非常谨慎地适用，以避免影响法的安定性和自由裁量权的滥用等。从立法论上，似乎应当废止该制度。因为因果关系推定是举证责任分配的例外，不仅应当有非常充分的理由（如距离证据的远近和当事人特殊保护等），而且应当通过法律明确规定方式让人们有所预期。如果在实践中确实需要减轻举证责任，可以借鉴德国法上表见证明制度。

三、因果关系认定理论

（一）概述

因果关系的认定是最困扰法院与学者的问题，让人颇有“剪不断、理还乱”的感觉。为了解决其认定的困难，出现了各种不同的理论，主要有如下四种：

（1）条件说。此种观点认为，凡是对于损害后果的发生起重要作用的条件行为，都是该损害后果的法律上原因。目前多数大陆法系国家不再坚持条件说的因果关系理论，其原因大概在于，条件说失之过宽。

（2）原因说。此种观点认为，多数条件中的一个条件是原因，其余都是条件，原因与结果之间存在因果关系，而其余条件与结果之间不存在因果关系。只不过，原因和条件如何区分，标准不甚明确，理论上有最后条件说、直接条件说、异常条件说、优势条件说等。

---

① 参见邱聪智．民法研究（一）．北京：中国人民大学出版社，2002：225.

② 该条规定：“因环境污染引起的损害赔偿诉讼，由加害人就法律规定的免责事由及其行为与损害结果之间不存在因果关系承担举证责任。”

③ 《证据规则》第7条规定：“在法律没有具体规定，依本规定及其他司法解释无法确定举证责任承担时，人民法院可以根据公平原则和诚实信用原则，综合当事人举证能力等因素确定举证责任的承担。”

(3) 相当因果关系说。此种观点认为，如果某种事件以一种并非无足轻重的方式通常提高了发生后果的客观可能性，则该事件为该后果的相当条件。

(4) 法规目的说。此种观点认为，在规范性的评价因果关系和认定成立损害赔偿义务时，归责必须与侵权人所违反规范的保护范围或者规范目的相吻合。①

应当说，各种因果关系认定理论都具有其合理性，也曾经在历史上发挥了其相应的作用。但是，从总体上来看，目前影响较大的是相当因果关系说和法规目的说，下面拟对其进行详细介绍。

(二) 相当因果关系说

相当因果关系说是德国心理学家 Von Kries 于 1886 年提出的，他认为，只有一个既定的偶然事件满足以下两个条件时，它才是损害的相当原因：第一，它必须是这一损害的一个必要条件；第二，它必须极大地“增加了”这一损害发生的客观盖然性。② 后来，很多学者认可这一理论并予以发展。

在相当因果关系说中，比较有争议的问题有两个：(1) 以何时的认知为标准，来认定被告的行为是否增加了损害发生的客观可能性。Von Kries 教授认为，应当以个人的先见为准，而 Rümelin 教授认为，应当以客观的事后认识为准。(2) 以何种人的模型为标准来判断。早期的学者认为，应当从一个处在行为人地位的最优观察者所可能认识到的情况出发。而后来学者认为，应当从处在行为人地位的社会一般人的角度进行观察。

(三) 法规目的说

法规目的说（Schutzweck der Haftungsnorm 或 Normzweck）认为，因果关系的认定要考量侵权法规范的目的。该学说是德国学者 Rabel 教授在 20 世纪 40 年代提出，后来经过其学生 von Caemmerer 教授加以阐述发挥。其理论依据主要在于：(1) 行为人就其侵害行为所生的损害是否应承担责任是法律问题，应依据法规的目的来认定；(2) 相当因果关系说的内容抽象不确定，难以合理界限损害赔偿的范围。③

总体上，法规目的说的功能在于，更加精确地界定一项侵权法规范中的受保护的利益。在适用法规目的说时，要考虑如下三个因素：(1) 受害人是否是法规所要保护的人的范围；(2) 受害人遭受的损害是否属于法规保护的权益；(3) 损害发生的方式是否是法规所要避免和防止的。

---

① 朱岩．当代德国侵权法上因果关系理论和实务中的主要问题．法学家．2006 (6).

② 张新宝．侵权责任构成要件研究．北京：法律出版社，2007：351.

③ 王泽鉴．侵权行为法：第一册．北京：中国政法大学出版社，2001：221－222.

就相当因果关系说和法规目的说的关系，理论上存在不同的看法。德国多数学者认为，两者是并存的关系。在适用上，应当先适用相当因果关系说，再适用法规目的说。

四、我国法上因果关系的认定

（一）概述

我国学界的通说认为，应当采相当因果关系说，即从社会一般人的角度出发，有此行为通常有此结果，就认定因果关系的存在。我个人赞成此种观点，不过，法规目的说也应当借鉴，即依据相当因果关系说认定因果关系存在以后，再适用法规目的说。

在认定因果关系时，虽然也涉及事实问题，但主要是政策考量。而且，因果关系越复杂，政策考虑的使用就越强烈。最后，它们起决定作用。① 另外，在因果关系判断中，也要考虑加害人的过错。对于故意实施侵权行为的，因果关系认定趋于宽松；而对于过失实施侵权行为的，因果关系认定要谨慎。

（二）相当因果关系的运用

相当因果关系的运用分为两个阶段：一是条件关系；二是相当性。前者基本上是事实判断，后者基本上是法政策考量。

在认定条件关系时，应当借鉴英国法上的“若无则不”检验法，探究“如果没有被告的行为，是否会有原告的损害发生”。如果被认定是“会发生”，被告的行为就不是导致原告损害的必要要因；如果认定“不会发生”，就可能做出被告行为是原告损害的原因的结论。例如，如果甲不实施扔石头的行为，乙的玻璃就不会破，此时，甲扔石头的行为与乙的玻璃被打破，就存在因果关系。不过，“若无则不”检验法只适用于一般的情形，在特殊形态的因果关系认定，要适用特殊的规则，如聚合的因果关系。

在认定相当性时，“相当”与否的判断，关键在于该原因是否表现为通常形态，而不是特殊性质的、不可能的、依据事情正常发展不予考虑的。在认定相当性时，以何种人为模型，以何种认知为基础，理论上存在不同的看法，有学者认为，应当以社会一般人为模型，以行为之时的认知为标准比较妥当。最优观察者不仅过分远离社会，而且，最优观察者的标准无法发挥合理界定侵权责任的功能。另外，认知标准也应当以行为时为准，这是考虑到，只有以行为时的认知为准，才能发挥法律的行为指引功能。当然，在认定相当性时，主要还是进行政策

---

① ［荷］施皮尔．易继明，等，译．侵权法的统一：因果关系．北京：法律出版社，2009：93.

考虑。所以，相当性的认定最终取决于，如何公正而合理地进行风险分配和机会分配。例如，女儿因侵权行为而必须换肾，母亲为女儿捐肾，无论是衡诸常情还是基于法政策考量，侵权行为与母亲的健康权受侵害之间都应当存在“相当性”。

（三）法规目的说的运用

如果依据相当因果关系说认定了因果关系的存在，还应当再适用法规目的说，即考虑法规所要保护的人的范围、法规保护的权益范围和法规所要避免和防止的损害发生方式。① 如果受害人不是其要保护的人的范围，所侵害的权益不是其所要保护的权益范围，或者侵害的方式不是其所要避免的损害发生方式，就不能认定因果关系的存在。例如，法律规定加油站不得用矿泉水瓶装汽油，卖给买油的人。后来，犯罪分子以矿泉水瓶购买了一瓶汽油，点燃了受害人的房屋。受害人起诉加油站，因为加油站违反了法律规定。但是，考虑法律规定的目的，应当是为了避免汽油泄露，而不是为了避免买油人点燃他人房屋。所以，适用法规目的说，可以排除因果关系。

从法规目的的适用范围来说，其可以适用于违反保护他人法律型侵权的案件。在此类案件中，保护性法律的存在为法规目的说的适用提供了便利。问题是，其他类型的侵权案件（如侵害他人绝对性权益的案件或者危险责任案件）是否可以适用？有学者认为，在其他类型的侵权案件中，也应当适用。例如，在德国法上，被告在交通事故将原告撞伤，治疗过程中受害人被发现还患有脑疾。因为其的脑疾，用人单位要求其提前退休。原告起诉被告要求赔偿因提前退休而导致的损害。德国联邦法院认为，该案适用的是《德国民法典》第 823 条第 1 款，被侵害的权益是健康权，但是，因提前退休导致的损害不是该法第 823 条第 1 款的保护范围。这实际上意味着，法规目的说的适用范围不限于违反保护他人法律型侵权。

五、因果关系的特殊形态

（一）聚合的因果关系

聚合的因果关系（Concurrent Causes，Kumulative Kausalität），是指数个原因同时发生，即使不考虑其他原因，每一个原因都能够造成全部损害。例如，甲乙二人对丙开枪射击同时射中，每一枪都足以导致其死亡。《侵权责任法》第 11 条规定：“二人以上分别实施侵权行为造成同一损害，每个人的侵权行为都足以

① 曾世雄．损害赔偿法原理．北京：中国政法大学出版社，2001：112 以下．

造成全部损害的，行为人承担连带责任。”该条不仅首次在我国立法上确立了聚合的因果关系制度，而且在比较法上也居于领先地位，具有较高的价值。聚合的因果关系的认定包含如下两个要件：

1. 数个原因在同一时间造成了损害

《侵权责任法》第 11 条没有强调同一时间造成了损害，但是，解释上应当如此理解。这里的“同一时间”是指造成损害的时间，而不是实施侵权行为的时间。“同一时间”是重要要件，如果前一个加害行为已经导致了确定的、不可逆转的损害，后一个加害行为，就不会再增加损失，后一个加害行为就不是损害产生的原因，更没有聚合的因果关系的适用。因此，后一个行为人就不必承担责任。例如，甲撞毁了乙的汽车，导致汽车全损。几分钟后，丙又撞上了汽车的残骸。此时，甲要赔偿全部损失，而丙不必承担责任。另外，如果数个侵权行为造成损害的时间差（如果有的话）相当微小，也可以认为它们在“同一时间”造成了损害。例如，俩人没有约定，放火烧了一栋房屋，放火行为仅相差数秒。

2. 数个行为都足以造成全部损害

即使没有其他侵权行为的存在，每个人的侵权行为都足以单独地造成全部损害。所以，聚合的因果关系可以看作是“若无则不”检验法的例外，按照这一检验法，似乎各个行为与损害之间都没有因果关系。

如果数个侵权行为都符合侵权责任的其他构成要件，就可以适用《侵权责任法》第 11 条。这里所说的侵权行为，可以做扩张解释，既包括过错责任中的行为，也包括危险责任中的行为（确切地说是活动）。① 例如，数个企业同时排污，每个企业的污染物都足以导致农民的鱼苗死亡，也可以适用该制度。在构成聚合的因果关系时，行为人承担连带责任。如此规定的理由主要在于：（1）既然每个侵权行为都可以单独成立侵权责任，要求其承担连带责任，也没有实质增加各个行为人所应承担的责任。（2）在比较法上，多数国家的判例和学说都认为，此时的侵权人要承担连带责任。

（二）共同的因果关系

共同的因果关系（Addierte Kausalität），也称部分的因果关系，是指每个侵权行为都不足以导致损害，数个侵权行为结合起来造成了同一损害。② 例如，

---

① 史尚宽先生也认为，“广义的侵权行为，无过失而负赔偿责任之行为，适法而负赔偿义务之行为，均包含在内。狭义的则只以故意或过失之违法行为为侵权行为。”参见史尚宽．债法总论．北京：中国政法大学出版社，2000：107.

② 参见王泽鉴．侵权行为法：第一册．北京：中国政法大学出版社，2001：195.

甲、乙两个工厂排出的污染物原本不会导致损害，但两者结合产生一种毒气，导致受害人的死亡。《侵权责任法》第12条规定：“二人以上分别实施侵权行为造成同一损害，能够确定责任大小的，各自承担相应的责任；难以确定责任大小的，平均承担赔偿责任。”该规定是我国法上的首次规定，在比较法上也具有重要价值。共同的因果关系的认定必须包括如下两个要件：

1. 数个侵权行为不足以单独造成损害

在共同的因果关系中，每一个侵权人的行为都不足以导致损害，如果不是其他侵权人的行为的加入，就根本不会有损害。例如，在前述工厂排污案件中，每个工厂的排污都不足以导致损害的发生。这里所说的侵权行为，也是广义上的，即包括了危险责任中的侵权行为。就过错责任来说，数个侵权行为，可以同时是数个积极的行为，也可以同时是数个消极的行为。例如，当游泳池中的游泳者丙溺水时，救生员甲在看书，而救生员乙擅自外出购物，均未能予救援，以致丙溺水身亡。但是，不应当是积极的行为和消极的行为的结合，例如，受害人在宾馆住宿期间被抢劫，不应当认为抢劫者和宾馆的行为结合造成了同一损害。

2. 数个侵权行为造成了同一损害

共同的因果关系并不像聚合的因果关系那样要求“同一时间”造成损害，但是，它要求造成同一损害，或者说是不可分的损害。如果数个侵权行为造成了可分的损害，则分别对其造成的损害负责，不必适用共同因果关系制度。“同一损害”的认定要结合社会一般观念，由法院在个案中裁决。另外，即使从科学和医疗的角度看，损害是“不可分”的，它也未必是不可分的。例如，甲乙俩人骑自行车时都有过失，结果两车相撞，导致甲的自行车上乘坐的丙受伤，丙的损害就是同一损害。

如果数个侵权行为与损害之间存在共同的因果关系，而且，其也都符合了侵权责任的其他构成要件，就应适用《侵权责任法》第12条。这就是说，如果能够确定责任大小的，各自承担相应的责任；难以确定责任大小的，平均承担赔偿责任。所谓“能够确定责任大小”，是指按照各个行为人的过错和原因力综合确定其应负责的份额。“难以确定责任大小”，是指当事人的主观过错大小及原因力大小比例无法查明。例如，两车相撞燃烧毁损，两司机身亡，同时造成车上其他成员伤亡。于此情形，两司机的主观过错已难以查明，原因力比例因现场焚毁也无法比较。①

① 奚晓明.《中华人民共和国侵权责任法》条文理解与适用.北京：人民法院出版社，2010：99.

可见，在共同因果关系中，我国法要求数个侵权行为人要承担按份责任。也有一种观点认为，此时每个侵权人都要承担连带责任。因为受害人的利益要优先于侵权人的利益。我国侵权法之所以采按份责任的做法，主要考虑到如下因素：(1) 在共同的因果关系之下，构成无意思联络的数人侵权。它与狭义的共同侵权存在区别。在狭义的共同侵权之中，数个行为人具有意思联络（即共同故意），而在共同的因果关系中，数人并没有主观上的共同性，要求其承担连带责任，不仅缺乏法伦理上的基础，而且，无法体现不同问题不同处理。(2) 在共同的因果关系中，单个侵权行为原本不足以导致损害，按照“若无则不”检验法，就无法认定因果关系。要求各个侵权行为人承担责任，已经属于法律对受害人的特别救济。

(三) 假设的因果关系

假设的因果关系（Hypothektischer Kausalität），是指加害人的行为已经导致了损害，但是，即便没有该加害行为，损害也会全部或部分地因后来的独立原因而发生。例如，被告毒死了受害人的狗，但是，后来因第三人的过失导致受害人的房屋被大火烧掉。即使被告不毒死受害人的狗，它也会在大火中被烧死。

在假设的因果关系的情况下，有两个原因，实际导致损害发生的是“真正原因”，而后来的原因是“假设原因”。假设原因可能是自然事件，也可能是可归责的第三人行为。例如，被告烧毁了原告的房屋，但是，后来发生地震。被告的行为是真正原因，而地震是假设原因。再如，被告打破了受害人的汽车玻璃，后来，第三人驾车不当导致受害人的汽车全损。被告的行为是真正原因，第三人驾车不当是假设原因。

在假设因果关系案件中，导致真正原因发生的被告其如何负责，值得探讨。有一种观点认为，从损害的角度出发，被告只对受害人的部分损害负责。例如，被告烧毁了原告的房屋，三个月后房屋可能因地震而倒塌，被告只赔偿三个月的房屋的使用价值。另一种观点认为，被告应当对全部的损害负责，并不考虑假设的原因。有学者认为，后一种观点更值得赞同，理由主要在于：(1) 从侵权法的功能考虑，要求其承担全部的赔偿责任，有利于实现预防侵权行为的目标。(2) 如果实施了真正原因的被告不承担全部责任，就可能导致加害人拖延赔偿，等待特定事件的发生以减轻其责任。

(四) 因果关系中断

因果关系中断，是指在因果关系的进程中，因第三人行为、受害人行为或其他外在原因导致因果关系链条被中断。在因果关系中断的情况下，被告的行为与损害之间不存在因果关系，因此不承担责任。

因果关系中断是因为因果关系的介入因素而造成的。所谓因果关系的介入因素，是指在初始原因事件发生后发生作用的因素，包括第三人的行为、受害人的行为、自然原因等。当存在介入因素时，可能导致两种情形发生：一是被告的不当行为与介入因素构成多因现象；二是介入因素中断了被告行为与损害之间的因果关系，而使得被告的责任不成立。①

1. 受害人的行为与因果关系中断

受害人的过错可以导致过失相抵规则的适用，从而减轻或免除被告的责任。但是，如果受害人的行为导致因果关系中断，则不适用过失相抵规则，直接认定被告的责任不成立。受害人的行为是否导致因果关系中断，要考虑其行为是否是自愿行为。不过，自愿行为和非自愿行为的划分应当以受害人具有意思能力为前提，因此，不具有意思能力人（如儿童和精神病人）的行为都属于非自愿行为。

第一，受害人的非自愿行为。它不会导致因果关系中断，具体包括：(1) 受害人无法自由选择的行为，如身体受到强制的行为、条件反射等；(2) 受害人保护自己利益的合理行为，如为了保护自己而跳下机动车；(3) 受害人保护他人利益的合理行为，如母亲为女儿捐肾。②

第二，受害人的自愿行为。它一般会导致因果关系中断。例如，教师不太严厉地批评了一名学生，但该学生想不通，跳楼自杀。学生的行为导致因果关系中断。但是，在侵权人带给他的压力环境下，如果受害人的行为是合理的行为，或者虽然不合理但是以可以理解的方式作出的反应，也不导致因果关系中断，侵权人仍然负有责任。③ 例如，受害人因环境污染患了奇怪的病，虽经治疗也仍然经常痛苦万分，后来其选择自杀。受害人的行为虽然不合理但是也可以理解，所以，不应导致因果关系中断，环境污染企业应当对其死亡负责。

另外需要探讨的是，受害人的特殊体质（如蛋壳脑袋）是否影响因果关系的认定？在德国法上，受害人的特殊体质不影响因果关系，即使侵权人不知道也是如此。因为对体质较弱的人有不当行为的侵权人无权要求像伤害了健康人一样被对待，其背后的政策考虑是保护有残障者参与社会。这一做法值得借鉴。不过，受害人的特殊体质要求其采取积极措施以避免损害，如果其没有采取措施，可能被认定为对损害的发生或扩大具有过错，从而适用过失相抵规则。

---

① 张新宝．侵权责任构成要件研究．北京：法律出版社，2007：365.

② 张新宝．侵权责任构成要件研究．北京：法律出版社，2007：367 以下．

③ ［荷］施皮尔．易继明，等，译．侵权法的统一：因果关系．北京：法律出版社，2009：92.

2. 第三人的行为与因果关系中断

第三人的行为是否导致因果关系中断？例如，受害人被机动车撞伤骨折，在医院又因医生的过失导致需要截肢，医生的行为是否导致因果关系中断？一般认为，第三人的行为是否导致因果关系中断，要考虑其实施的是否是合法行为：

第一，如果第三人的行为是合法行为，那么，它就不会构成因果关系的中断，因为合法行为属于可以预期的正常事件。第三人的合法行为，可以是有意识的行为，也可以是无意识行为（如条件反射行为、身体被强制时的行为）；可以是为了自身利益而实施的行为，也可以是为了保护他人、集体或社会利益而实施的行为。

第二，如果第三人的行为是违法行为。其是否中断因果关系要综合考虑如下因素判断：一是第三人的过错程度。一般来说，第三人的故意会导致因果关系中断。石油公司的输油管泄露，第三人故意点燃该泄露的石油，烧毁了受害人的庄稼，就可以认定因果关系中断。二是第三人的行为是否是被告能够合理预见，或者通常会出现的。如果答案是肯定的，被告也要负责。例如，被告故意殴打他人，结果，受害人在医院中又因为医疗过失而伤情加重。被告对其伤情加重也要负责，因为医疗过失就是被告可以合理预见的。

3. 其他法律事实与因果关系中断

除了受害人行为和第三人行为以外，其他的法律事实是否导致因果关系中断？有学者认为，其他法律事实可以分为两类，分别判断：一是不可抗力。在法国法上，如果外在原因可以被认定为不可抗力，则认定因果关系中断，加害人就可以完全免责。这一见解值得赞同。二是不可抗力以外的法律事实，如狂风、暴雨等。此时，可以考虑如下两个因素：（1）该法律事实发生的偶然性；（2）该法律事实是否是一般生活风险。例如，受害人被骗去做传销，在路上突然遇到寒流导致其生病。因天气变化而生病，这是一般生活风险，行为人不应对其生病负责。

第五节 违 法 性

一、违法性的概念和特征

违法性是指法秩序对特定行为所作的无价值判断。过错和违法性的区分可溯及到耶林关于“主观不法”和“客观不法”的区分。耶林的违法与过错区分理论，被德国立法、理论和实务所接受，直到今天还居于通说地位。我国清末变法以来，深受德国法影响，违法性理论也影响了我国立法和理论。违法性的特征在于：

（1）它是与过错相分离的构成要件。过错和违法性的关系是我国学界争论较大的问题，但我认为，违法性和过错是相互分离的，是不同的构成要件，前者是对行为的否定性评价，后者是对行为人的否定性评价。

（2）它是过错责任的构成要件。理论上一般认为，危险责任不以违法性为要件。在比较法上，绝大多数国家也都持这一立场。我国学界通说也认为，危险责任不以违法性为要件。

（3）它是归责的重要依据。为了让行为人承担责任，“违法性”应当也必须是归责的重要的依据。借助于过错和因果关系，损害后果被归责于行为人，但此种“结果归责”尚难以证明责任的正当性。所以，人们还必须增加一个责任的基础，即违法性。

二、违法性要件的独立

在比较法上，违法性要件是否独立有不同的做法。在德国法上，过错和违法性是不同的构成要件；而在法国法上，其仅认可过错（faute）要件，其过错包含了客观因素和主观因素，两者可以大致对应于德国法上违法性和过错。或许正是比较法上的不同立法例，导致我国理论界对违法性要件是否独立长期存在争议。这一争议也影响到法律和司法解释。《民法通则》第106条第2款在规定过错责任一般条款时没有明确使用“违法”、“不法”等字样，但是，一些司法解释却又明确认可违法性要件。《侵权责任法》第6条第1款也没有采取明确的立场，学者在解释中，仍旧存在分歧。一种观点认为，过错吸收了违法性，因为《侵权责任法》第6条第1款并没有规定违法性要件。① 另一种观点认为，过错和违法性要件是独立的。② 这两种解释都有所据，但是，我个人更倾向于违法性要件独立的观点，理由主要在于：

（1）从逻辑和目的的角度来看，违法性和过错的相互分离是与法律上不同的价值判断相对应的。“违法性”的功能在于，它是法律秩序对行为本身的否

① 王利明，周友军，高圣平．中国侵权责任法教程．北京：人民法院出版社，2010：201以下．此处是王利明教授撰写。

② 杨立新．《中华人民共和国侵权责任法》条文释解与司法适用．北京：人民法院出版社，2010：28以下．

定，而不是对行为人的评价。过错虽也是一种无价值判断，但它是指行为人的主观可非难性。

(2) 违法性和过错的区分是法律对违法但无过错行为进行规范的前提。对于违法的但无过错的行为，立法者可为其设定损害赔偿以外的法律后果，如绝对权请求权、正当防卫的权利等。如果不区分违法性和过错，那么，法律对这些行为的调整就会遇到较大的困难。

(3)“违法行为”的确定以及法律秩序对它的否定，这对于权利的预防性保护都非常重要。违法性要件具有教育性的、预防性的特征，它告诉人们，什么是法律允许做的，什么是法律不允许做的。这就可以实现法律的行为指引功能。

(4) 违法性和过错的区分有利于妥当地设计特殊侵权行为的构成要件，以实现特定的立法政策。例如，在监护人责任案件中，被监护人因其不具有责任能力而无法被认定为具有过错，但是，还必须要求其行为的违法性。如果否认过错和违法性的区分，这些制度的设计就不可想象。

不过，有人可能提出这样的反驳意见，即《侵权责任法》第 6 条第 1 款并没有出现“违法”字样。这种反驳虽不无道理，但其对法律条文的理解未免过于僵化。正如胡长清教授所言，“凡属权利，均有不可侵性，侵害权利，即属违法，法律纵不明定违法为侵权行为之要件，解释上盖属当然。”①

三、违法性认定理论

“违法”是人类的行为，而且违反的是作为一个整体的法秩序。但这么说还是没有解决这一问题，即依据什么因素来作出无价值判断？理论上有两种做法：一是依据行为的后果；二是依据行为本身。相应地，就有结果不法说和行为不法说。

结果不法说认为，在侵害绝对性权益时，不需要对违法性进行验证。客观构成要件的满足（即符合性）就征引了违法性。加害人应当证明违法阻却事由的存在。可见，依据结果不法说，“违法性”要件仅表明，加害人只有证明了违法阻却事由的存在，才能免于承担责任。加害人对权益侵害的预见可能性和避免可能性属于“过错”的范畴。另外，对于间接侵权的情形，结果不法说的主张者都是通过否定相当因果关系的办法，从而避免对违法性的讨论。

Nipperdey 教授首倡“行为不法说”，最近，在德国学界越来越多的学者支持

① 胡长清．中国民法债编总论．北京：商务印书馆，1946：142.

行为不法说。行为不法说主张，违法性判断应与侵害行为相联系。因为只有人的行为才可以被强制或禁止。按照此种理论，要区分故意和过失的侵权行为，从而分别认定其违法性。在故意侵权的情况下，违法性仍然通过权益侵害来征引，除非有违法阻却事由，皆为不法。因为故意侵权是违反法律秩序的。而对于过失侵权行为，人们要考虑实施侵害行为时的具体情事，从而认定其违法性。行为不法说将侵权法理解为规则的体系，这些规则就是命令和禁令。只要行为人违反了一个具体的法律上的行为规则，或者违反了一般的注意命令，就应当认定其行为的违法性。

就在结果不法说和行为不法说争论之际，德国学界又提出了折衷说。此种理论认为，应当区分直接侵权和不作为侵权、间接侵权，分别认定其违法性。目前，折衷说已经成为德国学界的通说。根据折衷说的观点，在直接侵权的情况下，要依结果不法说来认定违法性。而对于不作为侵权和间接侵权，要依据行为不法说来判断其违法性。在不作为侵权和间接侵权的情况下，行为人负有危险防免的义务。在此情况下，尽管会出现可预见的不利后果，行为人也可以实施该行为。只有在行为人违反了注意义务（如交往安全义务）的情况下，他才应当受到谴责。有学者认为，折衷说可以有效地吸收结果不法说和行为不法说的优点，值得赞同。

四、违法阻却事由概述

违法阻却事由，是指阻碍认定违法性的事由。违法阻却事由的特点在于：

（1）它是以违法性要件独立为基础的。只有承认违法性要件的独立，才能认可“违法阻却事由”的概念。如果采过错吸收违法性的立法例，则“违法阻却事由”都成为行为人不具有过错的抗辩事由。

（2）它是行为正当化的事由。违法阻却事由实际上就是行为正当化的事由，或者说，是使行为合法化的事由。例如，正当防卫就使得行为人的行为变成合法行为。

（3）它是导致责任不成立的事由。违法阻却事由的存在，使得责任构成要件不能满足，责任也就不成立。所以，它会使行为人完全不承担责任，而不是导致责任的减轻。

我国《侵权责任法》仅规定了自卫行为（包括正当防卫和紧急避险），这给司法实践带来了较大的困难。我们应当在借鉴比较法经验的基础上，认可其他的违法阻却事由。

第六节 过 错

一、过错的概念和特征

广义上来说，过错包括侵权人的过错和受害人的过错。狭义上来说，过错仅指侵权人的过错，即行为人的主观可非难性。它包括故意和过失。我国《侵权责任法》第6条使用了“过错”的表述，这虽然明确了其作为过错责任的构成要件，但是并没有给出定义，大概也是要将其留给判例学说，避免法律的僵化。概括而言，过错具有如下特征：

（1）过错是与违法性相分离的概念。在比较法上，过错概念的内涵界定，并不存在一致的做法。在德国法上，过错是指行为人的主观可非难性。违法性是指法秩序对特定行为所作的无价值判断。而在法国法上，其“过错”（faute）包含了客观因素和主观因素，两者可以大致对应于德国法上违法性和过错。我国侵权法虽然没有明确“过错”的内涵，但是，考虑到我国长期受德国法的影响，解释上应采相同的立场。

（2）过错是行为人主观上的可非难性。过错与违法性的区别是明确的，前者是对行为人的否定性评价，后者是对行为的否定性评价。所以，过错在性质上只能是主观的，而不能是客观的。学者经常使用的“客观过错”的提法，仅仅表明过错的判断标准是客观的。

（3）过错是过错责任的核心构成要件。在过错责任之下，所有人自负其责的原则体现得最为充分，只要行为人没有过错，受害人就必须自行承受其损失。行为人尽管尽到了必要的注意，仍然不能认识到某行为的危险性，则他可以实施该行为。如果因此造成他人损害，则要作为事变处理，由受害人自己承受损失。作为过错责任的构成要件，原则上故意或过失都可以，除非法律对特定责任有特别要求，如共同侵权应当以行为人的故意为要件。

二、侵权责任能力

（一）侵权责任能力的认可

责任能力，又称过责能力、归责能力等，是指因自己的过错而承担责任的资格。责任能力以意思能力（或识别能力）为基础，也就是说，以行为人能够理智地形成意志并实施行为为前提。侵权责任能力是责任能力在侵权法领域的运用，它的缺乏并不排除行为客观的违法性，而是排除了行为人的过错。侵权责任能力制度的功能在于，只有当行为人就其行为的社会意义具有识别能力的情况下，其由意识控制的行为才可能引发侵权责任。[①] 无识别能力者不能认识其行为的危险，进而在行为上有所选择或控制，也不应使其负担侵权责任，这就可以保护无识别能力的行为人。[②]

在比较法上，侵权责任能力是否认可，存在不同的做法：一是德国模式。在德国法上，侵权责任能力是重要的制度，也是过错认定的前提。责任能力的缺乏就排除了行为人的过错。不过，责任能力并不是受害人必须予以证明的、损害赔偿请求权成立的前提。责任能力是加害人的抗辩事由，而且加害人必须证明其不具有责任能力。二是法国模式。在法国，马濡教授率先提出并阐释了“客观性过错”概念，认为侵权责任能力或者识别能力并不是过错认定的前提。受这一理论的影响，法国 1968 年 1 月 3 日的法律明确规定：“在精神障碍状态下给他人造成损害者，同样负有赔偿责任”。这一条文后来被纳入《法国民法典》，即其第 414 条第 3 款。[③] 目前法国法院的见解是，无论是未成年人还是精神病人，其都可能承担过错责任。心智不健全的人或非常年幼的未成年人都可能“存在过错”。[④]

在我国，立法上没有出现“侵权责任能力”的概念，立法者似乎要否认该制度。[⑤] 不过，法律本身没有明确这一点，这也为解释留下了空间。[⑥] 在解释论上，应当承认侵权责任能力制度，理由在于：

（1）它符合我国长期继受德国法的传统。自清末变法以来，我国主要继受德国法。借鉴德国模式很容易与既有的制度保持兼容，维持法的继承性，并节约学习法律和适用法律的成本。

（2）它符合意志自由理论。过错责任原则被认为是以意志自由理论为基础的，过错是对意志自由的滥用。如果行为人没有侵权责任能力，其就不能认识其

---

① ［德］布吕格迈耶尔、朱岩．中国侵权责任法学者建议稿及其立法理由．北京：北京大学出版社，2009：84.

② 王泽鉴．侵权行为法：第二册．台北：自版，2006：59.

③ 罗瑶．法国法中的侵权过错概念及其对我国立法的借鉴意义．比较法研究．2010（1）.

④ ［荷］施皮尔，主编，梅夏英，高圣平，译．侵权法的统一：对他人造成的损害的责任．北京：法律出版社，2009：124.

⑤ 全国人大常委会法制工作委员会民法室．《中华人民共和国侵权责任法》条文说明、立法理由及相关规定．北京：北京大学出版社，2010：125.

⑥ 这里涉及法律解释的目标是立法者的原意还是法律的规范意旨，我认为，原则上应当遵从立法者原意，但如果有足够充分且正当的理由，也可以违背立法者的原意，以法律的规范意旨作为解释的目标。

行为的危险，进而在行为上有所选择或控制。要求其承担责任，是与意志自由理论相违背的。

(3) 与我国侵权法上相关制度配合适用的需要。在我国侵权法上，不少制度都需要侵权责任能力的配合适用，否则，就会陷入解释的困境，包括过错的认定、过失相抵规则的适用、共同侵权中共同过错的认定、暂时无意识者的责任等。

(4) 它符合预防侵权行为的立法目的。侵权责任能力制度的认可，就意味着，凡是可以识别自己行为的人，都要对自己的过错行为负责，从而实现预防侵权行为的目的。如果无法识别自己行为的人也要对自己的行为负责，这也无法实现预防侵权行为的目的。正如法国学者维内教授（Viney）所指出的，主张无识别能力者也应承担民事责任的立法导向，是错误地将民事责任的功能局限于补偿。

(二) 侵权责任能力的认定

就侵权责任能力的认定，比较法上有两种不同的模式：一是德国模式。在德国法上，不满7周岁的未成年人没有责任能力，已满7周岁不满18周岁的未成年人，就行为时个别认定是否具有侵权责任能力。① 另外，已满7周岁未满10周岁的未成年人，就其于动力车辆、轨道、高架铁路事故致他人损害，不承担赔偿责任。但侵害是因故意所造成的，不予适用。② 二是台湾地区模式。在我国台湾地区，对于未成年人的侵权责任能力，一概采取个别认定的模式，通过侵害行为、损害的程度、行为人的特点等综合认定其是否具有识别能力。③

从解释论的角度可以认为，未成年人和精神病没有责任能力，侵权责任能力与民事行为能力的判断标准同一，即没有完全民事行为能力就没有侵权责任能力。④ 理由主要在于：

(1) 这符合法律解释的规则。按照“明示其一、排斥其他”的解释规则，我国法上就完全民事行为能力人的责任作出了规定，但对无行为能力和限制行为能力人的责任没有规定，似乎可以解释为，后者不承担侵权责任。

(2) 这符合对未成年人和精神病人进行特殊保护的思想。考虑到未成年人的人格自由发展和精神病人的康复和融入社会，不宜要求其承担责任。尤其是我

① 参见《德国民法典》第828条。
② 参见《德国民法典》第828条第2款。
③ 参见我国台湾地区“民法”第187条。
④ 类似观点参见梁慧星．民法总论．北京：法律出版社，2001：74.

国法上的监护人责任采无过错责任原则，这已经足以保护受害人，不必再要求被监护人自身承担责任。

（3）这并非不利于预防侵权行为。未成年人和精神病人自身不具有侵权责任能力，就不必承担过错责任，这也并非不利于预防侵权行为。我国监护人责任的无过错责任，监护人履行其监护责任，就可以实现预防侵权的目的。另外，在我国法上，有财产的被监护人从其财产中支付赔偿费用，这也可以在一定程度上发挥预防侵权行为的作用。

（三）法人的侵权责任能力

法人是否可以实施侵权行为，取决于法人本质理论，我国法采实在说，所以，法人也可以实施侵权行为。这就是说，法人机关的行为，就视为法人的行为，法人实际上就自己的行为承担侵权责任，而不是对法人机关的行为承担替代责任。

就侵权责任能力的判断来说，法人侵权责任能力的判断，实际上是对法人机关的责任能力的判断。如果法人机关有侵权责任能力，法人就有侵权责任能力。

三、原因上自由行为

在过错责任之中，如果承认侵权责任能力，它就是过错判断的前提。而且，行为人责任能力的判断原则上以其行为时为准。行为人在行为之前或行为之后不具有责任能力，这都不影响其责任的承担。例如，某人在杀害他人之后，变成了严重的精神病人。这并不影响其责任的承担。行为人责任能力的判断以其行为时为准，这是原则，惟一的例外体现在原因上自由行为方面。所谓原因上自由行为（actio libera in causa），是指为了实施某行为或者能够预见到行为的后果，行为人故意或过失地使自己处于无责任能力的状态。就原因上自由行为而言，行为人责任能力的认定时点溯及到其行为之前。因为行为人是有意使自己陷于无责任能力的状态，所以，这种将过错的判断溯及到行为之前的责任能力的做法理所当然是允许的。否则，将无异于纵容此种方式的加害行为。

在比较法上，不少国家就原因上自由行为作了规定。① 我国《侵权责任法》也借鉴了各国的做法。该法第33条第1款规定：“完全民事行为能力人对自己的行为暂时没有意识或者失去控制造成他人损害有过错的，应当承担侵权责任；没

---

① 参见《德国民法典》第827条、《日本民法典》第713条、《瑞士债法典》第54条第2款、《俄罗斯联邦民法典》第1077条。

有过错的，根据行为人的经济状况对受害人适当补偿。”该条应当结合侵权责任能力制度，解释为对原因上自由行为的规定。该法第33条第2款规定：“完全民事行为能力人因醉酒、滥用麻醉药品或者精神药品对自己的行为暂时没有意识或者失去控制造成他人损害的，应当承担侵权责任。”该规定与第1款的规定内容重复，都是对原因上自由行为的规定。从立法技术来说，似乎存在缺陷。

依据《侵权责任法》第33条的规定，因原因上自由行为而承担过错责任的构成要件包括：（1）行为人的行为满足了过错责任中除过错以外的构成要件，包括侵权行为、损害、因果关系、违法性。（2）行为人是按照一般的标准具有侵权责任能力的人，即这里所说的“完全民事行为能力人”，如年满18周岁。（3）行为人在实施侵权行为时暂时处于无责任能力的状态。它包括“没有意识”和“失去控制”。所谓没有意识，是指毫无意思作用的状态，如酣睡、泥醉等，对于自己的行为全无知觉；所谓失去控制，也称为精神错乱，是指欠缺意思能力的状态，如惊恐或一时发狂，对于自己行为的结果没有识别能力。（4）行为人对其暂时处于无责任能力状态具有过错。例如，为壮胆而喝酒，利用酒醉状态以加害他人等。如果按照“行为人的责任能力的判断以其行为时为准”的规则，其就没有过错，所以，其原则上不应当承担责任。但如果暂时没有责任能力状态的出现，是因为原因上自由行为，即完全民事行为能力人对自己的行为暂时没有意识或者失去控制造成他人损害有过错，则应当承担侵权责任。

从举证责任的角度来看，对于行为人陷于暂时无意识状态，究竟是受害人证明加害人的过错，还是加害人证明自己没有过错？在比较法上，有受害人负担举证责任的立法例，也有加害人负担举证责任的立法例。我国《侵权责任法》没有作出特别规定，按照举证责任的一般规则，应当由受害人负担举证责任。不过，在实践中，受害人往往距离证据较远，所以，可以通过一定的方式减轻受害人的负担，可以借鉴英美法上的事实自证或德国法上的表见证明等。

另外，行为人对其暂时无意识的状态没有过错的情形，也可能存在。例如，第三人在行为人不知道的情况下，违背行为人的意志让行为人吃了麻醉品等。但是，考虑到受害人的损害毕竟是因其行为造成的，法律上特别设立了公平责任制度以资救济。该法第33条第1款“没有过错的，根据行为人的经济状况对受害人适当补偿”就是通过公平责任的设计，来弥补行为人不承担过错责任的缺失。

四、过错的分类

过错包含故意和过失。故意，是指行为人明知侵害后果的发生，而追求或放任该后果的出现。过失，是指行为人应当能够预见损害，并能够避免损害，但没有预见或已经预见却轻信其能够避免。

在侵权法上，区分故意和过失具有重要意义，① 具体表现为：（1）在一些侵权责任中，过错的形态限于故意。例如，狭义的共同侵权（即共同加害行为）中以共同故意为要件；再如，学界一般认为，第三人侵害债权的责任构成限于故意。（2）故意和过失的区分影响因果关系的判断。如果加害人故意实施加害行为，在认定加害行为与损害后果的因果关系上，往往采取非常宽松的标准。② 第三，故意和过失的区分，影响到损害赔偿的范围。我国法原则上坚持完全赔偿原则，损害赔偿的范围不受故意或过失的影响。但是，《侵权责任法》第 37 条、40 条等之中规定了“相应”的责任，“相应”就是按照过错程度来确定损害赔偿的范围。

故意包括直接故意和间接故意。直接故意，是指行为人明知损害可能发生或必然发生，而追求损害结果。间接故意是指行为人明知损害可能发生，而容忍损害结果。例如，丈夫为了杀死妻子，在妻子的饭碗里投毒，不过，其儿子也可能吃到，但丈夫放任结果的出现，果然其儿子食毒而死，就是间接故意。另外，在有些法律中还规定了恶意。一般认为，恶意就是以损害他人为目的，没有合法或正当理由而故意实施违法行为。恶意是直接故意中的一种类型，行为人具有较高的可谴责性。恶意概念的提出具有如下意义：其一，特定侵权责任的构成以恶意为要件；其二，过失相抵中作为减轻或免除责任的考虑因素；其三，确定惩罚性赔偿及其数额的考虑因素。

过失可以按照不同的标准来分类：

（1）重大过失和轻过失。重大过失，是指没有尽到社会一般人的注意义务。轻过失又分为具体轻过失和抽象轻过失，前者是指没有尽到善良管理人的注意义务，后者是指没有尽到与处理自己事务相同的注意义务。自罗马法以来，过分就被区分为这三种类型，后世各国基本上予以继受。《侵权责任法》第 72 条、78 条等条文中使用了“重大过失”的概念，可见其采纳了重大过失和轻过失的区分。

（2）疏忽大意的过失和过于自信的过失。它们也被称为无认识的过失和有认识的过失。疏忽大意的过失是指行为人应当能够预见损害，却因疏忽而没有能够预见。过于自信的过失是指行为人已经预见到损害，但轻信其可以避免。无论是重大过失、具体轻过失还是抽象轻过失，都可以进一步区分为疏忽大意的过失

---

① 有学者提出，要确立独立的故意侵权类型。丁海俊．论故意侵权．私法研究．第 7 卷．

② 程啸．侵权行为法总论．北京：中国人民大学出版社，2007：342.

和过于自信的过失。

在过错责任领域，受害人原则上要对侵权人的过错负举证责任。只有在过错推定责任中，侵权人才要对自己不具有过错承担举证责任。但是，如果一概坚持上述原则，就可能导致受害人无法获得救济的后果。因此，在比较法上，也发展出了一些减轻受害人举证负担的制度，比较典型的是英美法上事实自证规则（res ipsa Loquitur）和德国法上的表见证明理论。在侵权案件中，我国法院也可以借鉴这些理论，以适当减轻原告的举证负担。

五、故意的认定

故意的认定只可能采主观标准，不可能以客观标准来认定故意。具体来说，故意如何认定，理论上有两种学说：一是“意思主义（Willenstheorie）”；二是“观念主义（Vorstellungstheorie）”。“依意思主义，行为人不独知其行为之结果，而只须有欲为之意。依观念主义，则以有行为结果之预见为已足。”[①] 我国学者一般认为，故意包括两种，即直接故意和间接故意，在前者行为人是追求结果的发生，在后者行为人是放任结果的发生。可见，我国学者采意思主义，而不是观念主义，不以单纯的预见为标准。按照意思主义，直接故意就是明知损害必然发生或损害可能发生，而追求此种损害后果；间接故意就是明知损害可能发生，而放任此种损害后果。

在故意的认定中，还有两点需要注意：其一，故意通常仅指对“第一性损害”的故意，而不要求对嗣后的经济损失也有故意。例如，侵害他人健康权，只需要对侵害健康权有故意即可，不要求对嗣后发生的医疗费、护理费等有故意。其二，故意的认定中应当包含对违法性的认识。民法上的故意必须包含着对违法性的认识。如果行为人没有认识到违法性，或者发生了违法性认识的错误，他应当被认定为具有过失，而不是故意。不过，在故意背俗侵权中，违背善良风俗的认识是否有必要，通说为不必要。因为违背善良风俗，应当客观地决定。

六、过失的认定

（一）过失判断标准的客观化

理论上，过失的判断究竟采主观标准还是采客观标准，存在两种不同的学说：

---

① 史尚宽．债法总论．北京：中国政法大学出版社，2000：115.

1. 主观过失标准说

此种观点认为，民法也应该像刑法那样，对于过失的认定采主观标准，因为过失还是具有道德谴责的特点。过失是立基于对行为人的“无价值判断”，而不是立基于对行为的无价值判断。所以，行为人是否“能够”的问题不能被客观地判断，个人避免实施某行为的“可能性”是过失认定中的决定性因素。也就是说，只有依照其个人能力，他能够避免“未尽社会生活中必要的注意”时，他才有过失。如果行为人因其个人能力不能认识到具体情形下的行为要求，或者因其个人能力而不能达到该行为要求，或者因特殊原因而要求行为人实施适当的行为是不可合理期待的，就认定其没有过失，否则，就等于抛弃了过错责任原则。

2. 客观过失标准说

此种观点认为，过失是被客观认定的，也就是说，依照行为人所从事的职业、所属的年龄段、所处的地点等确定他所属的阶层，并以该阶层的一般人的知识和能力来认定行为人的过失。过失的认定并不取决于具体加害人的实际能力和个人情况。过失的客观标准可以保证，社会生活的参与者达到典型的注意标准。如果某人未尽社会生活中必要的注意，但他是因个人能力“不能”尽到此注意，那么，他也要承担责任。我们必须忍受这样的事实，某行为人的知识和能力处于平均水平以下，如果依照其个人情况不应当被认定为具有过失，但依照一般人的标准，他还是具有过失。此时，对社会的保护处于优先地位。

从比较法的角度来看，现在世界各国基本都采用了客观的过失标准。在英美法上，过失的认定采用“合理人标准”，即客观标准。而在大陆法上，法国采善良家父标准，德国采善良管理人标准，也都是客观化的。可见，过失的客观标准是各国侵权法发展的共同趋势。这一立场值得赞同，理由在于：其一，这是为了保障社会交往中的信赖和安全。在现代社会，最重要的是社会交往中的信赖和安全，这就要求注意义务的典型化和客观化。举例而言，在道路交通中，人们都应能够信赖，其他的交通参与人也已掌握了交通规则。拿到驾照第一天的司机，也不能因为其没有经验而免责。所以，过失的客观标准符合这一理念，即参与社会生活，就应当按照符合社会生活的要求来行为。其二，这符合过错责任功能的转换。现代侵权法上的过错责任已经实现了功能转换，由最初的个人主义的预防指向，转向达成社会公正的财产补偿。因此，在认定责任时，首先考虑的不是行为人在主观上是否可非难，而是行为人是否达到了客观的行为标准。人们应当可以期待，他人的行为达到了一般人的标准。

需要注意的是，过失判断的客观标准，这是就重大过失和抽象轻过失而言的，而对于具体轻过失的认定，其采行为人处理自己事务相同的注意义务，就只可能是主观的。不过，在侵权法上，过失原则上是抽象轻过失（即没有尽到善良管理人的注意义务），所以，上述过失判断标准客观化的结论原则上正确。

另外，无论过失如何分类，其认定都包含了两项要素，即可预见和可避免。过失的判断，首先要认定，按照特定的标准，该损害是可预见的，而且是可避免的。然后，再确定行为人，或者应当预见而没有预见，或者能够避免而没有避免。例如，抽象轻过失的认定，就是先依据善良管理人的标准，认定该损害应当是可预见，且可避免的。如果行为人没有预见，他就具有疏忽大意的过失；如果行为人已经预见，但没有能够避免，就属于过于自信的过失。

（二）重大过失的认定

重大过失就是在极不合理的程度上疏忽了交往中应有的谨慎。例如，酒后驾车，导致他人被撞伤；骑自行车时接听手机，导致撞伤他人。它与间接故意存在明显区别。在间接故意的情形，行为人预见到了损害可能发生，并放任损害的发生。而在明知的重大过失中，行为人虽预见到了结果的可能性，但相信结果不会发生。在法律有特别规定的情况下，加害人仅对其故意和重大过失负责，对轻过失不必负责。这些法律特别规定的情形，一般是赠与、无偿保管、无偿委托等无偿行为。

在认定重大过失时，也采取客观标准。它是以社会一般人为标准来认定的，或者说，是以一个漫不经心的人为标准。如果一个漫不经心的人在通常情况下都会加以注意，而行为人没有注意，就认定为其具有重大过失。

（三）具体轻过失的认定

具体轻过失是以行为人自身为标准进行认定的，即行为人没有尽到与处理其自身事务相同的注意义务。在侵权法上，过失原则上都是抽象轻过失，只在特殊情况下，才采具体轻过失。例如，在无因管理中，管理人应当仅对其具体轻过失负责，以适当减轻其责任。

具体轻过失是以行为人处理其自身事务相同的注意义务为标准的，其实际上是主观标准，是因人而异的。就一般人来说，善良管理人的注意义务是比处理自己事务相同的注意义务要高的标准。例如，出租车司机拾到提包一个，他将拾到的提包和自己的提包一起放在驾驶员座位上，并锁好了出租车。后来，这两个提包都被小偷砸碎车窗玻璃盗走。该案中，拾到的提包和自己的提包放在一起，应当认定为尽到了与处理自己事务相同的注意义务，司机作为无因管理中的管理人，其没有过错。

（四）抽象轻过失的认定

侵权法上的过失原则上都应当解释为抽象轻过失。因为以重大过失为标准，则行为人的责任失之过轻，不足以维护社会生活的安定；而以具体轻过失为标准，则注意义务标准因人而异，而且，被害人对于加害人的注意状态举证比较困难。在比较法上，抽象轻过失的认定标准也存在不同的做法，英美法上一般采合理人标准，而大陆法上一般采善良家父标准或善良管理人标准。

1. 英美法上的合理人标准

在英美法上，罗马法上的善良家父（Bonus Pater Familias）标准演变成了合理人标准（A Rensonable Man）。它要求人们在行为时要有合理人在此一情况下所采取的注意。如果没有采取相同的注意，就是违反了注意义务。①合理人是以共通经验与活动，以及社会行为规范的理想化为基础的。合理人是假设的、想象中的具有当事人社会通常的思考辨别能力的人。他并不是完全不犯错误的人。他的预见能力、警惕心、勇气、判断能力、爱心等等方面代表着社会的一般水平而不是在此以上。合理人行为的基准是客观的基准。以此一基准衡量个别行为时，一般并不考虑行为人个人的素质、能力。虽然有些人低于平常人水平，轻率的人、运动神经迟钝的人，即使竭尽全力可能也达不到合理人行为基准，但是仍要判定其行为不合理，要追究违反注意义务责任。具体来说，在被告所处情形下，合理人会如何行动？这一问题要由该情形所包含的各种要因决定，主要包括：（1）损害发生的可能性；（2）可预见损害的严重性；（3）防止损害措施的成本及其实施的可能性；（4）被告行为的目的。

2. 大陆法上的善良家父或善良管理人标准

在罗马法上，过失就被认为是违反了善良家父标准。法国法也继受了“善良家父标准”。不过，该标准是可变的，随着具体个案环境的差异，“善良家父标准”的具体内容也不尽相同。例如，评判医生在执业活动中是否构成过错，应参考“职业标准”而不是“一般人标准”。又如，在行为人具有某种生理缺陷（如残疾）的情况下，法国法官常常以具有该种生理缺陷的人的行为标准作为评判过错的标准。从这一层面来看，“善良家父标准”同样具有主观性。②

善良管理人的标准源自古罗马的善良家父标准。在德民制定前夕，潘德克吞学派主张此种观点，并最终被立法者采纳，即《德国民法典》第276条第2款。该条规定：“怠于尽到社会生活中必要注意的人，就是有过失地实施行为。”按照

① ［日］望月礼二郎．英美法．郭建，王仲涛，译．北京：商务印书馆，2005：150.

② 罗瑶．法国法中的侵权过错概念及其对我国立法的借鉴意义．比较法研究．2010（1）.

善良管理人的标准，不问行为人依其能力本来可以怎样做，而是问他本来应当怎样做（客观过失）。谁若不遵守社会交往中为避免他人利益的不适当损害而必要的“游戏规则”，其行为即为过失行为。

另外，在英美法上，经济分析的方法也被用于认定过失。汉德法官提出了著名的汉德公式，根据该公式，过失就是行为人所实施的经济上的不完美行为，而且行为人防免损害的成本要比受害人低。具体来说，其汉德公式包含如下内容：P = 意外发生的可能性；L = 意外所造成的损失；B = 为避免意外所必须负担的预防成本。如果 $P \times L > B$，即意外发生的可能性乘以意外所造成的损失大于被告为避免意外所必须负担的预防成本，则被告有过失。不过，学者一般认为，确定汉德公式两边各自的成本分别是什么，如果不是不可能的话，也极为困难。

我国学者一般认为，抽象轻过失的认定采善良管理人的标准，这大概是长期受德国法影响的结果。我个人赞成此种做法，善良管理人并非完全不考虑行为人的特点，他是以被告所处的特定人群的一般人为标准。善良管理人并非只是一个模型，而是根据行为人的客观情况而分类确定的模型，分类确定时尤其要考虑职业、年龄、性别、身体状况、精神状况等客观情况。例如，老年人就应当以其所属的年龄段的善良管理人为准，认定注意义务；再如，专家应当以其所属的专家团体的通常水平来认定注意义务。

另外，在确定善良管理人的注意义务时，也要考虑案件的具体情事，主要包括如下两点：（1）被告所实施活动的危险性。每个人必须尽到与其所实施活动的性质相应的勤勉义务，而且不应从事他没有充分准备的活动。（2）行为人之间的关系。亲密性可能产生一种不得被辜负的特定信赖。行为人之间的关系越密切，对他们相互之间注意彼此利益的要求就越高。①

（五）专家过失的认定

通常来说，专家具有如下特点：具有专门知识和特殊技能、获得了国家颁发的职业许可、受到国家的职业监督、提供的服务主要是精神的和脑力的劳动、提供的服务具有专业性和权威性的特点、提供的服务具有独立性和非标准化的特点、通常要加入行业自律组织进行自我管理。我国《侵权责任法》没有对专家责任作专门规定，因此，除非特别法另有规定，否则，专家责任通常适用该法第6条第1款。这就需要认定专家的过失。

专家过失通常是指其抽象轻过失，也是以善良管理人的注意义务标准来认

---

① 欧洲侵权法小组．于敏，谢鸿飞，译．欧洲侵权法原则：文本与评注．北京：法律出版社，2009：121.

定的。但是，考虑到专家的专业知识和特殊技能，其注意义务的认定应当以具有该知识和技能的人为准，而不能以社会一般人为准。在比较法上，各国基本上都采这一立场。在法国法上，随着具体个案环境的差异，"善良家父标准"的具体内容也不尽相同。在判断专家的过失时，应参考"职业标准"而不是"一般人标准"。[①] 在德国，法院认为，专家应当拥有从事某一特殊职业的胜任之人的通常技巧，否则，就认定为具有过失。而在英国法上，专家过失的认定要运用Bolam 检验法。它是法官 McNair 在 Bolam v. Friern Hospital Management Committee 案中提出的。该案是医疗过失案件，法官在判决中提出，"在要求运用特殊的技能和能力的情况下，检验的标准是该领域中的普通的专业人士的标准。如果他符合了该领域中普通专家的通常技能，他就没有过错。如果他的行为符合负责任的医生的适当行为，他就没有过错。" Bolam 检验就是要确定合理的、胜任的职业者的标准，这个标准是该领域中通常被接受的标准。" 可见，各国法上的主流观点就是，专家要遵守客观的、规范的标准，从而保护社会公众免于遭受专家带来的危险。而这一客观标准就是该专家群体中的普通一员所应当尽到的注意义务。对此，我国立法者也予以认可。[②]《侵权责任法》第 57 条规定："医务人员在诊疗活动中未尽到与当时的医疗水平相应的诊疗义务，造成患者损害的，医疗机构应当承担赔偿责任。" 这里所说的"与当时的医疗水平相应的诊疗义务"就是指医务人员的平均水平的注意义务。

七、过错的否定

在侵权法上，如果行为人既没有故意，也没有过失，此时，我们称之为"事变"。在过错责任领域，事变的出现否定了行为人的过错，进而要回归侵权法的逻辑起点，受害人要自己承受损失（即所有人自负其责）。

事变（Casual, Casus, Zufall, Cas fortuit），是指非因故意过失所发生的变故。事变可以是外界的自然事实，也可以是人的行为（如被盗窃等）。事变可分为通常事变和不可抗力两种。通常事变（Gewohnlicher Zufall），是指行为人虽然尽其应尽的注意义务，而仍不免发生损害，然而，如果再予以特别严密的注意，或许可能避免损害。例如，旅店的行李在旅店内被窃，如果店主特加防范，或许

① 罗瑶．法国法中的侵权过错概念及其对我国立法的借鉴意义．比较法研究．2010 (1).

② 立法者认为，专业人员的行为标准通常高于一般人的行为标准。参见全国人大常委会法制工作委员会民法室．《中华人民共和国侵权责任法》条文说明、立法理由及相关规定．北京：北京大学出版社，2010：22.

不会发生。我国学者常常将通常事变称为意外事件，此处我们也采取这一通常称谓。至于不可抗力（Hoehere Gewalt，Foree Maajeure，Vis Major），其如何定义存在争议，按照《民法通则》第153条的定义，它是指“不能预见、不能避免并不能克服的客观情况”。①

本章小结

1. 过错责任的一般条款，是指规范普通的过错责任的一般条款。《侵权责任法》第6条第1款是我国过错责任的一般条款。过错责任一般条款之中所包含的构成要件，就是过错责任的一般构成要件。过错责任的一般构成要件应当包括：侵权行为、损害、因果关系、违法性、过错。

2. 侵权行为是指侵害他人民事权益的作为或不作为。在法人实在说之下，法人机关是法人的一部分，法人机关的行为就是法人的行为，所以，法人机关的侵权行为就是法人的侵权行为。过错侵权可以分为作为侵权和不作为侵权。只有当不作为违反了作为义务时，才例外地认定其是侵权行为。

3. 损害，是指受害人受法律保护领域内的不利变化。关于损害的本质，历来存在着两种学说，即利益说（差额说）和组织说。损害在事实方面的特点是现实性和不利性，在法律方面的特点是可救济性。损害可以按照不同的标准分类，主要可分为财产损害和精神损害、所受损害和所失利益。

4. 因果关系是指一种情形引发另一种情形的判断。按照“谁主张、谁举证”的一般规则，因果关系应当由受害人证明。在特殊情况下，实行因果关系推定，它包括法定的因果关系推定和裁定的因果关系推定。因果关系认定理论有：条件说、原因说、相当因果关系说、法规目的说。我国学界的通说认为，应当采相当因果关系说，即从社会一般人的角度出发，有此行为通常有此结果，就认定因果关系的存在。

5. 违法性是指法秩序对特定行为所作的无价值判断。违法性和过错是否是独立的两个要件，《侵权责任法》第6条第1款没有采取明确的立场，学者在解释中仍旧存在分歧。我个人更倾向于违法性要件独立的观点。违法性认定理论有结果不法说、行为不法说和折中说。

---

① 《合同法》第117条第2款也有类似规定，该条规定：“本法所称不可抗力，是指不能预见、不能避免并不能克服的客观情况。”

6. 狭义上来说，过错仅指侵权人的过错，即行为人的主观可非难性。它包括故意和过失。过错的认定是以侵权责任能力为前提的，在我国法上，应当解释为侵权责任能力与完全民事行为能力的标准相同。故意的认定只可能采主观标准，过失的认定应当采客观标准，具体要区分重大过失、具体轻过失和抽象轻过失而分别认定。

思考题

1. 试述过错责任的一般构成要件。
2. 试述作为侵权和不作为侵权区分的意义和标准。
3. 侵权法上损害具有哪些特点？
4. 试述相当因果关系理论。
5. 试述侵权法上过错的认定。

第四章

侵权责任方式

第一节　侵权责任方式概述

一、侵权责任方式的概念

侵权责任方式，也称为侵权责任承担方式或承担侵权责任的方式，是民事责任承担方式的下位概念。

我国《民法通则》规定了承担民事责任的方式，但并未对民事责任的承担方式进行定义性规定。一般认为，民事责任方式或民事责任承担方式，是国家公权力为维护受侵害的民事权利，根据民事责任人实施的违法行为对他人民事权利造成的侵害后果，强制民事责任人对受侵害的权利人负担相应的给付义务（即实施或不实施特定行为），以消除其侵害后果之方法或手段。强制民事责任人（民事违法行为人）对受其侵害的民事权利人负担相应的给付义务，这一做法就国家法律言，是国家法律对民事违法行为人采取的制裁措施；就受害人言是国家法律对受害人进行救济的手段，是受害人取得救济性请求权的法律基础；就违法行为人言则是其依法承担民事责任的方式。

以此推之，侵权责任方式或侵权责任的承担方式，是国家公权力为维护受侵害的民事权利，根据侵权责任人对其应负责任的侵权行为对他人民事权利造成的侵害后果，强制侵权责任人对受其侵害的权利人负担相应的给付义务，以消除其侵害后果的方法或手段。侵权责任人对被侵害的权利人所负担的给付义务具有债务的性质。

在《民法通则》第 134 条规定的承担民事责任的十种方式中，除支付违约金和修理、重作、更换两种方式外，其余八种责任承担方式都可以适用于侵权责任。对于这八种责任承担方式，《侵权责任法》第15条也作了明文规定。具体而言，承担侵权责任的方式有：停止侵害；排除妨碍；消除危险；返还财产；恢复原状；赔偿损失；赔礼道歉；消除影响、恢复名誉。

二、侵权责任方式的分类

《侵权责任法》第15条规定的8种侵权责任承担方式，按其性质和功能的不同可以分为以下四类：

（一）制止型、预防型的责任方式

侵权法经常被一致认为是补偿已经发生的损害；但是，这一观念的确是太狭隘了……在损害没有实际发生的时候，法律都可能采取行动。譬如，在有确凿证据证实即将发行的杂志或者书刊的有关内容存在严重失实，或者有关内容严重侵害他人隐私的情况下，当事人可以请求法院采取保全措施，禁止杂志或者书刊的上市流通；在遇有对于环境、对于公共健康造成重大损害的危险的时候，法律应当允许法院判决有关当事方采取措施，切实消除可能发生的危险。在当代，“损害”这一范畴，从传统的实际损害、现实损害的观念，已发展到涵盖了潜在和未来的损害。① 侵权法是救济法，是损害补偿法，但侵权法也有预防实际损害发生的功能。故，“消除影响及停止侵害行为之诉已经成为欧洲共同的法律制度”②。

我国过去法律、司法解释对停止侵害、排除妨碍、消除危险等责任形式已有规定，③ 这些规定是《侵权责任法》的立法基础。《侵权责任法》第21条规定：“侵权行为危及他人人身、财产安全的，被侵权人可以请求侵权人承担停止侵害、排除妨碍、消除危险等侵权责任。”这里的“危及”应当是：第一，侵权行为正在实施和持续而非已经结束；第二，侵权行为已经危及被侵权人的人身、财产安全而非不可能危及；第三，是侵权人所为的侵权行为而非自然原因。对正在危及他人的人身、财产安全的侵权行为发生的情况下，赋予被侵权人请求停止侵害、排除妨碍、消除危险等责任方式，目的在于防止损害后果的扩大，维护被侵

---

① 王利明．侵权责任法制定中的若干问题．民商法学（复印报刊资料）2009（2），65.

② ［德］克雷斯蒂安·冯·巴尔．欧洲比较侵权行为法（下）．焦美华，译．北京：法律出版社，2004：145－146.

③ 参见：《民法通则》第83条，《物权法》第35条、第83条，《环境保护法》第41条；《最高人民法院关于贯彻执行〈中华人民共和国民法通则〉若干问题的意见（试行）》第97条、第98条、第154条等。

权人的合法权益。①

停止侵害、排除妨碍、消除危险等责任方式的功能，在于制止已发生的侵权行为和预防可能发生的侵权行为，故被称为制止型、预防型责任方式。在制定《侵权责任法》的过程中，有学者对制止型、预防型责任方式存在的必要性提出质疑，但多数学者主张，停止侵害、消除危险、排除妨碍等民事责任方式尽管与物上请求权等存在理论上的竞合，但是为了发挥侵权行为法的积极功能，仍吸收《民法通则》的成功经验，对这些民事责任方式继续加以规定。②

所谓停止侵害，是指侵权行为人根据权利人的请求或主管机关的命令，立即停止其侵权行为，以防止损害发生或扩大的责任方式。停止侵害的适用条件是：侵害正在进行或仍在延续之中。这种责任形式可以有效防止损害的扩大，是除损害赔偿外最重要的一种责任形式。停止侵害可以适用于侵害人身权、物权、知识产权和占有的侵权行为。特别在侵害知识产权和人身权的纠纷中，停止侵害责任的适用具有十分重要的意义。③

排除妨碍，是指实施侵权行为妨碍或可能妨碍他人正常行使民事权利时，侵权行为人应根据权利人的请求或法院的裁判，除去其已经造成的妨碍或者停止其可能造成妨碍的行为。排除妨碍的适用条件是：（1）妨碍行为是不正当的；（2）因妨碍而导致已经存在某种危险。

消除危险，是指当人的行为或人管理的动产、不动产对他人人身及公私财产存在某种危险隐患时，有关责任人应依法消除危险隐患的责任方式。消除危险的适用条件是：须损害尚未实际发生，也没有妨碍他人民事权利的行使，但行为人的行为又确有可能造成损害的后果，对他人构成威胁。

停止侵害、排除妨碍、消除危险这三种责任形式的适用，可以在判决中作出，也可以先行裁定。对此，《民法通则意见》第 162 条第 1 款规定：在诉讼中遇有需要停止侵害、排除妨碍、消除危险的情况时，人民法院可以根据当事人的申请或者依职权先行作出裁定。《最高人民法院关于诉前停止侵犯专利权行为适用法律问题的若干规定》第 1 条也有相关规定。

（二）回复型的性责任方式

此类责任承担方式包括返还财产与恢复原状两种方式，其功能在回复权利之原状，故又被称之为权利保全型的责任方式。

---

① 王胜明．中华人民共和国侵权责任法释义．北京：法律出版社，2010：105.

② 张新宝．侵权责任法原理．北京：中国人民大学出版社，2005：468.

③ 张玉敏．民法．北京：高等教育出版社，2007：578.

1. 返还财产

返还财产，是指财产的非法占有人，应将其非法占有的财产返还给财产权利人的责任承担方式。返还财产的请求权人常常是所有权人，但也可能是占有人。对此，我国《物权法》已经作出了明确规定。①

返还财产这一责任方式，在适用时应遵循的规则有以下几点：（1）负返还原物责任的主体须是不法占有人。合法占有人在其合法占有期间不负返还原物的责任。（2）请求返还原物的主体须是物的所有人或其他合法占有人。不法占有人的占有只受占有之诉的保护，不受物权之诉的保护。（3）适用返还财产责任方式的前提是该财产还存在，如果该财产已经灭失，适用该责任方式就不可能，受害人只能要求赔偿损失；该财产虽然存在，但已经损坏的，权利人可以根据自己的意愿，请求返还财产、恢复原状或者赔偿损失等责任方式。此外，如占有人已将该财产转让给第三人，则只有在第三人不构成善意取得的情况下，才能请求返还财产。在第三人善意取得财产所有权的情况下，原权利人只能向无权处分人请求赔偿损失（也可能发生侵权责任与违约责任的竞合）。②（4）负返还原物责任的主体，在返还原物时应同时返还原物的孳息。

返还财产时，可否主张对该财产曾经支出的费用？《侵权责任法》未作明确规定。有学者认为，对于善意占有人的这种主张应当予以支持。《物权法》第243条规定："不动产或者动产被占有人占有的，权利人可以请求返还原物及其孳息，但应当支付善意占有人因维护该不动产或者动产支出的必要费用。"根据比较法解释方法，参阅《德国民法典》第850条的规定，亦可得出相同结论。③

2. 恢复原状

对于恢复原状，在民法上有不同的理解。此处作为与返还原物并列的恢复原

---

① 《物权法》第243条规定：不动产或者动产被占有人占有的，权利人可以请求返还原物及其孳息，但应当支付善意占有人因维护该不动产或者动产支出的必要费用。第245条规定：占有的不动产或者动产被侵占的，占有人有权请求返还原物；对妨害占有的行为，占有人有权请求排除妨害或者消除危险；因侵占或者妨害造成损害的，占有人有权请求损害赔偿。占有人返还原物的请求权，自侵占发生之日起一年内未行使的，该请求权消灭。

② 《物权法》第106条规定：无处分权人将不动产或者动产转让给受让人的，所有权人有权追回；除法律另有规定外，符合下列情形的，受让人取得该不动产或者动产的所有权：（1）受让人受让该不动产或者动产时是善意的；（2）以合理的价格转让；（3）转让的不动产或者动产依照法律规定应当登记的已经登记，不需要登记的已经交付给受让人。受让人依照前款规定取得不动产或者动产的所有权的，原所有权人有权向无处分权人请求赔偿损失。当事人善意取得其他物权的，参照前两款规定。

③ 《德国民法典》第850条规定：如果返还侵夺财物的义务人对财物曾支出费用，对受害人享有与占有人对所有权人关于要求偿还费用的相同的权利。

状，只能为狭义的理解，即解为通过修理等手段恢复被损坏的有形财产的原状。

对“恢复原状”既然作狭义理解，那么其构成条件自应按物权法有关恢复原状请求权的规定或原理来确定。按物权法有关恢复原状请求权的规定或原理，恢复原状责任的构成应具备以下条件：（1）须有恢复的可能；（2）恢复原状有必要，即受害人认为恢复原状是必要的且具有经济上的合理性；（3）财产损坏须出于责任人的违法行为。合法使用他人所有物产生的磨损，不构成恢复原状责任。

在我国，恢复原状和损害赔偿都是独立的侵权责任方式，但这不意味着这二者在实际适用中存在某种特殊的联系。因此，在制定《侵权责任法》的过程中，有学者曾建议规定：受害人有权选择要求恢复原状和赔偿损失的选择权；但是，对被损坏的财产进行恢复原状不具有经济合理性的，受害人仅得请求损害赔偿。① 此种立法建议，有他国民法典之立场可资参考。如，《阿根廷共和国民法典》第1083条规定：损害赔偿应为恢复事物的原状。如不可能恢复原状，即应确定金钱上的赔偿额。受害人亦可选择金钱上的赔偿。《意大利民法典》第2058条规定：在全部或部分可能的情况下，受害人可以要求以完整无损的返还形式赔偿。以修复完好的方式返还会导致债务人负担过重的，法官可以规定一个等值的赔偿。《捷克斯洛伐克民法典》第442条规定：赔偿的只是现实的损失，赔偿的方法是恢复原状；如果这样做有极大困难或者不合理，可以用金钱补偿。

3. 返还财产与恢复原状的关系

返还财产与恢复原状虽然都具有回复权利（物权）的功能，而且在特殊情况下还可能并存——对损坏的财产进行恢复原状的处理仍不能达到其受损前的价值的，受害人还可要求对减损的价值进行赔偿。但是，二者在责任构成条件上与责任内容上并不相同：（1）在责任构成上，作为返还财产责任构成重要条件的违法加害行为是非法占有他人财产的违法行为；而作为恢复原状责任构成重要条件的违法加害行为是非法损坏他人财产的违法行为。（2）在责任内容上，即责任人依法应当履行的给付义务上，返还财产的责任人应当履行的给付义务是向权利人返还原物的义务；而恢复原状的责任人应当履行的给付义务是通过修理恢复财产原状的义务。

（三）补偿型的责任方式

补偿型的责任方式即损害赔偿或赔偿损失。赔偿损失，是指责任人向受害人支付一定数额的金钱以弥补其损失的责任方式。赔偿损失是实现侵权法弥补损害之立法目的的最基本的责任方式，也是运用最为广泛的责任方式。如前所述，在

---

① 侯国跃．中国侵权法立法建议稿及理由．北京：法律出版社，2009：184－195.

国外民法上恢复原状是损害赔偿的方法之一。但在我国，恢复原状与赔偿损失是两种不同的责任形式。

在侵权案件中，被告侵权损害赔偿责任之是否构成，一般要考虑以下三类因素：(1) 客观构成条件。包括原告损害事实的存在、被告行为与原告所受损害之间具有因果关系、被告之加害行为具有违法性。(2) 主观归责理由。被告的过错、被告行为具有的危险性、平衡原被告利益之要求，都可成为责令被告承担赔偿责任的理由。(3) 免责事由。被告可基于“正当理由”或“外来原因”，主张免除或减轻责任。

(四) 人身型的责任方式

此类责任方式包括消除影响、恢复名誉与赔礼道歉两种责任方式。《韩国民法典》第764条规定：“对于损害他人名誉的人，法院依被害人的请求，命其作出代替损害赔偿或者与损害赔偿并处恢复名誉的适当行为。”我国《侵权责任法》所规定的赔礼道歉、消除影响、恢复名誉等责任形式也主要是针对侵害名誉权、隐私权、姓名权、肖像权等人格权益的情形。赔礼道歉这种责任形式，在侵害人身权的情况下，常常被适用。实际上，在一些侵权案件中，原告所期待的并非金钱赔偿，而是要“讨个说法”，或者恢复自己的名誉，消除侵权行为造成的不良影响。在另一些侵权案件中，受害人可能并没有遭受财产方面的损失，此时也只能要求赔礼道歉或精神损害赔偿。

1. 消除影响、恢复名誉

消除影响、恢复名誉，是指不法侵害他人精神性人格权时，侵害人应依法在其不良影响所及之范围内采取一定措施澄清事实，消除其不法行为对受害人造成的不良影响，恢复受害人原有的良好的社会评价。

2. 赔礼道歉

赔礼道歉是指责令不法行为人向受害人公开认错、表示歉意。[①] 赔礼道歉原来只是一种道德责任，我国《民法通则》将它规定为承担民事责任的一种方式，具有以下意义：(1) 在司法实务上，有利于化解当事人之间的矛盾和纠纷。赔礼道歉既是对受害人精神的抚慰，也是对加害人的教育，如果适用得当，可以化解矛盾，促进团结，有利于民事纠纷的解决。[②] (2) 有利于提高侵权行为法的教育、预防功能。

适用赔礼道歉这种责任形式时，法官应根据个案的具体情况而决定其具体方

---

① 马俊驹，余延满．民法原论（第二版）．北京：法律出版社，2005：1040.

② 张玉敏．民法．北京：高等教育出版社，2007：579.

式和内容。赔礼道歉可以公开，也可以私下进行，可以口头方式进行，也可以书面等方式进行，具体采用什么形式由法官依据案件的具体情况作出。口头道歉是由行为人直接向受害人表示，基本不公开进行；书面道歉以文字形式进行，可以登载在报刊上，或者张贴于有关场所。行为人不赔礼道歉的，人民法院可以判决按照确定的方式进行，产生的所有费用由行为人承担。

3. 消除影响、恢复名誉与赔礼道歉的关系

《民法通则》以来，我国习惯于将“消除影响”、“恢复名誉”与“赔礼道歉”并列为民事责任形式，《侵权责任法》亦同。但有学者认为，将“消除影响”、“恢复名誉”与“赔礼道歉”并列为民事责任形式的做法并不妥当。(1)“消除影响”、“恢复名誉”似乎是日常生活用语而不是法律术语，不宜在立法上使用。(2) 消除影响、恢复名誉强调的是目的，而赔礼道歉等是为了实现这一目的可得采用的手段，属于目的性的术语和属于手段性质的术语不宜并列为民事责任形式。而且，目的性术语本来就不宜单列为民事责任形式，因为民事责任形式均属于手段性质的事物。我国台湾地区“民法典”第 195 条在规定侵害身体、健康、名誉或自由之非财产上损害赔偿时，使用的表述方法是“其名誉被侵害者，并得请求为回复名誉之适当处分”。[①] 什么是“回复名誉之适当处分”？“通常是在报刊上登载‘谢罪广告’或‘道歉启事’”。[②] 可见，在台湾地区，“回复名誉”也是目的性描述，而非手段性质的民事责任形式。(3) 如果名誉被侵害，通过司法机关确认侵权的事实（否定性评价），并判令被告赔礼道歉或赔偿损失，则事实上已经实现了消除影响、恢复名誉的目的，无需将消除影响、恢复名誉规定为责任形式。

三、侵权责任方式的适用

《侵权责任法》第 15 条规定的 8 种侵权责任承担方式，如前所述都有自己的适用条件和适用范围，必须妥当适用。在司法实务中，对具体的侵权行为妥当适用侵权责任承担方式，才能正确处理当事人之间的侵权纠纷，充分发挥侵权行为法的作用，实现侵权行为法的规范目的。妥当适用侵权责任承担方式，应当注意以下问题：

---

① 我国台湾地区“民法典”第 195 条：不法侵害他人之身体、健康、名誉或自由者，被害人虽非财产上之损害，亦得请求赔偿相当之金额。其名誉被侵害者，并得请求为回复名誉之适当处分。前项请求权，不得让与或继承。但以金额赔偿之请求权已依契约承诺，或已起诉者，不在此限。

② 魏振瀛．《民法通则》规定的民事责任——从物权法到民法典的规定．现代法学，2006 (3)．

（一）责行相当的原则

责行相当的原则，是指责令侵权行为人承担的侵权责任应当与侵权行为人实施的侵权行为相当，不能将与侵权行为不相当的责任加于侵权行为人。责、行相当是民法公平原则对侵权责任适用上的要求。责、行相当包括质的相当与量的相当。质的相当，是指对侵权行为人适用的侵权责任方式，应当与侵权行为人实施的侵权行为的具体性质和特征相当。量的相当，是指责令侵权行为人承担的侵权责任之轻重，即要求侵权行为人实施的具体给付行为之多少或程度，应当与侵权行为人实施的侵权行为所造成的不良后果相当。

【实例评析】

医院擅自使用患者照片进行虚假宣传被诉侵权①

2007 年 12 月 11 日，陈某抱着孩子到某妇产医院就诊，遇到此前为她作产检的医生许某。就诊完毕后，许某要求与陈某母子合影留念，陈某同意。没想到，第二天陈某再到该医院就诊时，发现她们的照片及陈某个人的资料出现在医院大厅的广告牌上，广告牌注明陈某系在医生指导下怀孕。陈某很生气，认为医院未经同意利用该照片，进行虚假宣称，损坏了她的名誉，致使其身心受到极大伤害。陈某向重庆市九龙坡区人民法院提起诉讼，要求医院停止使用其照片，并在市级以上报纸上赔礼道歉，赔偿精神损失 5 万元。

法院经审理后认为，陈某同意医院对其小孩合影拍照，但并未同意将该照片放在宣传牌上使用，且医院在广告中称医院对陈某指导怀孕不是事实，已对陈某造成一定的不良影响，应当予以纠正。鉴于医院使用照片仅有两天，范围仅限于医院大厅，时间及扩散范围有限，遂判决医院停止使用陈某的肖像，以书面方式在医院公告栏内向陈某赔礼道歉，消除影响，赔付精神抚慰金 2 000 元。

我们注意到，本案中医院未经陈某同意，使用其照片进行广告宣传，已构成对陈某肖像权的侵害。医院在广告牌注明陈某系在医生指导下怀孕，系虚假宣称行为，在一定程度上会对陈某造成不利影响，因此应当停止此种侵害行为。侵权人应当承担的侵权责任形式，应当与其侵权行为的后果相当。法院考虑到，医院使用照片仅有两天，范围仅限于医院大厅，时间及扩散范围有限，遂判决医院停止使用陈某的肖像，以书面方式在医院公告栏内向陈某赔礼道歉，消除影响，赔付精神抚慰金 2 000 元。我们认为，法院的处理是恰当的。

---

① 案情及判决请参阅：《重庆晚报》2009 年 3 月 26 日第 20 版。

（二）侵权责任方式的单独适用与合并适用

对侵权行为人是单独适用一种侵权责任方式，或者是合并适用几种侵权责任方式，应当根据责、行相当的原则，看侵权行为人的侵权行为是只满足了某一种责任承担方式的构成要件，或者是同时满足几种责任承担方式的构成要件。如果只满足了某一种责任承担方式的构成要件，就只能适用该种责任方式，不能同时适用其他责任方式。当然，在侵权个案中，多种侵权责任方式的适用可以由受害人提出，也可以由法官根据不同案情依职权决定，但不管是受害人提出，还是法官依职权决定，法官在最终裁决时都要注意，采用一种或者两种方式足以保护受害人利益的，就不必再采取其他方式，以避免行为人承担不适当的责任。同时，还需注意的是，从受害人的角度看，侵权责任方式是受害人自己享有的请求权，受害人可以处分这种请求权。受害人坚持自己的请求权，若该请求权适当，且没有给行为人施加不适当责任的，法官原则上应支持其请求权；受害人自愿放弃某种可以行使的侵权责任方式的，法官不应当干预，例如受害人自愿放弃对行为人的赔偿损失请求权的，法官就不应当违背受害人的意愿强行判决行为人赔偿损失。①

（三）侵权责任方式与过错的关系

学者指出，归责原则的研究必须针对具体的侵权行为类型和民事责任的方式，即不同的侵权行为类型和侵权责任方式，在适用时应考虑采用不同的归责原则，没有适用于一切民事责任的抽象的归责原则。侵权行为类型与归责原则的关系属于立法政策问题，它所体现的是立法者对相互冲突的利益的衡量和政策选择，例如，高度危险作业致人损害、环境污染致人损害、缺陷产品致人损害等应适用何种归责原则，以及哪些作业应归入高度危险作业，就需要进行慎重的政策选择。因此，这个问题原则上应当由立法解决。在这方面，学术研究的作用主要在于为立法提供理论基础以及对法律进行解释、批评，指导司法，推动法律的不断完善。而责任形式与归责原则的关系则基本上是一个逻辑问题，即如何按照思维逻辑清楚地加以表达的问题。②《侵权责任法》第6条、第7条规定的归责原则，属于所有侵权责任形式之归责原则的最大范围（借用数学上的概念可以表述为“并集”），但就每一种侵权责任形式而言，其归责原则是不完全相同的。

属于物权保护方法的各种责任形式，不管侵权行为类型是一般的还是特殊的，均不考虑行为人的过错，即应适用无过错责任原则。这可以说是一个公理。

---

① 王胜明．中华人民共和国侵权责任法释义．北京：法律出版社，2010：82－83.

② 张玉敏．侵害知识产权民事责任归责原则研究．法学论坛，2003（3）：21.

物权保护方法适用无过错责任原则的基本理由可以概括为两点：一是权利的不可侵性，既为权利，即不可侵犯，一经侵犯，即应该停止侵权，否则，权利将不成其为权利；二是物权保护方法以恢复权利的圆满状态为原则，不对侵权人施以惩罚。例如，无合法根据占有他人财产者应当将所占有的财产返还给权利人，这种返还只是让占有者交出本不属于自己的财产，并未给其增加另外的负担；未经许可使用他人的专利技术者应当停止使用，这种责任也仅仅使其停止对他人技术的无根据的使用，并未使其失去更多的利益。只有这样，才能维护法律的尊严，才符合公平正义的要求。各国民法在规定物权保护方法时，均不以加害人的过错为条件，足见各国立法者在这个问题上的认识是一致的。而债权保护方法（即赔偿损失）要以加害人的财产填补受害人的损失，其情况要复杂得多。按照各国立法，一般侵权行为适用过错责任原则，特殊侵权行为则要分别不同情况，在进行审慎的利益衡量和价值判断的基础上确定归责原则。①

我国《民法通则》第106条的规定虽然不够严谨科学，但《民法通则》和其他单行法在关于民事责任的具体规定中，也基本上考虑到了不同责任形式的区别——正如魏振瀛教授所指出，“返还原物、妨害除去、妨害防止责任为无过错责任”。② 德国学者也认为，预防性法律保护措施原则上不以被告方的过错为前提。因为在民法规定中只有对已经发生的损害给予赔偿时才考察加害人有无过错问题。不以过错为前提并不排除我们在被诉行为是蓄意的或只是疏忽之间作区分。③ 但我们原有的理论研究常常对本国的立法和司法实践却未能给予足够的重视，也没有注意到国外最新的立法动态和法学理论研究成果，而仅仅热衷于一般民事责任归责原则的空洞争论。目前，民法学者们正在进行某些必要的调整。比如，李开国教授最近指出：停止侵害、排除妨碍、消除危险这些侵权责任的构成就要比损害赔偿责任简单，因为它们都不要求要有“损害事实”、“因果关系”、“过错”等构成因素，只要被告对原告有侵害行为、妨碍行为或者被告造成了损害原告的危险就够了。④ 本书作者同意张玉敏教授和李开国教授等学者的上述学

---

① 张玉敏．侵害知识产权民事责任归责原则研究．法学论坛，2003（3）：22－23．

② 魏振瀛．《民法通则》规定的民事责任——从物权法到民法典的规定．现代法学，2006（3）。此外，李开国教授也指出：《物权法》规定的三种物权请求权，即返还原物请求权、排除妨害请求权，恢复原状请求权，其取得亦不以相对人有过错为条件。参阅：李开国．侵权责任构成理论研究——种新的分析框架和路径的提出．中国法学：2008（2），48．

③ ［德］克雷斯蒂安·冯·巴尔．欧洲比较侵权行为法（下）．焦美华，译．北京：法律出版社，2004：160．

④ 李开国．侵权责任构成理论研究——种新的分析框架和路径的提出．中国法学，2008（2）：40．

术观点，主张在适用“赔礼道歉”、“赔偿损失”的侵权责任方式时须以当事人的过错为条件，而其他侵权责任方式的适用，则不以当事人的过错为条件。

（四）侵权责任的独立性和优先性

《侵权责任法》第4条规定：“侵权人因同一行为应当承担行政责任或者刑事责任的，不影响依法承担侵权责任。因同一行为应当承担侵权责任和行政责任、刑事责任，侵权人的财产不足以支付的，先承担侵权责任。”这一规定可以概括为侵权责任的独立性和优先性，是《侵权责任法》的民权性的集中表现。其实，我国其他法律亦表达了相同的立场。比如，《行政处罚法》第7条规定：“公民、法人或者其他组织因违法受到行政处罚，其违法行为对他人造成损害的，应当依法承担民事责任。违法行为构成犯罪的，应当依法追究刑事责任，不得以行政处罚代替刑事处罚。”《刑法》第36条规定：“由于犯罪行为而使被害人遭受经济损失的，对犯罪分子除依法给予刑事处罚外，并应根据情况判处赔偿经济损失。承担民事赔偿责任的犯罪分子，同时被判处罚金，其财产不足以全部支付的，或者被判处没收财产的，应当先承担对被害人的民事赔偿责任。”而《刑事诉讼法》更专章规定了刑事诉讼附带民事诉讼的问题。这些规定说明，当一个违法行为同时构成民事责任、行政责任、刑事责任等多种法律责任（包括同时构成其中两种或三种责任）时，无论由哪个国家机关先追究何种法律责任，违法行为人都不能免除其他法律责任的承担，民事责任、行政责任、刑事责任的并用是一项既定的法制原则。

第二节　损害赔偿责任

如前所述，赔偿损失是实现侵权法弥补损害之立法目的的最基本的责任方式，也是运用最为广泛的责任方式。本节将专门介绍损害赔偿责任的基本问题。

一、侵权损害赔偿的原则

（一）填平原则

侵权法上的损害赔偿原则是填平原则，即有损失才赔偿，有多少损失就赔偿多少的原则。这是由民法的平等原则决定的。民事主体在民事领域法律地位是平等的，侵权事实不能改变当事人的平等地位，而平等的当事人不能互相惩罚。

为贯彻填平原则，应当承认损益同销规则。损益同销，指受害人基于与受损害的同一原因而受有利益时，其所受利益应当在确定赔偿额时予以扣除的规则。

损益同销规则设立的理由，在于受害人不得受双重利益，即受害人因他人违反义务的行为受有利益时，就此部分不得再请求赔偿。对此，各国民法学说及判例均予以承认。我国法律虽无明文规定，但实务上均依此精神处理。① 损益同销规则的适用条件：②（1）须有侵权损害赔偿关系的成立；（2）须受害人受有利益；（3）须损害事实与所得利益之间有因果关系。

（二）关于惩罚性赔偿与赔偿限额

在侵权责任法领域，损害赔偿以填平原则或全面赔偿原则为一般原则，但也存在例外。惩罚性赔偿和赔偿限额制度即为例外的主要表现。

1. 惩罚性赔偿

由于某些新型的侵权行为的特殊性，即侵权行为不易发现，侵权行为往往具有反复性和持续性，权利人调查取证往往耗资巨大，填平原则既不能真正填平受害人的损失，也不能起到吓阻和教育作用。因为在这种情况下，加害人的违法收益大大高于其违法成本，其违法行为所造成的损害不能通过损害转移有效地内部化。由于这种情况的严重性，有些国家针对某些特殊的侵权行为，规定了惩罚性赔偿。惩罚性赔偿，是指超出实际损失的范围判决加害人或者其他赔偿义务人对受害人予以额外的金钱赔偿。例如，美国对于恶意侵害商业秘密和专利权的行为，可以判令侵权行为人承担惩罚性赔偿责任，惩罚性赔偿最高可达已经确定的实际损失的二倍（包括实际损失赔偿）。就我国而言，《侵权责任法》第 47 条和《食品安全法》第 96 条规定了产品责任领域的惩罚性赔偿。③

在我国当前社会情势之下，惩罚性赔偿制度具有某种特殊的制度价值。固然，行政责任、刑事责任亦可实现惩罚之目的，但是负有特定职责的国家机关常常缺乏追究其他主体之法律责任的激励，而有关监督机制又未必能够发挥良好的作用，所以，法律上的行政责任、刑事责任制度在很多时候未能发动，致使制度目的不达。相反，如在私法领域规定惩罚性赔偿制度，由成千上万的受害人拿起法律武器与此类违法犯罪行为斗争，对受害人而言，有激励，也无需监督；对人民法院来说，必须受理惩罚性赔偿案件并作出有利于受害人的判决。我国《消费者权益保护法》颁布以来，由于消费者频频援引第 49 条“为权利而斗争”，

---

① 张广兴．债法总论．北京：法律出版社，1997：298.

② 马俊驹，余延满．民法原论（第二版）．北京：法律出版社，2005：1042.

③ 《侵权责任法》第 47 条规定：明知产品存在缺陷仍然生产、销售，造成他人死亡或者健康严重损害的，被侵权人有权请求相应的惩罚性赔偿。而对于产品责任，如果生产者有过错，惩罚性赔偿的数额没有法定限制。《食品安全法》第 96 条第 2 款规定：生产不符合食品安全标准的食品或者销售明知是不符合食品安全标准的食品，消费者除要求赔偿损失外，还可以向生产者或者销售者要求支付价款十倍的赔偿金。

对于假冒伪劣、缺斤短两等现象的遏制和打击作用是十分明显的。此种法律实践再次证明，惩罚性赔偿制度至少在一定时期和在一定领域内还是十分必要的。①

此外，有学者认为，对于侵害知识产权和其他侵害他人商业信誉的行为，也应当适用惩罚性赔偿。② 但是在法律明确规定之前，惩罚性赔偿制度不得类推适用于其他领域。

根据我国《侵权责任法》的规定，产品责任中的惩罚性赔偿，有以下条件限制：（1）经营者在主观方面处于明知或者故意的状态；（2）造成他人死亡或者健康严重损害的后果。关于惩罚性赔偿的力度，法律有规定的依照其规定（如《食品安全法》规定为价格的十倍），法律没有规定的则由法官自由裁量。

2. 赔偿限额

有些特殊的侵权行为，主要是高度危险作业致人损害以及其他一些营业过程中造成的损害，其损害后果往往巨大，受害者众多，如果坚持损失多少赔偿多少的原则，加害企业可能无力承受，高额的赔偿可能使企业陷于困境甚至破产。为了保护受害人的利益并兼顾从事危险事业经营的企业的利益，也为了使赔偿的标准基本一致，对于这类损害的赔偿往往有最高限额的规定。我国《侵权责任法》第 77 条规定："承担高度危险责任，法律规定赔偿限额的，依照其规定。"我国关于高度危险责任赔偿限额的规定主要有：

2006 年 1 月 29 日经国务院批准《国内航空运输承运人赔偿责任限额规定》（自 2006 年 3 月 28 日起施行）规定：在我国国内航空运输中发生的损害赔偿，国内航空运输承运人应当在下列规定的赔偿责任限额内按照实际损害承担赔偿责任，但是《民用航空法》另有规定的除外：（1）对每名旅客的赔偿责任限额为人民币 40 万元；（2）对每名旅客随身携带物品的赔偿责任限额为人民币 3 000 元；（3）对旅客托运的行李和对运输的货物的赔偿责任限额，为每公斤人民币 100 元。

自 2007 年 9 月 1 日起施行的《铁路交通事故应急救援和调查处理条例》第 33 条规定："事故造成铁路旅客人身伤亡和自带行李损失的，铁路运输企业对每名铁路旅客人身伤亡的赔偿责任限额为人民币 15 万元，对每名铁路旅客自带行李损失的赔偿责任限额为人民币 2 000 元。铁路运输企业与铁路旅客可以书面约定高于前款规定的赔偿责任限额。"

《国务院关于核事故损害赔偿责任问题的批复》（国函〔2007〕64 号）规

① 侯国跃．中国侵权法立法建议稿及理由．北京：法律出版社，2009：44.

② 张玉敏．民法．北京：高等教育出版社，2007：579.

定：核电站的营运者和乏燃料贮存、运输、后处理的营运者，对一次核事故所造成的核事故损害的最高赔偿额为3亿元人民币；其他营运者对一次核事故所造成的核事故损害的最高赔偿额为1亿元人民币。核事故损害的应赔总额超过规定的最高赔偿额的，国家提供最高限额为8亿元人民币的财政补偿。对非常核事故造成的核事故损害赔偿，需要国家增加财政补偿金额的由国务院评估后决定。

（三）关于损失的公平分担

《侵权责任法》第24条规定："受害人和行为人对损害的发生都没有过错的，可以根据实际情况，由双方分担损失。"本条关于公平分担损失的规定，与《民法通则》第132条的规定相比，① 具有一定的进步性。因为在不适用无过错责任原则的领域，受害人和行为人均无过错的，行为人即依法不需承担侵权责任，所以，没有理由要求行为人"分担责任"，最多基于一些特殊原因，责令其分担损失。至于应当如何分担损失，无法也不宜由法律作出具体规定，而应交由司法实践去解决。在个案中，分担损失可以是等额分担，也可以是非等额的分担。如何进行分担，应当考虑案件的具体情况以及当事人的经济状况等因素。

我们不赞同侵权法上的"公平责任原则"，但公平作为法律的价值之一，也理应成为侵权法律制度致力于实现的目标。过错责任、无过错责任是此种价值追求的体现，在特殊情况下的损失分担规则同样是其基本要求。惟需注意的是，当事人分担损失的规则只适用于过错责任的案件而不适用于无过错责任的案件。因为，在无过错责任案件中，加害人是否有过错在所不问，亦即无论加害人是否有过错均应承担侵权责任。

二、损害赔偿的范围

关于损害赔偿的适用范围或赔偿范围，一直是我国学术界有争议的问题。一般认为，损害赔偿的适用范围包括：（1）直接和间接财产损失，既包括侵害物权性质的财产权导致的损害，也包括侵害财产利益导致的损害；（2）人身损害案件中各种相关的财产损失；（3）死亡与残疾赔偿；（4）法律、行政法规、司法解释规定的各种精神损害赔偿；（5）受害人（包括死者）近亲属生活费的赔偿。② 但从《侵权责任法》第16条的规定来看，受害人获得死亡赔偿金、残疾赔偿金后，就不能再主张被扶养人生活费的赔偿。

---

① 《民法通则》第132条规定："当事人对造成损害都没有过错的，可以根据实际情况，由当事人分担民事责任。"

② 张新宝．侵权责任法原理．北京：中国人民大学出版社，2005：469.

三、赔偿权利人与赔偿义务人

（一）赔偿权利主体

《侵权责任法》第3条和第18条规定："被侵权人有权请求侵权人承担侵权责任"；"被侵权人死亡的，其近亲属有权请求侵权人承担侵权责任。被侵权人为单位，该单位分立、合并的，承继权利的单位有权请求侵权人承担侵权责任。被侵权人死亡的，支付被侵权人医疗费、丧葬费等合理费用的人有权请求侵权人赔偿费用，但侵权人已支付该费用的除外。"据此可知，侵权损害赔偿中的求偿主体包括：

（1）一般情况下，赔偿权利主体是受害人本人；在被侵权人死亡时，其近亲属成为赔偿权利人。此外，根据《侵权责任法》第2条的规定，死者人格利益乃"民事权益"，属于侵权法的保护对象。当死者的人格利益受到侵害的时候，死者的近亲属亦可主张赔偿。所谓"近亲属"，根据《民法通则意见》第12条和《最高人民法院关于审理名誉权案件若干问题的解释》（下称《名誉权案件解释》）第5条的规定，包括配偶、父母、子女、兄弟姐妹、祖父母、外祖父母、孙子女、外孙子女。[①] 值得讨论的是，自然人的近亲属请求侵权损害赔偿的，是否应有顺位之分。根据人之情理，近亲属之"近"亦有程度之别，故自然人因侵权致死的，近亲属请求侵权损害赔偿的，应有顺位之分。根据最高人民法院《精神损害赔偿解释》第7条的规定，自然人因侵权行为致死，或者自然人死亡后其人格或者遗体遭受侵害，"死者的配偶、父母和子女"可以向人民法院起诉请求赔偿精神损害；没有配偶、父母和子女的，可以由"其他近亲属"提起诉讼。换言之，我国过去的司法解释已经承认此种"情理"，把可得提起诉讼的近亲属分为两个顺位。这一司法经验当被将来立法所吸收。[②]

（2）被侵权人为法人或其他组织，而该组织基于分立、合并等原因而发生变更的，承继权利的组织有权请求侵权人承担侵权责任。《侵权责任法》的这一规定也与《民法通则》第44条第2款的精神吻合。

（3）支付被侵权人医疗费、丧葬费等合理费用的人可以成为求偿主体。在实践中，支付被侵权人医疗费、丧葬费等合理费用的人，可能是死者的近亲属，

---

① 有意思的是，我国关于近亲属的规定，不同法律部门有不同的立场。《刑事诉讼法》第82条规定的"近亲属"是指夫、妻、父、母、子、女、同胞兄弟姊妹；《最高人民法院关于执行〈中华人民共和国行政诉讼法〉若干问题的解释》第11条规定的"近亲属"，包括配偶、父母、子女、兄弟姐妹、祖父母、外祖父母、孙子女、外孙子女和其他具有扶养、赡养关系的亲属。近亲属是民法上的概念，建议在民法典之"亲属编"中统一规定。

② 侯国跃．对《侵权法草案（八月稿）》的修改意见．重庆行政，2009（10）：57.

也可能是其他主体（如所在单位或近亲属以外的亲属或朋友等）。谁垫付了该费用，他就可以向侵权人请求赔偿该等费用。赋予实际支付医疗费、丧葬费等费用的主体独立请求权，有利于弘扬帮扶帮衬的社会美德，保护善良的社会风俗，也可以防止侵权人获得不当利益。

（二）赔偿义务主体

根据《侵权责任法》第3条的规定，侵权人是赔偿义务人。这里的侵权人，其实是指侵权责任人，可能是指实施侵权行为的人，也可能是与侵权行为人有监护、劳动、雇佣等法律关系的人，还可能是对致人损害之物有管领义务的人。

四、财产损害赔偿

（一）侵害人身引起的财产损害赔偿

1. 概述

在人身权益被损害的情况下，造成的财产损失的计算，首先是考虑受害人的损害。(1) 侵害他人生命、健康、身体等权益造成的财产损失的赔偿范围，一般包括积极的财产损失和可得利益的损失。根据《侵权责任法》第16条的规定，侵害他人造成人身损害的，应当赔偿医疗费、护理费、交通费等为治疗和康复支出的合理费用，以及因误工减少的收入。造成残疾的，还应当赔偿残疾生活辅助具费和残疾赔偿金。造成死亡的，还应当赔偿丧葬费和死亡赔偿金。(2) 侵害他人名誉权、荣誉权、姓名权、肖像权和隐私权等人身权益造成的财产损失。侵害他人非物质性人身权有时也会产生财产损害，应当按照其实际损害赔偿。

一些侵害人身权益的行为财产损失难以确定，尤其是在被侵权人的名誉受损、隐私被披露等侵害非物质性人身权益的情况下，很难确定财产损失。在此情形下，侵权人如何赔偿，怎样确定赔偿数额是困扰司法实践中的一个难题。最高法院《精神损害赔偿解释》第10条中规定的关于精神损害的赔偿数额确定的因素中，将"侵权人的获利情况"作为其中之一。此解释意见虽仅适用于精神损害赔偿数额的确定，但对于财产损失亦有启示意义。从某种意义上讲，侵权人所获得的利益，也就是被侵权人的财产损失，只是计算财产损失的角度不同而已。侵权人获得的利益难以确定的情况也存在，最典型的莫过于"损人不利己"的侵权行为，此时由人民法院根据实际情况确定具体赔偿数额。立法的基本思想，是不能因为没有获利或者获利难以计算就使得侵权人"逍遥法外"。

基于上述考虑，《侵权责任法》第20条规定："侵害他人人身权益造成财产损失的，按照被侵权人因此受到的损失赔偿；被侵权人的损失难以确定，侵权人因此获得利益的，按照其获得的利益赔偿；侵权人因此获得的利益难以确定，被侵权人和侵权人就赔偿数额协商不一致，向人民法院提起诉讼的，由人民法院根据实际情况确定赔偿数额。”

2. 人身损害的赔偿项目

过去我国《民法通则》第 119 条和《人身损害赔偿解释》第 17 条、第 18 条对人身损害赔偿项目有规定，《消费者权益保护法》、《产品质量法》也对此有所涉及。总体来说，我国原有法律及司法解释对人身损害赔偿项目的规定并不完全一致，大致包括：医疗费（包含康复费、后续治疗费等）、误工费、护理费、交通费、住宿费、住院伙食补助费、必要的营养费、残疾赔偿金、残疾辅助器具费、被扶养人生活费、丧葬费、死亡补偿费、精神损害等。在制定《侵权责任法》的过程中，一些学者主张，残疾赔偿金、死亡赔偿金已经包含对被扶养人生活费的赔偿，不应重复计算。立法者采纳了这一主张，在《侵权责任法》中未规定被扶养人生活费。

根据《侵权责任法》的规定，人身损害赔偿的一般赔偿范围是医疗费、护理费、交通费等为治疗和康复支出的合理费用，以及因误工减少的收入；造成受害人残疾的，还应当赔偿残疾生活辅助具费和残疾赔偿金；侵害他人造成死亡的，还应当赔偿丧葬费和死亡赔偿金。其中，医疗费，包括挂号费、检查费、药费、治疗费、康复费等费用；护理费，是指受害人因受到损害导致生活不能自理，需要有人进行护理而产生的费用支出；交通费，是指受害人及其必要的陪护人员因就医或者转院所实际发生的用于交通的费用；因误工减少的收入，是指受害人由于受到伤害，无法从事正常工作或者劳动而失去或者减少的工作、劳动收入；残疾生活辅助具费，是指受害人因残疾而造成身体功能全部或者部分丧失后需要配制补偿功能的残疾辅助器具的费用。残疾生活辅助器具主要包括假肢及其零部件、假眼、助听器、盲人阅读器、助视器、矫形器等。此外，《侵权责任法》第 22 条规定，侵害他人人身权益，造成他人严重精神损害的，被侵权人可以请求精神损害赔偿。精神损害赔偿是与财产损害赔偿对应的概念，不属于此处所讲的财产损害的赔偿，因此，本书后面再作论述。

3. 残疾赔偿金、死亡赔偿金的定性

对残疾赔偿金，虽然我国的法律和司法解释已作了明确规定，但理论界和实务界对其性质和赔偿标准有较大争论。有人认为，残疾赔偿金属于对残疾者的精神损害赔偿；有人认为，残疾赔偿金是对受害人未来的预期收入损失的赔偿；还有人则认为，残疾赔偿金既是对受害人未来预期收入损失的赔偿，也是对其因残疾丧失的一些精神生活的赔偿。从比较法上观察，较多国家和地区将残疾赔偿金定性为对受害人未来财产损失的赔偿，只是在确定赔偿标准时有不同做法，有的采用了“收入所得丧失说”，有的采用“生活来源丧失说”，而有的采用了“劳动能力丧失说”。我国现在的司法实践主要采用的是“劳动能力丧失说”。以上三种做法各有利弊，“收入所得丧失说”可操作性较强，但在实践中若完全依据该做法，一些无收入的受害者，如家庭主妇、儿童、失业者等，由于在受到残疾前并没有收入，就有可能得不到赔偿，对这些受害者是相当不公平的；根据“生活来源丧失说”，残疾赔偿金赔偿的是受害人残疾前后生活费的差额。根据这种做法确定的残疾赔偿金比较低，不利于保护受害人的利益。“劳动能力丧失说”比较符合损害发生时的实际情况，但没有考虑到受害人未来劳动能力的提高和精神生活受到损害的情况，且完全忽视了受害人的具体情况，如受教育程度、年龄、受害人的实际收入等因素。①

在制定《侵权责任法》的过程中，关于死亡赔偿金的定性，理论界和实务界也有较大的争议。有学者认为，因《民法通则》规定，自然人的权利能力始于出生、终于死亡，所谓“死亡赔偿金”性质上只能是对死者遗属的精神损害赔偿。② 日、韩民法持此种立场。与此立场不同的，主要有两种观点：一是以被扶养人丧失生活来源作为依据的“扶养丧失说”。依据“扶养丧失说”，受害人死亡后，其被扶养人因此失去了生活来源，侵害人对此应予赔偿。死亡赔偿金的范围是被扶养人生活费；二是以受害人死亡导致的预期收入减少为依据的“继承丧失说”，即侵权人向死者近亲属赔偿死者余命年限内（主要以一个国家的平均寿命减去死者死亡时的年龄）将获得的除去生活费等正常开支的剩余收入。③在立法上，《德国民法典》、《荷兰民法典》、《俄罗斯联邦民法典》及我国澳门地区“民法典”和我国台湾地区“民法”采用的是“扶养丧失说”；而《阿根廷共和国民法典》则采“继承丧失说”。

有学者认为，宜将死亡赔偿金、残疾赔偿金定性为被害人预期收入损失的赔偿，与精神抚慰金并列，但不宜再单列被扶养人生活费的赔偿。（1）将死亡赔偿金、残疾赔偿金定性为被害人预期收入损失的赔偿符合客观实际。被害人死亡后，其将来一定时期内可取得收入的机会，即完全灭失；被害人残疾后，其将来一定时期内可取得的收入可能减少。因而，侵权责任人对其“所失利益”（“逸

① 王胜明．中华人民共和国侵权责任法释义．北京：法律出版社，2010：88.

② 梁慧星．侵权责任法（第三次审议稿）的评析与修改建议．中国法学网，浏览日期：2009 年 11 月 20 日．

③ 王胜明．中华人民共和国侵权责任法释义．北京：法律出版社，2010：89.

失利益”）进行赔偿，符合客观实际，亦公平合理。(2) 不宜将死亡赔偿金、残疾赔偿金与被扶养人生活费并列。在被害人未被致死或未残疾的情况下，其用于支付被扶养人生活费用的来源，乃在于被害人的收入，因而，侵权责任人赔偿侵害人预期收入损失后，不必再支付被扶养人生活费。否则，就会造成责任人重复赔偿。(3) 死亡赔偿金、残疾赔偿金与精神抚慰金是并列的赔偿项目。人的生活分为物质生活和精神生活，即使物质生活，也不单纯是取得报酬或者收入。侵权人的侵权行为造成被侵权人死亡或残疾的，其赔偿范围也应包括物质损失和非物质损失。这样，有利于保护被侵权人的合法权益，符合民法损害赔偿原则，彰显尊重生命的时代精神。

我们注意到，《精神损害赔偿解释》（法释［2001］7号）第9条曾将死亡赔偿金、残疾赔偿金定性为精神抚慰金，但其后颁布的《人身损害赔偿解释》（法释［2003］20号）则又将精神抚慰金与死亡赔偿金、残疾赔偿金并列。同样，《侵权责任法》第16条规定的死亡赔偿金、残疾赔偿金与第22条规定的精神抚慰金也是并列的。

4. 同一侵权事实中死亡赔偿金数额可以相同

《侵权责任法》第17条规定：“因同一侵权行为造成多人死亡的，可以以相同数额确定死亡赔偿金。”本条是关于同一侵权事实中死亡赔偿金可以相同的立法表达。

根据我国过去的司法解释，对农村居民和城市居民按不同标准支付死亡赔偿金，城市居民获得的死亡赔偿金比农村居民往往高一倍至二倍，一度引发“同命不同价”的争论。但生命无价，侵权事实致人死亡后，责任人也无法对命价进行赔偿，所谓“死亡赔偿金”是对死者生前预期收入减少（“逸失利益”）的赔偿，而非“命价”之“对价”。故而，“同命同价”本来就是个“伪命题”。

关于死亡赔偿金的确定标准问题。从境外的情况看，主要有两种做法：一是定额赔偿法。“定额赔偿法”实际是一种单一赔偿标准，不考虑具体受害人的个人收入状况、职业、受教育程度等方面的差异，原则上按照平均收入乘以一定年限计算赔偿数额，从而以抽象化、定型化的方式确定死者未来收入损失。二是个体赔偿法。原则上根据死者近期收入乘以一定年限计算赔偿数额。死者无收入的，划分不同情况按照平均收入乘以一定年限计算赔偿数额。① 客观地说，“个体赔偿法”更加符合客观实际，也更为公平。因为，每个死者的职业、年龄、受教育程度、劳动能力等因素不同，其“逸失利益”也不相同，其被侵害致死

① 王胜明．中华人民共和国侵权责任法释义．北京：法律出版社，2010：90.

所获得的赔偿金也应不同。我们难以想象，在没有死亡的情况下，每一个人的预期收入本就不同，却仅仅因为他被侵害致死，其近亲属就要得到相同的预期收入。正因为其合理性，所以大多数国家和地区采用这种方法。当然，由于“个体赔偿法”强调个体差异，必然给法院确定损失金额和当事人举证带来较大的困难。

为解决法官在审判实践中难以操作，人身损害赔偿案件的裁判尺度难以统一等问题，《侵权责任法》曾试图对死亡赔偿金的赔偿标准作相对明确而统一的规定。[①] 但是，最终考虑到实践中的人身损害死亡赔偿案件千差万别，我国各地的经济情况差异较大，个体之间的实际情况也不完全相同，情况非常复杂，法律规定的任何赔偿标准都有可能无法照顾到这些差异，都有可能引起较大争议。从国外的经验看，多数国家都没有在法律中对人身损害死亡赔偿金的赔偿标准作明确规定，主要由法官在司法实践中根据具体案情自由裁量。因此，目前由法律对死亡赔偿金的标准作统一、具体的规定较为困难，侵权责任法暂不规定为好，宜由法官在司法实践中，根据案件的具体情况，综合考虑各种因素后，确定死亡赔偿金的数额。但是，为了便于解决纠纷，使受害人及时有效地获得赔偿，对因同一侵权行为造成多人死亡的情况，《侵权责任法》第17条明确规定，可以以相同数额确定死亡赔偿金。虽然，死亡赔偿金是对死者“逸失利益”的赔偿，在个案中一般是不同的。但是，我国在过去的实践中，因同一矿难事故、交通事故、药物中毒等事故造成多人死亡时，采用每个死者统一赔偿20万元或40万元的做法，的确有利于避免原告举证困难，有利于方便快捷地解决纠纷，并收到了良好的社会效果。其实，在国外也有类似的做法。例如日本自上世纪70年代以来，在环境污染、药物损害、交通事故等导致多人死亡的侵权案件中，常常采用“概括的一揽子赔偿方式”解决死亡赔偿问题。“概括的一揽子赔偿”将受害人受到的所有社会、经济、精神损害作为一个损害，不区分财产损害与非财产损害，也不将财产损害细化为若干的项目，而赋予受害人统一的赔偿请求权。

不过，在适用《侵权责任法》第17条时，需要注意：

（1）非同一侵权行为造成多人死亡的案件不能适用。以相同数额确定死亡

---

① 《中华人民共和国侵权责任法（草案）》（2009年8月20日修改稿）第18条第1款、第2款规定：“死亡赔偿金一般按照国家上年度城镇职工年平均工资乘以十五年计算。具体数额根据受害人年龄、收入状况等因素可以适当增加或者减少。残疾赔偿金主要根据受害人丧失劳动能力的程度确定，最高不超过国家上年度城镇职工年平均工资乘以十五年。”第19条规定：“因交通事故、矿山事故等侵权行为造成死亡人数较多的，可以不考虑年龄、收入状况等因素，以同一标准确定死亡赔偿金。”

赔偿金仅适用于因同一侵权行为造成多人死亡的案件，并非确定死亡赔偿金的一般方式，对其他案件并不适用。

（2）同一侵权行为造成多人死亡的案件未必适用。即便对于因同一侵权行为造成多人死亡的案件，也不是必须以相同数额确定死亡赔偿金：若分别计算死亡赔偿金较为容易，可以不采用这种方式；在分别计算死亡赔偿金相对困难的情况下，法院可以根据具体案情，综合考虑各种因素后决定。在法院需要考虑的诸因素中，原告的态度是一个重要考虑因素，多数原告主动请求以相同数额确定死亡赔偿金的，法院可以相同数额确定死亡赔偿金；原告没有主动请求，但多数原告对法院所提以相同数额确定的死亡赔偿金方案没有异议的，也可以适用这种方式。

（3）只有死亡赔偿金可以适用。本条只是规定，因同一侵权行为造成多人死亡的，可以对"死亡赔偿金"以相同数额确定，对死者在死亡前产生的医疗费、护理费等合理费用支出，以及丧葬费支出，宜根据实际支出情况单独计算，损失多少，赔偿多少。同理，对于残疾赔偿金的计算，也不能适用本条规定。

（二）侵害财产引起的财产损害赔偿

侵害他人财产通常也会使他人遭受经济损失。此时，财产损失按照损失发生时的市场价格计算。对此，要重点把握"损失发生时"、"市场价格"两个要点。

（三）纯粹经济损失

纯粹经济损失（Pure Economic Loss，Pecuniary Loss）是英美法上常见的法律概念。然而对于什么是"纯粹经济损失"各国规定一直都有很大区别，主要有两大流派：其一是，所谓"纯粹经济损失"是指那些不依赖于物的损坏或者身体健康损害而发生的损失；其二是，非作为权利或受保护的利益侵害结果存在的损失。① 区分纯粹经济损失和物的损坏、因身体健康而遭受的损害，在通常情况下是容易的，但有时候也会遇到困难。不过，我们可以从学者们举示的实例中得到一些启示：如果一条纯种母狗被一条杂种狗交配并由此生下一只毫无价值的杂种狗，那他的主人遭受的则是物的损坏而绝不仅仅是纯粹经济损失，因为狗的妊娠期导致了其生理上的变化；如果鱼食用了混合了抗生素的饲料，虽然健康状况仍很好也没有遭受任何动物医学上的伤害，但却因此而无法销售出去了，"鱼的生理条件改变了"这一点就足以要求行为人承担纯粹经济损失的赔偿责任；如果加油站给顾客的车辆输进了不纯的汽油，很显然对发动机造成的损害属于物的损坏，然

① ［德］克雷斯蒂安·冯·巴尔．欧洲比较侵权行为法（下）．焦美华，译．北京：法律出版社，2004：32.

而如果该加油站向汽油供货商要求追偿，他只能就纯粹经济损失提起诉讼。①

各国立法或司法对待纯粹经济损失的立场具有很大的不同。学者的概括是：德国法——立法的拒绝赔偿、司法的松动和契约法的救济偏好；英国法——普通法的不赔传统、司法的波折反复和侵权法的救济偏好；美国法——“开明”的不赔原则、更加多元化的实践规则；法国法——宽松的立法、苛重的赔偿责任和侵权法的救济偏好。② 总之，对于纯粹经济损失，几乎所有的国家都曾经奉不赔原则为圭臬。但时至今日，选择性赔偿则成为多数国家不约而同的制度选择。

纯粹经济损失概念的创设初衷在于为可赔偿性损害与不可赔偿性损害的划分提供一个精确的标准，但其在各国的立法规定与法律适用中却风格各异。总体来说，各国在处理纯粹经济损失时从不予赔偿到接受越来越多的例外，从而扩大了损失赔偿的范围，具体说来有以下几种方式：第一、将纯粹经济损失权利化；第二、扩张合同法来弥补侵权行为法之缺陷；第三、将纯粹经济损失纳入一般条款的保护之中。相比较而言，第三种方法更具合理性。它为一切侵权请求提供了统一的标准，避免了权利样态间难以自圆其说以及侵权法与合同法体系之间的矛盾。而且法律适用的成本较低，符合效率的要求。③

五、精神损害赔偿

（一）精神损害赔偿的概念及意义

1. 精神损害赔偿的概念

精神损害相当于大陆法系国家传统民法中的非财产上损害。非财产上损害是指没有直接的财产内容或者不具有财产上价值的损害。关于非财产上损害的范围，广义说认为财产损害以外的一切形态的损害都属于非财产上损害，包括生理损害、心理损害以及超出生理、心理范围的抽象的精神利益损害，此损害不以民事主体是否具有精神感受能力为前提，因此法人和其他社会组织在遭受侵害时也会发生非财产上损害的问题。狭义说认为，非财产上损害仅限于自然人人格权益遭受侵害导致的精神痛苦和肉体痛苦，并依一般社会观念称为精神损害。法人和其他社会组织不具有自然人的生理和心理感受能力，无精神痛苦可言，因此，不

---

① 参阅：[德] 克雷斯蒂安·冯·巴尔．欧洲比较侵权行为法（下）．焦美华，译．北京：法律出版社，2004：38、40.

② 徐海燕，朱辰昊．纯粹经济损失赔偿制度研究——兼论证券市场中介机构不实陈述的民事责任．甘肃社会科学，2008（3）：139.

③ 参阅：王颖琼，黄长明，徐彬．纯粹经济损失理论之践行——评《山西日报》巨额赔偿案．时代法学，2003（2）：110.

存在精神损害的问题。法人和其他社会组织的名称权、名誉权遭受侵害，所产生的损害实际上是财产损害。

在侵权行为法上，确定精神损害的范围是为了解决赔偿问题，必须考虑立法的目的和价值取向，以利于实现民法的调整功能和价值理念。因此，狭义说更为可取。按照狭义说，精神损害是指自然人因侵权行为所造成的生理损害和心理损害，包括积极的损害和消极的损害。积极的损害是指精神痛苦和肉体痛苦，消极的损害是指知觉丧失（如成为植物人）和心神丧失（如成为精神病人）。① 就我国的法律立场而言，《民法通则》第120条似乎采纳了广义说，但最高人民法院的司法解释表明，我国的司法实践倾向于狭义说。②

精神损害赔偿是以金钱赔偿方式对受害人精神损害予以救济的特殊侵权责任方式。需要注意的是，作为民事责任方式的精神损害赔偿，以法律、行政法规和司法解释等有规定者为限。③

2. 确立精神损害赔偿制度的意义

我国曾经长期坚持精神损害不能用金钱赔偿的观点，认为人格利益的价值不能用金钱来衡量，承认精神损害赔偿会导致人格商品化，但是，经过多次极"左"思想指导下政治运动的教训，人们逐渐认识到以法律手段保护人身权利的重要性，《民法通则》专列一节规定人身权利，并在第120条明确规定公民的姓名权、肖像权、名誉权、荣誉权受到侵害的，有权要求停止侵害、恢复名誉、消除影响、赔礼道歉，并可以要求赔偿损失。学界和司法实务中均认为本条规定是精神损害赔偿的根据，并据此处理了大量要求精神损害赔偿的纠纷。此后的一些单行法律和行政法规则进一步规定，自然人的生命权、健康权受到侵害，加害人也应当赔偿受害人的精神损害。这说明我国自《民法通则》颁布以后，立法和司法实践已经逐步承认了精神损害赔偿，并且赔偿范围逐步从精神性人格利益损害扩大到物质性人格利益损害。《精神损害赔偿解释》在总结近几年实践经验的基础上，进一步扩大了精神损害赔偿的适用范围，并使之条理化，使我国的精神损害赔偿制度趋于完善。《侵权责任法》第22条则第一次在立法上明确规定了精神损害赔偿责任，而新修正的《国家赔偿法》则将精神损害纳入了国家赔偿的范围，彰显了重大的立法进步。

---

① 张玉敏．民法．北京：高等教育出版社，2007：587.

② 《精神损害赔偿解释》第5条规定："法人或者其他组织以人格权利遭受侵害为由，向人民法院起诉请求赔偿精神损害的，人民法院不予受理。"

③ 张新宝．侵权责任法原理．北京：中国人民大学出版社，2005：521.

随着社会经济文化的发展和文明程度的提高，精神利益在人们生活中的地位越来越重要，建立和完善精神损害赔偿制度，有利于加强对自然人人身权利的全面保护，有利于在全社会提倡和建立尊重他人人身权利、人格尊严的道德风尚，促进社会的文明和进步，对于我国这样一个缺乏尊重人权传统的国家，这一点具有特别重要的意义。①

具体而言，精神损害赔偿制度具有以下功能：（1）补偿功能。尽管精神损害不是现实的、有形的损害，但毕竟是一种损害事实。法律肯定精神损害赔偿制度，就是肯定对受害人的补偿功能。（2）抚慰功能。精神损害是一种特殊形式的损失，主要涉及人的主观意识，在很多时候金钱并不能填补损害，也不能完全消除痛苦。但给予财产形式的精神损害赔偿可以抚慰人格、身份利益受到损害或者遭受精神痛苦的当事人。这种抚慰功能主要是通过对受害人进行精神损害赔偿，使受害人感觉到正义得到伸张、权益得到维护，从而直接缓和其精神痛苦。精神损害赔偿金又被称为精神抚慰金，主要就是基于这个方面的功能。（3）惩罚和教育功能。主体的违法行为给当事人造成了损害，就应当使其承担不利后果，使其不仅不能从中获利，反而因为自己的违法不当行为遭受财产上的减损，这样无疑惩罚和教育了行为人，并警示了社会一般人，从而抑制和预防不法行为的发生。

（二）精神损害赔偿制度保护的客体：人身权益

一般认为对精神损害赔偿要适当限制适用，但到底应当如何限定精神损害赔偿制度保护的客体，则意见不完全一致。人格权、身份权受到侵害，使自然人遭受精神痛苦时，可以要求精神损害赔偿，这几乎没有什么争议。德国、韩国民法典采此种观点，② 我国司法机关的立场也是如此。③《侵权责任法》第22条规定："侵害他人人身权益，造成他人严重精神损害的，被侵权人可以请求精神损害赔偿。"可见，精神损害赔偿制度保护的客体在于人身权益。

值得探讨的问题有二：（1）死者的人格受到侵害的，能否要求精神损害赔偿？（2）财产权利受到侵害时，能否要求精神损害赔偿？对于这两个问题，我

---

① 张玉敏．民法．北京：高等教育出版社，2007：587－588.

② 《德国民法典》第847条：（1）在侵害身体或者健康，以及在剥夺人身自由的情况下，受害人所受损害即使不是财产上的损失，亦可以因受损害而要求合理的金钱赔偿。（2）对妇女犯有违反道德的犯罪行为或者不法行为，或者以欺诈、威胁或者滥用从属关系，诱使妇女允诺婚姻以外的同居的，该妇女享有相同的请求权。《韩国民法典》第751条：1. 损害他人的身体、自由或者名誉，或者对他人造成精神上痛苦的人，对财产以外的损害也负有赔偿责任。2. ……

③ 请参阅《精神损害赔偿解释》第1～3条、《人身损害赔偿解释》第1条。

国最高人民法院的司法解释均持肯定态度，但都严格限制了其适用范围。关于自然人死亡后，其人格受到侵害的可诉性，其范围从名誉发展到姓名、肖像、名誉、荣誉、隐私、遗体、遗骨。① 财产权益受到侵害的，一般不可主张精神损害赔偿，过去司法解释仅有一个例外，即“具有人格象征意义的特定纪念物品”“因侵权行为而永久性灭失或者毁损”时，可得主张精神损害赔偿。② 但是，《侵权责任法》将精神损害赔偿仅限于侵害“人身权益”的范围，未明确财产损害时精神损害的可能性。根据法意解释的方法可知，在《侵权责任法》生效后，任何财产受到损害的，均不发生精神损害赔偿请求权。

在理解精神损害赔偿责任的保护客体或适用范围这一问题时，需要注意该制度特定的立法主张。关于精神损害赔偿的适用范围，有法定主义和自由裁量主义两种。法定主义立法明确规定，精神损害赔偿责任以法律有规定者为限，多数大陆法系国家的立法采法定主义。自由裁量主义立法对精神损害赔偿的适用范围不作特别的限制性规定，而由法官根据一般社会观念、法律的价值取向和案件具体情况自由裁量。从《民法通则》和有关民事法律、法规的规定来看，我国采取的是法定主义。故而，解释和适用精神损害赔偿制度的保护客体或适用范围时，不能以类推或自由裁量为由，随意滥用精神损害赔偿制度。

（三）精神损害赔偿责任对损害程度的要求

精神损害赔偿责任以精神痛苦为条件，而且这种精神痛苦须达到较为严重的程度，此为理论界的通说。我国司法机关也通常以“是否造成严重后果”为考量精神损害赔偿的条件，③《侵权责任法》延续了这一立场。当然，如果侵害的是生命权、健康权，并且造成死亡或残疾的后果，则一般会认定精神痛苦程度较为严重或造成严重后果，可以给予一定数额的精神抚慰金。但是，死亡或残疾不是精神损害赔偿责任的必要条件。

---

① 请参阅：最高人民法院《关于死亡人的名誉权应受法律保护的函》（1989 年）、最高人民法院《关于范应莲诉敬永祥等侵害海灯法师名誉权一案有关诉讼程序问题的复函》（1990 年）、《名誉权案件解释》（1993 年）第 5 条、《精神损害赔偿解释》（2001 年）第 3 条。

② 《精神损害赔偿解释》第 4 条规定：具有人格象征意义的特定纪念物品，因侵权行为而永久性灭失或者毁损，物品所有人以侵权为由，向人民法院起诉请求赔偿精神损害的，人民法院应当依法予以受理。

③ 《精神损害赔偿解释》第 8 条规定：因侵权致人精神损害，但未造成严重后果，受害人请求赔偿精神损害的，一般不予支持，人民法院可以根据情形判令侵权人停止侵害、恢复名誉、消除影响、赔礼道歉。因侵权致人精神损害，造成严重后果的，人民法院除判令侵权人承担停止侵害、恢复名誉、消除影响、赔礼道歉等民事责任外，可以根据受害人一方的请求判令其赔偿相应的精神损害抚慰金。

（四）精神损害赔偿制度保护的主体范围

1. 可以主张精神损害赔偿的自然人

关于精神损害赔偿权利人的范围，通说认为，应当限于自然人。关于法人或其他组织能否主张精神损害赔偿，存有一定争议，我国《民法通则》和《民法通则意见》均持肯定态度，① 但却受到了广泛的质疑和批评。后来最高人民法院通过的司法解释均改持否定立场。② 理由是：其一，精神痛苦是自然人的特有现象，精神损害赔偿当然只能由自然人才能主张；其二，从精神损害赔偿制度的目的来看，法院在适用时本来就应当限制其范围和数额，故不宜扩大到法人或其他组织。《侵权责任法》第22条所规定的“人身权益”当作限缩解释，仅指自然人的“人身权益”。这里的自然人，一般是指受害人本人，在直接受害人死去情况下，是指受害人的近亲属。

2. 关于震惊损害

震惊损害，又称为“精神打击”或“休克损害”，是指第三人因为目睹或听闻受害人遇害而遭受到的精神损害。震惊损害赔偿制度肇始于英国法，是侵权法中一个颇具争议的话题。在英国长期的司法实践中，一方面是“精神打击”损害赔偿范围有逐渐拓宽的趋势；另一方面，为了避免诉讼泛滥和虚假诉讼而对“精神打击”损害赔偿施加各种限制的主张仍然发挥着重要作用。故我国学者建议，法律应对过失和故意导致的“精神打击”损害赔偿责任的认定分别加以规定。③

在大陆法系，也有关于震惊损害的判例。例如，德国联邦最高普通法院民事判例集（BGHZ 56，163）有这样一个判例：原告的丈夫在一起由被告造成的交通事故中死亡，原告声称，对丈夫在事故中死亡这一事件的处理过程，引发了她健康方面的损害，并就此要求赔偿损失。联邦最高普通法院肯定了因蒙受精神痛

---

① 《民法通则》第120条规定：公民的姓名权、肖像权、名誉权、荣誉权受到侵害的，有权要求停止侵害，恢复名誉，消除影响，赔礼道歉，并可以要求赔偿损失。法人的名称权、名誉权、荣誉权受到侵害的，适用前款规定。《民法通则意见》第150条规定：公民的姓名权、肖像权、名誉权、荣誉权和法人的名称权、名誉权、荣誉权受到侵害，公民或者法人要求赔偿损失的，人民法院可以根据侵权人的过错程度、侵权行为的具体情节、后果和影响确定其赔偿责任。

② 《名誉权案件解释》第10条规定：公民、法人因名誉权受到侵害要求赔偿的，侵权人应赔偿侵权行为造成的经济损失；公民并提出精神损害赔偿要求的，人民法院可根据侵权人的过错程度、侵权行为的具体情节、给受害人造成精神损害的后果等情况酌定。《精神损害赔偿解释》第5条规定：法人或者其他组织以人格权利遭受侵害为由，向人民法院起诉请求赔偿精神损害的，人民法院不予受理。

③ 参阅：张新宝，高燕竹．英美法上“精神打击”损害赔偿制度及其借鉴．法商研究，2007（5）：102.

苦而产生的损害赔偿的可能性，但前提是，这种精神的痛苦是（自己）身体或（自己）健康受到损害而产生的影响；即使这种反应由于此前的身体器官或心灵的脆弱而有异于常人，上述对精神痛苦进行损害赔偿的可能性仍然存在。①

但是，这些原则也必须受到一些限制。在制定《侵权责任法》的过程中，有人建议规定："自然人目睹其近亲属遭受人身伤害的残酷场面，确实受到严重精神损害的，可以请求适当的精神损害抚慰金。"② 可见，震惊损害赔偿制度仅适用于"目睹""残酷场面"的近亲属，以免被滥用。此外，因为"震惊"而可得主张的"损害"应当受到限制。"有必要要求这种损害不仅仅是从医学角度，而且从人们日常交往的观点，也应被认为是对身体或健康的损害……所以，虽然某种损害在医学上是可以确诊的，但却无法将其定义为'以震惊的方式'侵害健康，对这类损害有时也只能不予赔偿。这种往往并非轻微的、人的健康感受所蒙受的负面影响，通常同一起令人悲痛的事件联系在一起，但这一负面影响却无法构成一个独立的损害赔偿请求权的基础。"③

3. 精神损害赔偿请求权专有性

侵权法必须阐明哪些权利可以由继承人通过继承途径获得。一些古老的侵权行为法基于伦理道德的考虑在这个问题上持保守态度，而现代侵权行为法则不仅在价值观念上有所转变，而且开始明确区分不同的请求权之目标取向。本书的出发点仍是，死者生前尚未产生的权利也就不能为继承人继承。死者精神损害赔偿请求权的可继承性问题，正确地看，所涉及的是法律对死者生前已无法实现而死后应加以保护的利益。④ 我国最高人民法院的司法解释《人身损害赔偿解释》第18条第2款就规定："精神损害抚慰金的请求权，不得让与或者继承。但赔偿义务人已经以书面方式承诺给予金钱赔偿，或者赔偿权利人已经向人民法院起诉的除外。"

（五）精神损害赔偿数额的确定

关于精神损害赔偿数额的问题，是一个值得研究又存在争议的问题。精神无价，痛苦无价，所以本无精神损害赔偿一说。在法律上，只是为了惩治加害人，抚慰受害人，方才建立起精神损害赔偿制度。基于此，法律显然无法统一规定精神损害赔偿具体数额，但应有一些原则性的规定。在《侵权责任法》未规定的

① ［德］马克西米利安·福克斯．侵权行为法．齐晓琨．译．北京：法律出版社，2006：81.

② 侯国跃．中国侵权立法建议稿及理由．北京：法律出版社，2009：57.

③ ［德］马克西米利安·福克斯．侵权行为法．齐晓琨．译．北京：法律出版社，2006：81－82.

④ ［德］克雷斯蒂安·冯·巴尔．欧洲比较侵权行为法（下）．焦美华．译．北京：法律出版社，2004：74.

情况下，司法机关应坚持以下几个原则：

（1）非赔偿责任优先考虑。当司法机关判令侵权人承担停止侵害、赔礼道歉等民事责任即足以实现“惩治加害人”和“抚慰受害人”之目的，则不宜再判决精神损害赔偿金。所以，在处理精神损害赔偿之诉求时，要坚持非赔偿责任（停止侵害、赔礼道歉等）优先考虑的原则。

（2）综合考虑各种因素。《精神损害赔偿解释》第10条第1款规定：精神损害的赔偿数额根据以下因素确定：① 侵权人的过错程度，法律另有规定的除外；② 侵害的手段、场合、行为方式等具体情节；③ 侵权行为所造成的后果；④ 侵权人的获利情况；⑤ 侵权人承担责任的经济能力；⑥ 受诉法院所在地平均生活水平。

（3）过错相抵原则。《精神损害赔偿解释》第11条规定：受害人对损害事实和损害后果的发生有过错的，可以根据其过错程度减轻或者免除侵权人的精神损害赔偿责任。

六、损害赔偿金的支付

根据《侵权责任法》第25条的规定，损害发生后，当事人可以协商赔偿费用的支付方式。协商不一致的，赔偿费用应当一次性支付；一次性支付确有困难的，可以分期支付，但应当提供相应的担保。故而，赔偿金的支付方式，首先由当事人协商确定；协商不成的，原则上应当一次性支付；分期赔偿的条件是，一次性支付确有困难，同时又提供了相应的担保。关于赔偿金支付方式的准强制性规定，是更有利于保护受害人的。

本章小结

本章的主题是侵权责任方式。根据我国立法规定，侵权责任方式是多元化的，主要是损害赔偿，但又不限于损害赔偿。因此，本章首先概括性地介绍各种责任方式，然后重点介绍损害赔偿这一责任方式。关于损害赔偿，除了赔偿原则之外，还包括赔偿范围、赔偿主体、财产损害赔偿、精神损害赔偿、损害赔偿金的支付方式等内容。

思考题

1. 简述侵权责任方式的概念与类型。
2. 简述损害赔偿的一般原则。
3. 简述人身损害的赔偿项目。
4. 简述精神损害赔偿制度的意义。
5. 简述精神损害赔偿的适用范围。

第五章

抗辩事由

在司法实践中，有些行为从形式上也具备侵权责任的构成要件，但基于某些事由，责任不成立，或者法律规定可以减轻或者免除该行为人的侵权责任，这些事由即被称为侵权责任的抗辩事由，在《侵权责任法》中将之称为不承担责任和减轻责任的情形（第三章）。一般说来，侵权行为的抗辩事由主要有以下几种：依法执行职务、正当防卫、紧急避险、受害人同意、自助行为、受害人的过错、不可抗力和意外事故等。这些情形根据发生的原因可以分为两类：正当理由和外来原因。前者是指损害确系被告的行为所致，但其行为是正当的、合法的，如正当防卫、紧急避险、自助行为、受害人同意等，在德国法背景下也被称为违法阻却事由。后者是指损害并不是被告的行为造成的，而是由一个外在于其行为的原因独立造成的，这一外在原因中断了被告行为与损害之间的因果联系，因此导致责任不成立，如意外事故、不可抗力、受害人过错和第三人过错等，其中受害人过错、第三人过错也可能导致被告的责任减轻。

第一节　正当理由

一、正当防卫

所谓正当防卫是指为了使公共利益、本人或者他人的财产或人身免受正在遭受的不法侵害而对行为人本身采取的防卫措施。它在性质上属于适法行为，可阻却违法。我国《民法通则》第128条明确规定："因正当防卫造成损害的，不承担民事责任。"《侵权责任法》第30条也规定，因正当防卫造成损害的，不承担责任。

正当防卫必须具备以下条件：

（1）防卫必须出于正当的目的，即为了避免公共利益、本身或者他人的财产及人身遭受损害。这里的“他人”指的是行为人自己和加害人以外的第三人，包括自然人和法人。保护的权利可以是财产权，也可以是人身权，比如生命权、健康权、身体权。

（2）防卫必须针对正在进行的、现实的不法侵害行为。首先正当防卫的对象必须是人的作为。例如遭到动物攻击的情况应适用紧急避险，但动物是由于人的利用对权利人进行攻击的情况除外，即，如果是人以动物为工具进行加害行为，则构成正当防卫的对象。其次防卫必须针对不法侵害。所谓不法侵害是指法律所不允许的行为，但不以侵害行为构成犯罪为必要。权利受到侵犯的原因如果是合法行为，如正当职务行为、正当防卫、紧急避险及自助行为等，则不适用正当防卫。① 例如，警察履行公务逮捕罪犯，限制了罪犯的人身自由，但罪犯不能适用正当防卫的规定。正当防卫针对的行为是否违法，应根据行为本身，依据客观标准来判断。因此，哪怕侵害人是无刑事责任能力的小孩，或是醉酒之人，只要其行为客观上违法，权利人都可以对其使用正当防卫。② 防卫的不法侵害行为还必须是某种积极的行为，正当防卫不能够针对例如执业医生拒绝救助病患（非危急病人）这样的消极行为而实施，而必须是以某种对既存状态的干扰为对象。再次，侵害行为必须是正在实施的行为。不能在不法侵害行为已经结束或者尚未开始时对他人实施防卫行为，也不能在侵害行为根本没有发生的情况下采取所谓的防卫措施。也就是说，对于将要发生但实际还没有发生的侵害行为（即事先防卫），不能进行正当防卫。对于已经结束的侵害行为（即事后防卫），也不成立正当防卫。对于这两种情形，当事人只能依法寻求公力救济。由于不再存在“不得已而为之”的情形，法律此时对于私力救济的宽容基础也不复存在。例如，车主在车窗被打破后才发现情况，这时哪怕侵权人就站在旁边也不可以根据正当防卫对侵权人进行回击。

（3）防卫必须对行为人本人实施，而不能对行为人以外的人实施。因为防卫的目的是为了防止侵害的发生，所以只能对行为人本人实施。

（4）防卫不能超过必要的限度造成不应有的损害。所谓必要的限度，一般

① 王泽鉴．侵权行为法：第一册．北京：中国政法大学出版社，2001：233.

② 美国有个案例。一个面目凶恶的便衣警察在追捕一个身材瘦小的犯罪嫌疑人的过程中，被一个路人误认为是行凶的歹徒，便伸脚绊了便衣警察一跤，导致他没有抓到该名歹徒。《侵权法重述》和一些州法院的观点是站在该路人的角度看，身材弱小者存在正当防卫的情形。应该鼓励见义勇为的行为，这种善意的错误应当被免责。但也有另一些州持相反的观点。

以足以防止或者制止侵害行为为标准，只要是为了制止不法行为所必须，就不能认为是超越了必要的限度。比如，在有多种防御方法时，应选择反击较轻而相当的方法为之，否则应负赔偿责任。另外，正当防卫是否过当，应视具体客观之情事，及各当事人之主观事由定之，不能仅凭侵害人一方受害情状为断。① 正当防卫超过必要的限度，造成不应有的损害的，正当防卫人应当承担适当的责任。(《侵权责任法》第 30 条）如果本不存在不法侵害，误认为存在而采取防卫措施造成损害，就形成了假想防卫，应适用过错责任原则来承担责任。

二、紧急避险

紧急避险是指为了防止公共利益、本人或者他人的合法权益免受正在遭受的紧急危险，不得已而采取的损害另一较小利益的行为。紧急避险在性质上属放任行为，也可阻却违法。各国民法典都把紧急避险作为免除民事责任的事由。如《德国民法典》第 228 条及第 904 条、《日本民法》第 720 条第 2 款、《瑞士民法典》第 701 条、《土耳其民法典》第 677 条、《意大利民法典》第 2045 条。我国《侵权责任法》第 31 条、《民法通则》第 129 条和《最高人民法院关于贯彻执行〈中华人民共和国民法通则〉若干问题的意见（试行)》第 156 条也对此作出了规定。

避险行为按行为方式可以分为防御性紧急避险和攻击性紧急避险两种。前一种是针对于发生危险之物本身的，例如拆毁燃烧的房屋；后一种针对的并非危险之物本身，例如拆卸别人的篱笆救落水之人。在攻击性避险的情况下，其所针对的是无辜之物，第三人其实是由于避险行为被迫进入避险关系中的，但由于紧急避险制度的适用，其与行为人之间的物权关系，被强行转变成为了与危险制造人或是受益者之间的债权关系。该第三人甚至还会因此承担更高的权利救济风险，比如债权无法实现。

按行为性质的不同，可以把避险行为分为公共紧急避险和私人紧急避险。前一种是出于公共目的的需要而实施的紧急避险行为，其多是由代表公权力的政府面对特殊事态所采取的强制性行为。最常见的例子就是警察逮捕犯罪嫌疑人。其过程中可能会损坏其他个人的财产，从而侵犯其财产权。后一种是公民个人为了保护自己或他人的私人利益而采取的紧急避险行为。比如为了躲避撞车猛打方向盘而冲进了别人的花园，对该住户的财产权利造成了损害的后果。

紧急避险必须具备以下条件：

---

① 王泽鉴．侵权行为法：第一册．北京：中国政法大学出版社，2001：234.

（1）必须是现实存在急迫危险。所谓急迫危险是指近在眼前，刻不容缓，但应从严认定。[①] 如果危险尚未发生或者虽已发生但不会造成合法利益的损害，就不能采取紧急避险。这里的危险指一切危害而言，天灾、海难、地震、战祸、强盗、恶犬追逐等皆属之。

（2）避险行为必须在不得已的情况下为之。所谓不得已是指如果不采取紧急避险措施就不能保全更大的利益（法益权衡原则），而不是说避险人只能采取一种而不能采取另一种措施避险。

（3）避险行为保护的对象是行为人自己和他人的权利。这里的"他人"，包括危险之物的所有人和第三人。紧急避险所保护的权利只限于生命权、身体权、自由权和财产权。这里不同于正当防卫。正当防卫保护的权利是泛指的权利，包括财产权和人身权等各种权利类型，但紧急避险所保护的权利只限于以上四种。这里作出这样的限制，是因为紧急避险与正当防卫不同，是一种"以正对正"的关系，因此，其适用的范围相对于正当防卫来说，要更加地严格。此外，紧急避险要求法益相当，所保护的法益至少要相当于受损的法益，因此也限制了其适用的范围。

（4）避险行为不得超过必要的限度。这里所说的必要的限度，以避险措施措施所造成的损害小于因此而避免的损失为准，与正当防卫的限度不同。紧急避险采取措施不当或者超过必要的限度，造成不应有的损害的，紧急避险人应当承担适当的责任。（《侵权责任法》第31条）

由于紧急避险行为以较小的损失挽救了较大的利益，所以不具有法律及道德上的可非难性，避险人不承担民事责任。但从无辜的受害人的角度观察，让其因他人的行为而使自己承担因紧急避险而带来的不利后果，显然是不公平的。为此《民法通则》第129条规定："因紧急避险造成损害的，由引起险情发生的人承担民事责任。如果危险是由自然原因引起的，紧急避险人不承担民事责任或者承担适当的民事责任。"《侵权责任法》第31条继承了这一规定。但《最高人民法院关于贯彻执行〈中华人民共和国民法通则〉若干问题的意见（试行）》第156条与上述规定有所不同又有所补充："因紧急避险造成他人损失的，如果险情是由自然原因引起，行为人采取的措施又无不当，则行为人不承担民事责任。受害人要求补偿的，可以责令受益人适当补偿。"

三、自助行为

所谓自助行为是指在情事紧迫来不及请求国家予以保护的情况下，权利人为

① 王泽鉴．侵权行为法：第一册．北京：中国政法大学出版社，2001：236.

了保护自己的合法权益而采取的对他人的人身、财产进行扣押、拘束或毁损的措施。如饭店在客人就餐后不付款时有权扣留客人所携带的财产。自助行为为法律所允许的权利保全措施，属适法行为。不过，我国法律对自助行为尚无明确规定。

自助行为必须具备以下的条件：

（1）自助行为必须是在情事紧迫来不及请求国家保护的情况下实施。所谓情况紧迫就是指权利人如果不及时采取措施其权益就难以实现或者就会受到损害。虽然时机紧迫，但如果仍然能够寻求法院等国家机关的救济，自助行为仍不可行。

（2）自助行为的目的是为了保护自己的合法权益。在这点上，自助行为与正当防卫、紧急避险有所区分，自助行为保护的是自己的权益，而正当防卫、紧急避险所保护的利益还包括他人的合法权益及公共利益。

（3）自助行为不能超过保护合法权益所必须的限度，自助行为所采取的方法为保护合法权益所必须。自助行为的方式很多，包括财产之扣押、毁损，人身自由之拘禁等方式，行为人可以根据当时的具体情形，决定其行为的方式，但行为的尺度必须以必要性为原则。比如可以扣押财物的情况，就不能毁损财物。在义务人有逃逸之虞的情况下，可扣押其护照时，就不能拘束其自由。自助行为如果超过必要限度造成不应有的损害，或者自助行为的方法不当造成不应有的损害的，自助行为人应当就该不应有的损害负责。

（4）自助行为必须能为法律及社会公德所允许。由于自助行为是行为人在自己的权利受到不法侵害时，因来不及寻求公力救济，不得已自己采取措施对自己的权利进行保全的行为，因此，行为人为维护自己的合法权益而对他人实施自助行为时，对所造成的损失不承担赔偿责任。但自助行为超过必要的限度的，行为人应当承担相应的赔偿责任。

四、权利行使

（一）正当职务行为

正当职务行为是指依照法律的授权及有关规定，在必要时行使职权因而损害他人的财产和人身，但无需承担侵权责任的行为。《阿尔及利亚民法典》第129条和《埃塞俄比亚民法典》第2036条对于正当职务行为有明确规定，而其他国家，如德国，虽然在制定法中还没有明确的规定，但是大量的学说和判例也支持着此项抗辩事由。我国现有民法中尚没有对正当职务行为作出规定，但应承认这一抗辩事由。

正当职务行为的行为主体是依照公法规定行使职权或履行职责的公法主体，不包括私主体及其雇用人员的行为。职务行为的认定标准应依照客观性原则，从行为外在的客观表现来进行确定，具体包括根据行为是否符合行为人的职责权限（例如警察在下班时间遇到抢劫的歹徒，对其进行抓捕的行为，也应该看作是职务行为）、行为人的外表（行为人的着装、佩戴的职业标识及其行为的名义）及行为的时间、地点综合进行判断。下列行为则不属于职务行为：第一，超越职责范围的行为；第二，擅自委托行为；第三，违反国家法律、法规和规章制度的行为；第四，借用机会的行为。①

作为抗辩事由的正当职务行为必须具备以下条件：

(1) 执行职务的行为必须有合法根据或者有合法的授权。这样执行职务的行为才会因为其保护社会公共利益的目的而被免责。

(2) 执行职务的行为合法。只有在法律规定的或者有权机关授权的范围内，行为人才对损害后果不负责任。如果超出了授权范围或者行使权力的法律依据消失，该行为就不得视为依法执行职务的行为。

(3) 执行职务的行为是必要的。作为抗辩事由的执行职务的行为，必须在只有在不造成损害就不能执行职务的情况下，才是合理的，才可以称得上是必要的，如消防队员为了消防的需要而拆除临近火源的房屋即是。

(二) 私权的行使

和正当职务行为一样，私权的行使，如父母惩戒子女、地上权人占有使用他人的土地，也可阻却行为的违法性。但同样应受到限制，不得滥用，在权利滥用时仍得构成侵权行为。

五、受害人的同意和自甘冒险

受害人的同意（Einwilligung des Verletzten，volenti non fit iniuria）是指在不违背法律及公序良俗的情况下，受害人事前明确表示愿意承担某种不利的后果。受害人的同意不在于发生一定的法律效果，不以法效意思为必要，非属意思表示，而为准法律行为，能否类推对意思表示（法律行为）的规定，应依个案情形来决定。②

受害人的同意作为抗辩事由需具备以下的要件：

(1) 受害人愿意承担某种不利后果，但受害人同意的表示必须出于自愿，

---

① 汪渊智．侵权责任法学．北京：法律出版社，2008：307.

② 王泽鉴．侵权行为法：第一册．北京：中国政法大学出版社，2001：240.

因欺诈、胁迫、重大误解等原因而作出同意的意思表示的、不能视为同意。

（2）受害人的同意得为明示或默示，默示的例子如举臂让护士抽血。[①]

（3）受害人自愿承担不利后果的表示必须不违背法律的强制性规定或禁止性规定及公序良俗。

（4）受害人的同意必须在加害行为发生前作出，但得于加害行为实施前撤回。如果受害人在损害后果发生后表示自愿承担该不利后果，那么只能视为受害人自愿免除加害人的责任而不能作为侵权责任的抗辩事由。对将来发生的损害赔偿请求权亦得抛弃（预先免除），但其性质不同于允诺。

（5）单纯被害的预期，不得直接视为允诺。如搬至工厂附近居住，不得直接视为被害人同意忍受煤烟废气之害。[②]

这里应当区分受害人同意与自甘冒险。所谓自甘冒险，是指明知某具体危险状态的存在，而甘愿冒险为之（英美法中称为 assumption of risk，主要适用于过失侵权行为；德国法中称为 Handeln auf eigene Gefahr，Einwilligung in Risiko）。在英国法上，于自甘冒险的情形，原告不得请求过失侵权行为的赔偿，而在美国法上，常认定自甘冒险属于比较过失（comparative negligence）的范畴。德国法就自甘冒险，早期认为是默示合意免除责任，后来认为属受害人同意，得阻却行为的违法性，现在的通说则为属比较过失的范畴。应当认为，自甘冒险非属受害人的同意，而应属比较过失的范畴，由法院衡量当事人对损害或扩大的原因力，以合理分配其责任；自甘冒险的情形严重时，得排除加害人的责任，但应就个案来认定。[③]

受害人同意这一抗辩事由的典型例子就是医疗责任中的“知情同意”规则（Informed consent）。医生手术要征得病人的同意，否则其行为就构成违法，但病人的同意应以医生尽到告知说明义务为前提，医生应就治疗行为作必要说明，使病人得就某种医疗行为作成同意的决定。在医疗实务中，得为同意之人包括病人或其配偶、亲属或关系人，同意经常采用书面形式。就说明义务的范围，有专业原则和病人原则之分，后者又有客观及主观标准之分。但医生享有医疗特权，在说明有危害病人之虞，医生得例外地为一部或全部的保留，其治疗手术应依病人可推知的同意为之。为探求病人的同意，医院须征询病人的配偶、亲属或关系人的意思。宜在病历表加以记载。医生的说明应为适当，不能为过度说明。关于医

---

① 王泽鉴．侵权行为法：第一册．北京：中国政法大学出版社，2001：240.

② 王泽鉴．侵权行为法：第一册．北京：中国政法大学出版社，2001：240.

③ 王泽鉴．侵权行为法：第一册．北京：中国政法大学出版社，2001：241－242.

生的说明和病人的同意，均应由医生负举证责任。①

《侵权责任法》第55条明确规定了“知情同意规则”：“医务人员在诊疗活动中应当向患者说明病情和医疗措施。需要实施手术、特殊检查、特殊治疗的，医务人员应当及时向患者说明医疗风险、替代医疗方案等情况，并取得其书面同意；不宜向患者说明的，应当向患者的近亲属说明，并取得其书面同意。医务人员未尽到前款义务，造成患者损害的，医疗机构应当承担赔偿责任。”

第56条则属“知情同意规则”的例外：“因抢救生命垂危的患者等紧急情况，不能取得患者或者其近亲属意见的，经医疗机构负责人或者授权的负责人批准，可以立即实施相应的医疗措施。”

第二节 外来原因

一、受害人的过错

受害人的过错是指受害人对于损害的发生或者扩大具有过错。包括以下三种情况：(1) 受害人对于损害的发生具有故意。指受害人明知自己的行为会导致损害结果的发生，而希望或者放任此种结果的发生。如受害人故意跨越设有危险标志的路坑而致损。(2) 受害人具有重大过失。受害人的重大过失是指受害人违反了一般人应当具有的注意义务从而使自己的合法权益遭受了损害。(3) 受害人具有一般过失。所谓一般过失是指行为人违反了保护自己的合法权益所应当具有的注意义务。

以上三种过错形式导致被告免责还是减轻责任，应区分三种情况：

一是在受害人故意的情形，通常可以免除行为人的责任（《侵权责任法》第27条，对危险责任同样适用，第71、72、73、78条）。

二是在无过错责任中，受害人的重大过失可以构成责任的减责事由（如《侵权责任法》第72、78条），② 但一般过失常常不能成为被告免责或减轻责任

---

① 王泽鉴．侵权行为法：第一册．北京：中国政法大学出版社，2001：246－251.

② 第72条的规定：“占有或者使用易燃、易爆、剧毒、放射性等高度危险物造成他人损害的，占有人或者使用人应当承担侵权责任，但能够证明损害是因受害人故意或者不可抗力造成的，不承担责任。被侵权人对损害的发生有重大过失的，可以减轻占有人或者使用人的责任。”

第78条规定：“饲养的动物造成他人损害的，动物饲养人或者管理人应当承担侵权责任，但能够证明损害是因被侵权人故意或者重大过失造成的，可以不承担或者减轻责任。”

的事由（如《人身损害赔偿解释》第2条第2款，[①] 但《侵权责任法》第73条例外[②]）。在法律没有明确规定的情形，原则上受害人的过错不能构成被告减免责事由，如《侵权责任法》第70条规定的民用核设施损害责任、第71条规定的民用航空器损害责任和第80条规定的烈性犬等危险动物损害责任。[③]

三是对于损害的发生，加害人与受害人均有过错的，受害人的一般过失可成为加害人责任减轻事由。这一规则也被称为比较过失（comparative negligence）、过失相抵、混合过错规则。《民法通则》第131条规定："受害人对于损害的发生也有过错的，可以减轻侵害人的民事责任。"《侵权责任法》第26条继承了这一规定的内容，只是将"受害人"更改为"被侵权人"。但《人身损害赔偿解释》对此有所限制，其第2条第1款第2句规定，侵权人因故意或者重大过失致人损害，受害人只有一般过失的，不减轻赔偿义务人的赔偿责任。除了第26条之外，《侵权责任法》对比较过失规则的适用还规定了特殊情形，如第35条的规定："个人之间形成劳务关系，提供劳务一方因劳务造成他人损害的，由接受劳务一方承担侵权责任。提供劳务一方因劳务自己受到损害的，根据双方各自的过错承担相应的责任。"

二、第三人的过错

所谓第三人的过错是指第三人对于损害的发生或者扩大具有过错。《侵权责任法》第28条对于第三人过错仅规定："损害是因第三人造成的，第三人应当承担侵权责任。"并没有说明是否第三人过错属于免责事由还是减责事由。应当认为，如果能够证明第三人的行为是损害发生的惟一原因并纯粹由第三人的过错所致，被告即可免责。在第三人与被告的行为都是损害发生的原因时，可能构成共同侵权行为（《侵权责任法》第8条）或共同危险行为（《侵权责任法》第10条），也可能构成无意思联络的数人侵权（《侵权责任法》第11条、第12条）。

从《侵权责任法》的规定来看，第三人过错的法律效果可细分为以下六种情形：（1）仅第三人承担责任，如《侵权责任法》第86条第2款的规定。（2）第三人承担责任，被告承担补充责任，如《侵权责任法》第37条第2款、

---

① 第2条第2款规定："适用民法通则第一百零六条第三款规定确定赔偿义务人的赔偿责任时，受害人有重大过失的，可以减轻赔偿义务人的赔偿责任。"

② 第73条规定："从事高空、高压、地下挖掘活动或者使用高速轨道运输工具造成他人损害的，经营者应当承担侵权责任，但能够证明损害是因受害人故意或者不可抗力造成的，不承担责任。被侵权人对损害的发生有过失的，可以减轻经营者的责任。"

③ 杨立新．侵权责任法．北京：法律出版社，2010：190.

第40条的规定。(3) 被告承担责任，第三人承担相应的责任，如《侵权责任法》第9条第2款。(4) 被告与第三人承担连带责任，如《侵权责任法》第36条第2、3款和第75条的规定。(5) 为了保护被侵权人的利益，赋予被侵权人对被告和第三人的选择请求权，并赋予被告对第三人的追偿权，如《侵权责任法》第43条、第59条、第68条、第83条的规定。(6) 被告先承担责任，其后可向第三人追偿，如《侵权责任法》第85条和第86条第1款的规定。

三、不可抗力

不可抗力，是指不能预见、不能避免并不可克服的现象，包括某些自然现象，如地震、台风等，也包括某些社会现象，如战争。《民法通则》第107条规定："因不可抗力不能履行合同或者造成他人损害的，不承担民事责任，法律另有规定的除外。"《侵权责任法》第29条继承了这一规定。作为免责事由，不可抗力必须是损害发生的惟一原因或者最终原因。

关于不可抗力的判断标准，有不同的观点：一种观点认为应当从事件的性质和外部特征来判断某种情况是否属于不可抗力，此即客观说；另一种观点认为应当以当事人的主观预见能力为标准进行判断，此即主观说；最后一种观点为折衷说，认为凡属基于外来原因而发生的，当事人以最大谨慎和努力仍不能防止的事件为不可抗力。从《民法通则》第153条的规定来看，系采折衷说，即从主客观两个方面来进行判断。

四、意外事件

意外事件是指非因当事人的故意或者过失而偶然发生的事故。意外事件在我国民法中没有明确规定，但司法实践中有认为意外事件属免责事由。如医疗过程中由于意外停电，致使医疗过程无法继续进行从而导致了患者的死亡，被告不应当承担民事责任。

意外事件与不可抗力的区别是：(1) 意外事件的不可预见性是指特定的当事人虽尽合理的注意义务仍不可预见，而不可抗力的不可预见性则是指即使尽了高度的注意和谨慎也无法预见，因此不可抗力具有更强的不可预见性。(2) 意外事件虽然具有不可预见性，但尚可克服和避免。(3) 意外事件只适用于过错责任，对于法律明确规定了免责事由的责任来说，不能成为免责事由。不可抗力除法律另有规定外，应当作为免责事由。

本章小结

侵权行为的抗辩事由主要有以下几种：依法执行职务、正当防卫、紧急避险、受害人同意、自助行为、受害人的过错、不可抗力和意外事故等。这些情形根据发生的原因可以分为两类：正当理由和外来原因。前者是指损害确系被告的行为所致，但其行为是正当的、合法的，如正当防卫、紧急避险、自助行为、受害人同意等，在德国法背景下也被称为违法阻却事由。后者是指损害并不是被告的行为造成的，而是由一个外在于其行为的原因独立造成的，这一外在原因中断了被告行为与损害之间的因果联系，因此导致责任不成立，如意外事故、不可抗力、受害人过错和第三人过错等，其中受害人过错、第三人过错也可能导致被告的责任减轻。

思考题

1. 简述侵权责任抗辩事由的种类。
2. 简述受害人过错的概念和适用范围。
3. 简述第三人过错的概念和适用范围。

第六章

数人侵权责任

第一节　数人侵权责任概述

一、数人侵权责任的概念

《侵权责任法》第 3 条规定："被侵权人有权请求侵权人承担侵权责任。"如果侵权人是一人，则是单独侵权行为，由该侵权人承担侵权责任。如果侵权人为数人，则是数人侵权行为。所谓数人侵权责任，就是指数个侵权人对同一被侵权人承担的侵权责任。

《侵权责任法》在第 5 条到第 8 条依次规定了五种数人侵权责任，其中第 8 条是对共同实施侵权行为承担连带责任的规定，第 9 条是对教唆行为人、帮助行为人侵权责任的规定，第 10 条是对共同危险行为人侵权责任的规定，第 11 条是对数个充足原因偶然竞合造成同一损害的连带责任的规定，第 12 条是对数个非充足原因偶然结合造成同一损害的按份责任的规定。这五种数人侵权责任的共同特点是，有数个侵权人，且每个侵权人依据《侵权责任法》都应该承担侵权损害赔偿责任。正是由于数个侵权人都应该对被侵权人承担侵权责任，但就侵权损害赔偿责任来看，无论是依据《侵权责任法》第 19 条规定的财产损失赔偿，还是第 20 条规定的人身损害赔偿，抑或第 22 条规定的精神损害赔偿，都不因侵权人数量的增加而增加，因此需要在数个侵权人之间进行侵权损害赔偿责任的分担。

这五种数人侵权责任的差异在于，尽管数个侵权行为都造成了被侵权人的民事权益损害，但每种数人侵权责任的因果关系结构有所不同。对于数人侵权责任的研究，其实就是对侵权行为多因现象中侵权损害赔偿责任分担的研究。对于数人侵权责任的类型化，首先就是根据因果关系类型对数人侵权行为形态进行的类型化。

二、数人侵权行为形态的类型化

（一）数人侵权行为形态

所谓的数人侵权行为形态，即是指造成同一侵权人民事权益损害的数个侵权行为的因果关系结合方式。数人侵权行为形态，不同于侵权行为类型，后者是指因为侵权行为的法律事实客观属性不同，而适用《侵权责任法》规定的不同侵权行为类型制度。《侵权责任法》以对各种数人侵权行为形态的描绘为“大前提”，数人侵权案件符合法律相关规定为“小前提”，对数人侵权责任形态的规定则是“结论”部分，藉此实现数人侵权责任的“三段论”式的类型化逻辑推理和法律适用过程。

（二）数人侵权行为形态的类型化

《侵权责任法》上规定的五种数人侵权行为形态，体现出以下两个类型化的维度。

1. 共同侵权行为形态与分别侵权行为形态的区分

对比第 8 条规定的“二人以上共同实施侵权行为”，和第 11 条和第 12 条规定“二人以上分别实施侵权行为”，可以清晰地看到《侵权责任法》首先采用了“共同”与“分别”的维度来对数人侵权行为形态进行类型化。按照这样的标准，第 9 条第 1 款规定的“教唆、帮助他人实施侵权行为的，应当与行为人承担连带责任。”实际上是共同侵权行为的特殊形式，而第 10 条关于共同危险行为的规定，从理论上讲也是归属于共同侵权行为形态。

具体到因果关系结构上，第 8 条规定的共同实施侵权行为，即传统民法上狭义的“共同侵权行为”，在原因上体现为关联共同。所谓关联共同，既包括主观上的关联共同，也包括客观上的关联共同。主观上的关联共同，包括如下三种情况：第一，共同故意，即数个行为人基于共同故意侵害他人合法权益，数个侵权行为因主观共同故意而结合，这是最为典型的共同侵权行为。第二，同种过失，是指数人基于同种的疏忽大意从事某种侵权行为造成他人损害，数个侵权行为在造成损害的过程中结合，也成立共同侵权行为。第三，数人分别基于故意或者过失为同种侵权行为，数个侵权行为在造成损害的过程中结合，成立共同侵权行为。所谓客观关联共同，是指数个同种侵权行为，在损害产生之前，无任何结合性，但造成了同一损害的情形，也认为是共同侵权行为。在损害结果上，《侵权责任法》第 8 条规定并不强调损害的同一性，只要是同一被侵权人即可。例如，两人共同实施侵权行为对他人进行人身伤害，一人打击头部，另一人打击脚底，尽管头部损害和脚底损害是分别造成的。那么根据第 8 条的规定，这两人均需要对头部和脚底的损害负连带赔偿责任。

需要指出的是，立法者有意避免“共同”这一术语出现歧义，① 第 10 条只是规定“二人以上实施危及他人人身、财产安全的行为”，未明文规定“共同”实施危险行为。这也说明，《侵权责任法》对于共同危险行为，在原因方面，并不要求危险行为的过程共同，即危险行为无需在造成损害之前有任何意义上的结合，仅要求可能造成的损害结果上的时空同一性。而在结果方面，则有损害同一性的要求。如果是造成了同一人的不同损害，则不构成共同危险行为。

通过上文对共同侵权行为和共同危险行为的分析，可以看出分别实施侵权行为在原因方面，既没有任何主观上的结合，也没有客观上的结合，即数个侵权行为，从发生到造成损害，完全是偶然的共存而无任何法律意义上的瓜葛，实际上是较为严格的“分别”条件。在结果方面，第 11 条和第 12 条均要求必须是“同一损害”。如果是不同损害，包括同一被侵权人的不同损害，都被视为是单独侵权行为，而非共同侵权行为。

2. 非充足原因数人侵权行为形态与充足原因数人侵权行为形态的区分

《侵权责任法》借鉴了欧洲侵权法的最新研究成果，在大陆法系侵权法上较为领先地采用了非充足原因数人侵权行为形态与充足原因数人侵权行为形态的区分，是立法上的创新点。根据单个原因是否可能导致全部损害的发生，可以将作为原因的侵权行为分为“非充足原因”（Insufficient Cause）和“充足原因”（Sufficient Cause）。② 所谓非充足原因，是指侵权行为无法单独导致全部损害的发生，只是作为损害发生的原因之一，一般是必要条件。而充足原因，是指侵权行为可以单独导致全部损害的发生，是损害发生的充分条件。

尽管《侵权责任法》明文规定的非充足原因数人侵权行为形态与充足原因数人侵权行为形态的区分仅限于第 11 条和第 12 条，但实际上暗含的分类也涉及到了传统民法关注的第 8 条～第 10 条，产生了重要的体系变动。典型的非充足原因数人侵权行为形态包括第 8 条规定的共同实施侵权行为、第 9 条规定的教唆行为、帮助行为和第 12 条规定的数个非充足原因偶然结合造成同一损害的情形。典型的充足原因数人侵权行为形态不但包括第 11 条规定的数个充足原因偶然竞

---

① 王胜明．中华人民共和国侵权责任法解读．北京：中国法制出版社，2010：50.

② See Jaap Spier. C. H. W. M. Sterk.. Rope-dancing Dutch Tort Law. Faculté de droit de l'Université de Geneève. 1993, 29.

合造成同一损害的情形，也包括第 10 条规定的共同危险行为。

三、《侵权责任法》上数人侵权责任相关条文的适用顺序

近现代民法的平等原则包含了侵权责任法中的“自己责任”原则。在数人侵权责任中，以按份责任形态为原则，连带责任形态为例外。[①] 连带责任形态的适用范围仅限于满足法定条件的情形，以起到限制责任范围，保护个人自由的作用，比较法上一般也仅对连带责任的适用条件作出规定。但《侵权责任法》采用了同时规定共同侵权行为形态和分别侵权行为形态的立法模式，而又在分别侵权行为形态中明文区分充足原因数人侵权行为形态与非充足原因数人侵权行为形态，实质上体现出连带责任适用范围的扩张趋势。

基于这种立法思维方式，在处理数人侵权的具体案件时，应该首先确定数个侵权人的行为是否实际造成了损害，如果仅有一个或者部分侵权人的行为实际造成损害的，适用《侵权责任法》第 10 条关于共同危险行为的规定。如果数个侵权人的行为都对造成损害有原因力，先看是否满足第 8 条共同侵权行为的规定；如果存在符合第 9 条第 1 款规定情形的，适用该款的规定；不符合的，看其是否满足本法第 11 条的规定；也不符合的，再适用第 12 条的规定。

第二节　数人侵权责任的承担方式

一、连带责任形态与按份责任形态概述

数人侵权责任的承担方式，包括连带责任形态和按份责任形态两种。所谓连带责任，即两个或者两个以上的责任人，都负有向赔偿权利人承担全部赔偿责任的数人侵权责任形态。所谓按份责任，即两个或者两个以上的责任人，负有按照自己承担的责任份额分别向赔偿权利人承担赔偿责任的数人侵权责任形态。《侵权责任法》第 13 条对连带责任形态的对外承担规则进行了规定：“法律规定承担连带责任的，被侵权人有权请求部分或者全部连带责任人承担责任。”但并未对按份责任形态的对外规则作出规定。可见，连带责任形态与按份责任形态的主

① 张新宝．侵权责任法立法的利益衡量．中国法学，2009（4）．

要差别在于，数个侵权责任人对被侵权人是否连带地承担侵权责任，即被侵权人是否有权请求部分或者全部连带责任人承担全部的赔偿责任。

需要特别指出，最高人民法院《人身损害赔偿解释》（法释［2003］20号）第5条第1款规定："赔偿权利人起诉部分共同侵权人的，人民法院应当追加其他共同侵权人作为共同被告。赔偿权利人在诉讼中放弃对部分共同侵权人的诉讼请求的，其他共同侵权人对被放弃诉讼请求的被告应当承担的赔偿份额不承担连带责任。责任范围难以确定的，推定各共同侵权人承担同等责任。"根据起草机关的解释，《侵权责任法》第13条规定的连带责任形态，对外是一个整体责任，是否追加被告不影响被请求的连带责任人对全部责任的承担。[①] 因此，该司法解释第5条第1款第2句的规则不再适用，并应该予以废止。

二、连带责任形态与按份责任形态的区别

从法律经济分析的角度看，按份责任存在激励不足的问题。分担损失的加害人越多，对于每个人的激励稀释作用就越强，无法引导加害人采取最佳的行为方式。而连带责任则可能引导每一加害人施加最佳水平的注意，因为如果仅仅他自己没有施加合理的注意的话，他就要独自承担全部责任。[②] 因此，连带责任能够置民事权益受损害之人以更为优越的法律地位，其损害赔偿请求权无论在何种情况下，只要能够找到一个共同加害人，或者还有一个共同加害人有赔偿能力，就能够保障实现。[③] 可见，连带责任与按份责任的差别，主要体现在受偿不能风险的分配和程序负担分配两个方面。对受偿不能风险的分配是连带责任形态最主要的作用，体现在两个方面：第一，鼓励权利人起诉最可能有赔偿能力的人，即"最深的口袋"；[④] 第二，将受偿不能的风险分配给加害人一方而非受害人。[⑤] 不仅如此，即使每个责任人都有赔偿能力，但要求受害人承担向所有加害人求偿的负担仍然是非常重的。[⑥] 连带责任的价值，即使所有的责任人都有赔偿能力并可以参与诉讼时，仍然可以体现在两个方面，第一，权利人无需确定并针对所有责

---

① 王胜明．中华人民共和国侵权责任法解读．北京：中国法制出版社，2010：61.

② See Steven Shavell. *Economic Analysis of Accident Law*. Harvard University Press. 1987, 164 – 167.

③ 杨立新．侵权法论（第三版）．北京：人民法院出版社，2005：595.

④ See Peter Cane. *Responsibility in Law and Morality*. Hart Publishing. 2002, 178 – 179.

⑤ ［德］迪特尔·梅迪库斯．德国债法总论．杜景林，卢谌，译．北京：法律出版社，2003：616.

⑥ See European Group on Tort Law. *Principles of European Tort Law*: *Text and Commentary*. Springer. 2005, 144.

任人进行诉讼；第二，权利人也无需确定各个责任人之间的责任比例。[①] 这便是连带责任形态的程序负担一面。

三、数人侵权责任分担中最终责任份额的确定方式

《侵权责任法》第12条规定："二人以上分别实施侵权行为造成同一损害，能够确定责任大小的，各自承担相应的责任；难以确定责任大小的，平均承担赔偿责任。"第14条第1款规定："连带责任人根据各自责任大小确定相应的赔偿数额；难以确定责任大小的，平均承担赔偿责任。"从两个条文的相似性可以看出，尽管按份责任形态和连带责任形态的主要差别在于数个侵权责任人是否对外连带地承担责任，但均适用类似的规则确定对内的最终责任份额。这一点在《侵权责任法》第67条没有区别规定按份责任和连带责任可以得到印证："两个以上污染者污染环境，污染者承担责任的大小，根据污染物的种类、排放量等因素确定。"

最终责任份额确定方法，大体上可以分为比例分担和平均分担两类。所谓比例分担，则是根据"比例分担原则"，按照一定的比例基础对总的责任数额进行分担，在《侵权责任法》上体现为第12条前段规定的"能够确定责任大小的，各自承担相应的责任"和第14条前段规定"连带责任人根据各自责任大小确定相应的赔偿数额"。所谓平均分担，即按照责任人的数量，平均分配总的责任数额，在《侵权责任法》上体现为第12条后段和第14条后段规定的"难以确定责任大小的，平均承担赔偿责任"。可见，《侵权责任法》第12条和第14条第1款均采纳了"比例分担为原则，平均分担为补充"的规则。需要强调的是，如果连带责任人之间能够对最终责任份额事先或者事后达成协议的，应该尊重其约定。

最终责任的比例分担，主要考量原因力和过错比例。在数人造成的河流污染、水害、烟尘、噪音诉讼中，还需要考虑其他复杂因素。一般情况下，先确定某一造成损害程度大致相同的基本标准，如认为同一数量的污染物造成的损害大致相同、两条狗或者两头牛可能造成的损害大致相同。对于数个工厂造成的同种污染，按照排污量分担损害赔偿；对于数条狗咬伤他人羊群的案件，按照狗的数量分担损害赔偿；数头牛吃掉了他人庄稼，不同的主人按照牛的数量分配赔偿责任；因数人过失防水导致他人土地水害，按照放水量分担赔偿责任等。《侵权责任法》第67条规定的"污染物的种类、排放量等因素"就属于确定最终责任份

---

① See W. V. H. Rogers (ed.). *Unification of Tort Law: Multiple Tortfeasors*. Kluwer Law International. 2004, 273.

额的合理基础。

作为一种在没有任何合适的分配基础的情况下最后的选择，平均分担较之比例分担，其公平性欠佳。因此，对于责任份额不明的数人侵权责任分担采用平均分担是补充性的规则，是在更加公平的比例分担无法实现的情况下，以人数作为基本比例关系，退而求其次的比例分担原则实现方式。

四、连带责任人之间的追偿请求权

《侵权责任法》第 14 条第 2 款规定："支付超出自己赔偿数额的连带责任人，有权向其他连带责任人追偿。"该款规定明确了连带责任追偿请求权的适用前提是"支付超出自己赔偿数额"。对于追偿请求权的行使是否以债务人清偿超过其自己份额为前提，学说有"积极说"和"消极说"。"积极说"认为，未超过自己应分担部分，对他人无求偿权，为德国法、瑞士法所采纳。史尚宽先生持"积极说"，认为这是因为在清偿效力上，债务人虽然负全部清偿义务，但在对其他债务人关系上，是各自就其部分负担债务。超过自己部分而为清偿，是对他人债务之清偿，从而发生求偿权。① "消极说"认为，即使未超过自己应分担部分，也有求偿权，为日本民法采纳。② 其理由是在清偿效力上，债务人一面是在为自己责任之履行，同时也在为他债务人之债务履行，故对于其他债务人就其负担部分，有追偿权。③ 我国民事立法和学说均认为，任何一个追偿请求权人只要承担超过了自己应当承担的份额部分的责任，就有权追偿，采纳的是"积极说"。④ 对追偿请求权的适用，还应注意如下几点：

（1）追偿请求权，存在于新的独立的追偿债权债务关系中，⑤ 追偿权的时效期间起算点是原有债权清偿超过该清偿人份额之时，原债权时效期间过期后并不阻碍追偿请求权行使。⑥ 作为一项新债权，其时效期间应该根据《民法通则》第 135 条的规定，为 2 年。

（2）尽管追偿请求权存在连带债务人之间，但追偿之债是按份之债。⑦ 承担

---

① 史尚宽．债法总论．北京：中国政法大学出版社，2000：664.

② 邱聪智．新订民法债编通则（下）．中国人民大学出版社，2003：401.

③ 史尚宽．债法总论．北京：中国政法大学出版社，2000：666.

④ 王利明．侵权行为法研究（上卷）．北京：中国人民大学出版社，2004：732.

⑤ 杨立新．侵权法论（第三版）．北京：人民法院出版社，2005：621.

⑥ See W. Page Keeton. et al. , *Prosser and Keeton on Torts*. 5th ed. . West Group. 1984，340.

⑦ 王利明．侵权行为法研究（上卷）．北京：中国人民大学出版社，2004：730. 邱聪智．新订民法债编通则（下）．北京：中国人民大学出版社，2003：401. 黄立．民法债编总论（修正第三版）．2006 年自版：613.

了连带责任的人，承担了向其他连带责任人寻求追偿而受偿不能的风险，这种风险之所以存在，就在于追偿之债是按份之债，这也是确保追偿请求权制度公平性的关键。

（3）和大陆法系其他国家的侵权法一样，我国侵权法对于故意侵权与过失侵权并未作出如美国法那样的区分，因此在追偿请求权领域也不禁止故意共同侵权行为人之间的追偿。①

第三节　共同侵权行为人的侵权责任

一、共同侵权行为的概念和特征

《侵权责任法》第 8 条规定："二人以上共同实施侵权行为，造成他人损害的，应当承担连带责任。"这是对共同实施侵权行为，即狭义的"共同侵权行为"的具体规定。所谓共同侵权行为，即数人共同实施侵权行为造成被侵权人损害的数人侵权行为形态。该侵权行为形态具有以下特征而区别于其他四种数人侵权行为形态：

（1）有数个侵权行为实施人。所谓侵权行为实施人，即侵权人的行为实际地导致了损害的发生，而非通过教唆或者帮助的方式，仅仅对损害的发生有促进作用。这是本条区别于第 9 条第 1 款规定的教唆、帮助他人实施侵权行为的主要差别。

（2）数个侵权行为是共同实施的。所谓共同实施，即在因果关系原因方面，数个侵权行为在导致损害结果发生之前，进行了主观或者客观的结合，在导致损害结果时是一体而非分散的，这是本条与第 12 条规定的二人以上分别实施侵权行为的主要区别。另外，无论共同实施的侵权行为是否单独构成充足原因，只要符合共同实施特征的，都适用第 8 条的规定，而不适用第 11 条关于数个充足原因偶然竞合造成同一损害的连带责任的规定。

（3）共同实施的数个侵权行为导致了被侵权人的损害。这是因果关系的结果方面，即数个侵权行为结合到一起，均实际导致了损害的发生，这是本条与第 10 条规定的"二人以上实施危及他人人身、财产安全的行为，其中一人或者数

① 王利明．侵权行为法研究（上卷）．北京：中国人民大学出版社，2004：736.

人的行为造成他人损害”的主要区别。

二、共同侵权行为的关联共同性

对于典型的共同故意侵权行为适用连带责任在学说上是没有争议的。但在共同故意侵权行为之外承担连带责任的情形，则存在一定的争议，有所谓的“客观说”、“主客观结合说”、“关联共同说”和“直接－间接结合说”等。最高人民法院《人身损害赔偿解释》第3条规定：“二人以上共同故意或者共同过失致人损害，或者虽无共同故意、共同过失，但其侵害行为直接结合发生同一损害后果的，构成共同侵权，应当依照民法通则第一百三十条规定承担连带责任。二人以上没有共同故意或者共同过失，但其分别实施的数个行为间接结合发生同一损害后果的，应当根据过失大小或者原因力比例各自承担相应的赔偿责任。”该条所谓的“直接”、“间接”区分过于模糊和抽象，而不同的侵权责任形态对于当事人利害关系甚巨，这极大地损害了司法解释应有的确定性和操作性。结合的紧密程度只能依赖法官判断，赋予了法官过大的自由裁量权，法官实际上可以自由认定直接和间接标准，任意选择适用连带责任和按份责任，可能有权利滥用之虞。①

从我国侵权法上连带责任扩张适用的趋势来看，学说上宜采用更具有扩张包容性的“关联共同说”。该理论在我国台湾地区经过30余年的运作，已经积累了大量司法判例，可以作为《侵权责任法》未来解释适用的理论学说，也是共同侵权行为的类型化框架。“关联共同说”在学说上被表述为，数人共同不法侵害他人之权利者，对于被害人所受损害，所以应负连带赔偿责任，系因数人的侵权行为具有关联共同性。所谓“关联共同性”即数人的行为共同构成违法行为的原因或条件，因而发生同一损害。② 按照该说，共同侵权行为分为主观关联共同侵权行为和客观关联共同侵权行为两种类型。主观关联共同侵权行为，又称意思共同加害行为，是指加害人有意思联络而为加害行为，即传统民法之“主观说”之发展。主观共同关联性是指行为人间具有共同之意思联络或相互间有所认识，有自己与他人之共同行为，在社会观念上形成一体的共同加害行为，侵害他人之权利，因此参加各个行为之个人，对于全部损害均应负赔偿责任，犹如“刑法”之共同正犯。③ 主观关联共同学说的特别推论包括：第一，即使加害人能够证明其行为分担部分，对于权利受损并无因果关系，仍不能免于连带损害赔

---

① 王利明．侵权行为法研究（上卷）．北京：中国人民大学出版社，2004：689.

② 孙森焱．民法债编总论（上册）．北京：法律出版社，2006：231.

③ 孙森焱．民法债编总论（上册）．北京：法律出版社，2006：231.

偿。第二，加害人之一人所谓逾越共同计划者，就此部分不适用共同侵权行为。① 客观关联共同侵权行为，是在数人所为不法侵害他人权利之行为，在客观上为被害人因此所生损害之共同原因。客观关联共同侵权行为理论不同于传统民法的“客观说”，是在承认主观关联共同侵权行为承担连带责任的前提下，探求客观关联共同侵权行为承担连带责任的基础。

三、主观关联共同的判断标准

关于主观关联共同的主观共同范围，有“意思联络说”和“共同过错说”两类。所谓“意思联络说”，即认为主观共同仅限于主观意思联络，如认为如果在共同侵权行为中取消意思联络这一要件，将会严重地背离侵权法中的“自己责任”原则，不适当地扩大连带责任的范围。② 更多的学者采纳“共同过错说”，认为近代民法最初采用主观标准，要求行为人必须具有意思联络，主要是在资本主义兴起之际，努力减少连带责任。但随着大工业的兴起，现代民法更多倾向于保护受害人的利益，数个加害人具有主观上的过失，也可以构成共同侵权。③ 因此，“意思联络说”限制过窄，“共同过错说”更符合事物的本来属性，能够更准确地揭示共同侵权行为的本质特征。④ 共同过错包括共同故意和共同过失。所谓共同故意，不是指每个行为人对结果的发生都有故意，而是强调他们具有共同的意思联络。例如瑞士法上，即使不能达到共同行为层次，至少也要对于他们的行为达成默示同意。⑤ 所谓共同过失，应当是指各个行为人对结果的发生都已经预见或者应当预见。⑥ 共同过失包括两种情况：第一种情况是各行为人对其行为所造成的共同损害后果应该预见或认识，但因为疏忽大意和不注意而致使损害后果发生。例如甲指导乙驾驶车辆，不慎误伤行人。第二种是数人共同实施某种行为造成他人的损害，虽不能确定行为人对损害结果的发生具有共同故意，但可以根据案件的情况，认定行为人具有共同的过失。例如数个建筑商过失建筑房屋倒塌。⑦ 又如“四人两绳案”：四个人准备决定通过设置两根绳子来绊倒受

---

① 王泽鉴．侵权行为法：第二册．2006年台北自版：27－28.

② 程啸．侵权行为法总论．北京：中国人民大学出版社，2007：384.

③ 王利明．侵权行为法研究（上卷）．北京：中国人民大学出版社，2004：697－698.

④ 杨立新．侵权法论（第三版）．北京：人民法院出版社，2005：596.

⑤ See F. Dessemontet and T. Ansay. ed. *Introduction to Swiss Law* (3rd). Kluwer Law International. 2004, 160.

⑥ 王利明．侵权行为法研究（上卷）．北京：中国人民大学出版社，2004：698.

⑦ 王利明．侵权行为法研究（上卷）．北京：中国人民大学出版社，2004：698.

害人，每两人拉伸一根绳子。尽管没有任何人试图伤害受害人，但受害人在避开第一根绳子后被第二根绳子绊倒并受伤，法院判决四人承担连带责任。①

鉴于连带责任的适用范围已经被较大地扩张，在受害人没有过错的情况下，客观关联共同侵权行为已经被苛加了连带责任。在主观关联共同领域，再恪守“意思联络说”，已无必要。但所谓的主观共同，即使并不以明示同意为限，至少也应该有默示的理解为宜，仅仅知道他方的行为并不构成共同行为。②

四、客观关联共同的判断标准

客观关联共同的判断，较之主观关联共同的判断，更为复杂。尤其涉及到在主观过错之外确认关联共同性，并藉此苛加连带责任，必须谨慎。史尚宽先生指出，盖数人之行为皆构成违法行为之原因或条件，行为人虽无主观之联络，以使就其结果负连带责任为妥，尤其在不作为之时，有此必要。③ 与主观关联共同侵权行为的每一侵权行为都单独构成损害结果的法律原因不同，数个客观关联共同侵权行为必须一体化为抽象的关联共同侵权行为，然后由这个关联共同侵权行为作为惟一的原因导致损害，这也是大陆法系通行的做法。例如德国法上的“采石场案”，两个采石场各自的爆破行为导致附近的一所房屋的屋顶出现裂缝，法院判决两个采石场对共同造成的损害承担连带责任。④ 瑞士法上，数人共同导致一辆机动车致人损害的，承担连带责任。⑤

第四节 教唆行为人与帮助行为人的侵权责任

一、教唆行为与帮助行为的概念和特征

《侵权责任法》第 9 条第 1 款规定：“教唆、帮助他人实施侵权行为的，应

---

① See W. V. H. Rogers (ed.). *Unification of Tort Law: Multiple Tortfeasors.* Kluwer Law International. 2004, 11, fn 18.

② See W. Page Keeton. et al.. *Prosser and Keeton on Torts.* 5th ed. West Group: 1984, 323.

③ 史尚宽．债法总论．北京：中国政法大学出版社，2000：173.

④ BGHZ 66, 70 (1976). See Bénédict Winiger. Helmut Koziol. Bernhard A. Koch. Reinhard Zimmermann eds. *Essential Cases on Natural Causation.* SpringerWienNewYork. 2007, 269－271.

⑤ See F. Dessemontet and T. Ansay. ed. *Introduction to Swiss Law* (3rd). Kluwer Law International. 2004, 160.

当与行为人承担连带责任。”这是对教唆行为与帮助行为这两种主观关联共同侵权行为的特殊表现形态进行的规定。所谓教唆行为，是以劝说、利诱、授意、怂恿以及其他方法，将自己侵害他人合法权益的意图灌输给本来没有侵权意图或者虽有侵权意图、但正在犹豫不决、侵权意图不坚定的人，使其决意实施自己所劝说、授意的侵权行为。[①] 应该强调的是，没有教唆人的教唆，被教唆人就不会实施侵权行为，[②] 只有这样，教唆行为才是损害发生的必要原因。所谓帮助行为人，是对实行行为人予以帮助，使侵权行为得以实施的人，如提供损害工具，帮助创造侵权条件等等。[③] 传统民法一般将帮助限定在物质上的帮助，通常是指为加害人实施加害行为提供必要条件。包括帮助窃贼提供作案工具、为其把风等，都无疑属于帮助实施加害行为，盗窃完成之后帮助销赃也可以认定为帮助实施加害行为，因为销赃是侵害受害人所有权行为的有机组成部分。[④] 教唆行为与帮助行为的共同特点是：

（1）教唆行为和帮助行为都不是实施行为。教唆行为人与帮助行为人均未直接参与实施具体的侵害行为，只是由于他们与实施行为人之间的主观共同过错，使他们的行为形成了共同的、不可分割的整体。教唆人与帮助人直接参与实施侵权行为的，则为实施行为人。

（2）教唆、帮助他人实施侵权行为的法律后果，是与行为人承担连带责任。尽管教唆行为人、帮助行为人并未实际实施侵权行为，但由于如果没有教唆行为、帮助行为，实施行为人就不会实施侵权行为，因此《侵权责任法》对教唆行为人、帮助行为人苛加了较重的连带责任。

（3）主观共同过错以共同故意为限。一般认为，教唆、帮助他人实施加害人行为的人必须是故意。[⑤] 但也有学者认为，民法上的教唆与帮助，与刑法不同，不以故意为必要，亦得有过失之教唆与帮助。[⑥] 考虑到承担连带责任的较重后果，应该坚持以主观共同故意为限。

---

① 张新宝，唐青林．共同侵权责任十论——以责任承担为中心重塑共同侵权理论．民事审判指导与参考（总第18集）．北京：法律出版社，2004：149－172.

② 王利明．侵权行为法研究（上卷）．北京：中国人民大学出版社，2004：710－711.

③ 杨立新．侵权法论（第三版）．北京：人民法院出版社，2005：601.

④ 张新宝，李玲．共同侵权的法理探讨．人民法院报．2001年11月9日。

⑤［德］克雷斯蒂安·冯·巴尔．欧洲比较侵权行为法（上）．张新宝，译．北京：法律出版社，2001：81.

⑥ 史尚宽．债法总论．北京：中国政法大学出版社，2000：175.

二、教唆、帮助特殊民事主体的侵权责任分担规则

《侵权责任法》第 9 条第 2 款规定："教唆、帮助无民事行为能力人、限制民事行为能力人实施侵权行为的，应当承担侵权责任；该无民事行为能力人、限制民事行为能力人的监护人未尽到监护责任的，应当承担相应的责任。"该规定较为创新，同时也带来了新的争议点。对此，应该作如下理解：

（1）该条第 2 款前段未区分教唆、帮助对象是无民事行为能力人或限制民事行为能力人的不同法律后果，仅仅是规定了"承担侵权责任"，因此存在适用上的疑义。我们应该坚持结合《民法通则意见》第 148 条第 2 款、第 3 款进行区分适用。教唆、帮助无民事行为能力人实施侵权行为的人，应当承担侵权责任。教唆、帮助限制民事行为能力人实施侵权行为的人，应当承担主要侵权责任，由限制民事行为能力人的监护人承担次要侵权责任。

（2）该条第 2 款后段的规定涉及到了与《侵权责任法》第 32 条第 1 款前段规定的监护人责任的侵权责任分担问题，打通了这两组法律规范的天然联系，值得肯定。但对于该条第 2 款与第 32 条第 1 款后段规定的适用关系尚不明确。即监护人尽到监护责任的情形，到底是监护人责任减轻的部分由教唆人或者帮助人承担，还是就免除监护人的替代责任。在此问题上仍然应该区分教唆帮助的对象到底是无民事行为能力人还是限制民事行为能力人，并保持与该款前段的协调。对于教唆、帮助无民事行为能力人实施侵权行为的情形，如果监护人尽到了监护责任，则应该免除其替代责任；对于教唆、帮助限制民事行为能力人实施侵权行为的情形，如果监护人尽到了监护责任，只能减轻其替代责任，减轻部分由教唆人或者帮助人承担。

（3）第 9 条第 2 款规定的教唆人责任或者帮助人责任与监护人替代责任之间是否参照第 9 条第 1 款的规定是连带责任关系，也存在疑问。对此问题，需要从监护人和教唆人、帮助人两个方面来考虑。从监护人的角度看，由监护人对教唆人或者帮助人的最终责任部分承担连带责任的做法难以理解，这相当于认为监护人的监护对象还包括了教唆人和帮助人。但从教唆人或帮助人的角度看，由其对分配给被教唆或者被帮助的无民事行为能力人或者限制民事行为能力人一方的最终责任部分承担连带责任则具有一定的合理性，即其主观上能够预见到该部分责任的存在。鉴于这种双方可预见性的不平衡性，我们应该打破连带责任"双向连带"的传统思维模式，确认未尽监护责任的监护人仅仅就被监护人的最终责任部分承担按份责任，而由教唆人或帮助人对所有的损害承担连带责任，即一种"单向连带"的新设计。这样便通过协调适用第 9 条第 1 款和第 2 款的规定，

较好地实现了教唆人或者帮助人、监护人和受害人三方的利益平衡。

第五节 共同危险行为人的侵权责任

一、共同危险行为的概念和特征

《侵权责任法》第10条确立了独立的共同危险行为制度："二人以上实施危及他人人身、财产安全的行为，其中一人或者数人的行为造成他人损害，能够确定具体侵权人的，由侵权人承担责任；不能确定具体侵权人的，行为人承担连带责任。"所谓共同危险行为，是指二人或二人以上共同实施有侵害他人权利的危险的行为，对造成的损害结果不能判明谁是加害人的情况。[①] 共同危险行为的法律特征是：

（1）行为是由数人实施的。共同危险行为的行为主体必须是二人或二人以上，这是共同危险行为成立的基本条件之一。一个人实施的行为即使造成他人损害，也只是一般侵权行为，不是共同危险行为。

（2）共同危险行为人之间欠缺关联共同性。《侵权责任法》第10条删除了《侵权责任法》（草案·公开征求意见稿）第10条的"二人以上共同实施危及他人人身、财产安全的行为"的"共同"字样，体现出共同危险行为人不要求危险行为原因上的过程共同，仅要求可能造成损害结果上的时空同一性的立法意图。

（3）行为的性质具有危险性，危及他人人身、财产安全。共同危险行为的危险性，是指侵害他人人身权利、财产权利的可能性。这种致害的可能性需要从行为本身、周围环境以及行为人对致害可能性的控制条件上加以判断。需要强调的是，该危险行为没有人为的侵害方向，不针对任何特定的人。

（4）具有危险性的行为是致人损害的原因。共同危险行为的危险性是一种可能性，就共同危险行为的构成而言，这种危险性已经转化为现实的、客观的损害结果，具有危险性的共同行为与损害事实之间具有客观的因果关系。

（5）损害结果不是共同危险行为人全体所致但不能判明谁是加害人。在共同危险行为中，损害结果的发生，不是全体共同危险行为人的行为所致。但是在

① 杨立新．试论共同危险行为．法学研究，1987（5）．

全体共同危险行为人之中，又不能判明谁是真正的加害人，如果已经判明谁是加害人，应由已经判明的加害人来承担赔偿责任。

二、共同危险行为因果关系结构

（一）共同危险行为的两种因果关系理论

关于共同危险行为的因果关系，德国法有所谓的"选择性因果关系"理论，[①] 王泽鉴教授持该学说，[②] 在《侵权责任法》制定之前，我国学者也大多赞成。不过，因为"共同危险行为人中，不能知其中孰为加害人，严格言之其中有行为对损害并无相当因果关系"，[③] 所以对"选择因果关系"理论也不乏反对意见。如孙森焱教授指出，因为其责任之成立要件应系每一可能之肇因者，其行为被视为是损害之原因，因之须为侵权行为或危险负责。假如结果只能由加害人之一引起，却去推定每个人均系肇事者，本非合理。[④] 黄立教授也指出，这一认定无论视为举证责任转换或以危险责任观点来看，均非合理，除非参与人间有共同行为之意识，才有承担连带责任之合理根据。因此德国学说对此规定颇有批评。[⑤] 应该认识到，"选择因果关系"理论的问题，主要是基于其"主观说"的定位而导致的。

比较法上，除了德国法的"选择性因果关系"理论之外，法国法发展出了"群体危险行为"理论。由于《法国民法典》未对致害人不明数人侵权行为的责任规则作出明文规定，上个世纪50年代法国法院在面临"打猎案"时，为了避免受害人无法获得救济的情况出现，提出了将责任基础从行为直接导致损害移转到某个行为可以被归咎于实际致害人必然是其中一人的群体上。是整个群体通过其过失行为产生了危险，原告的损害是危险的现实化。作为这种理论的必然推论，该群体中的每个人都被认为是有责任的，因此承担连带责任。该理论还被适用于一群小孩参加危险活动和年轻人参加暴力活动的案件中。[⑥] 如1968年，法国最高法院要求袭击了一童子军营地的"青年帮"的成员证明他没有扔石头

---

① ［德］迪特尔·梅迪库斯．德国债法总论．杜景林，卢谌，译．北京：法律出版社，2003：449.

② 王泽鉴．侵权行为法：第二册．2006年台北自版：44.

③ 史尚宽．债法总论．北京：中国政法大学出版社，2000：173.

④ 孙森焱．民法债编总论（上册）．北京：法律出版社，2006：233.

⑤ 黄立．民法债编总论（修正第三版）．2006年台北自版：302.

⑥ See W van Gerven，P Larouche，J Lever. *Cases，Materials and Text on National，Supranational and International Tort Law*. Hart Publishing. 2000，443. 值得注意的是，原文使用了"its"来指称"the whole group"，可见归责的对象是整个群体而并非个体。

造成损害。此后，“每一个参与危险活动的人对危险活动可能造成的全部损害承担赔偿责任”的观点很快成为在不能判断谁实际上造成了损害之情形的责任确定标准。① 尽管该理论仍然是一种因果关系的推定，但在因果关系的结构上，通过“群体危险行为”的构造，将因果关系的推定限制在参加该危险行为的程度，却避免了直接推定每个共同危险行为人直接导致损害的理论困境，似乎更为合理。

（二）《侵权责任法》规定的共同危险行为应采“群体危险行为”因果关系

“群体危险行为”理论与我国《侵权责任法》第10条的规定更为契合，更具有解释力。共同危险行为人是一个整体，不可分离。② 只有这样的认识，才能解释共同危险行为的责任也只有一个责任，不是由若干份责任组成，而是不可分割的完整责任这一法律现象。③ 共同危险行为无需再借助所谓拟制的“选择性因果关系”，也不存在因果关系的推定问题，而应该适用“关联共同因果关系”，即将符合客观关联共同的共同危险行为人视为整体，其行为结合成危险活动，其关联共同性表现为参与危险活动，因果关系存在于作为整体的危险活动与损害之间，是危险活动而非单个的危险行为造成了损害。“群体危险行为”主要由行为的危险性与群体性两方面构成。

行为的危险性表现在以下三个方面：

（1）行为具有致害的可能。行为致害的可能表现在时间和空间两个维度，以“打水漂案”为例，所谓时间维度，即行为致害的结果必须在行为之后，如在受害人已经被击中之后，才参与打水漂；所谓空间维度，即行为致害的范围在空间上具有有限性，某一行为人为6岁小孩，力气太小不可能击中行为人。

（2）行为的同类致害性。危险行为并非必须是同类行为，但必须具有同类致害性，这种危险性的性质和指向是相同的。④ 否则，不同的致害性就会造成不同类型的损害，不会构成共同危险行为。

（3）危险的不合理性。共同危险行为中的“危险行为”与高度危险行为致害中的“危险行为”含义显然是不同的。高度危险行为致害的“危险”是即使

---

① ［德］克雷斯蒂安·冯·巴尔．欧洲比较侵权行为法（上）．张新宝，译．北京：法律出版社，2001：85－86．注释357－359．

② 杨立新．侵权法论（第三版）．北京：人民法院出版社，2005：603．

③ 杨立新．侵权法论（第三版）．北京：人民法院出版社，2005：607．

④ 黄松有．最高人民法院人身损害赔偿司法解释的理解与适用．北京：人民法院出版社，2004：71．

尽到高度注意义务，采取安全保障措施，防止造成损害，但由于科学技术和其他方面的限制，不可能完全预防可能发生的危险，① 而共同危险行为中的危险，是只要尽到足够的注意义务就可以预防发生的一般危险，只是由于行为人的过失或者行为不当，导致这种本不应该面临的社会危险出现并造成损害，这种危险性是不正当、不合理的。② 同时危险性具有较强的法律政策因素影响，如在闹市区高楼上向下扔玻璃瓶，具有对社会的极大危险性，尽管玻璃瓶在一般情况下并不是特别危险，但人人皆知可能会造成严重后果，应该认为有较强的危险性和可责难性。

判断行为是否具有群体性，应该考虑以下两个方面：

（1）危险行为之间具有时空一致性。一般认为，共同危险行为不以主观上彼此知悉和从事集体行为为必要，③ 但致害性行为应有“一定空间与时间上关联”，④ 尽管并非严格意义上的同时同地，但此仅为必要条件而非充分条件。史尚宽先生认为：“数人需关与有为侵权行为之危险之行为（因其发展可导入直接引起损害之行为）”⑤ 并举例，同宿舍二人，其中一人因过失酿成火灾，另一人虽“同宿一室，不能谓其已关与危险行为”⑥ 王泽鉴教授也认为“此应就造成危害的时空关联加以判断”，同时也举例认为“森林因有人丢弃烟蒂引起火灾，不能认定当日登山的人，都是共同危险行为人”。⑦

（2）危险行为人具有参与人的性质。所谓参与人，是指如果只需设想某人的行为确实导致了损害的发生，则他就能满足包括过错在内的侵权行为的全部构成要件，那么他就具有了参与人的性质。也就是说，对于实现侵权的构成要件来说，只有对加害人是否造成了损害这一问题，允许存在情况不明的状态。受害人对损害的存在、侵权行为参与人的过错、违法性，原则上仍然要承担举证责任，只是对于每个参与者的行为与损害结果之间的因果关系，无需负举证责任。⑧

---

① 杨立新．侵权法论（第三版）．北京：人民法院出版社，2005：485－486.

② 魏振瀛．民法．北京：北京大学出版社，2000：708.

③ 王泽鉴．侵权行为法：第二册．2006 年台北自版：46－48.

④ 黄立．民法债编总论（修正第三版）．2006 年台北自版：300.

⑤ 史尚宽．债法总论．北京：中国政法大学出版社，2000：175.

⑥ 史尚宽．债法总论．北京：中国政法大学出版社，2000：176.

⑦ 王泽鉴．民法概要．北京：中国政法大学出版社，2003：216.

⑧ ［德］马克西米利安·福克斯．侵权行为法：齐晓琨，译．北京：法律出版社，2006：235 及译者注．

三、共同危险行为人的侵权责任分担规则

共同危险行为人的侵权责任分担规则包括对外承担连带责任和对内最终责任分担两个方面。比较法上对于共同危险行为的共同关注源于早期各国普遍出现的“打猎案”，案情大致相似：多位猎人对第三人方向开枪，其中一位猎人的子弹击中受害人，但不知具体是谁的子弹击中。德国最高法院早在 1909 年就作出了承担连带责任的判决。[①] 法国法上确立连带责任的案例是 1957 年的 *Litzinger v. Kintzler*[②] 一案，并将这一做法延续下来，多次作出判决。[③] 日本法上未见“打猎案”，但有类似的“抛石案”，“各人行为均有致他人伤害的危险，为保护受害人，理应由抛石人共同负责”。[④] 英国法院没有作出过关于“打猎案”的判决，[⑤] 英联邦法院在这方面的案例是加拿大最高法院 1951 年判决的 *Cook v. Lewis*[⑥] 一案。美国法上，加州最高法院在 *Summers v. Tice*[⑦] 一案中，创造性地判决两个被告承担连带责任。[⑧] 可见，作为典型的共同危险行为案型的“打猎案”，在比较法上均适用连带责任。《侵权责任法》第 10 条采纳了比较法上的通例，规定共同危险行为人承担连带责任。

我国民法学者一般认为，共同危险行为人对内的责任份额，原则上应该平均分配。[⑨] 主要理由是，共同危险行为人在实施共同危险行为中，致人损害的概率相等、过失相当，各人以相等份额对损害结果负责，是公正合理的。[⑩] 但在例外情况下，也可允许斟酌具体案情，参照危险行为可能性的大小按其比例分担。[⑪] 如果行为人造成他人损害的几率并不相同时，则应当依据几率的大小确定

---

① JW1909 年，第 136 页，转引自张新宝，李玲．共同侵权的法理探讨．人民法院报，2001－11－09.

② D 1957. Jur. 493.

③ See Bénédict Winiger, Helmut Koziol, Bernhard A. Koch, Reinhard Zimmermann eds.. *Essential Cases on Natural Causation*. SpringerWienNewYork. 2007, 364.

④ 邓曾甲．日本民法概论．北京：法律出版社，1995：112.

⑤ See W van Gerven, P Larouche, J Lever. *Cases, Materials and Text on National, Supranational and International Tort Law*. Hart Publishing. 2000, 444.

⑥ [1951] SCR 830, (1952) 1 DLR 1, SCC.

⑦ 199 P. 2d 1 (Cal. 1948).

⑧ See Richard A. Epstein. *Torts*. Aspen Publishers. 1999, 226－227.

⑨ 王利明，杨立新．侵权行为法．北京：法律出版社，1996：198.

⑩ 杨立新．侵权法论（第三版）．北京：人民法院出版社，2005：620.

⑪ 王利明．侵权行为法研究（上）．北京：中国人民大学出版社，2004：751.

原因力的大小，进而在共同危险行为人内部分配赔偿责任的份额。[①] 因此，《侵权责任法》第 14 条第 1 款的规定也应该适用于共同危险行为。如 A、B、C 三人为某品种烈犬爱好者，A 有两只，B、C 各一只，大小类似，因爱好相同而聚在一起放逐相互攀比。D 因有急事奔跑而过，四只狗一同追逐并有其中一只狗将 D 咬伤，从伤口上无法确认是哪只狗咬伤，则应由 A、B、C 三人承担连带责任，并按照 2:1:1 的比例进行内部分担。

四、共同危险行为人的免责事由

关于共同危险行为人能够证明自己没有实际造成损害，是否能够作为免责事由，学说上一直存在“肯定说”和“否定说”的争议。

“肯定说”认为，法律规定共同危险行为制度的目的，是在无法查证情形下，消除受害人举证困难的问题，而不在为其找寻更多的债务人。其他参与人可以通过证据证明，其行为或者协力，绝无可能导致损害之发生，而免除责任。[②] 比较法上，美国法认为作为一种举证责任倒置规则，[③] 持肯定说。[④] 法国法上认为这种因果关系是推定的，可以由被告证明其未造成损害。[⑤] 德国法则认为，被告与损害之间必须具有最低限度的潜在因果关系，因此可以通过证明其不可能造成损害而免除责任。[⑥] 我国传统民法学说上，梅仲协先生持肯定说，[⑦] 史尚宽先生则认为，共同危险行为人不独证明其未加损害，而且须证明其未为损害之条件或原因，始得免其责任，[⑧] 该说是对肯定说的进一步发展和精细化。张新宝教授指出，与肯定说相应的，是不能免责的其他共同危险行为人之间，继续承担连带责任的结论。[⑨]

“否定说”认为，若仅证明自己无加害行为，而不能证明孰为加害人者，既

---

① 程啸．侵权行为法总论．北京：中国人民大学出版社，2007：404.

② 黄立．民法债编总论（修正第三版）．2006 年台北自版：301.

③ See ALI. *Restatement of the Law*, *Third*, *Torts*: *Apportionment of Liability*, 2000. § 4 Proof of Plaintiff's Negligence and Legal Causation. Reporters Notes: Comment e. Special rules with respect to the burden of proving causation.

④ See ALI. *Restatement of the Law*, *Second*, *Torts*. § 433B Burden of Proof, Comment f. & Illustration 9.

⑤ See W van Gerven, P Larouche, J Lever. *Cases*, *Materials and Text on National*, *Supranational and International Tort Law*. Hart Publishing. 2000, 443.

⑥ See W van Gerven, P Larouche, J Lever. *Cases*, *Materials and Text on National*, *Supranational and International Tort Law*. Hart Publishing. 2000: 445.

⑦ 梅仲协．民法要义．北京：中国政法大学，1998：198.

⑧ 史尚宽．债法总论．北京：中国政法大学出版社，2000：176.

⑨ 张新宝．侵权责任法原理．北京：中国人民大学出版社，2005：88.

无法确定责任之归属，自仍应负连带损害赔偿责任。[①] 郑玉波教授在我国台湾地区“民法典”第185条第1款后段规定的“不能知其中孰为加害人者，亦同。”立法语境下，精辟地指出：“盖法文明定‘不知’孰为加害人即应连带负责，因而虽能证明其非加害人，但仍不能因之即‘知’孰为加害人，故仍不能免责”[②] 以王利明教授为代表的部分学者，持“否定说”，认为共同危险行为人不因证明自己的行为造成实际损害而免除连带补充责任，还必须要证明谁是真正的行为人。[③]《侵权责任法》第10条实质上采纳的是“否定说”。[④]

第六节 分别侵权行为人的侵权责任

一、分别侵权行为的概念、类型和特征

所谓分别侵权行为，即是与共同侵权行为相对的概念，是指数个侵权人的行为既不存在主观上的关联共同，也不存在客观上的关联共同，但造成了同一损害事实的侵权行为形态。《侵权责任法》从原因力是否充分的角度，区分了两种分别侵权行为及其法律后果。第11条对数个充足原因偶然竞合侵权行为适用连带责任作出了一般性的规定：“二人以上分别实施侵权行为造成同一损害，每个人的侵权行为都足以造成全部损害的，行为人承担连带责任。”第12条对数个单独不充分原因偶然竞合的按份责任作出了规定：“二人以上分别实施侵权行为造成同一损害，能够确定责任大小的，各自承担相应的责任；难以确定责任大小的，平均承担赔偿责任。”第12条的规定实际上就是传统民法上所称“无意思联络共同致害行为”。

二、数个充足原因偶然竞合造成不可分损害的情形

《侵权责任法》第11条规定的数个充足原因偶然竞合造成同一损害的侵权行为形态，按照两个充足原因与损害的相对发生时间可以分为三种情况：

第一种是“并发型因果关系”，即两种侵权行为偶然同时发生并造成同一损

① 曾隆兴．详解损害赔偿法．北京：中国政法大学出版社，2004：61.

② 郑玉波．民法债编总论（修订二版）．陈荣隆修订．北京：中国政法大学出版社，2004：144.

③ 王利明．共同危险行为若干问题研究．法学杂志，2004（4）.

④ 王胜明．中华人民共和国侵权责任法解读．北京：中国法制出版社，2010：（52）.

害，而且每个侵权行为都足以造成全部损害。如 A、B 两个工厂同时排污，造成某一河流中养殖的鱼全部死亡，A、B 两家单独的排污量就足以造成全部损害。[①]比较法上各国几乎无一例外的适用连带责任。[②]

第二种是"连续型因果关系"，即两种侵权行为先后发生，并造成同一损害，而且每个侵权行为都足以造成全部损害。如 B 偷盗 A 的物品，而 C 将该物品损坏。传统民法一般认为 B、C 二人对 A 承担不真正连带责任。

第三种是"先发型因果关系"，即两种侵权行为先后发生，先发生的侵权行为已经造成了损害的发生，但如果没有先发生的侵权行为，后发生的侵权行为也会造成同样的损害。有的是同类侵权行为，如 A、B 二人分别过失纵火，两起大火均可能烧毁 C 的房屋，但在 B 所纵大火延烧到 C 房屋之前，A 所纵大火已经将该房屋烧毁。[③] 有的是非同类侵权行为，如有人给狗下毒，三天后必死无疑，另一人直接将狗杀死的情形。[④] 比较法上主要争议点在于后一原因是否应该承担责任。

对于充足原因偶然竞合造成同一损害的案件处理困境是因果关系上不适用"but-for"规则。[⑤] 以"纵火案"为例，如果按照"but-for"规则检验，A 和 B 都可以主张即使没有自己纵火 C 的房屋也会被烧毁而排除事实因果关系，这显然不符合"but-for"规则设计的初衷和法律政策，由此也可见数人侵权行为应该适用不同于单独侵权行为的因果关系判断标准。[⑥] 为了避免这种困境，《侵权责任法》对于数个充足原因偶然竞合的特殊侵权行为形态统一适用连带责任形态，不失为一种简洁的处理方案。

本章小结

数人侵权责任，就是指数个侵权人对同一被侵权人承担的侵权责任。我国侵权责任法列举了五种数人侵权责任，其中第 8 条是对共同实施侵权行为承担连带责任的规定，第 9 条是对教唆行为人、帮助行为人侵权责任的规定，第 10 条是

---

① Spier (ed.). *Unification of Tort Law*: *Causation*. Kluwer Law International. 2000, 6, Case 18.

② Spier (ed.). *Unification of Tort Law*: *Causation*. Kluwer Law International. 2000, 146.

③ See Dan B. Dobbs. *The Law of Torts*. West Group. 2001, 416.

④ 王利明．侵权行为法研究（上）．北京：中国人民大学出版社，2004：721.

⑤ See European Group on Tort Law. *Principles of European Tort Law*: *Text and Commentary*. Springer. 2005, 44.

⑥ See Dan B. Dobbs. *The Law of Torts*. West Group. 2001, 415.

对共同危险行为人侵权责任的规定，第 11 条是对数个充足原因偶然竞合造成同一损害的连带责任的规定，第 12 条是对数个非充足原因偶然结合造成同一损害的按份责任的规定。

思考题

1. 简述数人侵权的概念与类型。
2. 简述共同侵权的概念。
3. 简述共同危险行为的概念与特征。
4. 简述教唆、帮助侵权的责任。
5. 简述分别侵权的责任承担。

第七章

关于责任主体的特殊规定

在侵权责任承担中，主体的差异会导致侵权责任的构成要件、责任程度等差异。《侵权责任法》注意到了责任主体的重要性和差异性，因此在侵权责任法立法过程中，将责任主体的特殊问题单章进行了规定。2002 年中国民法典“侵权责任法”编草案中，将“有关侵权责任主体的特殊规定”列为一章，《侵权责任法》延续了草案的做法，该法第四章为“关于责任主体的特殊规定”。该章主要规定了监护人责任、用人单位责任、网络用户、网络服务提供者的责任、公共场所管理人的安全保障责任，以及教育机构在不同情形下承担的责任。整体而言，责任主体的特殊规定内容丰富，涵盖范围较广，需要我们深入学习。

第一节　监护人责任

一、监护人责任的制度价值与特点

监护人责任，是指监护人因被监护人实施的不法侵害行为而应承担的侵权责任。《侵权责任法》第 32 条确立了监护人责任制度，该条规定：“无民事行为能力人、限制民事行为能力人造成他人损害的，由监护人承担侵权责任。监护人尽到监护责任的，可以减轻其侵权责任。有财产的无民事行为能力人、限制民事行为能力人造成他人损害的，从本人财产中支付赔偿费用。不足部分，由监护人赔偿。”本条规定是在《民法通则》第 133 条和《民法通则意见》相关条文的基础上修改而成。

无民事行为能力人和限制民事行为能力人的监护人是他的法定代理人。未成年人的监护人按照以下顺序确定：第一顺序的监护人是未成年人的父母；第二顺序的监护人，包括未成年人的祖父母、外祖父母；兄、姐；关系密切的其他亲属或者愿意承担监护责任的朋友。第三顺序的监护人，包括未成年人父亲或者母亲的所在单位，未成年人住所地的居民委员会、村民委员会以及民政部门。无民事行为能力或者限制民事行为能力的精神病人的监护人按照以下顺序确定：第一顺序的监护人，为配偶、父母、成年子女及其他近亲属，关系密切的其他亲属或者朋友。第二顺序的监护人，包括精神病人的所在单位或者住所地的居民委员会、村民委员会或者民政部门。

设立监护制度的目的，是为了保护被监护人的人身、财产及其他合法权益不受损害，同时监护人也要承担起管教好未成年人和无行为能力人、限制行为能力的精神病人的责任，对于被监护人给他人造成损害的，监护人应当承担责任。

一些国家和地区对于监护人责任的规定主要有三种模式：第一类是规定监护人对被监护人的行为承担无过错责任。比如，法国民法规定，任何人对应由其负责的他人的行为所造成的损害，负赔偿的责任。具有监护权的父母对与其一起生活的未成年子女造成的损害承担赔偿责任。第二类是规定监护人承担过错推定责任。比如，德国民法规定，依法律规定对未成年人或者精神与身体状况而需要监护的人负有监督义务者，对此人给第三人造成的不法损害，有赔偿的义务。监督人如果已经尽到相当的监督责任，或者纵然加以应有的监督也难免发生损害的，不负赔偿责任。第三类是根据被监护人的年龄区分监护人的责任。比如，荷兰民法规定，对于未满 14 周岁的儿童造成他人损害的，父母或者其他监护人承担无过错责任；已满 14 岁周岁但未满 16 周岁的被监护人造成他人损害的，父母或者其他监护人承担过错推定责任。国外对于监护人责任的不同规定，与其在法律中是否承认被监护人责任能力有关。德国等国家承认被监护人的责任能力，并根据监护人的责任能力来确定监护人的责任。被监护人对于自己的行为有辨别能力的，应当自己承担责任；监护人有过错承担责任，没有过错的不承担责任；被监护人对于自己的行为无辨别能力的，监护人根据其过错承担责任。法国等国家不承认被监护人有责任能力，法律只规定监护人对被监护人造成他人损害的，承担无过错责任。

我国民法通则第 133 条第 1 款规定："无民事行为能力人、限制民事行为能力人造成他人损害的，由监护人承担民事责任。监护人尽了监护责任的，可以适当减轻他的民事责任。"《民法通则意见》也对监护人的责任作了相关的规定。本法有关监护人责任的规定，基本沿袭了现行法律的规定。

无民事行为能力人和限制民事行为能力人造成他人损害的，由监护人承担民事责任，是由监护人的职责所决定的。由于大多数监护人与被监护人有着血缘等密切关系，监护人有责任通过教育、管理等方式来减少或者避免被监护人侵权行为的发生。从本条规定看，监护人的责任不能简单地将其归为无过错责任或者过错推定责任。因为一方面监护人如果能够证明其尽到监护责任的，只能减轻其侵权责任，而不能免除，这不同于一般的过错推定责任；另一方面，无民事行为能力人和限制行为能力人的行为构成了侵权，监护人才承担相应责任，监护人不是对被监护人所有的行为都承担侵权责任。如果被监护人的行为对于完全民事行为能力人来说也无须承担责任的话，那么在这种情况下，监护人也不需要承担责任。而且，监护人也不是对被监护人造成的所有损失都承担侵权责任，如果监护人能够证明其尽到了监护责任的，可以减轻其侵权责任，从这一点看，也有别于无过错责任。

无民事行为能力或者限制民事行为能力人造成他人损害的，应当由监护人承担侵权责任。但是，在具体承担赔偿责任时，如果被监护人有财产的，比如，未成年人接受了亲友赠与的财产或者拥有其他价值较大的财产等，那么应当首先从被监护人的财产中支付赔偿费用，不足的部分再由监护人承担赔偿责任。虽然从我国的情况看，无民事行为能力人或者限制民事行为能力人有自己独立财产的情况不多，但是随着经济和社会的多元化发展，无民事行为能力人或者限制民事行为能力人通过创作、接受赠与或者继承等方式取得独立财产的情况将会越来越多，因此，以自己的财产对自己造成他人的损害承担赔偿责任，也是公平的。在父母等亲属之外的人员或者单位承担监护人的情况下，被监护人有独立财产的情况可能较为普遍，在这种情况下，先从被监护人的财产中支付赔偿费用更有必要，比如，某未成年人父母双亡后，留有一笔遗产，由其所在的居委会担任监护人，那么，该未成年人侵权行为造成他人的损失，其赔偿费用应当从遗产中扣除。当然，从被监护人的财产中支付赔偿费用的，应当保留被监护人基本的生活费用，保障其正常的生活和学习不受影响。被监护人的财产不足以支付赔偿费用的，其余部分由监护人承担。

监护人责任具有如下特征：

（1）监护人责任是转承责任。监护人不是为自己的行为负责，而是为被监护人的致害行为负责，其归责事由是监护人和被监护人之间的监护关系的存在。

（2）监护人责任是无过错责任。监护人纵使尽到职责，仍不免造成损害的，也须负责，故其本质上还是无过错责任。

（3）监护人的责任承担以被监护人的致害行为构成侵权为前提。监护的无民事行为能力人或限制民事行为能力人的行为须构成侵权行为，监护人才承担责任，而并非对被监护人的所有行为都承担侵权责任。

二、我国监护人责任的制度演进

民法通则第133条第2款规定："有财产的无民事行为能力人、限制行为能力人造成他人损害的，从本人财产中支付赔偿费用。不足部分，由监护人适当赔偿，但单位担任监护人的除外。"本条对于民法通则的规定做了两处修改：首先，加重了监护人的责任。为了保护被侵权人的合法权益，使其受到的损害能够得到全部的赔偿，本条规定对于无民事行为能力人或者限制行为能力人赔偿后，其财产不足的部分，需要由监护人给予全部赔偿，而不仅仅给予适当的赔偿。其次，为了促使单位监护人尽职履行监护职责，防止其怠于行使监护职责，放任被监护人侵权行为的发生，保证被侵权人受到的损害得到赔偿，本条修改了民法通则的规定，明确单位监护人应当承担与非单位监护人同样的责任。当然，从目前情况看，单位承担监护人的情况不多。

在侵权责任法起草过程中，有的意见建议根据行为人的年龄，增加行为人责任能力的规定。本法对此没有作出规定。因为如果规定责任能力，就涉及没有责任能力的行为人造成他人损害的，监护人是否需要承担责任？如果监护人不承担责任，被侵权人的损失得不到弥补，会有悖于我国的国情和现实的做法。无民事行为能力人和限制行为能力人一般有独立财产的不多，而且他们多与监护人共同生活，造成他人损害的，仍然还是用其父母等监护人的财产进行赔偿。而且，本法已明确规定被监护人有独立财产的，应当从其财产中支付。多年的司法实践也证明，虽然我国法律没有行为人责任能力的规定，但是能够妥善解决无民事行为能力人和限制行为能力人引发的侵权纠纷。因此，本条没有规定行为人的责任能力。下面我们将对监护人责任的立法变化进行相关总结。

1. 条文规定

(1)《民法通则》第133条。无民事行为能力人、限制民事行为能力人造成他人损害的，由监护人承担民事责任。监护人尽了监护责任的，可以适当减轻他的民事责任。

有财产的无民事行为能力人、限制民事行为能力人造成他人损害的，从本人财产中支付赔偿费用。不足部分，由监护人适当赔偿，但单位担任监护人的除外。

(2)《侵权责任法》第32条。无民事行为能力人、限制民事行为能力人造成他人损害的，由监护人承担侵权责任。监护人尽了监护责任的，可以减轻其侵权责任。有财产的无民事行为能力人、限制民事行为能力人造成他人损害的，从本人财产中支付赔偿费用。不足部分，由监护人赔偿。

2. 对比分析

通过上述立法变化可见，原先的“由监护人承担民事责任”，修改为“由监护人承担侵权责任”；原先的“监护人尽了监护责任的”，修改为“监护人尽到监护责任的”；原先“可以适当减轻他的民事责任”，修改为“可以减轻其侵权责任”；民法通则第133条第2款中将“由监护人适当赔偿”改为“由监护人赔偿”，此种情况下，监护人的责任为“补充责任”，且为“全额补充责任”，而不再是“适当赔偿”，明显加重了监护人的责任。

《侵权责任法》第32条第2款中删除了“但单位担任监护人的除外”，明确了单位监护人应与个人担任监护人负同样的责任。

上述变化符合监护人责任的立法意旨：保护未成年人和精神病人的合法权益；维护社会经济秩序和生活秩序；加强监护人履行职责的自觉性，合理分担损失。

三、监护人责任的构成要件

在被监护人的行为致人损害时，由监护人对其行为承担民事责任。监护人承担民事责任时，以其存在过错为要件。因此，监护人承担民事责任的构成要件有以下三个：

（一）被监护人实施了致害行为

（1）被监护人的认定：未成年人和精神病人。

（2）被监护人实施的致害行为，既可以是作为，也可以是不作为。

（二）受害人遭受了损害

（1）损害实际发生。

（2）受害人是监护人和被监护人之外的第三人。

（三）被监护人的致害行为与损害之间存在因果关系

四、监护人责任的承担

（一）被监护人没有财产时的监护人承担责任

如果被监护人没有财产，而且满足了监护人责任的构成要件，就应当由监护人承担侵权责任。

（二）被监护人有财产时的监护人承担责任

有财产的无民事行为能力人、限制民事行为能力人造成他人损害的，从本人财产中支付赔偿费用。不足部分，由监护人赔偿。

（三）监护人尽到监护责任时的责任减轻

《侵权责任法》第 32 条第 1 款后段规定：监护人尽了监护责任的，可以减轻其侵权责任。本规则的确立，不仅可以缓和无过错责任的严苛，还可以指引激励监护人积极履行监护职责，从而避免损害的发生。

（四）第三人教唆和帮助被监护人时监护人责任的承担

适用《侵权责任法》第 9 条第 2 款的规定，该无民事行为能力人、限制民事行为能力人的监护人未尽到监护责任的，应当承担相应的责任。这里的“相应的责任”，是指以监护人未尽到监护职责在对损害的发生或者扩大的原因力的大小为标准确定监护人所应承担的责任。

（五）与第 38 ~40 条规定的协调适用问题

在无行为能力人、限制行为能力人在幼儿园、学校、精神病院或其他教育机构中致他人损害。可能发生的责任承担情形是：首先，从有财产的无民事行为能力人、限制民事行为能力人本人的财产中支付赔偿费用；其次，不足部分由监护人赔偿；再次，由有过错或不能证明无过错（推定有过错）的教育机构承担相应的补充责任（限额补充责任）。

第二节　暂时丧失心智损害责任

一、暂时丧失心智损害责任的界定

暂时丧失心智损害责任，是指完全民事行为能力人对于因过错引起的暂时心智丧失，或者因醉酒或者滥用麻醉、精神药品暂时丧失心智，造成他人的损害，所应承担的特殊侵权责任。

暂时丧失心智损害责任这种特殊侵权责任类型，在我国以前的侵权法中从来没有规定过，《民法通则》以及最高人民法院的有关司法解释都没有规定过，但在司法实践中确实存在这样的案例。《侵权责任法》第 33 条规定：“完全民事行为能力人对自己的行为暂时没有意识或者失去控制造成他人损害有过错的，应当承担侵权责任；没有过错的，根据行为人的经济状况对受害人适当补偿。”“完全民事行为能力人因醉酒、滥用麻醉药品或者精神药品对自己的行为暂时没有意识或者失去控制造成他人损害的，应当承担侵权责任。”

二、暂时丧失心智损害责任的构成要件

（一）侵权人是完全民事行为能力人

这种特殊侵权责任的行为主体，即侵权人，必须是完全民事行为能力人，而不是限制民事行为能力人或者无民事行为能力人。无民事行为能力人和限制民事行为能力人造成他人损害，由其监护人承担责任，专门由监护人责任的特殊侵权责任规则调整。而完全民事行为能力人才存在暂时丧失心智的情况，需要专门规定规则调整。

（二）被侵权人须受到实际损害

在损害事实要件，被侵权人须受到实际损害，这种损害，既可以是人身损害，也可以是财产损害。对于造成人身损害的，对发生的精神损害，当然构成损害事实要件。但这种特殊侵权行为是否能够侵害精神性人格权造成精神利益的损失，例如暂时丧失心智而进行诽谤、侮辱等，有学者认为，心智丧失中的胡言乱语者，既然能够确认，不应当认定为侵权行为。但恶意诽谤、侮辱，借口心智丧失而主张者，不应当免除其责任。

（三）侵权人的致害行为与损害之间存在因果关系

（四）侵权人造成他人损害时暂时丧失心智

这种特殊侵权责任的被侵权人在受到侵害时，侵权人须在暂时丧失心智状态下，是侵权人由于丧失心智，无法控制自己的行为，因此造成被侵权人的损害。因此，这种特殊侵权责任的致人损害原因，须是侵权人暂时丧失心智，二者之间有因果关系。应当注意的是，暂时丧失心智与间歇性精神病不同，间歇性精神病造成损害的责任应当适用《侵权责任法》第32条规定，为监护人责任，并非本条调整范围。

（五）侵权人暂时丧失心智是因自己的过错所致

构成这种特殊侵权责任，被侵权人须具有过错，即侵权人自己的心智暂时丧失是基于自己的过失而发生。丧失心智的过错，除了本条第2款规定的醉酒、滥用麻醉药品或者精神药品之外，其他故意或者过失所为都包括在内，构成这种特殊侵权责任。这种特殊侵权责任的过错认定，应当实行过错推定原则，即被侵权人已经证明其他责任构成要件后，法官可以推定侵权人对其心智丧失有过错，丧失心智的行为人如果主张自己没有过错，应当举证证明。不能够证明自己没有过错的，侵权责任成立，应当承担赔偿责任。

三、暂时丧失心智损害责任的承担

（一）因过错暂时丧失心智致他人损害的，承担赔偿责任

（1）因为自己的过错，丧失了意识后造成了他人的损害，行为人应当根据其过错承担赔偿责任。

（2）完全民事行为能力人因醉酒、滥用麻醉药品或者精神药品导致自己暂时没有意识或者失去控制造成他人损害的，应当承担侵权责任。“醉酒、滥用麻醉药品或者精神药品”表明侵权人存在导致暂时丧失心智的故意，更应承担赔偿责任。

（二）非因过错暂时丧失心智致他人损害的，承担适当补偿责任

如果行为人暂时没有意识或者失去控制不是由于自己的过错造成，而是由于其他原因导致，在这种情况下，行为人可以不承担侵权责任，不过需要根据公平分担的规定，适当分担被侵权人的损失。

需要说明的是，这里对受害人是“补偿”而不是“赔偿”。因为赔偿原则上采取“填平”的原则，受害人损失多少赔多少，而补偿通常行为人没有过错，是根据行为人的经济能力，适当弥补受害人的损失。

四、暂时丧失心智损害责任的法律适用

在司法实践中应用本条，暂时丧失心智损害责任的承担规则如下：

（1）因过错导致暂时心智丧失致人损害的，应当由侵权人承担赔偿责任。完全民事行为能力人由于自己的过错，导致暂时心智丧失，因此而造成他人损害的，应当为自己的过错所造成的损害负责，因此，应当对被侵权人承担侵权责任。

（2）因醉酒、滥用麻醉药品或者精神药品对自己的行为暂时没有意识或者失去控制造成他人损害的，应当由侵权人承担赔偿责任。这种情形同样是由于侵权人的过错所为，当然应当由自己承担侵权责任。事实上，第 33 条第 2 款规定的这种情形，是第 1 款规定的过错的特殊表现形式，适用同样的规则，只不过这种过错已经证明，无须适用下文的公平责任而已。

（3）完全民事行为能力人对自己暂时心智丧失没有过错的，应当依照公平责任规则，由双方当事人公平负担损失。由于暂时丧失心智损害责任实行过错推定原则，因此，必须有过错才承担责任。所不同的是，这种承担赔偿责任须是全部责任，如果行为人能够证明自己没有过错，则并不免除责任，而是按照公平责任的要求，根据行为人的经济状况对受害人予以适当补偿。行为人的经济状况良

好的适当多赔，经济状况不好的适当少赔。

第三节 用 工 责 任

一、用工责任的界定

用工责任，又称雇主责任、使用工责任，是指在用工关系中，用人单位的工作人员因执行工作任务造成他人损害，应由用人单位承担责任的特殊侵权责任。《侵权责任法》第 34 条规定的用工责任，包括用人单位的责任和劳务派遣单位的责任。用工责任具有如下特点：

(1) 用工责任是为他人行为承担的责任。

(2) 用工责任以工作人员在执行工作任务中行为构成侵权为前提。

(3) 用工责任是无过错责任。

这意味着，用人单位不能以其对工作人员的监督、选任无过失而主张免除责任，更有利于对被侵权人的救济，是“归责于上”的体现。

二、我国有关用工责任的立法沿革

(一)《侵权责任法》、《民法通则》及司法解释中使用工责任的条文对照

1.《侵权责任法》

《侵权责任法》第 34 条规定：用人单位的工作人员因执行工作任务造成他人损害的，由用人单位承担侵权责任。

劳务派遣期间，被派遣的工作人员因执行工作任务造成他人损害的，由接受劳务派遣的用工单位承担侵权责任；劳务派遣单位有过错的，承担相应的补充责任。

《侵权责任法》第 35 条规定：个人之间形成劳务关系，提供劳务一方因劳务造成他人损害的，由接受劳务一方承担侵权责任。提供劳务一方因劳务自己受到损害的，根据双方各自的过错承担相应的责任。

2.《民法通则》

《侵权责任法》第 43 条规定：企业法人对它的法定代表人和其他工作人员的经营活动，承担民事责任。

《侵权责任法》第 121 条规定：国家机关或者国家机关工作人员在执行公务

中，侵犯公民、法人的合法权益造成损害的，应当承担民事责任。

3.《人身损害赔偿解释》

《人身损害赔偿解释》第 8 条规定：法人或者其他组织的法定代表人、负责人以及工作人员，在执行职务中致人损害的，依照民法通则第一百二十一条的规定，由该法人或者其他组织承担民事责任。上述人员实施与职务无关的行为致人损害的，应当由行为人承担赔偿责任。

属于《国家赔偿法》赔偿事由的，依照《国家赔偿法》的规定处理。

《人身损害赔偿解释》第 9 条规定：雇员在从事雇佣活动中致人损害的，雇主应当承担赔偿责任；雇员因故意或者重大过失致人损害的，应当与雇主承担连带赔偿责任。雇主承担连带赔偿责任的，可以向雇员追偿。

前款所称"从事雇佣活动"，是指从事雇主授权或者指示范围内的生产经营活动或者其他劳务活动。雇员的行为超出授权范围，但其表现形式是履行职务或者与履行职务有内在联系的，应当认定为"从事雇佣活动"。

《人身损害赔偿解释》第 11 条规定：雇员在从事雇佣活动中遭受人身损害，雇主应当承担赔偿责任。雇佣关系以外的第三人造成雇员人身损害的，赔偿权利人可以请求第三人承担赔偿责任，也可以请求雇主承担赔偿责任。雇主承担赔偿责任后，可以向第三人追偿。

雇员在从事雇佣活动中因安全生产事故遭受人身损害，发包人、分包人知道或者应当知道接受发包或者分包业务的雇主没有相应资质或者安全生产条件的，应当与雇主承担连带赔偿责任。

属于《工伤保险条例》调整的劳动关系和工伤保险范围的，不适用本条规定。

（二）对比分析结论

（1）立法模式：由"分立"走向"统一"。《民法通则》规定了职务侵权责任，而《人身损害赔偿解释》则采取分立模式，分别规定了法人、其他组织工作人员职务侵权责任和雇主责任，这导致按照用人单位的身份分别适用不同的责任规则；《侵权责任法》第 34 条摒弃分立模式，统一规定为用工责任。

（2）《侵权责任法》第 34 条新增劳务派遣中的使用人责任，并设计了特殊的责任规则。

（3）《侵权责任法》主要关注外部责任关系，第 34 没有规定用人单位承担侵权责任后对其工作人员的追偿权。

（4）《侵权责任法》没有规定工作人员因工作任务遭受损害的责任承担问题。

三、用人单位责任的构成要件及责任承担

（一）用人单位责任的构成要件

1. 用人单位与工作人员之间存在用工关系

用工关系的存在是用人单位承担民事责任的前提。用工关系，是工作人员利用用人单位提供的条件，在用人单位的指示、监督下，以自己的技能为用人单位提供劳务并获取报酬的劳动关系。用工关系是否存在，不仅要看有无用工合同关系，并且要看行为时的事实关系，即行为人是否为用人单位提供劳务，是否受用人单位的指示、监督。因此，承揽关系中发生的侵权责任不能适用用人单位责任规则。

2. 工作人员的行为须为执行工作任务的行为

用人单位责任以其工作人员执行工作任务行为为前提。“执行工作任务”的判断，可以借鉴《人身损害赔偿》第9条第2款的做法，即从事用人单位授权或者指示范围内的生产经营活动或者其他劳务活动。工作人员的行为超出授权范围，但其表现形式是履行职务或者与履行职务有内在联系的，应当认定为“执行工作任务”。

3. 工作人员的行为须构成侵权，并造成第三人的损害

工作人员的行为构成侵权，是用人单位承担侵权责任的必要前提。工作人员的行为是否构成侵权，需要依据工作人员从事工作活动的性质和侵权责任的构成要件具体确定。

（二）用人单位的责任承担

（1）责任主体：用人单位。这里的“用人单位”，包括企业、事业单位、国家机关、社会团体等，也包括个体经济组织等。国家机关及工作人员在民事活动中发生的侵权行为，只要《国家赔偿法》未作特殊规定的，适用用人单位责任规则。

（2）满足责任构成后，由用人单位承担侵权责任。

（三）是否允许用人单位行使追偿权

《侵权责任法》第34条未规定用人单位承担侵权责任后，是否可以向工作人员追偿。但是，这不影响用人单位依照法律规定，或者根据双方的约定来行使追偿权，如果用人单位和工作人员对于能否追偿或者追偿多少有争议的，可以向人民法院提起诉讼，由人民法院根据具体情况公平解决。

四、劳务派遣中的侵权责任

《侵权责任法》第34条第2款规定，劳务派遣期间，被派遣的工作人员因

执行工作任务造成他人损害的，由接受劳务派遣的用工单位承担侵权责任；劳务派遣单位有过错的，承担相应的补充责任。

(1) 劳务派遣是指劳动派遣机构与员工签订劳务派遣合同后，将劳务者派遣到用工单位工作。劳务派遣的主要特点就是员工的雇用和使用分离。劳动派遣机构不是职业介绍机构，是与劳动者签订劳动合同的一方当事人。派遣的员工到用工单位工作，但不与用工单位签订劳动合同、产生劳动关系。

(2) 在劳务派遣期间，被派遣的工作人员是为接受劳务派遣的用工单位工作，接受用工单位的指示和管理，同时由用工单位为被派遣的工作人员提供相应的劳动条件和劳动保护，所以，被派遣的工作人员因工作造成他人损害的，其责任应当由用工单位承担。

(3) 劳务派遣单位承担的是相应的补充责任。首先由用工单位承担赔偿责任，用工单位不能全部赔偿的，才由劳务派遣单位赔偿。相应地，劳务派遣单位承担的是相应的补充责任，即仅在自己过错的范围内承担责任。

五、个人劳务关系中的责任

个人劳务关系中责任，是《侵权责任法》新创的侵权责任规范，主要解决个人劳务关系中提供劳务一方因劳务致他人损害的责任承担，以及提供劳务一方因劳务造成自身损害的责任承担。因此，《侵权责任法》第 35 条规范了因个人劳务产生的两类侵权责任：一是提供劳务一方因劳务致他人损害而承担的个人劳务责任；一是提供劳务一方因劳务造成自身损害的个人工伤责任。

“劳务关系”，是《侵权责任法》首次适用的概念，是指提供劳务一方为接受劳务一方提供劳务服务，接受劳务一方按照约定支付报酬而建立的一种民事权利义务关系。劳务关系的建立可以采取书面形式，也可以采取口头或者其他形式。而《侵权责任法》第 35 条则将劳务关系限定在个人之间，即“提供劳务的一方”与“接受劳务的一方”都是自然人。这就使得第 35 条与第 34 条区分开来。

(一) 个人劳务责任的承担

个人劳务责任与第 35 条规定的用工责任具有相同的法律机理，都是为他人行为责任，都适用无过错责任原则。即劳务关系中，劳务提供者因劳务造成他人损害的，由接受劳务一方承担侵权责任。

至于接受劳务一方承担侵权责任后能否向提供劳务的一方追偿，《侵权责任法》第 35 条未作规定，与第 34 条类似，留待司法解释解决。

（二）个人工伤责任的承担

提供劳务的一方在提供劳务中造成自身损害的，该责任性质不属于工伤事故责任，而是根据双方各自的过错承担相应的责任。

《工伤保险条例》规定，中国境内的各类企业、有雇工的个体工商户应当依照本条例规定参加工伤保险，为本单位全部职工或者雇工缴纳工伤保险费。因此，提供劳务的一方在提供劳务中造成自身损害不属于工伤保险的范畴。

第四节 网络服务提供者责任

随着计算机应用及通信技术的发展，网络已快速辐射到社会各个领域，互联网的广泛应用改变了人们的生活与生产方式，上网浏览新闻、网络游戏、网络购物、网络聊天、网络下载等几乎成为人们日常生活中不可或缺的组成部分。而与此同时，通过网络侵犯他人民事权益的现象也日益增多，如利用网络诽谤他人、公开他人个人信息、上传盗版音乐及影视作品等。但由于网络的匿名性、分散性等特点，权利人很难找到实施侵权行为的人，维权成本太高，很多权利人便要求网络服务提供者承担侵权责任，但由于网络上存在的信息是海量的，网络服务提供者无法一一审查，要求其对所有侵权信息承担责任也是不公平的。所以，在网络环境下，如何在保护权利人的合法权益与促进网络产业正常发展之间取得平衡，是我们长期以来一直在思考的问题。正是基于此，侵权责任法对网络侵权作了专条规定，本节则讨论的是网络侵权中一种重要主体的责任问题。

一、网络服务提供者责任的概念和特征

依据《侵权责任法》第36条的规定，所谓网络侵权责任，是指网络服务提供者、网络用户利用网络侵害他人民事权益的作为侵权责任（《侵权责任法》第36条第1款），以及网络服务提供者未能避免网络用户利用网络实施侵权行为而承担的不作为侵权责任（《侵权责任法》第36条第2、3款）。《侵权责任法》第36条第1款规定的网络服务提供者、网络用户利用网络侵害他人民事权益的作为侵权责任，与《侵权责任法》第6条第1款规定的过错责任，只有致害行为方式的不同，而无实质差别，不是网络侵权责任单条规定的重心。因此，我们重点讲解《侵权责任法》第36条第2、3款意义的网络侵权责任，即网络服务提供者的不作为侵权责任。

“网络服务提供者”一词内涵较广，不仅应当包括技术服务提供者，还应当

包括内容服务提供者。所谓技术服务提供者，主要指提供接入、缓存、信息存储空间、搜索以及链接等服务类型的网络主体。其不直接向网络用户提供信息，一般而言，除符合本条第二款和第三款的规定外，技术服务提供者无须对网络用户提供的信息侵犯他人民事权益承担责任。但技术服务提供者如果主动实施侵权行为，如破坏他人技术保护措施、利用技术手段攻击他人网络、窃取他人个人信息等，也要承担侵权责任。所谓内容服务提供者，是指主动向网络用户提供内容的网络主体。其法律地位与出版者相同，应当对所上传内容的真实性与合法性负责，如果提供了侵权信息，如捏造虚假事实诽谤他人、发布侵犯著作权的影视作品等，应当承担侵权责任。

网络服务提供者责任具有如下特点：

（1）网络服务提供者责任是网络服务提供者承担的不作为侵权责任。网络服务提供者并非通过积极作为的方式侵害他人的民事权益，而是未及时采取措施避免他人权益侵害的不作为侵权。

（2）网络服务提供者责任是网络服务提供者为自己的不作为负责。网络服务提供者并不是为网络用户的侵权行为负责，而是对自己具有过错的不作为负责。

（3）网络服务提供者责任是过错责任。虽然该条没有明确规定过错要件，但是基于过错责任原则的普遍适用性，只要法律没有规定推定过错或者不考虑行为人的过错，即适用过错责任原则。

二、网络服务提供者责任的构成要件

（1）网络服务提供者利用网络服务实施侵权行为。网络服务提供者实施的侵权行为以网络服务为媒介，应限于过错责任领域，以作为侵权为常态，也可以表现为不作为。

（2）网络服务提供者的行为导致受害人的损害。网络服务提供者的行为必须导致受害人的损害，这也契合因果关系的要求。

（3）网络服务提供者未尽到法定的作为义务。即网络服务提供者没有及时采取必要措施避免受害人遭受损害。基于网络空间的特殊性、舆论自由和信息传播的迅捷性，侵权责任法对网络服务提供者的作为义务进行了限定：

第一，通知删除规则，即网络用户利用网络服务实施侵权行为的，被侵权人有权通知网络服务提供者采取删除、屏蔽、断开链接等必要措施。

第二，知道规则，即网络服务提供者知道网络用户利用其网络服务侵害他人民事权益，未采取必要措施。

（4）网络服务提供者的不作为与受害人损害的发生或者扩大部分存在因果

关系。网络服务提供者责任的构成要件中存在双重因果关系的要求，既要求网络用户的致害行为与受害人的损害之间存在因果关系，又要求网络服务提供者的不作为与受害人的损害发生或者扩大部分存在因果关系。

（5）网络服务提供者存在过错。“网络服务提供者接到通知后未及时采取必要措施”以及“网络服务提供者知道网络用户利用其网络服务侵害他人民事权益，未采取必要措施”均表明网络服务提供者未尽到采取必要措施的不作为侵权存在过错。

三、网络服务提供者责任的承担

1.《侵权责任法》第 36 条第 2、3 款为网络服务提供者的责任承担，设计了不同规则：

（1）适用通知删除规则时的责任承担。网络用户侵权后，被侵权人通知网络服务提供者采取删除、屏蔽、断开链接等必要措施，网络服务提供者接到通知后未及时采取必要措施的，对损害的扩大部分与该网络用户承担连带责任。

（2）适用知道规则时的责任承担。网络服务提供者知道网络用户利用其网络服务侵害他人民事权益，未采取必要措施的，与该网络用户承担连带责任。

2.《侵权责任法》第 36 条第 2、3 款的适用问题，具体如下：

（1）两款的不同内涵。根据第 36 条第 2 款规定，网络服务提供者与网络用户对损害的扩大部分承担连带责任。网络用户是直接侵权行为人，应当对该侵权行为造成的全部损害承担侵权责任；而网络服务提供者在接到侵权通知后应当及时采取必要措施，阻止侵权信息进一步扩散，如果网络服务提供者未能尽到此项义务，应当对未及时采取必要措施而给受害人造成的损失承担侵权责任。我们考虑到，要求网络服务提供者对受害人的全部损失承担责任，有违过错原则，也有失公平。所以，本款仅规定网络服务提供者对损害的扩大部分与网络用户承担连带责任。在接到侵权通知前已经造成的损害，应当由实施侵权行为的网络用户单独承担，网络服务提供者不承担责任。

根据第 36 条第 3 款规定，网络服务提供者与网络用户承担连带责任。如果网络服务提供者明知网络用户利用其网络服务实施侵权行为，却不采取必要措施，可以认定为构成帮助侵权，应当对全部损害与网络用户承担连带责任。如果网络服务提供者实际上并不知道网络用户利用其网络服务实施侵权行为，而是疏于管理，没有意识到这种侵权行为的存在，只应对应当知道而没有知道侵权行为之时起的损害与网络用户承担侵权责任，之前的损害应当由网络用户单独承担责任。

(2) 第 2 款与第 3 款之间的关系。厘清本条第二款与第三款之间的关系，是准确理解提供技术服务的网络服务提供者应当在何种情形下承担间接侵权责任的关键。

由于此类网络服务提供者一般无须承担普遍注意义务，其没有义务对其网络服务中的所有信息进行审查、筛选。所以，在实践中，大多数侵权信息都是由被侵权人通过侵权通知，要求此类网络服务提供者删除的，但并不能由此简单地认为发出侵权通知是要求此类网络服务提供者承担责任的惟一条件，也不能简单地认为只能以其接到侵权通知而未采取必要措施来判断是否构成“知道”。

这两款是并列关系，并非递进关系，更非包含关系。如果被侵权人能够举证证明网络服务提供者对侵权行为“知道”，可以不发出侵权通知，直接要求网络服务提供者承担第三款规定的侵权责任；如果被侵权人认为其无法举证证明网络服务提供者具有过错，可以根据第二款发出侵权通知。

第五节　违反安全保障义务的责任

安全保障义务，是指从事危险活动之人，因该活动具有损害他人之潜在危险，法律上负有防止损害发生之义务，以维持社会生活之安全，苟有违反该等义务，产生损害于他人，即应负损害赔偿责任。① 这一从德国判例和学说发展而来的制度，已为世界各国广为借鉴，我国也不例外。在我国学理和司法中对于违反安全保障义务的侵权行为，是指依照法律规定对他人负有安全保障义务的人，没有尽到此种义务，因而造成了他人人身或者财产权益损害，应当承担损害赔偿责任的行为。《侵权责任法》出台以前，违反安全保障义务的责任在《消费者权益保护法》以及《人身损害赔偿解释》中已有规定，《侵权责任法》中同样也规定了这一责任类型，因为此种责任的承担者是对他人负有安全保障义务的主体，因此，其也属于关于责任主体的特殊规定。

一、违反安全保障义务责任的立法演进情况

(一) 从《人身损害赔偿解释》到《侵权责任法》

2003 年最高人民法院《人身损害赔偿解释》第 6 条规定：“从事住宿、餐饮、娱乐等经营活动或者其他社会活动的自然人、法人、其他组织，未尽合理限

① 邱聪智．新订民法债编通则（上）．北京：中国人民大学出版社，2003：139.

度范围内的安全保障义务致使他人遭受人身损害，赔偿权利人请求其承担相应赔偿责任的，人民法院应予支持。”

“因第三人侵权导致损害结果发生的，由实施侵权行为的第三人承担赔偿责任。安全保障义务人有过错的，应当在其能够防止或者制止损害的范围内承担相应的补充赔偿责任。安全保障义务人承担责任后，可以向第三人追偿。赔偿权利人起诉安全保障义务人的，应当将第三人作为共同被告，但第三人不能确定的除外。”

由此可见，从事经营活动或者其他社会活动组织者违反应负的安全保障义务，造成消费者和其他社会活动参与者人身、财产损害，应当承担侵权责任。根据以上的司法解释，经营者与其他社会活动参与者违反安全保障义务应承担的侵权责任分为两种情况：一是由于自身未尽合理限度范围内的安全保障义务致使他人遭受人身损害，应当承担侵权责任；二是因第三人侵权导致损害结果发生的，由实施侵权行为的第三人承担赔偿责任。由于安全保障义务人有过错的，应当在其能够防止或者制止损害的范围内承担补充责任。安全保障义务人承担补充责任后，可以向第三人追偿。安全保障义务人的这个责任是一种替代责任。

《侵权责任法》第 37 条规定：宾馆、商场、银行、车站、娱乐场所等公共场所的管理人或者群众性活动的组织者，未尽到安全保障义务，造成他人损害的，应当承担侵权责任。

因第三人的行为造成他人损害的，由第三人承担侵权责任；管理人或者组织者未尽到安全保障义务的，承担相应的补充责任。

（二）《侵权责任法》第 37 条与《人身损害赔偿解释》第 6 条的条文对照简析

1.《侵权责任法》第 37 条第 1 款的变化

（1）主体方面的变化：第一，《侵权责任法》以场所与活动两种标准界定，《人身损害赔偿解释》只以活动界定；第二，对公共场所（经营活动）的列举，《侵权责任法》更为丰富、通俗。《侵权责任法》只保留了娱乐场所（活动），将住宿改为宾馆，删除“餐饮”，增加了商场、银行、车站；第三，《侵权责任法》将《人身损害赔偿解释》的“经营活动”（实际也是经营场所）扩大为公共场所，即增加了非经营性公共场所；第四，《侵权责任法》将《人身损害赔偿解释》中的其他社会活动变更为群众性活动，限缩了范围；第五，《侵权责任法》将《人身损害赔偿解释》笼统表述的民事主体，限缩为管理人、组织者，更为精确。

（2）保护的内容。《侵权责任法》是损害，既包括人身损害，也包括财产损害。《人身损害赔偿解释》只是人身损害。

（3）未尽义务之判断标准。《侵权责任法》删除最高法院解释的限制语“合理限度内的”。本法未明示任何判断标准。实际由法院依具体情势裁量。

2.《侵权责任法》第 37 条第二款的变化分析

（1）第三人行为性质的变化：《侵权责任法》将《人身损害赔偿解释》的“侵权”表述改为“行为”，更为妥适。

（2）义务人担责条件的变化：《侵权责任法》将“有过错”改为“未尽到安全保障义务”。

（3）义务人担责范围的变化：均为“相应的补充责任”，但本法删除最高法院解释前面的定语“在其能够防止或者制止损害的范围内”。

（4）《侵权责任法》删除最高法院解释承担责任后的安保义务人对第三人的追偿权以及诉讼主体的规定。

二、对安全保障义务的理解

（一）安全保障义务的界定

依据《侵权责任法》第 37 条的规定，所谓安全保障义务，是指宾馆、商场、银行、车站、娱乐场所等公共场所的管理人或者群众性活动的组织者，所负有的在合理限度范围内保护他人人身和财产安全的义务。结合侵权法原理可知，安全保障义务，就是宾馆、商场、银行、车站、娱乐场所等公共场所的管理人或者群众性活动的组织者，以及其他依照法律对他人负有必要注意义务的人，在经营的场地对于顾客的财产和人身安全负有必要的保护义务，或者依照法律应当承担的安全保障义务。这种义务的来源，一是法律规定，例如《消费者权益保护法》第 18 条规定，经营者对消费者负有安全保护义务；二是合同义务，即在合同的条文中规定的安全保障义务；三是附随义务，即依照合同的性质或者行为的性质，行为人对相对人所应当承担的附随义务。所谓必要，就是根据经营者或者义务人提供的特殊经营活动的性质和实施的行为时所应当达到的注意程度。如果这种注意义务没有尽到，负有安全保障义务的人就应当承担违反安全保障义务的侵权责任。

（二）安全保障义务人的范围

合理确定安全保障义务人的范围，既要以人为本，对社会生活中可能发生危险的场所或者活动，要求行为人履行必要的防范损害发生的义务，充分保护广大人民群众的人身和财产安全；又要考虑我国国情，从促进社会和谐稳定的目的出发，不能盲目地扩大安全保障义务人的范围，避免引发过多社会纠纷；同时还要处理好未尽到安全保障义务的侵权行为与其他侵权行为之间的关系，避免或者减少相关法律规定间的冲突或者竞合。综合考虑《侵权责任法》第37条的立法目的，我们可以明确安全保障义务人为下面两类人：

1. 宾馆、商场、银行、车站、娱乐场所等公共场所的管理人

公共场所包括以公众为对象进行商业性经营的场所，也包括对公众提供服务的场所。比如本条列举的宾馆、商场、银行、车站、娱乐场所等，除了本条列举的这些场所外，机场、码头、公园、餐厅等也都属于公共场所。

2. 群众性活动①的组织者

群众性活动是指法人或者其他组织面向社会公众举办的参加人数较多的活动，比如体育比赛活动，演唱会、音乐会等文艺演出活动，展览、展销等活动，游园、灯会、庙会、花会、焰火晚会等活动，人才招聘会、现场开奖的彩票销售等活动。

（三）安全保障义务保护对象的范围

安全保障义务所保护的对象与安全保障义务人之间应存在某种关系，但是否要在法律中作出明确规定有不同意见。有的建议规定为“顾客或参与活动者”或者“进入公共场所或者参与活动的人”，有的建议规定为“合法进入公共场所或者参加活动的人”，有的建议不作明确规定。考虑到司法实践中的情况较为复杂，仅仅进入商场上洗手间、问路或者躲雨的人能不能界定为顾客，上错了公交车又准备下车的人是否属于保护对象，特别是对于非法进入者如到宾馆里打算偷窃的人是否给予保护等，争议很大。在法律中明确哪些人属于保护对象较为困难，因此，本法对安全保障义务的保护对象规定为“他人”，没有明确具体的范围，实践中哪些人属于保护对象应根据具体情况判断。

（四）安全保障义务的内容和判断标准

安全保障义务的目的是为了保护他人的人身和财产安全，其主要内容是作为，即要求义务人必须采取一定的行为来维护他人的人身或者财产免受侵害。这种义务的具体内容既可能基于法律的明确规定，也可能基于合同义务，也可能基于诚实信用原则而产生。由于安全保障义务人的范围很广，涉及多个行业、多类主体，不同义务人对不同保护对象所负有的安全保障义务是不同的，在法律中无法明确其具体内容。对于实践中需要确定义务人应当负有的具体安全保障义务的

① 按照《大型群众性活动安全管理条例》（国务院2007年8月29日第190次常务会议通过）的规定，群众性活动主要有以下几种：（1）体育比赛活动；（2）演唱会、音乐会等文艺演出活动；（3）展览、展销等活动；（4）游园、灯会、庙会、花会、焰火晚会等活动；（5）人才招聘会、现场开奖的彩票销售等活动；（6）影剧院、音乐厅、公园、娱乐场所等在其日常业务范围内举办的活动。

内容，进而判断安全保障义务人是否已经尽到安全保障义务的，可以参考该安全保障义务人所在行业的普遍情况、所在地区的具体条件、所组织活动的规模等各种因素，从侵权行为的性质和力度、义务人的保安能力以及发生侵权行为前后所采取的防范、制止侵权行为的状况等方面，根据实际情况综合判断。

三、安全保障义务的类型划分

根据安全保障义务的内容不同，《侵权责任法》第37条第1款和第2款将安全保障义务分为两类：

1. 防止他人遭受义务人侵害的安全保障义务

这是指安全保障义务人负有不因自己的行为而直接使得他人的人身或者财产受到侵害的义务。比如，宾馆负有不因自己提供的服务或者设施存在危险而使前来住宿的客人受伤的安全保障义务。

对于这种类型的侵权，造成损害的直接原因是负有安全保障义务的人没有尽到注意义务，这种行为直接造成他人损害，负有安全保障义务的人应当承担直接责任。

2. 防止他人遭受第三人侵害的安全保障义务

这是指安全保障义务人负有的不因自己的不作为而使他人的人身或者财产遭受自己之外的第三人侵害的义务。比如，宾馆对在本宾馆住宿的旅客负有使其人身或者财产安全免受第三人侵害的义务。

对他人负有安全保障义务的人，没有尽到防范、制止侵权行为，对受其提供的安全保障的人的注意义务，造成受害人人身或者财产损害的，首先，应当由加害人承担民事责任。其次，在无法确认加害人，或者加害人没有能力承担赔偿责任，或者加害人赔偿不足的情况下，由负有安全保障义务的经营者承担补充责任。再次，如果负有安全保障义务的责任人证明自己的行为没有过错的，也就是尽到了必要的注意的，免除其责任。最后，负有安全保障义务的人在承担了补充的损害赔偿责任之后，有权向该行为人追偿，以补偿自己的损失。

在实践中侵权的具体情形包括下面四种：

1. 装备设施未尽安全保障义务

经营者装备设施未尽安全保障义务，就是在提供服务的场所，设置的硬件没有达到保障安全的要求，存在缺陷或者瑕疵，造成了他人的损害。因此，经营者应当对受害人承担损害赔偿责任。例如，某商场在通道上安装的玻璃门未设置警示标志，一般人很难发现这是一扇门。顾客通过时撞在门上，造成伤害。对此，商场应当承担未尽安全保障义务的侵权损害赔偿责任。

2. 工作人员未尽安全保障义务

经营者的工作人员未尽安全保障义务，一般称为服务软件上的瑕疵或者缺陷，造成他人的损害，构成侵权责任。例如，饭店服务人员没有擦干净地板，留有污渍。顾客踩在上面滑倒，造成伤害。这种行为构成侵权责任。

3. 防范制止第三人侵害的未尽安全保障义务

对于他人负有安全保护义务的经营者，在防范和制止他人侵害方面未尽义务，造成他人损害的，也构成侵权责任。未尽安全保障义务的一方应当承担补充责任。

4. 违反因先前行为而产生的安全保护义务

在上述的安全保障义务的规定和说明中，都是说的负有法定的安全保障义务的经营者未尽义务的侵权责任。在现实生活中，还有一种因实施某种在先行为而对他人负有某种保护义务的情况，如果违反这种保护义务，也应当适用这种侵权责任的规定，构成不作为的侵权行为，应当追究不作为行为人的侵权民事责任。

四、未尽到防止他人遭受义务人侵害的安全保障义务责任

1. 未尽到防止他人遭受义务人侵害的安全保障义务责任的构成要件

（1）未尽到防止他人遭受义务人侵害的安全保障义务；

（2）受害人遭受了损害；

（3）安全保障义务的违反与损害之间存在因果关系；

（4）安全保障义务人具有过错；

2. 未尽到防止他人遭受义务人侵害的安全保障义务的责任承担

安保义务人未尽到防止他人遭受义务人侵害的安全保障义务所承担的责任为过错责任、自己责任以及以受害人所受损害为赔偿标准的全部责任。

违反安全保障义务侵权行为的基本责任形式，分为直接责任和补充责任。

五、未尽到防止他人遭受第三人侵害的安全保障义务责任

1. 未尽到防止他人遭受第三人侵害的安全保障义务责任的构成要件

（1）第三人为侵害他人民事权益的致害人；

（2）受害人因第三人的致害行为而遭受损害；

（3）安保义务人未尽到防止他人遭受第三人侵害的安全保障义务；

（4）安保义务人违反安全保障义务的不作为与受害人遭受的损害之间存在因果关系；

（5）安全保障义务人具有过错。

2. 未尽到防止他人遭受第三人侵害的安全保障义务的责任承担

（1）第三人作为直接侵权人，应当就受害人遭受的损害承担侵权责任；

（2）未尽到防止他人遭受第三人侵害的安全保障义务的管理人或者组织者承担相应的补充责任。

对于“相应的补充责任”的理解，需要注意以下两点：

其一，“补充责任”，意味着第三人的侵权责任和安全保障义务人的补充责任有先后顺序。首先由第三人承担侵权责任，在无法找到第三人或者第三人没有能力全部承担赔偿责任时，才由安全保障义务人承担侵权责任。如果第三人已经全部承担侵权责任，则安全保障义务人不再承担侵权责任。

其二，“相应的”，意味着对于第三人没有承担的侵权责任，安全保障义务人也不是全部承担下来，而是在其未尽到安全保障义务的范围内承担，即根据安全保障义务人未尽到的安全保障义务的程度来确定其应当承担的侵权责任的份额。

第六节 教育机构的侵权责任

一、教育机构责任的概念和特点

（一）教育机构责任界定

教育机构责任，又称学生伤害事故责任、校园伤害事故责任等，是指幼儿园、学校及其他教育机构未尽到教育和管理职责，导致无民事行为能力人、限制民事行为能力人在教育机构学习和生活期间遭受人身损害所应承担的侵权责任。《侵权责任法》上教育机构责任的立法目的在于，合理界定学生伤害事故中教育机构的侵权责任，以作到既维护未成年在校学生的人身权益，又维护教育机构的正常教学秩序和管理秩序。

（二）教育机构侵权责任的特点

（1）学生伤害事故的受害人是无民事行为能力、限制民事行为能力的幼儿或在校学生。这就意味着《侵权责任法》将《人身损害赔偿解释》第 7 条规定的未成年学生造成他人（即完全民事行为能力人）人身损害的情形排除出教育机构责任的适用范围，将监护人责任从教育机构承担的教育机构责任中剔除，淳化了教育机构责任之过错责任的性质。

（2）教育机构责任主体是学校、幼儿园或者其他教育机构以及该机构以外的其他人员。

(3) 学生伤害事故必须发生在学校对未成年学生负有教育和管理职责的时间范围内，主要包括未成年学生在学校学习和生活期间以及学校组织的其他校外活动期间。

(4) 学生伤害事故必须发生在学校对未成年学生负有教育和管理职责的地域范围内，主要包括学校校园内以及学校组织活动的其他场所。

(5) 学生伤害事故必须客观上造成了未成年学生的人身损害。

(6) 在学生伤害事故中，学校承担侵权责任的归责事由是过错。《侵权责任法》第38条至第40条将“未尽到教育和管理职责”作为判断教育机构是否存在过错的客观标准。

二、我国教育机构责任的制度演进

我国《民法通则》中未对未成年人的概念明确加以定义，只是在该法第11条规定，18周岁以上的公民是完全民事行为能力人，16周岁以上不满18周岁以自己的收入为主要生活来源的公民，视为完全民事行为能力人。首次在法律中对未成年人概念作出立法规定的是《中华人民共和国未成年人保护法》第2条的规定：“本法所称未成年人是指未满十八周岁的公民。”在《民法通则》中，对在校未成年学生人身伤害赔偿未明确作出规定，相关规定散见于有关的司法解释，《民法通则意见》第160条规定：“在幼儿园、学校生活、学习的无民事行为能力人或者在精神病院治疗的精神病人，受到伤害或者给他人造成损害，单位有过错的，可以责令这些单位适当给予赔偿。”但此处对责任主体、责任性质、赔偿范围等尚欠明确。此后，最高人民法院在〔1999〕民他字第25号《关于肖涵诉上海市第五十四中学等赔偿一案的复函》[①] 针对个案作出了规定。后有自2002年9月1日起施行的《学生伤害事故处理办法》（以下简称《事故处理办法》），但该规章重在指导学校等教育机构正确处理学生伤害事故，主要规范的

---

① 最高人民法院《关于肖涵诉上海市第五十四中学等赔偿一案的复函》（1999年11月20日［1999］民他字第25号）：“上海市高级人民法院：你院［1998］沪高民他字第29号《关于肖涵诉上海市第五十四中学等赔偿一案的请示》收悉。经研究，同意你院审判委员会的意见，即肖涵在校学习期间，上海市第五十四中学对其负有进行教育、管理和保护的职责。肖涵受伤后，上海市第五十四中学未及时将其送往医院进行抢救，以致延误了医疗时机，造成肖涵终身残废，该校应承担主要责任。肖涵作为限制民事行为能力人，因违反学校纪律擅自爬墙摔伤，对损害后果应承担次要责任。范吉俊、李佳磊明知爬墙的危险性，仍然协助肖涵爬墙，对损害后果亦应承担一定的责任。至于数额的分担，请你院根据实际情况和各自责任确定。”

是教育主管部门的管理职责和管理责任，从法理上说，其并不能成为民事侵权的法律依据。再后，自2004年5月1日起施行的（最高人民法院《人身损害赔偿解释》）中第7条规定：“对未成年人依法负有教育、管理、保护义务的学校、幼儿园或者其他教育机构，未尽职责范围内的相关义务致使未成年人遭受人身损害，或者未成年人致他人人身损害的，应当承担与其过错相应的赔偿责任。第三人侵权致未成年人遭受人身损害的，应当承担赔偿责任。学校、幼儿园等教育机构有过错的，应当承担相应的补充赔偿责任。”此规定完善了对责任主体、归责原则（过错责任）、责任方式的规定，但一直以来，有学者对此存有异议，认为应将未成年人区分为无民事行为能力人和限制民事行为能力人，对无民事行为能力人，学校等教育机构较有一定辨别能力的限制民事行为能力人所承担的责任要重，《侵权责任法》对此予以分别规定，并用第38～40条三个条文对于教育机构的侵权责任作出了规定：

第38条规定：无民事行为能力人在幼儿园、学校或者其他教育机构学习、生活期间受到人身损害的，幼儿园、学校或者其他教育机构应当承担责任，但能够证明尽到教育、管理职责的，不承担责任。

第39条规定：限制民事行为能力人在学校或者其他教育机构学习、生活期间受到人身损害，学校或者其他教育机构未尽到教育、管理职责的，应当承担责任。

第40条规定：无民事行为能力人或者限制民事行为能力人在幼儿园、学校或者其他教育机构学习、生活期间，受到幼儿园、学校或者其他教育机构以外的人员人身损害的，由侵权人承担侵权责任；幼儿园、学校或者其他教育机构未尽到管理职责的，承担相应的补充责任。

三、法律适用中对教育机构责任与相关责任的界分

《侵权责任法》第38～40条仅规定了教育机构担负较为笼统的“教育、管理职责”，而教育部《学生伤害事故处理办法》第9条则列举了12种构成学生伤害事故的情形，其中大部分为《侵权责任法》规定的特殊侵权所涵盖。在《侵权责任法》的法律适用过程中，如何妥当地运用法解释技术作出妥当的顺位安排，值得关注。

（一）教育机构责任与委托监护责任

我国法上教育机构责任是以不作为侵权责任的模式进行设计的，这就意味着教育机构原则上不能被认定为委托监护人，但是教育机构是否有可能承担委托监护人的责任呢？

《民法通则意见》第22条规定："监护人可以将监护职责部分或者全部委托给他人。因被监护人的侵权行为需要承担民事责任的，应当由监护人承担，但另有约定的除外；被委托人确有过错的，负连带责任。"依据此规定，如果欠缺行为能力的学生监护人另有"特别约定"或者法律另有规定外，应当允许教育机构依据特别约定以委托监护人身份承担监护人责任。这不仅符合私法自治的原则，亦符合教育行业多元化发展的要求。

（二）教育机构责任与校舍倒塌等特殊侵权责任

教育机构虽然是学生伤害事故的责任主体，但是在校园中导致欠缺行为能力的人身损害的情形较为复杂，例如教育机构的教师体罚学生造成人身损害的情形等，究竟是适用《侵权责任法》第38～40条的学生伤害事故责任规则，还是适用《侵权责任法》第34条第1款规定的用工责任；再比如学校建筑物倒塌造成学生人身损害，也出现《侵权责任法》第38～40条教育机构责任与第86条规定的建筑物、构筑物及其设施倒塌责任在法律适用上的竞合局面。是允许当事人以"自身利益最大化"为原则选择适用请求权的基础规定，还是将第38～40条作为一般规范，将使用工责任规则与建筑物倒塌责任规则作特殊规范，以求适用"特别规定优于一般规范"的法律适用原则？

在校舍倒塌致害的情况下，学校等教育机构既是其中的"建设单位"；同时也吸收了"用人单位的责任"（第34条第1款）。

（三）教育机构责任与违反普通安全保障义务的责任

就教育机构责任而言，其包括《侵权责任法》第37条规定的违反安全保障义务的责任（违反场所管理人之安全保障义务的责任与违反群众性活动组织者之安全保障义务的责任）。例如，学校在组织学生春游时，因学校组织不善发生学生人身损害。应当如何适用法律呢？学生伤害事故违反的是法定安全保障义务——教育、管理职责，属于安全保障义务的特别规定，而《侵权责任法》第37条的安全保障义务则属于安全保障义务的一般规定。依照"特别规定优于一般规定"的适用原则，此案件应适用《侵权责任法》第38～40条。

（四）学生在精神病院治疗期间受到伤害的责任

《民法通则意见》中，将幼儿园、学校、精神病院的责任一并规定。《侵权责任法》中，分别规定，在精神病院受到伤害的情形，适用第七章"医疗损害责任"的规定。

四、教育机构责任的归责原则

《侵权责任法》第38条规定：无民事行为能力人在幼儿园、学校或者其他教育机构学习、生活期间受到人身损害的，幼儿园、学校或者其他教育机构应当承担责任，但能够证明尽到教育、管理职责的，不承担责任。根据本条的规定，教育机构责任为过错责任，但是鉴于欠缺行为能力人的心智发育特点，教育机构致无民事行为能力人遭受人身损害的责任中对教育机构的过错证明采取过错推定规则，即由教育机构证明其尽到教育、管理职责。

根据第 39 条的规定，学校和其他教育机构承担的过错责任，结合第 38 条、第 40 条的规定，显然，在举证责任上，应该遵循“谁主张，谁举证”的原则。也就是在适用本条时，学校和其他教育机构未尽到教育、管理职责的举证责任由受到伤害的限制民事行为能力人及其监护人承担，不实行举证责任倒置。如果限制民事行为能力人及监护人不能举证证明学校和其他教育机构未尽到教育、管理职责，则学校和其他教育机构不承担责任。

第 40 条规定的第三人侵害欠缺民事行为能力人时教育机构的间接侵权责任则由受害人承担举证教育机构存在过错的证明责任，为普通的过错责任。本条规定呈现出几个特点：第一，第三人是直接侵权人，因此，其承担责任是第一位的；第二，学校等教育机构是补充责任，是第二位的。因此，在出现第三人侵权的情况下，应当首先考虑第三人承担赔偿责任，在第三人承担赔偿责任的前提下，再考虑学校等教育机构的过错大小以及第三人偿付能力的强弱来判断学校承担责任的范围。

五、教育机构责任的构成要件

第 38 ~40 条各条规定的教育机构责任的构成要件具有较大的重合部分，我们以教育机构责任的共同构成要件和特殊构成要件的思路讲解教育机构责任的构成要件：

（一）教育机构责任的共同构成要件

1. 欠缺民事行为能力的人在教育机构学习、生活期间遭受人身损害

（1）对“欠缺民事能力人”的理解。由条文文义来看，意在保护在教育机构学习和生活期间的未成年人和精神病人。

（2）对“在教育机构学习和生活期间”的理解。至于“在教育机构学习和生活期间”的理解可以分为形式和实质两部分。从形式上看，欠缺民事行为能力人从进入教育机构大门或者校车车门至走出教育机构大门或者校车车门这段期间为“在教育机构学习和生活期间”，即遵循“门至门”原则。从实质上看，“在教育机构学习和生活期间”，是指欠缺民事行为能力人处在教育机构负有教育和管理职责的时空范围内。

2. 教育机构未尽到教育、管理职责

教育机构责任是不作为侵权，以“教育、管理职责”为作为义务。但由于法条使用了较为抽象的教育、管理职责，很难从文义上解释出“教育、管理职责”准确的内涵和外延。因此，我们必须借助体系解释的方法，从整个国内现行法律体系内探究“教育、管理职责”的内涵和外延。其中重要的法律有《未成年人保护法》、《义务教育法》以及效力位阶不高的教育部《学生伤害事故处理办法》。这里的“教育职责”专指对在教育机构学习和生活期间的欠缺行为能力人的教育，教育内容以学生安全教育为主。这里的“管理职责”，是指教育机构所进行的管理活动，如制定合理的安全规章制度、配备消防设备、建立健全住宿学生管理制度、学生擅自离校及时告知监护人等围绕学生人身安全的管理活动。

《侵权责任法》确立的负有教育、管理职责的主体是教育机构，而不是其工作人员。所以教育机构是因其自身违反了作为义务，并非因其工作人员违反义务进而由教育机构依照《侵权责任法》第 34 ~ 35 条承担使用工责任。

3. 教育机构未尽到教育、管理职责与学生遭受的人身损害之间存在因果关系

此因果关系是确定和限制教育机构的侵权责任的重要分析工具。教育机构未尽到教育、管理职责与学生遭受的人身损害之间的因果关系判断采相当因果关系说，由受害人承担举证责任。

4. 教育机构具有过错

教育机构的责任是过错责任，并且通常表现为过失，例如安全管理出现纰漏。从举证责任角度，侵权责任法要求无民事行为能力人仅承担“表面证据”的举证，而由教育机构就其不存在过错进行举证；限制民事行为能力人则应承担对教育机构过错的全部举证责任，并承担举证不能的败诉风险。

（二）教育机构责任的特殊构成要件

对于教育机构的责任构成要件，要判断教育机构是否是直接的侵权主体，这主要涉及两点：

1. 无民事行为能力在校园遭受人身伤害时，教育机构责任的构成要件具有特殊性

此时实行过错推定，由教育机构证明其尽到教育、管理职责，方可不承担责任。如果同一案件中既存在无民事行为能力人，又存在限制民事行为能力人，则应适用不同的过错举证制度。

2. 因第三人侵害欠缺民事行为能力人人身权益时教育机构的责任构成要件

依据《侵权责任法》第 40 条，此特殊构成要件包括：

（1）教育机构的作为义务仅为“管理职责”，不涉及对机构外人员的教育职责；

（2）受害学生应当就教育机构存在过错承担举证责任，即使受害人为无民事行为能力人也不适用过错推定规则；

（3）教育机构承担相应的补充责任，表明直接侵权人无法确定或者没有足够的赔偿能力。

六、教育机构的责任承担

（一）教育机构直接侵权导致的教育机构责任

此情形包括《侵权责任法》第38条和第39条。只要符合侵权责任构成要件，并且不具备免责事由，教育机构承担过错责任、自己责任。教育机构必须按照完全赔偿原则，对受害学生遭受的财产损害和非财产损害（精神损害）进行全部赔偿。

（二）教育机构间接侵权导致的责任

《侵权责任法》第40条规定：“无民事行为能力人或者限制民事行为能力人在幼儿园、学校或者其他教育机构学习、生活期间，受到幼儿园、学校或者其他教育机构以外的人员人身损害的，由侵权人承担侵权责任；幼儿园、学校或者其他教育机构未尽到管理职责的，承担相应的补充责任。”在此情形下，第三人是直接侵权行为人，学校实施的是间接侵权行为，因此，首先考虑由第三人承担赔偿责任，在此前提下再考虑学校等教育机构的过错大小结合第三人偿付能力大小确定学校承担的补充责任。需要说明的有二，其一，关于举证责任，根据《侵权责任法》第40条以及第38条、第39条的立法层次，可知在第三人侵权的情形下，不再区分受害人是否为无民事行为能力，本条方法采取了统一立法模式。教育机构对他们的补充赔偿责任都是适用过错责任原则，即由受害方举证证明教育机构的过错。其二，在判断学校等教育机构的过失程度时，相对限制民事行为能力人，学校等教育机构对无民事行为能力人应当尽更高的注意义务。

在具体责任承担上，首先由教育机构以外的致害人承担责任，教育机构未尽到管理职责，承担相应的补充责任。对“相应的补充责任”应该分两部分理解：“补充”是指在赔偿顺位上次于直接侵权人；“相应”是指教育机构承担与间接致害的原因力和过错大小相匹配的赔偿责任。但是，至于教育机构承担完“相应补充责任”后，能否向直接侵权人追偿，《侵权责任法》语焉不详。从立法精神进行逻辑推论，应可追偿。因为如果侵权人有能力承担全部侵权责任，教育机构纵未尽到管理职责，也无须承担相应的补充责任；惟在前者不能承担全部赔偿责任的情况下，方须承担相应的补充责任。

从防范和妥善化解各类校园安全事故责任风险的角度思考，学校可通过投保校方责任险转移自身风险。按照《事故处理办法》第31条规定，“学校有条件的，应当依据保险法的有关规定，参加学校责任保险”，《中小学幼儿园安全管理办法》（2006年9月1日起实施）第14条第3款规定，“有条件的，学校举办者应当为学校购买责任保险”以及教育部、财政部、中国保险监督管理委员会《关于推行校方责任保险 完善校园伤害事故风险管理机制的通知》（教体艺〔2008〕2号）要求，目前，在全国各中小学校中已推行意外伤害校方责任保险制度。其责任范围包括因校方责任导致的学生人身伤害，依法应由校方承担的经济赔偿责任，赔偿范围应按照《解释》的规定结合当地实际情况确定。故此，在处理未成年学生在校期间受到人身损害赔偿案件时，如若学校已投保校方责任保险，当事人可依法申请或由法院依职权追加保险人为第三人，以便当事人诉讼的经济、便捷和赔偿责任的最终和及时落实。

（三）教育机构的责任与致害人的监护人责任

如果在教育机构学习、生活的未成年学生、精神病人致同校的其他学生受到人身损害，此时教育机构应承担侵权责任。在《侵权责任法》未予明示的情况下，侵权人的监护人是否仍需按照《侵权责任法》第32条承担监护人责任呢?

尽管《侵权责任法》未作规定，但是鉴于法理，监护人是基于监护关系的存在而承担侵权责任的，而教育机构是基于其未尽到教育、管理职责而承担侵权责任的。因此，受害人均具有请求教育机构或者侵权人的监护人承担赔偿责任的请求权依据。此时，监护人和教育机构构成不真正连带债务关系，只要一方承担了责任，都使得受害人获得救济，全体债务归于消灭。均有过错的监护人和教育机构，两者内部应该存在责任划分问题和追偿权问题。

在司法实践中判断学校与监护人的责任分担，要区分各种具体情况，考虑教育机构与监护人是否尽到相应的义务。例如在吴凯诉朱超、曙光学校人身损害赔偿纠纷案①中，原告吴凯在被告曙光学校的寝室休息时，被被告朱超（无民事行为能力人）扔的橘子皮砸伤右眼。淮安市楚州区人民法院一方面认为，根据《民法通则》第16条和《民法通则意见》第22条规定，监护人将未成年学生送至学校学习，其监护职责并未转移至学校，学校也并不因接受未成年学生到校学习，自然而然承担对该学生的监护义务。监护人如果想将监护职责部分或全部转移给学校，必须与学校达成明确的委托约定。没有明确的委托约定，不能推定学

---

① 《最高人民法院公报》2006（12）。

校接受监护人的委托，对到校学习的未成年学生，承担部分或全部监护义务。法院同时认为，吴凯、朱超等人超过规定的时间入睡，曙光学校未及时发现并管理，以致本可避免的事故得以发生，并且，伤害事故发生后，曙光学校不但未提供有效的治疗措施，且事故发生10日后才通知吴凯的监护人，以致吴凯伤情加重。学校未充分履行教育、管理和保护义务，是导致本案事故的主要原因，过错较大，对伤害后果承担主要的赔偿责任，朱超的监护人承担次要责任。

本章小结

《侵权责任法》第四章在体系上属于特殊侵权规则，以责任主体为据，规定了监护人责任、暂时丧失心智损害责任、用工责任、个人劳务关系中的责任、网络服务提供者的责任、违反安全保障义务的责任、教育机构责任等7类具体侵权类型。本章中责任主体类型多元，在各个具体责任中归责原则、责任承担的方式也比较复杂，容易混淆。对于不同的权利主体，侵权责任法在立法中也采取了区别对待的立法方式，从而合理地进行责任分担。

思考题

1. 简述被监护人责任的构成要件。
2. 什么是暂时丧失心智损害的责任？
3. 用人单位责任的构成要件有哪些？
4. 劳务派遣中的侵权，劳动派遣单位与用工单位如何分担责任？
5. 网络侵权中，网络服务提供者如何承担责任？
6. 违反安全保障义务的主体，承担责任的构成要件有哪些？
7. 校园侵权责任的类型有哪些？

第八章

产品责任

第一节　产品责任概述

一、产品责任的概念

产品责任是指因产品存在缺陷导致他人损害所产生的侵权责任。这一概念的核心在于对产品和缺陷的理解，对此，《产品质量法》进行了明确规定，依其规定，所谓产品，是指经过加工、制作，用于销售的产品；所谓缺陷，是指产品存在危及人身、他人财产安全的不合理的危险；产品有保障人体健康和人身、财产安全的国家标准、行业标准的，是指不符合该标准。

理解产品责任，必须将其与产品瑕疵担保责任相区别。产品瑕疵担保责任是指销售者应担保其所销售的产品质量符合当事人的约定或法律规定，又称物的质量瑕疵担保责任。产品责任不是产品瑕疵担保责任的简称，二者存在本质的区别：

1. 责任性质不同

产品责任是一种特殊侵权责任，受侵权责任法的调整；而产品瑕疵担保责任则属于违约责任的范畴，其主要依据是当事人之间的买卖合同，受合同法调整。

2. 责任构成条件不同

产品责任的基本判定依据是产品是否存在缺陷，即是否存在危及人身、他人财产安全的不合理的危险，而产品瑕疵担保责任的基本判定依据则是销售者是否违反了明示的或默示的质量担保义务以及产品是否存在缺陷。此外，产品责任的产生，还必须要求有损害后果，而产品瑕疵担保责任并不以产品导致消费者受到损害为前提，只要销售者违反了明示的或默示的质量担保义务或产品存在缺陷的，销售者即应承担相应的瑕疵担保责任。

3. 责任主体不同

产品责任的责任主体既包括产品的销售者，还包括产品的生产者。而产品瑕疵担保责任的责任主体，仅限于与买受人发生直接的买卖关系的销售者。也就是说，在生产者——销售者——消费者这一产品流通的关系链中，销售者和消费者之间存在产品的买卖关系，而生产者与消费者之间则并不存在合同关系，根据合同的相对性原理，应由销售者对消费者承担产品质量瑕疵担保责任。

4. 权利主体不同

产品责任中的权利主体非常广泛，既可能是产品的直接买受人，也可能是该产品的使用者，如买受人购买产品之后，其家人对该产品的使用，在符合产品责任的构成条件时，这些主体都可以向产品的生产者或销售者主张产品责任。而产品瑕疵担保责任受相对性原理的限制，其权利主体仅限于产品的直接买受人（消费者），其他产品的使用者，因与销售者之间无合同关系，故不得对其主张产品瑕疵担保责任。

5. 责任形式不同

产品责任的承担者以承担损害赔偿责任为主，因产品缺陷危及他人人身、财产安全的，被侵权人还有权请求生产者、销售者承担排除妨碍、消除危险等侵权责任。而产品瑕疵担保责任的承担者的责任方式主要包括修理、更换、退货和赔偿损失等。

6. 抗辩事由不同

产品责任的抗辩事由有三项，即生产者能够证明有下列情形之一的，不承担赔偿责任：（1）未将产品投入流通的；（2）产品投入流通时，引起损害的缺陷尚不存在的；（3）将产品投入流通时的科学技术水平尚不能发现缺陷的存在的。而在产品瑕疵担保责任中，抗辩事由包括两项，即销售者对其销售的产品存在的瑕疵事先向买受人作出说明或者瑕疵的产生是在产品交付之后产生的。

二、产品责任的性质

产品责任的性质，在民法理论上曾存在不同学说，早期曾有合同责任说的采用，即所谓无合同则无责任。该说认为，产品责任是一种合同责任，故只存在于具有直接合同关系的当事人之间，不具有合同关系的当事人之间没有产品责任的存在空间。在此理论下，缺陷产品的受害人若与产品销售者之间没有合同关系，则其既不能向销售者主张违约责任，也不能向销售者主张侵权责任。合同责任说对不具有合同关系的产品缺陷的受害者不提供保护，这是该说的最大缺陷。

侵权责任说认为，应当将产品责任定位为侵权责任，以便充分保护受害人的利益。这是由侵权责任的独特优势决定的，即侵权责任在主体上不受特定范围的约束，在内容上包括对人身、财产和精神损害的赔偿，而不像违约责任那样在主体和赔偿范围上都受到限制。侵权责任说与现代高度发达的商品社会是相适应的，这是因为，在现代商品社会，缺陷产品在流通、使用等环节中，不仅会造成买卖合同中买受人的损害，也容易造成大量非买卖合同的当事人之外的第三人的损害，而依据合同责任说，这些受害人不能获得产品责任的救济。故侵权责任说逐渐取代合同责任说，成为当今各国民法理论的通说。

我国民法通说认为，产品责任是一种特殊的侵权责任。这一立场具有两层含义：一是产品责任是一种侵权责任而不是一种违约责任。我国的产品责任是独立于违约责任的一种侵权责任。它不以加害人与受害人之间存在合同关系为前提，而是基于产品缺陷造成他人损害这一事实而产生的，它是因违反法律的规定而直接产生的民事责任。因此，无论是与缺陷产品的生产者或销售者有直接合同关系的消费者、用户，还是其他第三人，因使用缺陷产品造成人身伤害或财产损失，受害人均可要求赔偿。二是产品责任是一种特殊侵权责任而不是一般侵权责任。作为特殊侵权责任的一种，产品责任的特殊性主要表现在归责原则方面。普通侵权责任适用过错责任原则，而作为特殊侵权责任的产品责任，则适用无过错责任原则，受害人无须证明加害人有无过错，而只需要证明产品存在缺陷、有损害事实以及二者之间存在因果关系即可。

三、产品责任立法

（一）国外的产品责任立法

产品责任来自“消费者主权”的理念。19世纪后期的工业革命导致大规模的机器生产得以可能，由此大量产品被输入市场。为了减少因产品存在缺陷对消费者造成的损害，保护消费者利益的法律也随之产生并逐渐丰富。在这一背景下，产品责任这一法律概念及相关制度开始受到各国的关注。欧美一些发达国家纷纷立法，通过各种方式对产品生产者和销售者的责任制定专门的制度。

目前，世界上关于产品责任的立法模式，大体有三种：一是扩大解释、适用原合同法、侵权法中的有关规则，如法国、荷兰等；二是在相关的立法中，对产品责任作出若干规定，如英国、加拿大等国颁布的《消费者保护法》；三是制定专门的产品责任法，如意大利、丹麦、挪威、日本等国。

（二）我国的产品责任立法

我国在改革开放前长期实行权力高度集中的行政经济体制，限制商品的生产和交换，社会生活中长期存在的问题是消费品短缺，消费者保护不可能受到重视。自1979年我国开始实行经济体制改革和对外开放的政策，逐步转向市场经济，至20世纪80年代中期，发生了损害消费者利益的严重社会问题。在这种背景下，《民法通则》于第122条对产品责任作了专门规定："因产品质量不合格造成他人财产、人身损害的，产品制造者、销售者应当依法承担民事责任。运输者、仓储者对此负有责任的，产品制造者、销售者有权要求赔偿损失。"

至20世纪80年代末90年代初，产品质量问题愈益严重，成为危害消费者人身财产安全、危害整个国民经济发展的公害。掺假商品不仅严重危害工农业生产，使国民经济受到极大损失，而且破坏了国家和企业的信誉，严重损害了消费者的利益，有的甚至危及人身安全，引起广大群众的强烈不满。在这种背景下，1993年2月22日第七届全国人民代表大会常务委员会第三十次会议通过了《产品质量法》。包括：总则，产品质量的监督管理，生产者、销售者的产品质量责任，损害赔偿，罚则共5章51条，对生产者、销售者的归责原则及构成条件、产品及缺陷的概念、损害及赔偿的方式和范围等都作出了明文规定，成为我国处理产品责任纠纷的主要法律依据。2000年7月8日第九届全国人民代表大会常务委员会第16次会议通过《关于修改产品质量法的决定》，主要是强化产品质量的行政管理和行政责任。此次修改，增加25个条文，修改20个条文，删去2个条文。其中，涉及产品质量行政管理的19条、涉及行政制裁的18条，涉及产品责任的仅有2条，对产品责任的基本规则未作变更。此外，在《消费者权益保护法》中，第三章"经营者的义务"、第六章"争议的解决"、第七章"法律责任"等也存在有关产品责任的规定，其内容与《产品质量法》无实质性区别。

《侵权责任法》于第五章用7个条文专门规定了产品责任，主要内容涉及产品责任的构成条件、产品责任主体之间的关系、产品责任的具体形式、产品售后的警示、召回义务以及惩罚性赔偿。从整体上来看，《侵权责任法》有关产品责任的规定，很多都是承继了《产品质量法》的规定，如第41条有关生产者产品责任的规定、第42条有关销售者产品责任的规定、第43条有关被侵权人赔偿请求权行使的规定、第44条有关运输者、仓储者等的责任的规定；而第45条有关排除妨碍、消除危险具体适用的规定、第46条有关售后警示、召回等义务的规定、第47条有关惩罚性赔偿的规定，则属于《侵权责任法》的新增规定。这些新增规定，都是经过长期的产品质量司法实践及理论争议而确立起来的。需要指出的是，《侵权责任法》关于产品责任的规定，整体上仍然较为原则，若干具体问题的认定与处理，如产品及其缺陷的判定、产品责任的诉讼时效问题等，仍然依据《产品质量法》进行。

第二节　产品责任的归责原则与构成条件

一、产品责任的归责原则

产品责任的归责原则，一直存在广泛的争议。《民法通则》第122条并未明确规定产品责任的归责原则，导致学者对于本条的归责原则发生解释上的对立意见，主要有过错责任说、过错推定说和无过错责任说。

1993年的《产品质量法》对产品责任的规定较之《民法通则》显然更为全面，其中，该法第29条第1款规定："因产品存在缺陷造成人身、缺陷产品以外的其他财产（以下简称他人财产）损害的，生产者应当承担赔偿责任"；第30条规定："由于销售者的过错使产品存在缺陷，造成人身、他人财产损害的，销售者应当承担赔偿责任。销售者不能指明缺陷产品的生产者也不能指明缺陷产品的供货者的，销售者应当承担赔偿责任"；第31条规定："因产品存在缺陷造成人身、他人财产损害的，受害人可以向产品的生产者要求赔偿，也可以向产品的销售者要求赔偿。属于产品的生产者的责任，产品的销售者赔偿的，产品的销售者有权向产品的生产者追偿。属于产品的销售者的责任，产品的生产者赔偿的，产品的生产者有权向产品的销售者追偿。"2000年修订时，上述内容没有任何修改，仅仅是条文序号分别调整为第41条、第42条和第43条。根据上述规定，我国民法学界一般认为，因产品存在缺陷，造成人身财产损害的，应由该产品的生产者承担赔偿责任。此生产者的赔偿责任，不以生产者具有过错（故意或过失）为责任成立要件，因此属于无过错责任。而对于销售者的责任，由于明确规定销售者的过错使产品存在缺陷的情形下，销售者才应当承担赔偿责任。此销售者的责任，以销售者具有过错为责任成立要件，因此属于过错责任。

《侵权责任法》第41条规定："因产品存在缺陷造成他人损害的，生产者应当承担侵权责任"；第42条规定："因销售者的过错使产品存在缺陷，造成他人损害的，销售者应当承担侵权责任。销售者不能指明缺陷产品的生产者也不能指明缺陷产品的供货者的，销售者应当承担侵权责任。"基本是对《产品质量法》第41条第1款、第42条的完全照搬。该法通过以后，我国民法学界对生产者承担无过错责任没有争议，本书亦持赞同观点。但就销售者承担侵权责任的归责原则，则有两种不同观点，一种观点主张销售者承担产品责任实行过错责任原则，① 另一种观点则主张销售者承担产品责任实行的是无过错责任原则，《侵权责任法》第42条的规定仅仅只是在销售者与生产者等责任主体之间内部分担责任时才有适用的余地，只是说明销售者在承担最终责任时采取过错责任原则。②本书赞同后一种观点。这是因为，不能仅看到该法第41条、第42条的规定，还应结合其他相关条款进行解释，即第43条的规定："因产品存在缺陷造成损害的，被侵权人可以向产品的生产者请求赔偿，也可以向产品的销售者请求赔偿。产品缺陷由生产者造成的，销售者赔偿后，有权向生产者追偿。因销售者的过错使产品存在缺陷的，生产者赔偿后，有权向销售者追偿。"据此，即使销售者对产品缺陷没有过错，其也应当对被侵权人承担侵权责任，但其承担责任后，可以向生产者追偿。而销售者的过错，只在销售者和生产者内部责任分担时，才有适用的空间。

二、产品责任的构成条件

既然产品责任的归责原则为无过错责任原则，则产品责任的构成条件即可概括为三个方面，即产品具有缺陷、有受害人受到损害的事实以及二者之间的因果关系，其中后两个条件与一般侵权责任中的相应条件没有本质区别，此处不再赘述。而关于产品及其缺陷的认定，则是十分复杂的问题，有必要专门阐述。

（一）关于产品的认定

1. 产品的基本含义

产品责任法意义上的"产品"概念，既不同于物理学意义上的"物"，也不同于经济学意义上的"商品"，而具有自身的特定意义。国外立法多对产品进行明确的界定。《欧共体产品责任指令》规定，产品是指初级农产品和狩猎物以外的所有动产，即使已被组合在另一动产或不动产之内。初级农产品是指种植业、畜牧业、渔业产品，不包括经过加工的这类产品。产品也包括电。美国《统一产品责任示范法》规定："产品是具有真正价值的、为进入市场而生产的，能够作为组装整件或者作为部件、零售交付的物品，但人体组织、器官、血液组成成分除外。"与前者相比，该条规定的产品范围略宽。在《关于产品责任的法律适

---

① 全国人大法工委民法室．《中华人民共和国侵权责任法》条文释义与立法背景．北京：人民法院出版社，2010：179.

② 王利明．中华人民共和国侵权责任法释义．北京：中国法制出版社，2010：212.

用公约》中，产品是指天然产品和工业产品，无论是未加工的还是加工的，也无论是动产还是不动产。范围比前两者均更为广泛。

我国《侵权责任法》并未规定产品的概念，其有关内容见之于《产品质量法》。该法第2条第2款规定："本法所称产品是指经过加工、制作，用于销售的产品。"第3款规定："建设工程不适用本法规定；但是，建设工程使用的建筑材料、建筑构配件和设备，属于前款规定的产品范围的，适用本法规定。"据此规定，在认定产品时，必须严格按照以下三个条件进行：一是产品必须是经过加工和制作的。所谓加工、制作，一般认为是指改变原材料、毛坯或者半产品的形状、性质或表面形态，使其达到要求的各种工作的统称，既包括工业加工，也包括手工加工。二是产品必须是用于销售的。从消费者角度来说，即是指由销售方式获得的物品，如果仅仅是自己制作、自己使用或馈赠他人的物品，则不属于产品。我国民法学界一般认为，经营者为商业目的将产品投入市场，并最终进入消费领域渠道的，除销售外，尚包括出租、作为出资方式的实物出资、作为促销方式的附条件赠与等，它们都是以营利为目的的经营性活动，如果仅仅因为其没有用于销售而免除经营者本应承担的产品责任，显然有悖事理，对受害者也极为不公平。因此，应当将此处的销售，扩大理解为"流通"。三是产品仅限于动产。《产品质量法》第2条第3款将建设工程排除在产品之外，实质上是将不动产排除在外，仅仅是未用不动产这一名称而已。

2. 若干争议问题的阐释

根据上述三个条件，可对实践中一些存在争议的问题进行较准确的判断。

首先，未经加工、制作的初级农产品的定性问题。虽然《产品质量法》没有明确将初级农业产品排除于"产品"之外，但初级农产品一般未经过加工和制作，根据前述条件，可知初级农产品不应为我国产品责任法上的"产品"。但专门作为良种销售的农产品亦应认定为产品，因为其生产过程具有严格要求，其价格和利润高于用于普通消费的农产品，其存在缺陷往往造成重大的损害。因此作为种子的农产品的生产者和销售者应承担更为严格的责任。

其次，电的定性问题。国外立法中，电多为产品的一种。而我国立法对此未有明文规定，电本身符合经过加工、用于销售的条件，电本身也可以被理解为无形的动产，根据前述产品的条件，其应当被认定为产品。但我国司法实践中一般否认电属于产品，其一般处理方法是：对于导线传输中的"电"造成人身财产损害的案件，如果符合《民法通则》第123条和《侵权责任法》第69条规定的"高压"或高度危险作业的要件，自可适用高度危险责任。按照最高人民法院《关于审理触电人身损害赔偿案件若干问题的解释》（法释2001年3号），所谓

“高压”，指电压在1千伏以上的输电线路。依此解释，居民生活用电（220伏）及普通工厂车间用电（360伏），不属于“高压”，因其造成损害的，应不适用高度危险责任，而适用《民法通则》第106条关于一般侵权行为的过错责任的规定。显然，按照产品责任来处理此类问题，对受害人更为有利。

再次，血液的定性问题。血液是否属于产品，在民法理论上有争议，司法实践中，各法院的判决也存在矛盾。本书认为，血液是从人体中抽取出来的，在用于临床时，经历了一个加工、制作的过程；血液中心按一定的价格将血液交给医院，医院又以一定的价格将血液输给病人，这是一个等价交换，类似于销售的过程；血液属于动产是很显然的。因此，应当将血液认定为产品。当然，在具体处理血液引起的相关法律纠纷时，往往还可以适用医疗损害责任的规定，对此，本书将在医疗损害责任一章中再作阐述。

（二）关于缺陷的认定

1. 缺陷的基本含义

在现代产品责任普遍适用无过错责任的条件下，产品责任法已经发展到有缺陷即有责任，无缺陷即无责任的阶段。产品缺陷是承担产品责任的基础，更是产品责任法的核心。产品“缺陷”的概念一方面关系着受害者能否获得赔偿；另一方面，在无过错责任原则下，认定产品是否存在缺陷也是实行责任控制、防止过度归责的一道“安全闸”。因此，西方发达国家的立法中对产品缺陷问题一般均有明确规定。如《欧共体产品责任指令》规定：“考虑如下情况，如果产品不能提供人们有权期待的安全，即属于缺陷产品。”其将缺陷的定义建立在产品的安全性之上，表明了产品严格责任的立法基础；美国《统一产品责任示范法》对缺陷的判别采“消费者期待”标准和“风险和利益平衡”标准。实践中，经常将两标准结合起来运用。

我国《产品质量法》第46条规定：“本法所称缺陷，是指产品存在危及人身、他人财产安全的不合理的危险；产品有保障人体健康，人身、财产安全的国家标准、行业标准的，是指不符合该标准。”该条规定采用了两个标准，即不合理危险标准和法定强制性标准。首先，只要产品存在不合理危险的，且这种危险危及人身或他人财产安全的，即可认定为缺陷产品。如果是合理的危险，或者不属于危机人身或他人财产安全的危险，均不得认定为具有缺陷。其次，产品不符合国家法定的强制性标准的，也可认定为是缺陷产品。产品的强制性标准，是国家为控制某些产品的质量，针对该产品制定的保障人体健康、人身财产安全的专门标准，生产者必须严格执行该标准并按照该标准组织生产。

上述两个判断标准中，不合理危险标准是先进的、科学的，它保持了同世界各国的一致性；而法定强制性标准则更易于操作，能增加判断产品是否具有缺陷的客观性，在我国司法实践中也被广泛采用。关于不合理危险标准和法定强制性标准的关系，必须特别说明。前述《产品质量法》第 46 条的表述，容易使人误认为强制性标准优先于不合理危险标准而适用，而实际上，某一强制性标准是国家在一定科技水平下制定的，不可能包含产品的全部安全性能指标，尤其对新产品更是如此。符合强制性标准的产品，并不一定符合“不合理危险标准”，因为在强制性标准确定的范围以外，产品仍有可能具有不合理危险。产品生产的国家标准、行业标准是根据当时的科技发展状况、产品设计、加工水平等多种因素制定的，国家标准、行业标准一经公布、实施，必须具有一定的稳定性，不可能处于经常变化之中，而科技发展日新月异，产品缺陷的性质也会随之发生根本性变化。此外，市场上的新产品不断出现，国家也不可能在所有新产品投入流通之前，均制定相应的标准，尤其是涉及高新技术的产品。如果对于一个具有不合理危险的产品仅因其符合国家或行业标准而不追究其导致的损害责任，这对受害者是极为不利的。所以，上述两个标准不是竞合而是并列的关系，即产品须符合国家标准或行业标准，且没有危及人身、他人财产安全的不合理的危险的，才能认为该产品不具有缺陷；相反，如果产品具有危及人身、他人财产安全的不合理的危险，或产品不符合国家标准或行业标准即为产品有缺陷。

理解缺陷产品的认定标准，还需要将其与缺陷相区分。从广义上看，产品不符合其应当具有的质量要求，即构成瑕疵。从狭义上看，瑕疵仅指一般性的质量问题，如产品的外观、使用性能等。而缺陷，通常对应的是产品有较大的质量问题。广义的瑕疵概念实质上涵盖了缺陷的概念。我国立法未对瑕疵作出明确界定。《产品质量法》在第 26 条第 2 款中使用了“瑕疵”一词，其语言表述为“对产品存在使用性能的瑕疵作出说明的除外”。《消费者权益保护法》中所称“瑕疵”的外延更广，该法第 22 条第 1 款规定：“经营者应当保证在正常使用商品或者接受服务的情况下其提供的商品或者服务应当具有的质量、性能、用途和有效期限；但消费者在购买该商品或者接受该服务前已经知道其存在瑕疵的除外。”《合同法》第 169 条、第 191 条、第 370 条、第 417 条均使用了“瑕疵”这一术语。

根据上述有关规定，结合相关民法原理，大致可以将缺陷与瑕疵的区别总结为：第一，危险程度不同。狭义的瑕疵是相对较轻的产品质量问题，缺陷是相对较重的产品质量问题。第二，义务主体不同。对于瑕疵，直接向销售者要求违约损害赔偿（该销售者赔偿后，还可以向负有责任的生产者或者其他销售者追偿）；对于缺陷，既可以向销售者要求违约损害赔偿，也可以向销售者或生产者要求侵权损害赔偿。第三，适用法律不同。瑕疵主要受合同法调整；缺陷，则主要受侵权责任法调整，但同时也受合同法调整。第四，责任方式不同。对于瑕疵，主要包括修理、更换、退货以及赔偿损失；对于缺陷，以损害赔偿为原则。第五，诉讼时效不同。出售瑕疵（质量不合格产品）的产品未声明的，诉讼时效期间为1年；因产品存在缺陷造成损害要求赔偿的，诉讼时效期间为2年。

2. 缺陷的分类

《产品质量法》未对产品缺陷进行分类，而学界参考美国产品责任理论将缺陷分为：设计缺陷、制造缺陷、警示、说明缺陷和开发缺陷。考虑到该法第41条第2款已规定了开发风险抗辩，故可以认为，依本法应当承担产品责任的缺陷，仅指设计缺陷、制造缺陷和警示、说明缺陷，不包括开发缺陷。

设计缺陷是指生产者在设计产品方案时，其产品的结构、配方等问题缺乏必要的考虑，而导致产品具有不合理的危险。设计缺陷往往表现为存在设计缺陷的产品不是单独一件（某些特别定做的产品除外），而是基于该设计方案生产的所有产品均为设计缺陷产品。由于设计缺陷是因设计产品时忽视产品应有的安全性所致，因此在生产和销售过程中，产品的设计缺陷是难以克服的。需要注意的是，认定某件产品是否具有设计缺陷，应当是在将其用于其所设计的用途时存在不合理的危险的情况下才能作出决定。如果将产品用于其所设计的用途以外的情形，即使该产品存在“不合理危险”，也不能认为存在设计缺陷。在实践中，设计缺陷案件的被告经常提出产品符合行业惯例进行抗辩，但这不能成为正当的抗辩事由，因为现有行业惯例可能是整个行业出于行业利益考虑而不采用更为安全的替代设计所致。

制造缺陷是指因产品设计本身并无缺陷，但在产品生产制造、质量管理过程中，原材料或配件存在缺陷或者在装配成最终产品的过程中出现某种错误，而导致产品具有不合理的危险。制造缺陷，既可能是单一产品产生不合理危险，也可能是整批产品产生不合理危险。与设计缺陷不同，设计缺陷产品的问题出于设计本身，而制造缺陷产品的问题则在于制造该产品的原材料以及配件的质量和总装工艺的质量，与产品的设计要求相背离。因此，制造缺陷与设计无关，制造者如果严把原材料、配件及总装工艺等工序的质量关，则可减少乃至避免制造缺陷之发生。需要注意的是，对某产品的错误使用、过度使用或超期使用，即使出现人身或财产损害，也不能认为该产品存在制造缺陷。

警示、说明缺陷是指生产者没有以适当方式向消费者就产品的使用方法和危险防止提供警示与说明，而导致产品具有不合理的危险。所谓警示，一般是指对产品本身所具有的危险性所作的警告性标记，可以用标志作为警示，也可以用文字作为警示；所谓说明，一般是指有关产品的主要性能，正确的使用方法以及错误使用可能招致的危险等事项的文字；所谓适当，应根据产品的消费群体、消费方式而判断，如果产品是为大众所消费、使用的，警示与说明应为社会上不具专门知识的一般人所能引起注意、知晓、理解；如果产品是为特定人所消费、使用的，警示与说明应为具备专门知识的特定人所能引起注意、知晓、理解。我国《产品质量法》有两条规定涉及警示缺陷。第 27 条规定："产品或者其包装上的标识必须真实，并符合下列要求：……；（五）使用不当，容易造成产品本身损坏或者可能危及人身、财产安全的产品，应当有警示标志或者中文警示说明。"第 28 条规定："易碎、易燃、易爆、有毒、有腐蚀性、有放射性等危险物品以及储运中不能倒置和其他有特殊要求的产品，其包装质量必须符合相应要求，依照国家有关规定作出警示标志或者中文警示说明，标明储运注意事项。"没有适当的警示与说明，在产品的消费、使用过程中造成他人人身、财产损害，则可认为该产品存在警示、说明缺陷，为缺陷产品。但若消费者、使用者无视产品之上的警示与说明，不按说明的用途、用法使用产品，即使受到损害，也不得主张产品责任。

第三节　产品责任的具体承担与抗辩事由

一、产品责任的具体承担

（一）产品责任的承担者

1. 生产者与销售者的连带责任

从各国立法和国际立法的规定来看，产品责任的承担者有两种模式：一是单一主体模式。以《欧共体产品责任指令》为代表，认定产品生产者为产品责任承担者，并对生产者作扩大解释，以涵盖销售者、进口商等责任人。二是复合主体模式。以美国为代表，认定产品制造者或销售者为产品责任人，并分别界定其范围，其关于产品责任主体规定的范围要广得多。

我国立法采取复合主体模式。《民法通则》将产品制造者、销售者共同列为直接承担责任的主体，根据这一规定，受害人可以向产品的制造者、销售者分别请求赔偿，也可以请求制造者与销售者共同赔偿，即由制造者和销售者承担连带责任。《产品质量法》关于产品责任的责任主体的规定与《民法通则》的规定基本一致，仅仅是将制造者改为生产者，即生产者和销售者均为责任主体，二者承担连带责任。《侵权责任法》继续延续这一精神，于第43条第1款规定："因产品存在缺陷造成损害的，被侵权人可以向产品的生产者请求赔偿，也可以向产品的销售者请求赔偿。"规定缺陷产品的销售者与生产者共同作为产品责任的责任主体，是有积极的现实意义的。在我国商业实践中，消费者购买某一商品时较少注意其生产厂家，而有一些商品并无生产厂家的厂名和厂址。这虽然违反了《产品质量法》第27条的规定，但在实践中却屡见不鲜。此外，以销售者作为产品责任案件之被告，更便于受害人进行诉讼活动，因为消费者对销售者有直观的认识，也很容易确定其所在，而消费者与生产者之间，一般没有直接的接触，在空间上往往也距离较远，对其进行诉讼，将给消费者带来较多不便。所以，从实践情况来看，产品责任发生之后，要求销售者承担责任的案件最为常见。

需要指出的是，我国立法自始至终未对生产者、销售者的范围进行规定。本书认为，可将生产者的范围概括为：（1）成品制造者；（2）在产品上标注商标或其他识别特征的人。后一种情况实质上是一种推定规则。根据前文对销售的界定，可将销售者的范围概括为：（1）产品的批发商；（2）产品的零售商；（3）以其他营利方式直接向消费者提供产品的人。

在实践中，大多数产品责任案件的受害人能够正确地确认产品的生产者，并依法向其主张损害赔偿。但在某些案件中，受害人虽然能证明损害是由于使用某一缺陷产品所引起的，但由于同时有多个生产者生产同类产品并投放市场，导致受害人难以确认该产品的生产者，对此问题，我国《民法通则》、《产品质量法》乃至《侵权责任法》均未明确规定。20世纪70年代末，美国法院曾判决同类产品生产者均为被告，各被告根据其产品占有的市场份额承担赔偿责任。所占市场份额越大，其所获利润越多，承担的赔偿数额也就越大。这就是所谓"市场份额原则"，值得我国借鉴。创设"市场份额原则"的判例为著名的DES案。DES是由美国食品与药品管理局批准于1941年投放市场的一种保胎药，孕妇服用这种药后可预防流产。但这种药后来被证明有很大的副作用，后来有成千上万的妇女因其母亲在妊娠期服用DES而得了这种疾病，这种妇女的发病率高达30%～90%。这些妇女后来诉诸法院请求赔偿，但却无法确认DES这一缺陷产品的生产者，因为当时有多家制药厂生产DES，受害的妇女及其母亲都无法确定到底是服用了哪家制药厂生产的DES。该案判决认为，在类似于DES的案件中，原告虽不能确认具体的生产者，但可确认生产同类产品的生产者，则这些生产者都被确定为被告。任何一个被告只有证明自己的产品未被受害人（或其母亲）使用，才能免责，否则即应承担赔偿责任。根据市场份额责任理论，这些被告应根据他的产品各自占有的市场份额承担赔偿责任。市场份额责任理论以被告所占有的市场份额为责任分担的依据，而一般说来，所占市场份额越大，其所获利润越多，由其承担较大的赔偿数额，也是一种公平观念的体现。在我国司法实践中，目前尚未受理过类似案件，但随着市场经济的发展，将来完全有可能出现类似于 DES 案的产品责任诉讼，"市场份额原则"可供借鉴。在适用"市场份额原则"时，必须对其适用范围严格限定，即只有损害是由于长期受缺陷产品的影响造成的，或者交付产品时所存在的致人损害的属性在多年之后才被发现，或者缺陷产品造成的损害在多年之后才显露出来，最终使消费者难以证明其损害与哪一制造商的行为有因果关系，即难以确定确切的被告时，方可适用市场份额原则。

生产者和销售者对受害人承担连带责任，还涉及到二者的内部责任划分问题。《产品质量法》第 43 条规定："因产品存在缺陷造成人身、他人财产损害的，受害人可以向产品的生产者要求赔偿，也可以向产品的销售者要求赔偿。属于产品的生产者的责任，产品的销售者赔偿的，产品的销售者有权向产品的生产者追偿。属于产品的销售者的责任，产品的生产者赔偿的，产品的生产者有权向产品的销售者追偿。"《侵权责任法》第 43 条第 2 款、第 3 款承继了这一精神："产品缺陷由生产者造成的，销售者赔偿后，有权向生产者追偿。因销售者的过错使产品存在缺陷的，生产者赔偿后，有权向销售者追偿。"结合《侵权责任法》第 42 条的规定，可将二者的责任划分归结为：① 谁导致产品缺陷，谁应被追偿。即生产者造成缺陷的，销售者可向其追偿；销售者造成缺陷的，生产者可向其追偿。需要注意的是，销售者造成缺陷的情况下，须以其存在过错为前提，如果销售者本身对该缺陷的产生并无过错，则生产者也不得向其追偿。② 销售者不能指明缺陷产品的生产者也不能指明缺陷产品的供货者的，由销售者自己承担责任。

2. 运输者、仓储者以及原材料、零部件提供者的责任

造成损害的产品所存在的缺陷，有时候也可能是由运输者在运输过程中造成的，也有可能是仓储者在仓储过程中造成的，或者因原材料、零部件提供者提供不合格的原材料或零部件造成的，此时，受害人能否向其主张侵权责任？对此，我国《产品质量法》并未规定，但《民法通则》和《侵权责任法》则均有明确规定。《民法通则》第 122 条规定："……运输者、仓储者对此负有责任的，产品制造者、销售者有权要求赔偿损失"；《侵权责任法》第 44 条规定："因运输者、仓储者等第三人的过错使产品存在缺陷，造成他人损害的，产品的生产者、销售者赔偿后，有权向第三人追偿。"二者在本质上没有区别，即即使是由运输

者、仓储者或原材料、零部件的提供者导致产品存在缺陷的，受害人不能直接请求这些主体承担产品责任，但仍然可以向生产者、销售者主张产品责任，生产者、销售者不能以产品缺陷是因上述主体所导致的而进行抗辩。故而，运输者、仓储者或原材料、零部件的提供者不是产品责任的主体。当然，生产者、销售者承担产品责任之后，可以向造成产品缺陷的上述主体进行追偿，此时其法律依据主要是生产者、销售者与上述主体之间的合同关系，即要求其承担违约责任。不将上述主体纳入产品责任的主体，理由主要是：其一，在因为运输者、仓储者以及原材料、零部件提供者的过错造成损害的情况下，由生产者或销售者先向受害人承担产品责任，然后再由生产者或销售者依据运输、仓储合同或生产加工合同要求其承担赔偿责任。如此一来，既可以使受害人的损害得到及时的救济，防止各责任主体之间的相互推诿；同时又赋予了无过错的生产者或销售者依据合同关系向相关方追偿的权利。其二，将运输者、仓储者以及原材料、零部件的提供者列为产品责任主体的实践意义不大。因为在实践中，当产品责任事故发生后，受害人向运输者、仓储者以及原材料、零部件生产者提起诉讼的可能性微乎其微，因为受害人要想确认上述主体之所在，必将花费较大的人力、物力，没有直接向生产者、销售者主张产品责任更加便利。故而，虽然将上述主体列为责任主体可以赋予受害人更多的选择权，更易于使受害人的损失得到及时全面的赔偿，但却不易实现，受害人在诉讼时，选择与所购产品有直接关系的生产者或销售者更为便捷，现实中，受害人也确实是按照这种方式处理的。

（二）产品责任的具体形式

1. 排除妨碍、消除危险

《侵权责任法》第45条规定："因产品缺陷危及他人人身、财产安全的，被侵权人有权请求生产者、销售者承担排除妨碍、消除危险等侵权责任。"这是我国《侵权责任法》在《产品质量法》、《民法通则》基础上新规定的一种责任形式。产品责任的传统形式，通常仅注重对受害人损害的事后赔偿，对损害发生之前的预防措施规定的不够。现代侵权责任法在责任形式方面呈现多元化的发展趋势，其中非常重要的表现就是重视事前的预防。在产品责任领域也不例外，除必须确立损害发生之后的赔偿这一责任形式之外，在损害有发生的危险但事实上并未发生时，应赋予被侵权人请求排除妨碍、消除危险的权利，以避免损害的真实发生，否则，等损害发生之后，受害人即使能够获得赔偿，但毕竟已经发生了严重后果，而产品的生产者、销售者也将比排除妨碍、消除危险付出更大的代价。因此，规定排除妨碍、消除危险的产品责任形式，对被侵权人的救济、对减少侵权人的负担等方面，都具有非常重要的意义。实践中，消费者也尽量多采用这种事前救济措施，以避免发生不可挽回的重大损失。

2. 警示、召回等补救措施

《侵权责任法》第46条规定："产品投入流通后发现存在缺陷的，生产者、销售者应当及时采取警示、召回等补救措施。未及时采取补救措施或者补救措施不力造成损害的，应当承担侵权责任。"上述补救措施，实质上主要体现为两个方面，一是产品售后警示义务，二是产品售后召回义务。生产者、销售者应当在产品投入流通时就对产品可能发生的危险及其预防方式予以说明，这就是产品售前警示义务，各国立法对此都作了肯定，违反这一义务的，将构成产品的警示、说明缺陷，该产品本身即属缺陷产品。但是生产者、销售者的这一义务并不随着产品的交付流通而终结，其对脱离其控制之后所发现的不合理的危险也有警示的义务，这就是产品售后警示义务。这一责任形式是针对产品已经投入流通之后方发现存在缺陷时而适用的，此时生产者、销售者应及时警告消费者该产品存在缺陷。规定产品售后警示义务意义重大。

（1）确立产品售后警示义务符合一般侵权法的原则。任何人只要能够合理预见自己的行为会损害他人利益，则他们在行为时即要承担合理的注意义务，要采取合理的措施防止其行为损害他人利益，否则，要就其过错行为引起的损害对他人承担侵权责任。此种规则既可以适用到生产商对其产品承担的售前警告义务领域，也能够适用到生产商对其产品承担的售后警告义务领域，因为，如果生产商能够合理预见其即将投入流通的产品存在危险，他们当然要对知道或者应当知道的危险进行警告；如果他们能够合理预见其已经投入流通的产品存在可能危及他人人身或者财产安全的问题，他们同样也要就其知道或者应当知道的危险对他人承担警告义务。

（2）确立产品售后警示义务与生产者的商人地位相适应。生产商是自己的产品领域的专家，能够了解和掌握有关产品领域的科学技术成果，这为他们及时了解、发现自己产品存在的危险提供了基础。一方面，生产商在生产某种产品时往往建立了自己的研发中心，研究新的科学技术，改良自己的产品，提升自己产品的质量。生产商的科研人员在研究产品所涉及的科技问题时，可以发现自己以前生产的产品所存在的问题。另一方面，即便生产商自己不建立研发中心，不对有关产品领域的科技问题进行研究，他们也可以通过各种途径发现自己以前的产品所存在的问题。例如，跟踪自己产品领域的科技成果，阅读有关科技报刊、杂志、听取产品使用者对自己产品存在问题的投诉或者了解大众媒体或权威鉴定机构对其他类似产品的调查报告、鉴定报告等。同生产商相比，使用者在了解生产商生产的产品是否具有损害危险时具有明显的劣势，他们仅仅为了使用产品而购买产品，很少知道自己使用的产品包含哪种或哪几种科技，每一种科技的成熟度如何。可见，让生产商承担售后警告义务同其商人地位是统一的。①

（3）确立产品售后警示义务符合社会公平正义的观念。首先，因为产品制造者制造了产品，尽管他将产品投入流通时，并没有缺陷，而是之后存在危险，但是毕竟产品是生产者制造的，他将产品投入市场，从而开启了危险之门，理应对此种危险承担一定的义务。其次，生产者生产产品是为了谋取利润，根据谁享受利益谁就承担风险的一般原则，从社会公平的角度出发由其承担一定的义务则较具合理性。

（4）确立产品售后警示义务能够起到降低和分散风险的实际效用。通过制造商履行售后警示义务来防止损害发生这一救济手段在现实运用中是切实有效的。如果制造商充分履行了售后警示义务，进行了适当的警告，是完全可以减少危害发生率的。相对于消费者，生产者更能够关心产品所代表的科学技术的发展程度，也更能够通过售后服务了解产品所存在的缺陷。作为信息不对称中占绝对优势的生产者对售后危险信息进行发布是完全合理的，即使有些危险产品其危害的产生是不可避免的，如果制造商通过履行售后警示义务，提供了正确的消除或者减轻损害后果的措施，至少赋予了消费者选择是否继续使用的权利，依然能够起到积极的救济作用，即把损害控制在最低限度内。另外生产者更有可能借助价格机制、保险机制来分散风险。②

与产品售后警示义务紧密相关的，就是产品售后召回义务，也称为缺陷产品召回义务。即生产者、销售者在产品投入流通后发现存在缺陷的，除及时向消费者发出警示以外，还应及时召回这些产品，通过技术维修手段使其质量符合要求，以避免给消费者带来更大损失。实际上，在《侵权责任法》颁布之前，我国已经存在缺陷产品召回制度，其法律依据主要是国家质检总局先后发布的《缺陷汽车产品召回管理规定》、《儿童玩具召回管理规定》、《药品召回管理办法》、《食品召回管理规定》等，但这些规定仅针对部分产品，较为凌乱，有鉴于此，此次《侵权责任法》于第46条统一规定了缺陷产品召回制度，是为我国产品责任制度的重大进步。

缺陷产品召回制度对于预防和消除缺陷产品对消费者人身和财产的危害具有

① 张民安．美国侵权法上的售后危险警告义务研究．北方法学，2008（6）．
② 董正和．产品售后警示义务研究．江汉大学学报（社会科学版），2004（1）．

独特的功能，具体表现在：

第一，预防性。传统的民事权利救济方式主要为违约责任救济和侵权责任救济，而这两种救济方式的运用通常建立在已经明确的损害后果上，当事人主张法律救济时，损害通常已经现实地发生。与此不同的是，产品召回的启动通常以潜在的产品缺陷为基础，并不要求损害的实际发生。这也就是说，如果发现了个别缺陷产品造成损害或者其他某类产品可能存在潜在损害危险的情形，生产者或者销售者就立即将同类产品全部召回，对其进行检测和修理。该制度有利于防患于未然，避免了该类产品大规模损害的发生。

第二，主动性。传统的法律救济模式是以受害人的主动请求为基础的，非经受害人请求，加害人一般不主动承担法律责任。与此不同的是，在产品召回制度中，生产者负有主动召回所有同类缺陷产品的义务。产品召回的启动往往不需要消费者等受害人的主动请求。该制度中生产者要承担更为严格的义务和责任，有益于及时、全面、有效地保障广大消费者的权益。

第三，广泛性。所谓广泛性，一方面是指义务主体的非特定性，即不是说针对某一个特定的生产者，法律要求其负有产品召回的义务，而是针对所有依法需要召回缺陷产品的生产者，他们都具有召回的义务；另一方面，产品召回制度保护的对象具有广泛性，该制度不是针对某一个或者几个消费者提供保护，而是为同类缺陷产品的所有消费者提供救济的渠道。从这个意义上讲，该制度对消费者的保护也具有平等性。

第四，公益性。传统民事法律制度以个人为本位，民事权利的赋予和保护通常具有私益性和个体性。但产品召回制度的建立主要是为了维护公共利益和安全，因为，一方面，召回产品的缺陷通常是潜在的，现实的损害尚未发生，将来可能发生的损害还难以预测，对公众的人身和财产安全具有潜在的威胁。因此，生产者及时召回缺陷产品，有利于保障不特定公众的利益和安全。另一方面，对产品缺陷的检测和鉴定往往要求先进和复杂的技术和设备，这对普通消费者来说是不大现实的，普通消费者往往难以自已发现产品的缺陷和潜在危险。因此，通过法律手段要求生产者主动召回缺陷产品体现了对处于弱势一方的消费者的保护，体现了该项制度的公益性。

第五，效益性。一方面，对生产者和销售者来说，召回产品旨在防止潜在缺陷转变为现实的损害，在现实损害发生之前，生产者、销售者召回产品，成本相对较小，如果等到损害后果已经发生之后再采取补救措施，此时对消费者的损害已然发生，生产者、销售者将会付出更大的代价。因此，在实际损害发生之前即将缺陷产品召回，通过检修消除其缺陷，这比损害发生之后进行赔偿，各方付出的成本要小得多。①

如果生产者、销售者未及时采取警示、召回等补救措施或者补救措施不力造成损害的，应当承担侵权责任，这种侵权责任，主要就是损害赔偿。近年来，在我国和世界其他国家发生了大量产品销售之后发现其存在缺陷的案件，如丰田汽车事件、惠普笔记本电脑事件、三鹿奶粉事件等，因此，规定产品售后警示义务和召回义务，将对相关纠纷的处理起到非常重要的作用。

3. 损害赔偿

在缺陷产品已经造成损害后果的情况下，被侵权人既可以向生产者主张赔偿，也可以向销售者主张赔偿。在损害赔偿的范围方面，《欧共体产品责任指令》规定的损害赔偿包括人身损害和财产损害。同时，允许各成员国对非物质损害即精神损害予以规定。在财产损害方面，规定仅限于缺陷产品以外属于通常用于个人使用或消费的财产，排除了为商业目的使用的财产损害。美国《统一产品责任示范法》规定损害包括财产损害、人身肉体伤害、疾病和死亡以及由此引起的精神痛苦或情感伤害。在实践中，法院对人身损害赔偿判定的数额较大，精神损害赔偿占大部分。

我国法律关于损害赔偿范围的规定，也包括三个方面，即人身损害、财产损害和精神损害。关于人身损害，《产品质量法》第 44 条第 1 款对其具体赔偿范围有明确规定：因产品存在缺陷造成受害人人身伤害的，侵害人应当赔偿医疗费、治疗期间的护理费、因误工减少的收入等费用；造成残疾的，还应当支付残疾者生活自助具费、生活补助费、残疾赔偿金以及由其扶养的人所必需的生活费等费用；造成受害人死亡的，并应当支付丧葬费、死亡赔偿金以及由死者生前扶养的人所必需的生活费等费用。

关于财产损害，《产品质量法》第 44 条第 2 款对其具体赔偿范围有明确规定：因产品存在缺陷造成受害人财产损失的，侵害人应当恢复原状或者折价赔偿。受害人因此遭受其他重大损失的，侵害人应当赔偿损失。所谓“其他重大损失”，指受害人因财物毁损所发生的经济上的损失，如按照最高人民法院《关于交通事故中的财产损失是否包括被损车辆停运损失问题的批复》（法释 1999 第 5 号）中的规定，是指受害人正用于货物运输或旅客运输的车辆的停运损失。相当于《合同法》关于违约责任的第 113 条所规定的“可得利益”损失，在民法理论上又称为消极损害。

需要注意的是，《产品质量法》第 41 条第 1 款明确规定：“因产品存在缺陷

① 王利明．关于完善我国缺陷产品召回制度的若干问题．法学家，2008（2）．

造成人身、缺陷产品以外的其他财产（以下简称他人财产）损害的，生产者应当承担赔偿责任。”依此规定，产品责任中的财产损害，仅限于缺陷产品所导致的在该产品之外的其他财产损害，不包括缺陷产品本身的损害。其立法理由是：缺陷产品本身的损害，属于所谓纯粹经济上损失，应依合同法上的产品瑕疵担保责任加以救济。从比较法角度来看，产品责任的保护对象不包括产品自身损害，已经成为一项基本原则。不过，《侵权责任法》第41条与《产品质量法》的上述规定有所不同，其内容是：“因产品存在缺陷造成他人损害的，生产者应当承担侵权责任”，显然，此处未用“缺陷产品以外的其他财产损害”的表述，如果从字面来看，其并未将产品自身的损害排除在产品责任之外。

关于精神损害，我国《产品质量法》里并未明确产品责任领域可以适用精神损害赔偿，但《侵权责任法》第22条已经肯定了在侵害他人人身权益，造成他人严重精神损害的情况下，被侵权人可以请求精神损害赔偿，该规定当然也适用于产品责任领域。

4. 关于惩罚性赔偿问题

在产品责任的损害赔偿领域，还有一个重要问题需要阐述，这就是惩罚性赔偿。《侵权责任法》第47条规定：“明知产品存在缺陷仍然生产、销售，造成他人死亡或者健康严重损害的，被侵权人有权请求相应的惩罚性赔偿。”这是我国首次确认产品责任中的惩罚性赔偿制度，具有非常重要的意义。

第一，惩罚性赔偿有助于真正实现侵权责任法的预防和惩戒功能。传统侵权责任法以事后填补损害为基本功能。然而，损害一旦发生，即便受害人可得到足额补偿，就整体社会财富而言，损失也是不可弥补的。因此，现代侵权责任法应以预防和避免损害的发生而非事后补偿损害作为第一要务。补偿性的损害赔偿固然也可以起到一定的预防作用，但尤其对惟求私利为目的的故意侵害等情形，补偿性损害赔偿难以起到有效的遏制和预防作用。为实现侵权损害赔偿责任的预防功能，必须对明知产品存在缺陷仍然生产、销售的严重违法行为适用惩罚性赔偿，以使制造损害的行为人实施违法行为的得利与负担之间有“剪刀差”，使实施严重不法行为的生产者、销售者不能从中得利，进而预防违法行为的发生。

第二，惩罚性赔偿符合社会正义观变革的要求。传统侵权责任法理论认为，矫正正义是侵权责任法的基本正义观，实现矫正正义是其基本任务，矫正正义不强调当事人的身份差异在资源配置上的决定作用，其功能仅限于恢复平衡状态即恢复被不法行为所扰乱的原状，对于安排未来则不予太多关注。为阻止被告人将来的不法行为而采取的超过补偿限额的任何惩罚性制裁，都会逾越矫正正义的范围，故对于损害是不能适用惩罚性赔偿的。然而，大工业生产会带来的产品损害，特别是20世纪以来，严重损害事故频繁发生，化解这些风险要求新的法律对策。维系多元价值目标之间的和谐成为社会建设的重要目标。这种社会正义观的变革要求侵权责任法在维持矫正正义的同时也注重分配正义，侵权责任法的功能也须重新整合。惩罚性赔偿适应这种整合性功能的要求：从单纯的私人间的利益平衡机制转化为兼顾社会公共利益的救济机制；从优先保障行为自由转化为注重对社会弱势群体权益的优越保护；从局限于填补损害转化为兼顾惩罚、预防不法。

第三，惩罚性赔偿有利于民事责任制度的协调。侵权责任法为规定侵权民事责任的基本法，侵权责任法中规定的民事责任应与其他法中规定的民事责任协调而不冲突。目前，我国的《合同法》第113条、《消费者权益保护法》第49条均确认了惩罚性赔偿制度，在合同法领域适用惩罚性赔偿，如果在侵权法领域不规定惩罚性赔偿，则会发生责任的不协调。这主要是因为合同法领域的责任原则上是侵害财产利益的责任，而侵权责任还包括侵害人身权益的责任。人身权益的价值高于财产利益的价值，法律对人身的保护措施应当严于对财产的保护措施，对于财产权益的损害可以适用惩罚性赔偿，而对于人身权益的损害却不能适用惩罚性赔偿，这是不合理的。只有在侵权责任法中也规定惩罚性赔偿，才会使合同法领域与侵权责任法领域中的损害赔偿责任相协调。①

根据《侵权责任法》第47条的规定，产品责任适用惩罚性赔偿的条件包括：（1）生产者或销售者具有主观故意，即明知是缺陷产品却仍然生产或销售的；（2）须有特定的损害事实发生，即造成他人死亡或者健康严重损害的，一般的损害事实不能请求惩罚性赔偿；（3）生产或销售的缺陷产品与被侵权人死亡或健康严重受到损害之间具有因果关系。所以，惩罚性赔偿在适用于产品责任时，在主观条件和损害后果方面均比一般的损害赔偿条件要严格很多，这也是对惩罚性赔偿适用范围的限制。

关于惩罚性赔偿的数额，《侵权责任法》并未明确规定。可以说，如何确定惩罚性赔偿的数额，是惩罚性赔偿制度中争论最大的问题，在《侵权责任法》制定过程中，有关该问题的研究就争议不断。有的人提出，为确保惩罚性赔偿金的制裁和遏制功能，不宜在全国统一规定赔偿金额，因为不同地区间的经济发展水平、当事人的收入状况与生活水平差异很大，如果硬性规定惩罚性赔偿金的最高数额，则惩罚性赔偿对某些地区的某些人很难起到制裁和遏制的作用，立法可授权省、自治区和直辖市的地方人大分别制定本地的指导标准。有的人则认为，

① 郭明瑞，张平华．侵权责任法中的惩罚性赔偿问题．中国人民大学学报，2009（3）．

惩罚性赔偿金的数额应有一个明确的限制，否则在我国目前司法权受各种因素的干扰严重的情况下，容易出现赔偿金确定的随意性，导致司法不公现象。最高数额限制不是具体金额的限制，而是一种比例限制，即最高不得超过侵权人支付能力的百分之多少，否则，难以惩罚那些经济实力雄厚的侵权人。《侵权责任法》最终对此采取了回避的态度。司法实践中，由法官根据案件的实际情况灵活掌握。

二、产品责任的抗辩事由

产品责任的抗辩事由，在《侵权责任法》里并未明确规定，但《产品质量法》第41条第2款对此有明确规定："生产者能够证明有下列情形之一的，不承担赔偿责任：（一）未将产品投入流通的；（二）产品投入流通时，引起损害的缺陷尚不存在的；（三）将产品投入流通时的科学技术水平尚不能发现缺陷的存在的。"以下对三种抗辩事由略作说明。

如果生产者或销售者未将产品投入流通，实质上这样的产品就不是产品责任制度的调整对象了，故生产者或销售者当然可以免责。前文已述，产品责任中的产品，是指经过加工、制作，用于销售的产品，如果未进入流通环节，则意味着并未进入销售领域，故不属于产品责任中所限定的产品。将产品投入流通，应作广义上的理解，包括批发、零售、租赁以及提供货物履行任何法定或约定义务，或者提供货物作为奖品、捐赠甚至换取任何非金钱的代价（包括商品奖券）等。

产品投入流通时引起损害的缺陷尚不存在的，是指如果生产者能够证明造成损害的缺陷在其制控产品时并不存在，或者证明缺陷是以后形成的，那么生产者即可进行有效抗辩。但需要注意的是，如果产品的缺陷是由于运输者、仓储者或销售者的过错所致，该缺陷产品致人损害，受害人向生产者主张赔偿，生产者也应先行赔偿，然后向有过错的运输者、仓储者或销售者追偿。也就是说，从对受害人承担侵权责任的角度来说，不能绝对地说生产者对产品投入流通以后所产生的缺陷概不负责，产品在投入流通之前虽然不存在缺陷，但投入流通以后因运输者、仓储者或销售者造成的缺陷，其对受害人仍然是承担侵权责任的，只不过在最终责任承担方面，其可以向这些人追偿而已。

将产品投入流通时的科学技术水平尚不能发现缺陷的存在的，又称为开发风险抗辩，其基本含义是：如果将产品投入流通时的科学技术水平不能发现缺陷的存在，即使其后由于科学技术的进一步发展而发现该产品存在缺陷，生产者也不对该产品承担产品责任。这一抗辩事由对时间有要求，即"投入流通时"，而不是设计产品时、制造产品时或投入流通后。因此，衡量有关科学技术水平，应以产品投入流通的时间为标准时间。但有些产品是多次投入流通的，每次投入流通的时间相距可能较长，在不断投入的过程中科学技术发展到了能够发现缺陷存在的水平，对此，既不能以第一次投入流通时间为准也不能以最后一次投入流通时间为标准，应以与“科学技术发展到了能够发现缺陷存在的水平”的时间最接近的一次投入流通的时间为标准时间——对此之前投入流通的产品，生产者免责；对此之后投入的产品，生产者不能免责。所谓科学技术水平，应以当时该领域世界科学技术水平的状况为依据，而不能依据某一地区或一国家的状况，也不能仅仅依据生产者掌握的科技水平。

需要注意的是，根据《产品质量法》第41条第2款的字面表述，产品责任中的免责主体，仅限于生产者而不包括销售者。免责条件的适用主体仅限于生产者，已基本成为各国通例，我国产品质量法也采用了这一做法。

三、产品责任的诉讼时效

产品责任的诉讼时效，在我国一直存有争议。《民法通则》第136条规定，身体受到伤害要求赔偿的，以及出售质量不合格的商品未声明的，诉讼时效为1年。缺陷产品属于质量不合格之严重者，且产品责任案大多有受害人身体受到伤害之损害事实。而《产品质量法》第45条第1款则规定：“因产品存在缺陷造成损害要求赔偿的诉讼时效期间为二年，自当事人知道或者应当知道其权益受到损害时起计算。”关于二者之间的关系，学界认识不一。但一般认为，原则上应当适用《产品质量法》的规定，这是因为：（1）从侵权与赔偿的角度来看，《产品质量法》是《民法通则》的特别法，特别法应优先于普通法而适用；（2）从颁布时间来看，《民法通则》颁布于1986年，《产品质量法》颁布于1993年，新法应优先于旧法而适用；（3）《产品质量法》对缺陷产品致人损害的请求权诉讼时效之规定较之《民法通则》关于“出售质量不合格的商品未声明”而致人损害的请求权诉讼时效之规定，更为具体、科学，既较有利于保护受害者（诉讼时效期间比《民法通则》之规定长一年），又利于促使当事人及时行使权利、了结纠纷。该两年诉讼时效的起算点，与一般的诉讼时效的起算点并无本质不同，即自当事人知道或者应当知道其权益受到损害时起计算。

《产品质量法》第45条第2款规定：“因产品存在缺陷造成损害要求赔偿的请求权，在造成损害的缺陷产品交付最初消费者满十年丧失；但是，尚未超过明示的安全使用期的除外。”关于这一规定的性质，有的人主张为产品责任最长诉讼时效的规定，有的人主张为除斥期间的规定，本书赞同后一种观点，这是因为，该规定虽然是就请求权作出的，但所用的表述为权利“丧失”，即如果超过

10 年，即使发现损害并且在发现损害后的适当时间（2 年内）请求赔偿，但由于权利已经丧失，故法院一般也不予保护，因此符合除斥期间的本质。该 10 年的除斥期间，自造成损害的缺陷产品交付最初消费者之日起计算。需要注意的是，如果产品有明示的安全使用期，则不受上述除斥期间的限制。此时，应区分不同情况进行处理：如果明示的安全使用期短于 10 年的，除斥期间仍然应认定为 10 年；如果明示的安全使用期超过 10 年的，则以明示的安全使用期为准。如此理解，方符合该 10 年除斥期间规定的本质。

本章小结

产品责任是因产品存在缺陷导致他人损害所产生的侵权责任。产品是指经过加工、制作，用于销售的产品；缺陷是指产品存在危及人身、他人财产安全的不合理的危险；产品有保障人体健康和人身、财产安全的国家标准、行业标准的，是指不符合该标准。产品责任与产品瑕疵担保责任，在责任性质、责任构成条件、责任主体、权利主体、责任形式、抗辩事由等方面均存在较大区别。目前，我国调整产品责任制度的法律，除《侵权责任法》外，还有《产品质量法》。在产品责任中，无论对生产者还是销售者，均适用无过错责任的归责原则，销售者的过错，仅在内部责任分担方面具有法律意义。产品责任中，均由生产者或销售者对受害人承担连带责任，即使产品缺陷是因运输者、仓储者、原材料或零部件的提供者导致的，也不例外，然后在这些主体内部再根据过错分担责任。产品责任的主要形式包括排除妨碍、消除危险、警示、召回等补救措施以及损害赔偿。损害赔偿的范围，包括人身损害、财产损害和精神损害。我国《侵权责任法》明确规定了惩罚性损害赔偿制度，但其仅适用于明知产品存在缺陷仍然生产、销售，且造成他人死亡或者健康严重损害的情形。产品责任的抗辩事由包括三种，即未将产品投入流通的、产品投入流通时引起损害的缺陷尚不存在的、将产品投入流通时的科学技术水平尚不能发现缺陷的存在的，均只适用于生产者。产品责任的诉讼时效为 2 年，并同时受 10 年除斥期间的限制。

思考题

1. 产品责任与产品瑕疵担保责任的区别是什么？

2. 产品的生产者、销售者、运输者、仓储者的责任如何认定？
3. 如何理解产品售后警示义务？
4. 如何理解缺陷产品召回制度？
5. 产品责任中的惩罚性赔偿如何适用？
6. 产品责任的抗辩事由包括哪些？

第九章

机动车交通事故责任

第一节　机动车交通事故责任概述

一、机动车交通事故责任的概念

机动车交通事故责任是指因机动车在道路上发生交通事故导致他人损害所产生的侵权责任。这一概念的核心在于对道路、机动车和交通事故的理解。对此，《中华人民共和国道路交通安全法》（以下简称《道路交通安全法》）均有明确规定。依其规定，所谓道路，是指公路、城市道路和虽在单位管辖范围但允许社会机动车通行的地方，包括广场、公共停车场等用于公众通行的场所；所谓机动车，是指以动力装置驱动或者牵引，上道路行驶的供人员乘用或者用于运送物品以及进行工程专项作业的轮式车辆；所谓交通事故，是指车辆在道路上因过错或者意外造成的人身伤亡或者财产损失的事件。将上述三个概念进行有机组合，即为机动车交通事故的概念，即以动力装置驱动或者牵引，上道路行驶的供人员乘用或者用于运送物品以及进行工程专项作业的轮式车辆，在公路、城市道路和虽在单位管辖范围但允许社会机动车通行的地方，因过错或者意外造成的人身伤亡或者财产损失的事件。由此引发的侵权责任，即为机动车交通事故责任。

《道路交通安全法》上的“车辆”有两种类型，即机动车和非机动车。非机动车，是指以人力或者畜力驱动，上道路行驶的交通工具，以及虽有动力装置驱动但设计最高时速、空车质量、外形尺寸符合有关国家标准的残疾人机动轮椅车、电动自行车等交通工具。非机动车与机动车的区分，可以从车辆行驶的动力来源——动力装置驱动或牵引，活动空间——上道路行驶，运行目的——供人员乘用或者用于运送物品以及进行工程专项作业三个方面进行。只有机动车才可能引发交通事故。

人员和车辆在道路地面通行，必须受到道路交通安全法的约束，接受公安交通管理部门的管理。不供社会机动车通行的道路或者仅供非机动车通行的道路，比如厂矿内不供社会机动车通行的、专用于生产车辆运送生产物资的道路、机关、学校、港口、城市商业步行街等就不是我们这里所讲的“道路”。因此，《道路交通安全法》上的“道路”比我们常识意义上的道路含义要窄。车辆运行在这样的“道路”上才可能导致道路交通事故的发生。

在道路交通事故中，肇事人主观上不是故意，而是由于过失行为或意外造成。这种过失是一种不注意的心理状态，即肇事者应当预见到自己的行为可能导致一定的危害结果，因疏忽大意而没有预见到或虽然预见到了但过于自信而没有采取有效的防范措施导致了危害结果的发生。在有些情形下，车辆驾驶人已经尽到了充分的注意义务，仍然没有避免危害结果的出现，这时驾驶人主观上不存在过失，没有可责难的地方，纯粹是意外，但仍然可能构成道路交通事故，责任人仍然要承担一定的责任。

二、机动车交通事故责任的性质

机动车交通事故责任的性质，理论上存在不同主张，一为危险责任说，一为报偿责任说。所谓危险责任，是指制造和控制危险的人对作为该危险结果的损害应该负责。危险活动必须是被允许的，而且，必须是有资格从事该活动者，才能从事该项活动。从事危险活动者要为自己的危险活动造成的损害负责。另一种观点主张为报偿责任。所谓报偿责任，是指在自己取得利益的过程中给他人造成的损害，应该从其所获利益中赔偿才是公平的，即所谓“利益之所归，损失之所属”。被允许的危险活动，一般都是直接或间接的获利活动。因此，只在危险活动中获取利益，不对危险活动带来的损害负责显然是不能被社会允许的。还有所谓折衷说，即将上述两种观点合并在一起的一元化学说。本书持这种观点。

机动车作为一种危险物，有必要对其引起的事故责任进行法定化。机动车的使用会给社会带来损害，但它的出现给人们带来财富和便利，为人类社会的发展创造着条件。因此，它是一种被允许的危险活动，即社会明知它会带来危险，但只有允许它的存在，甚至在某一时期还须大力发展它，才能更好地满足人类生存的需要。在这种被允许的危险活动中获得财富、得到便利以及各种实惠的人，当然也必须对在这种获利活动中给他人造成的损害负侵权责任。同时，既然机动车交通事故责任来源于机动车的保有和使用，那么，它的责任主体就当然是能够控制机动车辆，并获得运行利益的机动车所有者和使用者。在保有与驾驶分离的场合，保有人的责任又与其对驾驶人的选任、监督、教育和管理义务等情况相关，这样，机动车交通责任就与使用人责任（雇主责任、法人责任等）相关联，这就导致现代侵权责任法中，机动车交通事故的具体规则十分复杂。另外，为保障机动车交通事故责任的财源，以便使受害人得到及时的救济，现代社会还为负有这种危险责任的人们设置了机动车第三者责任强制保险制度，并为很多国家所采纳，我国也不例外。

三、机动车交通事故责任立法

（一）国外的机动车交通事故责任立法

大陆法系均在成文法典中对机动车交通事故责任进行规定，大致有两种立法模式，一种是在民法典中对机动车交通事故责任作出规定。其中，有的对机动车交通事故责任设置专门条文，有的在有关危险物责任的条文中，将机动车交通事故责任作为其一种情形。另一种模式是以特别法的形式，制定专门的机动车损害赔偿法，或者在与道路交通相关的法律中设置机动车交通事故责任的条文，以解决由机动车的使用带来的损害赔偿问题，保证道路交通事故的受害者得到及时、切实的救济。如德国 1909 年制定了机动车交通法，该法于 1952 年进行了修改，并更名为“道路交通法”，自 1957 年之后，又经历了数次重大修改。

英美法系国家同样对机动车交通事故责任非常重视，其亦适用特殊的侵权责任法理，采取各种措施强化对受害人的救济。例如，美国的交通事故补偿体制中，侵权责任法的过失原则是处理交通事故损害赔偿问题的手段之一，而从整体来看，机动车保险制度发挥着非常重大的作用，其补偿方法与一般的侵权行为有很大区别。近些年来，美国修改或废除了一些限制加害人责任的准则，采取了按照事故当事人的过失比例分担损害的“比较过失”规则，扩大了机动车交通事故责任人的范围等，使美国的机动车交通事故责任制度越来越发达。

（二）我国的机动车交通事故责任立法

新中国诞生之后，在历次民法典起草工作中，对特殊侵权责任问题均予关注，特别是产业化大工业生产活动带来的危险，包括机动车交通事故责任，在民法草案中也有相应规定。改革开放以后，重新进行民法典编纂时，在历次草案中均将“交通运输工具”引起的侵权责任作为单独的条文加以规定。但由于立法方针的变化，民法典并未颁布，而改为颁行《民法通则》。该法对机动车交通事故责任并未设专文规定，民法学界一般认为，机动车交通事故责任应适用该法第 123 条有关高度危险作业侵权责任的规定，即将机动车纳入该条中的“高速运输工具”，作为其类型之一对待。

随着近年来我国向机动车社会的疾速开进和道路交通事故的急剧上升，仅仅以《民法通则》中的一个条文来处理相关问题，显然是不够的。于是，国务院于1991年9月22日发布了《中华人民共和国道路交通事故处理办法》（以下简称《道路交通事故处理办法》），以行政法规的形式，对机动车交通事故责任进行了专门规定，并单设一章，规定机动车交通事故责任的认定及其损害赔偿问题。由于实践中机动车交通事故侵权现象越来越普遍，上述行政法规在处理相关纠纷时显得捉襟见肘。2003年10月28日，第十届全国人大常委会第五次会议审议通过了《道路交通安全法》，该法是我国第一部系统的道路交通安全方面的法律，其中第76条专门规定了处理机动车交通事故责任的法律规则，虽然围绕该规定存在很多理论争议，但其对于解决实践中的相关纠纷却起了非常重要的作用。《道路交通事故处理办法》也随之废止。2007年12月29日，第十届全国人大常委会第三十一次会议对该条进行了修改。需要说明的是，该法以有关道路交通安全方面的行政管理的法律规范为主，并不是关于机动车交通事故责任的专门性法律。

《侵权责任法》于第六章用六个条文专门规定了机动车交通事故责任，从内容上来看，很多规定都是原来法律中没有的新增性规定。除第48条是关于机动车交通事故责任的一般性规定外，于第49～52条根据机动车的不同状态，分别规定了租赁、借用的机动车致人损害、交付机动车但未办理登记的机动车致人损害、转让拼装或者已达到报废标准的机动车致人损害、盗窃、抢劫或者抢夺的机动车致人损害等不同情况下侵权责任的承担规则。此外，该法第53条还承继了《道路交通安全法》第75条的规定，对机动车驾驶人发生交通事故后逃逸的责任问题进行了更加完善的规定。这些新增规定，都是经过长期的机动车交通事故责任的司法实践及理论争议而确立起来的。至此，我国的机动车交通事故责任形成了《侵权责任法》与《道路交通安全法》并行的格局，立法体系基本形成。

第二节　机动车交通事故责任的归责原则与构成条件

一、机动车交通事故责任的归责原则

机动车交通事故责任的归责原则，在我国民法学界争议甚为激烈，以《道路交通安全法》的颁行为标准，大致可以分为两个阶段。第一阶段是《道路交

通安全法》出台之前。此时，主要围绕《民法通则》和《道路交通事故处理办法》进行。就《民法通则》而言，如果将机动车作为高速运输工具对待，则适用《民法通则》第123条的规定，该条采用的是无过错责任原则。但反对的观点却认为，将机动车与火车、飞机等并列视为高速运输工具并适用《民法通则》第123条，是不妥的。因为机动车的危险性比火车、飞机要低很多，将它们同等看待并不适当。要求机动车所有人和使用人承担较高程度的责任，本身是合理的。但是，我国机动车交通事故比较严重，与道路条件比较差、机动车辆和非机动车辆等混用通道、汽车制造水平有待提高、汽车服役期限比较长等诸多因素密切相关，而不纯粹是机动车保有人的原因造成的，所以不应该不作任何区分而一律适用无过错责任原则。在司法实践中，各地的审判也不统一，有的以高度危险作业责任去处理，有的则以过错责任原则来权衡。

《道路交通事故处理办法》出台之后，倾向于过错责任的开始居多，这主要源于该法第2条的规定："本办法所称道路交通事故（以下简称交通事故），是指车辆驾驶人员、行人、乘车人以及其他在道路上进行与交通有关活动的人员，因违反《中华人民共和国道路交通管理条例》和其他道路交通管理法规、规章的行为（以下简称违章行为），过失造成人身伤亡或者财产损失的事故。"该条将机动车交通事故一律界定为以"过失"为前提，实际上是将机动车交通事故从《民法通则》第123条中分离出来，实行独立的归责原则。但也有的观点认为，机动车交通事故应当适用过错推定原则，而不能采用一般的过错责任原则规则，以使受害人处于较为优越的地位，从而使受害人获得充分保护。在司法实践中，自《道路交通事故处理办法》发布施行后，一律不适用《民法通则》关于高度危险作业致人损害的规定，而是根据当事人的违章行为与交通事故之间的因果关系，来认定当事人对事故的责任，也即是根据过错责任原则来考虑双方当事人的责任的。

第二阶段是《道路交通安全法》出台之后。该法颁布之后，围绕其第76条的规定，民法学界进行了深入的研究，争议也更为激烈。其中，2003年该法刚颁布之时，该条的规定为："机动车发生交通事故造成人身伤亡、财产损失的，由保险公司在机动车第三者责任强制保险责任限额范围内予以赔偿。超过责任限额的部分，按照下列方式承担赔偿责任：（一）机动车之间发生交通事故的，由有过错的一方承担责任；双方都有过错的，按照各自过错的比例分担责任。（二）机动车与非机动车驾驶人、行人之间发生交通事故的，由机动车一方承担责任；但是，有证据证明非机动车驾驶人、行人违反道路交通安全法律、法规，机动车驾驶人已经采取必要处置措施的，减轻机动车一方的责任。交通事故的损失是由非机动车驾驶人、行人故意造成的，机动车一方不承担责任。”2007年修正之后，该条内容变更为：“机动车发生交通事故造成人身伤亡、财产损失的，由保险公司在机动车第三者责任强制保险责任限额范围内予以赔偿；不足的部分，按照下列规定承担赔偿责任：（一）机动车之间发生交通事故的，由有过错的一方承担赔偿责任；双方都有过错的，按照各自过错的比例分担责任。（二）机动车与非机动车驾驶人、行人之间发生交通事故，非机动车驾驶人、行人没有过错的，由机动车一方承担赔偿责任；有证据证明非机动车驾驶人、行人有过错的，根据过错程度适当减轻机动车一方的赔偿责任；机动车一方没有过错的，承担不超过百分之十的赔偿责任。交通事故的损失是由非机动车驾驶人、行人故意碰撞机动车造成的，机动车一方不承担赔偿责任。”

根据前述规定，机动车与机动车之间发生交通事故的，适用过错责任原则，此点非常明确，在学界也没有争议。但机动车因交通事故导致非机动车或行人受到损害的，应适用何种归责原则，却众说纷纭。有的人认为是过错推定原则，即在原告证明了违法行为、损害事实以及因果关系之后，就可以直接推定机动车一方有过错，机动车一方如不能证明自己没有过错，则一律推定其有过错。还有的人认为是无过错责任原则，即机动车在道路上运行是一种高度危险作业，应该回归到《民法通则》所规定的无过错责任原则。所谓“机动车一方没有过错的，承担不超过百分之十的赔偿责任”，就是无过错责任原则的体现。此外，还有各种综合性的观点，如机动车一方“有证据证明非机动车驾驶人、行人违反道路交通安全法律、法规，机动车驾驶人已经采取必要处置措施的，减轻机动车一方的责任”，这是过错推定原则的体现，而“机动车一方没有过错的，承担不超过百分之十的赔偿责任”，则为无过错责任原则的体现。各种观点交错，不一而足。

《侵权责任法》对该问题进行了回避，仅在第48条作了一个原则性规定：“机动车发生交通事故造成损害的，依照道路交通安全法的有关规定承担赔偿责任。”所谓“依照道路交通安全法的有关规定承担赔偿责任”，实际上主要就是指《道路交通安全法》第76条的规定。所以，现阶段探讨机动车交通事故责任的归责原则，仍然应当以修订后的《道路交通安全法》第76条的规定为依据。

本书认为，我国的机动车交通事故责任的归责原则，从整体上实行的是过错责任与无过错责任相结合的二元归责体系。具体分析如下：

首先，就机动车与机动车之间发生的交通事故而言，实行过错责任原则。对此，《道路交通安全法》第76条第1款第1项“机动车之间发生交通事故的，由有过错的一方承担赔偿责任；双方都有过错的，按照各自过错的比例分担责任”的规定甚为明确，学界也没有争议，不再过多阐述。

其次，就机动车与非机动车驾驶人、行人之间发生的交通事故而言，实行无过错责任原则。从交通事故的概念角度，其是指车辆在道路上因过错或者意外造成的人身伤亡或者财产损失的事件，其中，因过错造成的交通事故，可以被过错责任原则涵盖，而因意外造成的交通事故，用过错责任原则或过错推定原则都是涵盖不了的，因为其显然不含有过错的因素，故只能用无过错责任原则予以概括。从责任承担角度，《道路交通安全法》第76条第1款第2项根据机动车与非机动车驾驶人、行人之间的相互关系，区分三种情况分别规定了不同的责任承担规则，即非机动车驾驶人、行人没有过错的，由机动车一方承担赔偿责任；有证据证明非机动车驾驶人、行人有过错的，根据过错程度适当减轻机动车一方的赔偿责任；机动车一方没有过错的，承担不超过百分之十的赔偿责任。不论任何一种情况，机动车一方均需要承担一定的赔偿责任，这与无过错责任的内涵完全一致。无过错责任原则的采用，也与机动车这一现代社会中普遍存在的危险作业是相一致的。当然，无过错责任原则的采用，并不意味着机动车一方在任何情况下均必须承担全部赔偿责任，其可以根据上述有关规定，在特定情况下减轻自己的赔偿责任。而依该法第76条第2款的规定，在交通事故的损失是由非机动车驾驶人、行人故意碰撞机动车造成的情况下，机动车一方可以不承担任何赔偿责任。

二、机动车交通事故责任的构成要件

机动车交通事故责任采用二元制归责原则，不同的归责原则对构成要件也有不同影响。就机动车与机动车之间的交通事故而言，由于实行过错责任原则，其构成条件应该是有机动车交通事故发生，有损害后果，机动车交通事故发生与损害后果之间存在因果关系，机动车一方存在过错；就机动车与非机动车驾驶人、行人之间的交通事故而言，由于实行无过错责任原则，其构成条件应该是有机动车交通事故发生，有损害后果，机动车交通事故发生与损害后果之间存在因果关系。两种情形之下，有三个共同的构成条件，其中，损害后果和因果关系与一般侵权责任的相应条件没有区别，此处不再赘述。而机动车交通事故的认定，是机动车交通事故责任中的关键，有必要专门阐述。此外，在机动车与机动车之间发生交通事故的情况下，还要求机动车一方存在过错，也是比较特殊的要件，亦有必要专门说明。

（一）关于机动车交通事故的认定

机动车交通事故责任的前提条件，就是必须由机动车交通事故引起，这也是这一侵权责任形态的名称来源。机动车交通事故的认定，其核心在于机动车、道路和交通事故的认定。其有关定义，前文已述，此处不再说明，而仅就其中较为疑难的问题进行阐述。

机动车的范围在各国立法中存有一定的差异。在德国的法律中，基本是以动力，即非人力为基准界定机动车的范围，包括所有以人力外的“机械力”进行驱动的车辆，同时以平地绝对时速不超过20km/小时为基准作为例外。在英国的法律中，机动车一般是指意图在道路上使用或者适合于在道路上使用制造的具有机械驱动力的乘坐物，气垫车一般也包含在“机动车”之中，但人操纵的马达收割机不包含在内。在法国的法律中，机动车一般是指带发动机的陆上车辆及其被牵引车辆或半被牵引车辆。

如前所述，我国在《道路交通安全法》中对机动车也有明确规定，即以动力装置驱动或者牵引，上道路行驶的供人员乘用或者用于运送物品以及进行工程专项作业的轮式车辆。2008 年 10 月 1 日开始实施的、由公安部发布的《机动车类型、术语和定义》中，对机动车内涵的规定与《道路交通安全法》的规定完全一致，但其还进行了列举式规定，即机动车包括汽车、有轨电车、摩托车、挂车、轮式专用机械车、上道路行驶的拖拉机和特型机动车。相对而言，该规定所涵盖的机动车范围较为广泛，如轮式专用机械车，通常并不是以运输为目的，时速也较为缓慢，与其他车辆差异较大，但也被作为机动车对待。机动车范围的适度扩大，对保护受害人的利益和社会公共安全当然更为有利。

实践中，仍然有一些车辆类型是否属于机动车存有争议，其中争议最大就是目前越来越流行的电动自行车。人力自行车本身肯定不属于机动车的范围，但电动自行车不仅在驱动力上与人力自行车存在根本差异，其速度也快很多，是否应归入机动车范畴，自电动自行车诞生以来，即存在广泛争议。2009 年 12 月，国家标准委发布了《电动摩托车和电动轻便摩托车通用技术条件》，其中规定：40 公斤以上、时速 20 公里以上的电动自行车，称为电动轻便摩托车或电动摩托车，一律划入电动车范畴。但考虑到目前电动摩托车是一个新兴的行业，故该标准中涉及电动轻便摩托车的内容暂缓实施。这一标准一出台，社会上争议之声也是不断。不过，这主要只是一个行业标准，而且没有立即实施。可以说，电动自行车是否归入电动车的行列，涉及众多驾驶人及路上行人的利益，必须认真研究，尽快出台相关的法律规范。

在国外的立法中，对机动车的状态，多要求必须是处于“运行”中，如德国法要求机动车交通事故责任的发生前提是机动车运行时造成的法益侵害；日本法要求的机动车的运行，是指按照机动车的正常使用方法使用机动车，而不论是用于运输乘客还是货物。我国《道路交通安全法》并没有使用“机动车处于运行中”这样的表述，而是将机动车交通事故责任的发生前提限定为机动车发生了交通事故，而所谓交通事故，则指车辆在道路上因过错或者意外造成的人身伤亡或者财产损失的事件，虽然也没有用“运行”的表述，但“在道路上”的限定，实际上就应当理解为机动车“运行”的意思，而不包括机动车静态地处于道路上这样一个静止状态。如，机动车停靠在道路上时，由于发动机的问题导致机动车自燃，烧伤路边的行人，此时肯定不能适用机动车交通事故责任进行处理，而只能按照一般的人身权受到侵害的相应规则确定责任的承担。对此，不论是规定机动车处于运行中，还是按照我国法律的规定，机动车处于道路上，应该都不会引起实质性争议。

（二）关于机动车一方过错的认定

如前所述，只有在机动车与机动车之间发生交通事故的情况下，才要求机动车一方存在过错。过错本身是一个衡量人们主观内心状态的概念，但在认定方面，则多采用客观的方法，这一点在机动车交通事故责任中也不例外，其集中表现在对机动车驾驶人是否违反注意义务的认定上。

根据《道路交通安全法》的相关规定，机动车驾驶人在很多种情况下均承担注意义务。如该法第四章为“道路通行规定”，其第二节为“机动车通行规定”，共设15个条文对机动车在道路上通行时应遵守的各种规则进行了系统规定，如速度方面，不得超过限速标志标明的最高时速，在没有限速标志的路段，应当保持安全车速，夜间行驶或者在容易发生危险的路段行驶，以及遇有沙尘、冰雹、雨、雪、雾、结冰等气象条件时，应当降低行驶速度；车距方面，后车应当与前车保持足以采取紧急制动措施的安全距离；超车方面，有下列情形之一的，不得超车：前车正在左转弯、掉头、超车的，与对面来车有会车可能的，前车为执行紧急任务的警车、消防车、救护车、工程救险车的，行经铁路道口、交叉路口、窄桥、弯道、陡坡、隧道、人行横道、市区交通流量大的路段等没有超车条件的；与行人的关系方面，机动车行经人行横道时，应当减速行驶，遇行人正在通过人行横道，应当停车让行，机动车行经没有交通信号的道路时，遇行人横过道路，应当避让；载物方面，机动车载物应当符合核定的载质量，不得超载，载物的长、宽、高不得违反装载要求，不得遗洒、飘散载运物，客运机动车不得违反规定载货；载客方面，机动车载人不得超过核定的人数，货运机动车不得载客，货运机动车需要附载作业人员的，应当设置保护作业人员的安全措施等等。在机动车驾驶人违反上述规定的情况下，均可以认定为机动车一方存在过错。现实生活中，机动车违反规定进行超速行驶、超车、载货、载客的情况经常发生，且多数交通事故均与这些原因有关，故机动车驾驶人应遵循上述相关规定，既是对他人人身、财产安全的尊重，也是对自己利益的保护。

此外，《道路交通安全法》还规定若干特殊情况下一些机动车享有优先通行权，均主要表现在一些特定车型方面：一种是警车、消防车、救护车、工程救险车，这些车辆在执行紧急任务时，可以使用警报器、标志灯具；在确保安全的前提下，不受行驶路线、行驶方向、行驶速度和信号灯的限制，其他车辆和行人应当让行。但在非执行紧急任务的情况下，不得使用警报器、标志灯具，不享有上述道路优先通行权。另一种是道路养护车辆、工程作业车，这些车辆在进行作业时，在不影响过往车辆通行的前提下，其行驶路线和方向不受交通标志、标线限制，过往车辆和人员应当注意避让。最后一种是洒水车、清扫车，这些车辆在不影响其他车辆通行的情况下，可以不受车辆分道行驶的限制，但应当按照安全作业标准作业，且不得逆向行驶。可见，根据车型的不同，道路优先通行权的限度也不一样，警车、消防车、救护车、工程救险车属于具有特定紧急用途的车辆，故优先通行权的范围最广；道路养护车和工程作业车，对于道路自身的保质具有非常重要的意义，基本作业方便的考虑，也允许其在特定范围内享有优先通行权；而洒水车、清扫车不负担紧急任务，只是对道路的清洁进行维持，故其优先通行权范围最窄。但不论何种车型的道路优先通行权，其在行使优先通行权时，均受到限制，如警车、消防车、救护车、工程救险车必须是在执行紧急任务且确保安全的情况下才享有优先通行权，道路养护车辆、工程作业车必须在不影响过往车辆通行的情况下才享有该权利，而洒水车、清扫车则不得逆向行驶且按照安全作业标准作业的情况下才享有该权利。上述车辆违反这些限制条件而通行的，则可构成对其注意义务的违反，可认定为存在过错。

第三节　机动车交通事故的责任主体与抗辩事由

一、机动车交通事故的责任主体

（一）机动车交通事故责任主体的一般判断标准

在实践中，机动车交通事故造成他人损害时，可能涉及到多个潜在的被告，如机动车的所有人、驾驶人、管理人、占有人等，这些主体是否均需要承担机动车交通事故责任，还是区分不同情况分别承担一定的责任，在各国民事立法上向来都有不同主张。国外的机动车交通事故责任主体的判断标准，大致有三种立法模式。一种是连带责任的模式，即无论是机动车的保有人还是驾驶人都属于机动车交通事故责任的主体，机动车的保有人与驾驶人承担连带责任。如《意大利民法典》第2054条规定："如果非轨道行驶车辆的司机不能证明其已尽一切可能避免损害的发生时，他要承担车辆运送造成的人身或财产的损害赔偿责任。……如果车辆所有者或用益权者或根据保留所有权的条款取得车辆者不能证明车辆的运营与其意思相悖，则其要与司机一同承担连带责任。"另一种是机动车保有人为一般责任人的模式，即机动车交通事故责任主体主要限于机动车保有人，而非保有人的机动车驾驶人，只承担过错责任或者过错推定责任。如德国的《道路交通法》规定，非机动车保有人的驾驶者不适用严格责任而仅适用过错推定责任，当损害并非因其过错所致时可排除其赔偿责任。第三种是机动车驾驶人为一般责任人的模式，即机动车交通事故责任主体主要限于机动车驾驶人，其适用法律特别规定的过错推定责任，其他人即便是机动车的所有人、占有人，仅承担过错责任，当然对机动车所有人适用雇主责任的例外。如我国台湾地区"民法典"第191条之二规定，汽车、机车或其他非依轨道行驶之动力车辆，在使用中加损害于他人者，驾驶人应赔偿因此所生之损害。但于防止损害之发生，已尽相当之注意者，不在此限。可见，国外的立法上，机动车保有人和驾驶人是机动车交通事故中的主要责任主体，但何种主体在一般情况下承担事故责任的立法倾向则有所不同。于是，机动车保有人如何界定，成为国外立法中认定机动车交通事故责任主体的关键性问题。

何谓机动车保有人，各国法的主张较为接近。例如德国联邦最高法院的判例认为，机动车保有人是指为自己的计算而使用机动车，并对以这种使用为前提的机动车拥有处分权的人，其核心标准在于"为自己的计算而使用机动车"和"拥有处分权"两个方面。所谓"为自己的计算而使用机动车"，是指获得运行利益并且支付运行费用的人。其中，"运行利益"是指对机动车运行拥有自己的经济利益；运行费用则包括燃料费、车库费、驾驶员的报酬、修理费、保险金、税金、车辆折旧费、购买机动车费用的利益等。如果运行费用是由数人共同支付的，那么该数人均是机动车的保有人。所谓"拥有处分权"，是指对机动车享有运行上的支配权。例如，在机动车的所有权保留买卖中，买主就是保有者；在机动车借用中，出借人则是机动车的保有人；在机动车租赁中，出租人是机动车的保有人。日本民法学界的通说认为，机动车保有人的判断标准包括运行支配与运行利益两个方面。运行支配是指可以在事实上支配管领机动车之运行的地位；运行利益，是指因运行本身而产生的利益。如果将这两项标准用于分析德国的前述判断规则，则知其采用的判断标准实际上也是这两项。因此，可以认为，运行支配＋运行利益的二元相结合模式，是较为通行的机动车保有人的判断标准。

我国《道路交通安全法》第76条规定的机动车交通事故责任的主体是“机动车一方”，可称为单一的机动车一方责任模式。但何谓“机动车一方”，机动车的所有人、驾驶人、管理人、占有人等是否均属于“机动车一方”，该法未再明确，理论上则存有争议，实务中也有不同做法。实际上，在《道路交通安全法草案（第二次审议稿）》中曾有对该问题的详细规定，即该稿第71条第1款：“对机动车在道路交通事故中的民事责任，按照下列规定承担：（一）驾驶人是机动车所有人、管理人的，由驾驶人承担；（二）经机动车所有人、管理人授权驾驶机动车的，由机动车驾驶人或者所有人、管理人承担；（三）未经机动车所有人、管理人授权驾驶机动车的，由驾驶人承担；（四）驾驶人与机动车所有人、管理人就机动车事故责任的负担事先已有书面约定的，从其约定。”第2款规定：“机动车所有人、管理人依据前款第二项承担赔偿责任后，有权向驾驶人追偿。”但是，在最终通过的立法文本中，上述规定被删除。

由于司法实践中一些疑难案件不断出现，如何判断“机动车一方”，成为司法实践中非常复杂的问题。为此，最高人民法院先后发布了两个司法解释和一个批复，分别就一些特定案例中的机动车交通事故责任主体认定问题进行了规定。第一个司法解释是《最高人民法院关于被盗机动车辆肇事后由谁承担损害赔偿责任问题的批复》（法释［1999］13号），该批复规定：“使用盗窃的机动车辆肇事，造成被害人物质损失的，肇事人应当依法承担损害赔偿责任，被盗机动车辆的所有人不承担损害赔偿责任”。第二个司法解释是《最高人民法院关于购买人使用分期付款购买的车辆从事运输因交通事故造成他人财产损失，保留车辆所有权的出卖方不应承担民事责任的批复》（法释［2000］38号），该批复规定：“采取分期付款方式购车，出卖方在购买方付清全部车款前保留车辆所有权的，购买方以自己名义与他人订立货物运输合同并使用该车运输时，因交通事故造成他人财产损失的，出卖方不承担民事责任。”另一个批复是最高人民法院民一庭的《关于连环购车未办理过户手续，原车主是否对机动车发生交通事故致人损害承担责任的复函》（〔2001〕民一他字第32号），该复函指出：“连环购车未办理过户手续，因车辆已交付，原车主既不能支配该车的营运，也不能从该车的营运中获得利益，故原车主不应对机动车发生交通事故致人损害承担责任。但是，连环购车未办理过户手续的行为，违反有关行政管理法规的，应受其规定的调整。”如果说前两个司法解释尚未明确其判断机动车交通事故责任主体的判断标准的话，则最高人民法院民一庭的批复中，则十分明确了其作出上述批复的原

责任，挂户单位（个人）承担责任后，有权向车辆实际所有人追偿。但是，如果车辆实际所有人能举证证明已向挂户单位（个人）交纳了管理费用，但挂户单位（个人）没有履行挂户合同约定的监督管理义务的，那么挂户单位（个人）应自行承担一定责任。二是原则上应由挂靠人承担责任，但是如果被挂靠单位收取了费用，则其应在该费用范围内就损害与挂靠人承担连带责任。三是仅由挂靠人承担责任，被挂靠人不承担任何赔偿责任。

本书认为，现实生活中的挂靠关系下，有些被挂靠人是为了获得挂靠管理费而接受他人的挂靠，有些被挂靠人则并没有因此获利，所以要区分不同情形分别确定责任承担规则：首先，如果被挂靠单位利用了其特殊地位，并因此从挂靠关系中收取了被挂靠人的管理费用，那么尽管被挂靠单位可能并不实际支配或者控制挂靠的机动车，但是由于获得的运行利益，如果不令其承担责任，显然是不合理的。此时，应由挂靠人与被挂靠人承担连带责任。其次，如果被挂靠单位是由于地方政府的强制性规定，而被迫让他人挂靠在自己名下，也没有收取任何费用，那么就不应将被挂靠人认定为机动车的保有人，而应由挂靠人单独承担责任。① 上述规则的确立，实际上也是大致按照“运行支配 + 运行利益”的标准进行的，并同时兼顾了特殊情况，应当是比较合理的。

二、机动车交通事故责任的抗辩事由

机动车交通事故责任的抗辩事由，各国立法均采取较为严格的立场，即限制其抗辩事由的种类，这与机动车交通事故责任作为一种危险责任的性质是分不开的。我国《侵权责任法》并没有明确规定机动车交通事故责任的抗辩事由，在《道路交通安全法》第 76 条第 2 款中，则明确规定交通事故的损失若是由非机动车驾驶人、行人故意碰撞机动车造成的，机动车一方不承担赔偿责任。这意味着，受害人的故意是机动车交通事故责任的免责事由。此外，根据《侵权责任法》第 28 条、第 29 条的规定，机动车交通事故是因不可抗力或第三人原因造成的，亦可免除或减轻行为人的责任。上述三种抗辩事由，和一般侵权责任的抗辩事由没有实质性区别，理论界争议也不大，不再赘述。

需要进一步讨论的是，机动车交通事故责任中是否适用过失相抵的规则，以减轻行为人的责任？在侵权法理论中，关于无过错责任领域是否适用过失相抵，本身是有争议的。过失相抵的作用在于通过对加害人与受害人双方的过失进行认定、对比的技术处理，较为妥当地算定赔偿金额，实现损害在当事人之间的公平

① 程啸．机动车损害赔偿责任主体研究．法学研究，2006（4）．

分担。无过错责任是特殊侵权行为责任之一种，其责任的成立不以加害人的主观过错为要件，无论加害人有无过失，都要承担赔偿责任，但加害人也是可能有过错的，只是不予考虑而已。同时，当受害人对损害的发生也有过失时，可以适当斟酌赔偿金额。这里的关键是应该注意加害人与受害人的过失相抵不能只根据行为人法规违反的有无，也不能直接套用行政法规的标准，而要依据加害人的注意义务违反情况，并视受害人的情况对过失相抵的比率作必要调整。而在具体适用时，法官要找出所有相关法律规定，分析各种法律的性质、立法意图、它们之间的关系以及各条文在本案中的作用，对案件的实际情况进行详细的分析，审慎地分析事故发生时当事人双方的注意义务性质、程度，根据当事人双方的法规违反及其他过失行为在损害发生时的作用和相互关系判断它们的过失程度，并结合社会正义和法律公平的要求决定是否适用过失相抵。①

《人身损害赔偿解释》第2条第2款明确规定："适用民法通则第一百零六条第三款规定确定赔偿义务人的赔偿责任时，受害人有重大过失的，可以减轻赔偿义务人的赔偿责任。"这一规定实际上已经肯定了无过错责任领域可以适用过失相抵的规则。在机动车交通事故责任中，若是机动车与机动车之间发生的，实行过错责任原则，适用过失相抵规则没有任何异议；若是机动车与非机动车驾驶人、行人之间发生的交通事故，实行无过错责任原则，根据上述规定，也可以适用过失相抵规则。在《道路交通安全法》第76条第1款第2项中，则明确规定："有证据证明非机动车驾驶人、行人有过错的，根据过错程度适当减轻机动车一方的赔偿责任"，这是机动车与非机动车驾驶人、行人之间发生交通事故时适用过失相抵规则的明确性规定。在具体适用时，可主要结合非机动车驾驶人、行人是否遵守了法律法规规定的相关义务角度，对其过错进行判断。

本章小结

机动车交通事故是指以动力装置驱动或者牵引，上道路行驶的供人员乘用或者用于运送物品以及进行工程专项作业的轮式车辆，在公路、城市道路和虽在单位管辖范围但允许社会机动车通行的地方，因过错或者意外造成的人身伤亡或者财产损失的事件。由此引发的侵权责任，即为机动车交通事故责任。其理论基础在于危险责任说与报偿责任说。我国目前规范机动车交通事故侵权的主要法律，

① 刘士国，等．侵权责任法重大疑难问题研究．北京：中国法制出版社，2009：244－245.

是《道路交通安全法》第76条及《侵权责任法》第六章的规定。机动车交通事故责任的归责原则，分为两种情况：若是机动车与机动车之间发生的，为过错责任原则；若是机动车与非机动车驾驶人、行人之间发生的交通事故，为无过错责任原则。机动车交通事故的认定，核心在于机动车、道路和交通事故的认定；机动车一方过错的认定，核心在于机动车驾驶人是否违反注意义务的认定。机动车交通事故的责任主体，一般采用运行支配+运行利益的二元相结合模式。我国《侵权责任法》在第49~53条还根据机动车的不同状态，区分五种情况分别规定了不同的责任承担规则。此外，在实践中比较常见的挂靠情况下的机动车交通事故责任的承担，也应引起注意。受害人故意、不可抗力、第三人原因、过失相抵是机动车交通事故责任的主要抗辩事由。

思考题

1. 我国机动车交通事故责任的归责原则是什么？

2. 机动车交通事故责任主体的一般判断标准是什么？

3. 因租赁、借用等情形机动车所有人与使用人不是同一人时的交通事故责任承担规则是什么？

4. 当事人之间已经以买卖等方式转让并交付机动车但未办理所有权转移登记时的交通事故责任承担规则是什么？

5. 机动车挂靠情况下发生交通事故的责任承担规则是什么？

第十章

医疗损害责任

第一节　医疗损害责任概述

医疗活动是一种普遍的社会活动，人生在世难免病疫之灾，医疗则是为人们消除病痛的必要行为。然而由于医疗活动的内容直接针对患者的身体、器官和组织，服务的结果对患者的肉体乃至精神将产生巨大的影响，因此医疗活动对于患者来说关系重大，而对于医务人员而言所承担的风险也特别巨大。通常情况下患者对医疗知识严重缺乏，因而，对于医疗行为的方式、品种，甚至价位的选择方面，几乎提供者拥有完全的决定权，而患者基本处于被动接受的地位。正是因为医疗活动的这些特点，导致医疗行为引起损害的复杂性，为了正确处理医疗损害行为，维护受害人的合法权益，同时保障医疗机构与医务人员的正常诊疗行为，在侵权责任法中规范医疗损害责任具有非常重要的意义。

一、医疗损害责任的含义

所谓医疗损害赔偿责任，是指医疗机构及医务人员在医疗过错中因过错或者在法律规定无论其有无过错的情况下，造成患者人身损害或者其他损害，应当由所属的医疗机构承担的以损害赔偿为主要方式的侵权责任（《侵权责任法》第54条）。根据《医疗机构管理条例》和《医疗机构管理条例实施细则》的规定，医疗机构是指经登记取得《医疗机构执业许可证》的机构。包括各类医院、妇幼保健院、卫生院、护理院、护理站等。医务人员亦即卫生技术人员，根据我国有关法规，是指经医药院校教育或卫生机构培训合格，从事医疗工作的医疗防疫人员（包括中医、西医、卫生防疫、寄生虫防治、地方病防治、工业卫生、妇幼保健等技术人员)、药剂人员(包括中药、西药技术人员)、护理人员(护师、护士、护理员)和其他技术人员(包括检验、理疗、病理、口腔、同位素、放射、营养等技术人员)。这里的损害既包括造成病员死亡、残废、组织器官损伤导致功能障碍的情况,也包括其他损害后果。长期以来我国立法上和司法实践中一直采用医疗事故这一概念。《医疗事故处理条例》(以下简称“条例”)第二条规定:本条例所称医疗事故,是指医疗机构及其医务人员在医疗活动中,违反医疗卫生管理法律、行政法规、部门规章和诊疗护理规范、常规,过失造成患者人身损害的事故。在理论上医疗事故有广义、狭义之分。狭义的医疗事故与上述立法上的含义相同。在广义上,还包括在诊疗护理过程中,因医务人员诊疗护理过失,造成的其他损害后果。也有人把因医生过失而造成的医疗事故称之为医疗过失,进而把因医生故意造成的医疗事故,排除在民法调整的范围之外,我们认为,无论是医疗事故,还是医疗过失,均有不妥之处,均不能全面体现应承担民事赔偿责任的医疗损害的法律含义。

二、立法背景

《侵权责任法》施行之前,我国调整医疗损害责任的主要法律规范是国务院2002年颁布施行的《医疗事故处理条例》(之前为1987年的《医疗事故处理办法》)和最高人民法院2003年颁布的《关于参照〈医疗事故处理条例〉审理医疗纠纷民事案件的通知》,由此形成了医疗损害责任的双轨制,即(1)医疗损害责任称谓的双轨制:一是医疗事故责任,一是医疗过错责任;(2)赔偿标准的双轨制;(3)医疗鉴定的双轨制。《侵权责任法》第七章专章规定了医疗损害责任,结束了医疗事故责任与医疗过错责任的双轨制,因其法律位阶高于《医疗事故处理条例》和相关司法解释,这使得实施之后的《侵权责任法》成为处理医疗损害责任统一的法律依据。《侵权责任法》在医疗损害责任一章明确了医疗损害责任的归责原则、医疗过错的界定与过错推定,免责事由等。除此之外,该章对医疗机构的义务与患者的权利也作出了必要规定,包括患者的知情同意权及其例外、医疗机构填写、保管并向患者提供病历资料的义务、保护患者隐私权的义务以及不得过度检查的义务。这些重要规定对于正确处理医疗纠纷具有重要的指导意义。

第二节 医疗损害责任的归责原则

《侵权责任法》第54条对医疗损害责任作出一般性规定,明确了医疗损害责任采取过错责任的归责原则，即患者在诊疗活动中受到损害，医疗机构及其医务人员有过错的，由医疗机构承担赔偿责任。侵权责任法第 54 条的规定，采用过错责任原则处理医疗事故，既可以依法追究有关侵权者的责任，保护受害方的合法权益，又可以维护医疗机构及医务人员的合法权益。这改变了《医疗事故处理条例》与《民法通则》所形成的“双轨制”，有利于司法统一适用，平衡医患双方之间的权利义务关系。

在医疗损害责任中采用过错责任原则，这就意味着如果受害人主张医疗机构对其在诊疗活动中遭受的损害承担侵权责任，应就医务人员或医疗机构在这一活动中存在过错负有举证责任，若无法举证，医疗机构不承担侵权责任。然而，医疗活动作为一种特殊的需要专业培训和实践的诊疗行为，其中医患双方的信息是不对称的。因此，在医疗损害侵权中，各国都通过侵权责任的实体性或程序性规定，对过错责任原则的适用加以限制、变通和发展。在特殊情况下如医务人员有违规治疗行为或者隐匿、拒绝提供与纠纷有关的医学资料，适用过错推定责任原则，发生举证责任倒置。新制定的侵权责任法的第 55 条、第 57 条、第 58 条以及第 59 条的规定，即属此类。而患者和医院之间信息不对称问题，应当通过信息交流和信息公开等办法解决。

此外，《侵权责任法》第七章还规定了医疗产品责任方面的规则，这就是第 59 条规定的医疗产品损害责任。由于其产品责任的本质，因此，医疗产品损害责任适用的是无过错责任原则。

第三节　医疗损害责任的构成要件

根据我国侵权责任法的规定，医疗损害侵权责任的构成要件有四个：一是医疗机构和医务人员的诊疗行为，二是患者的损害，三是诊疗行为与损害后果之间的因果关系，四是医务人员的过错。下面分述之：

一、医疗机构和医务人员的诊疗行为

（一）诊疗行为的界定

诊疗行为是医疗损害侵权责任产生的前提，我国学者一般将诊疗行为定义为，是指医疗机构及其医务人员借助其医学知识、专业技术、仪器设备及药物等手段，为患者提供的紧急救治、检查、诊断、治疗、护理、保健、医疗美容以及为此服务的后勤和管理等维护患者生命健康所必需的活动的总和。在侵权责任法

中，诊疗行为被表述为“诊疗活动”。所谓诊疗行为（诊疗活动），是指通过各种检查，使用药物、器械及手术等方法，对疾病作出判断和消除疾病、缓解病情、减轻痛苦、改善功能、延长生命、帮助患者恢复健康的活动（《医疗机构管理条例实施细则》第88条）。由此可见，诊疗行为包括诊断、治疗、护理等环节。

合理规定医疗损害责任，必须充分考虑诊疗活动特点。诊疗活动的主要特点有：(1) 未知性；(2) 特异性；(3) 专业性。

(二) 诊疗行为的主体

1. 医务人员

医务人员，分为专业医务人员和社会医务人员两大类。根据《执业医师法》的规定，专业医务人员是指依法取得执业医师资格或者执业助理医师资格，经注册自医疗、预防、保健机构中执业的人员；而社会医务人员是指取得医师执业资格的待聘人员或个体行医者。

2. 医疗机构

所谓医疗机构，是指依法取得医疗机构执业许可证的各类机构，例如综合医院、妇幼保健院、乡（镇）卫生院、村卫生室等。对于非医务人员和医疗机构实施的诊疗行为，应认定为非法行医。

二、患者遭受损害

(一) 患者的界定

医疗损害责任的受害人是特定的，必须是与医疗机构具有医疗服务合同关系的人，即患者。这就是将医疗损害责任严格限定在诊疗活动中。这也使得医务人员在实施诊疗行为中遭受的损害排除在医疗损害责任的范围之外。

(二) 损害

现代侵权法要求侵权行为成立的前提条件是发生现实的损害，侵权行为损害赔偿请求权以实际损害作为成立要件，只有有损害才可能赔偿，因此要求诊疗行为必须造成患者损害。医疗损害责任中的损害，是指医疗机构及其医务人员在医疗活动中造成患者遭受的不利益。

医疗损害责任中的损害主要包括：(1) 患者的生命权、健康权或者身体权受到侵害，是患者的生命丧失或者人身健康遭到损害；(2) 因侵害患者生命权、健康权、身体权受到损害之后直接造成的财产损失，包括为医治损害所支出的合理费用、误工费等；(3) 因人身损害造成患者及其近亲属的精神痛苦的损害。

三、诊疗行为与损害之间存在因果关系

因果关系要件是所有侵权责任成立的必备要件，医疗损害责任也概莫能外。医疗损害责任中的因果关系是指医疗机构及其医务人员的诊疗行为与患者遭受的损害之间具有引起与被引起的关系。医疗损害责任实行正常的因果关系证明规则，即由患者对其遭受的损害与医疗机构或其医务人员的诊疗行为存在因果关系。

在医疗损害责任案件中，往往存在多因一果的情况。例如，甲误伤乙，随即将乙送至医院治疗，但医院疏于护理导致乙伤口感染并造成严重后遗症。在此例中，甲的伤害行为与医院的诊疗行为均是乙遭受损害的原因共同导致了乙的损害。在多因一果案件中，要根据《侵权责任》第 11 条和第 12 条规定的聚合因果关系的数人侵权规则和部分因果关系的数人侵权规则，进行具体判断。

在医疗损害责任的构成中，医疗违法行为与医疗损害事实之间的因果关系要件具有非常重要的地位。在实行过错责任的医疗技术损害责任和实行过错推定责任的医疗伦理损害责任中，因果关系是连接医疗违法行为和医疗损害事实的客观要件，是判断受害患者一方医疗损害事实与医疗违法行为之间是否存在引起与被引起的逻辑联系的客观依据，以及确定实施医疗违法行为的医疗机构对受害患者诉求所依据的损害事实是否承担责任的基本依据之一。在医疗产品损害责任中，因果关系不仅是判断医疗机构、医疗产品生产者及销售者的违法行为与受害人损害事实之间是否具有引起与被引起的逻辑联系的客观依据，更是判断医疗机构、医疗产品生产者及销售者是否因违法行为为受害患者的损害承担侵权责任的惟一的客观依据。

应当指出的是，因果关系指的是违法行为与损害后果之间的引起与被引起的关系，这是一种事物与事物之间的客观联系，而不是指主观上的因素与客观上的结果的因果联系。① 在人民法院对医疗损害责任纠纷进行审理时，在认定是否构成医疗损害责任上，都必须确定医疗机构及医务人员的医疗违法行为与患者所遭受的人身损害结果之间是否具有因果关系。

在理论上和实务上，关于医疗损害责任的因果关系要件如何证明，历来有不同的主张。归纳起来，主要有证明说、完全推定说和有条件推定说三种。证明说认为，医疗损害责任的因果关系要件应当由原告证明，原告负担举证责任，不能

① 张新宝．侵权责任法原理．北京：中国人民大学出版社，2005：60；杨立新．侵权法论．第 3 版．人民法院出版社，2005：177.

证明的，因果关系要件不成立，不能构成侵权责任。[①] 完全推定说认为，由受害患者一方承担因果关系要件的举证责任是不公平的，因为医疗合同在履行中存在严重的信息不对称的状况，受害患者往往不能掌握医疗的专业知识和信息，甚至受害患者已经死亡，自己无法承担举证责任，其近亲属负担举证责任有重大困难，因此应当实行因果关系推定规则，举证责任应当倒置，由医疗机构承担因果关系要件的举证责任，受害患者一方不承担举证责任。[②] 有条件推定说认为，在医疗损害责任诉讼中，确实存在医疗信息不对称的问题，但完全将因果关系要件的证明责任推给医疗机构，就会使医疗机构陷入较为不利的诉讼地位之中，甚至会形成防御性医疗行为，最终还是要将风险转嫁给全体患者负担，对全体人民不利，因而应当实行有条件的推定，即举证责任缓和，在受害患者一方对因果关系的证明达到一定的程度时，推定因果关系，由医疗机构一方负责举证，推翻因果关系推定。[③]

由于因果关系要件在医疗损害责任中具有这样的法律作用，因此，对受害患者的赔偿责任的确定，就必须有准确的尺度，不能过宽，也不能过严。尺度过宽，必然会使受害患者得不到合理的赔偿，损害不能得到合理填补；尺度过严，则不仅会使受害患者一方得到不应有的赔偿，甚至使本不应得到赔偿的患者得到赔偿，使医疗机构的合法利益受到损害，削弱医疗机构救死扶伤的社会职能，伤害医疗机构进行医学探索和研究的积极性，更会使作为全体患者的人民群众的利益受到损害，不仅是支出高额的医疗费用，而且会使更多的患者无法得到合理的医疗保健。所以，在医疗损害责任构成要件中，因果关系要件具有举足轻重的作用和地位，必须处理妥当。

四、医疗机构和医务人员存在过错

（一）医疗过错的界定

由于过错责任是医疗损害责任的归责原则（《侵权责任法》第54条），医疗过错是判断医疗损害责任是否成立的最终要件和归责事由。虽然过错通常表现为故意和过失两种形式，但在医疗损害中，医疗过错主要表现为过失，故意只在极端情况下出现。例如，某医生为其前女友作阑尾切除手术，因心怀恨意，在实施阑尾切除手术时，将患者的子宫切除。此例中，该医生的行为即为故意而为之，

① 张新宝．侵权责任法原理．北京：中国人民大学出版社，2005：226.

② 该观点是最高人民法院在《关于民事诉讼证据的若干规定》中采取的立场，学者也有类似观点。

③ 杨立新．医疗侵权法律与适用．北京：法律出版社，2008：66.

其所属医疗机构应当承担医疗损害责任。

医疗过失包括疏忽大意的过失和过于自信的过失。例如，手术前没有检查患者的“血糖”，导致糖尿病患者术后刀口不愈合，便是疏忽大意的过失。再如，某外科医师在对组织结构认识不清的情况下，不请示上级医师，自信能解决而误伤患者的神经、血管，就是过于自信的过失。

（二）医疗过错的认定

在现代侵权责任法中，故意作为主观性概念，依然采用主观性的判断标准。而对于过失的判断则采取具有操作性的客观化判断标准，即是否违反注意义务。所谓注意义务，是指一个人从事某种活动时，应该给予高度的谨慎和注意，以避免给他人造成不应有的危险或者损害的责任。欠缺注意义务即构成过失。因此，注意义务是判断行为人是否承担过失责任的前提条件，判断行为人的行为是否存在过失，主要就是看行为人是否履行了其应尽的注意义务和履行其注意义务的程度。

如何认定医务人员的过失，有人认为医疗过失的判断标准是医师的注意义务，即一个合格的医护人员所应尽的注意义务是判断加害人的主观是否有过错的标准，基于过失论，判断医方有无过错，应就医方是否已尽客观上的注意义务为标准，亦即是否已采取避免损害结果发生的适当的措施而加以判断，换句话说，医疗过错的判断标准主要是医疗水准，即医务人员在进行医疗行为时，其学识、注意程度、技术以及态度均应符合具备一般医疗专业水准的医师于同一情况下所应遵循的标准，以医疗水准作为判断医疗过错的基础已成共识。但是，依据医疗水准进行判断的同时，还需要结合医疗行为的专门性、地域性、紧急性以及考虑到医疗技术的发展水平，医疗环境，医学常识等多种因素综合加以确定，判断医方的医疗行为是否尽到了注意义务。基于诊疗行为的未知性、特异性和专业性等特点，不能仅凭事后证明过错这一点来认定医务人员存在医疗过错，关键要看其他的医务人员在同样情形下是不是一般都不会犯这种错误。因此，作为医疗过错判断标准的诊疗义务，可以理解为一般情况下医务人员可以尽到的，通过谨慎的作为或者不作为避免患者受到损害的义务。

医疗损害赔偿责任中的医疗过失包括医院和医务人员的过失，医院的过失主要是指医院的监督、管理注意义务的违反。而医务人员的注意义务，依日本判例，作为医生，对于患者的症状应当予以充分注意。在依当时的医学知识考虑效果及副作用的前提下确定治疗方法及程度，在安全的注意下实行治疗，即所谓的最善注意义务，这并非笼统的善良管理人的注意义务所能涵括，最善注意义务是一种抽象的判断标准，与之相对应，又有具体的注意义务，包括一般的具体注意义务和特殊具体注意义务。前者是指各医疗阶段如诊断、治疗、手术等，医务护理过程中的义务，后者则是指说明义务，如实告知义务等医疗服务职业道德规范。

我们认为，医疗过失行为就是违背了医疗水准和未尽到最高注意义务的医疗行为，包括作为和不作为两种形式，作为是指医务人员积极实施了违反医疗卫生管理法律、行政法规、部门规章和诊疗护理规范、常规的行为，如错误诊断、开错药、不当处方、不当手术等等，不作为则是指医务人员消极地不实施医疗卫生法规、部门规章和诊疗护理规范要求其必须实施的行为，如对病人推诿拒治，贻误治疗时机，对病人报告的病情不予理睬，不按护理常规和规范按时观察病员病情不尽告知义务等行为，究竟哪些具体行为属于医疗过失行为，尚无法一一穷尽，结合我国医疗卫生的实际情况和医疗事故处理条例的有关规定，我们认为，凡违反医疗事故处理条例第五条和第十一条规定的情形，而主观上又不是出于故意的，都应当认定为医疗过失行为，上述两条明确规定了医疗机构及其医务人员在医疗活动中的法定义务，过失违反这些义务的，便构成医疗过失。

（三）医疗过错的推定

尽管《侵权责任法》规定的医疗损害责任适用过错责任归责原则，并且为了改变目前过度检查等防御性医疗状况，《侵权责任法》没有将最高人民法院2001年制定的《民事证据规定》中有关医疗损害赔偿采过错推定的做法立法化，但是《侵权责任法》第58条依然对于特定情形的医疗过错推定作出规定。所谓过错推定，是指损害发生时，因某种客观事实或条件的存在，即推定行为人有过错，从而减轻或免除被害人对于过错的举证责任，并转化为由加害人负责无过错的证明责任，在法理学上被称为举证责任倒置。《侵权责任法》第58条明确规定了可以适用过错推定的情形：

1. 违反法律、行政法规、规章以及其他有关诊疗规范的规定

违反这些规定就可以推定医疗机构有过错。因此，在今后的医疗侵权诉讼中，只要能够证明医疗机构及医务人员的行为违反了法律、行政法规、规章和有关诊疗规范，就可直接推定医疗机构有过错。结合侵权责任法第54条的规定，在此情况下，只要患者受到了损害，医疗机构就应当承担责任。

2. 伪造、篡改或者销毁以及隐匿或者拒绝提供与纠纷有关的病历资料

在现有的医疗侵权案中，医疗机构及其医务人员经常采取隐匿或者拒绝提供与纠纷有关的病历资料，以及伪造、篡改或者销毁病历资料的方式作“文章”，阻止患方获取有关证据。人而无信，不知其可，这些做法严重损害了医疗机构及医务人员形象，加剧了医患关系的对立，也在相当程度上损害了法律程序的正当

性和权威性。侵权责任法规定在此情形下，法官可以直接推定医疗机构有过错。

上述第 2 种情形的法律依据，是《侵权责任法》第 61 条的规定，即医疗机构及其医务人员应当按照规定填写并妥善保管住院志、医嘱单、检验报告、手术及麻醉记录、病理资料、护理记录、医疗费用等病历资料。患者要求查阅、复制前款规定的病历资料的，医疗机构应当提供。患者有损害，因上述某种情形，推定医疗机构有过错，并非当然认定医疗机构有过错。也就是说，医疗机构可以提出反证证明自己没有过错。

第四节　医疗损害责任的特殊形态

由于诊疗行为复杂化，侵权样态多元，涉及的法律主体众多，因此在医疗损害责任中会出现多种特殊的侵权形态。对此，侵权责任法作了相关立法规定。

一、医务人员违反医疗说明义务的责任

说明同意（Informed Consent）理论是医事法的重要法理，其主要内容在于医务人员须对患者进行充分的信息披露，以使患者能在充分理解的基础上对治疗方案等作出自愿的决定，在法律构成上即课以医疗人员严格的说明义务。医务人员违反医疗说明义务，造成患者损害的则应当承担医疗责任。例如《最高人民法院公报》刊载的医疗纠纷案件："郑雪峰、陈国青诉江苏省人民医院医疗服务合同纠纷"一案中，患者与医疗方就采取"ISCI"方式进行人工生殖达成合意，但医疗方擅自变更治疗方案，采取"IVF"技术实施人工生殖。法院认为，合同内容应以医疗方已向患者进行说明之治疗方案为准，医疗方采取未经说明之方案即为违约。[①] 医务人员的医疗说明义务与患者的知情权是对应的制度设计，违反说明义务的结果往往是损害患者的知情同意权，因此对于医务人员说明义务的规定需要结合患者知情同意权保护加以理解。

《侵权责任法》对于医务人员违反医疗说明义务的责任作出了专门的规定，该法第 55 条第 1 款规定：医务人员在诊疗活动中应当向患者说明病情和医疗措施。需要实施手术、特殊检查、特殊治疗的，医务人员应当及时向患者说明医疗风险、替代医疗方案等情况，并取得其书面同意；不宜向患者说明的，应当向患者的近亲属说明，并取得其书面同意。

---

① 参见《最高人民法院公报》2004（8）。

（一）医务人员的医疗说明义务

医务人员的医疗说明义务，是指医务人员为取得患者对诊疗行为的同意，而对该诊疗行为的有关事项进行说明的义务，也就是医务人员必须就患病情况、治疗方法及治疗所伴生的危险等事项向患者加以说明的义务。与医务人员的医疗说明义务相对应的是患者的知情权。

（1）医务人员的医疗说明义务是医务人员在诊疗活动中的一个基本义务。这一医疗说明义务贯穿于整个诊疗活动之中。

① 医疗说明义务的主体是医务人员；

② 医疗说明义务的对象一般情况下是患者本人；

③ 医疗说明义务的内容是患者的病情和医疗机构将要采取的医疗措施。

（2）医务人员的医疗说明义务可分为三类：

① 一般的医疗说明义务：医务人员在诊疗活动中应当向患者说明病情和医疗措施。

② 特殊医疗说明义务：在实施手术、特殊检查、特殊治疗时，应当及时向患者作必要的解释。这里的“特殊检查、特殊治疗”，是指具有下列情形之一的诊断、治疗活动：有一定危险性，可能产生不良后果的检查和治疗；由于患者体质特殊或者病性危笃，可能对患者产生不良后果和危险的检查和治疗；临床试验性检查和治疗；收费可能对患者造成较大经济负担的检查和治疗（《医疗机构管理条例实施细则》第 88 条）。例如，某甲女，住北京郊区某医院妇产科待产，产科检查一切正常。3 日后，某甲生下一子某乙。医生对某乙查体时，发现孩子左锁骨骨折，左臂丛神经麻痹。医院给某乙进行了治疗，一周后，某甲出院，医院未向其告知某乙的病情，也未向其交代出院后孩子需要继续治疗。某乙出院后，在 3 个月后才到医院复查，并到北京某医院治疗。此事件经鉴定为二级医疗事故。本案中，医院疏于告知产妇其所产婴儿的身体疾病，侵犯了患者的知情同意权，导致延误医疗造成损害。

（3）对于病危或绝症患者，医务人员履行医疗说明义务的对象不再是患者本人，而是患者的近亲属。

（4）判断医务人员是否依法履行医疗说明义务的主要证据，是患者的知情同意书。但是患者签署了知情同意书，并不意味着医疗机构在医疗事故中免责。

（二）患者知情同意权的例外

《侵权责任法》第 56 条规定，因抢救生命垂危的患者等紧急情况，不能取得患者或者其近亲属意见的，经医疗机构负责人或者授权的负责人批准，可以立即实施相应的医疗措施。

（三）违反医疗说明义务的责任

《侵权责任法》第55条第2款规定：医务人员未尽到前款义务，造成患者损害的，医疗机构应当承担赔偿责任。

依据上述规定，违反医疗说明义务责任的构成要件包括：

（1）医务人员未充分履行医疗说明义务；

（2）患者遭受了损害；

（3）未履行充分医疗说明义务与损害之间有因果关系；

（4）医务人员或者医疗机构存在过错。

二、侵害患者隐私权的责任

隐私权是《侵权责任法》明确规定保护的一种人格权，因为在医疗过程中，医生与患者之间的特殊关系，医方能够接触到患者的隐私，如果医方对患者的隐私不加保护，容易引发侵害患者隐私权的纠纷。例如，某广播电视音像出版社为拍摄计划生育科教片，到某妇婴医院拍摄有关镜头。其间正有一产妇分娩，在未征得产妇及其家属同意的情况下，医务人员将摄制组带人产房，拍摄下分娩的全过程。产妇的丈夫知道后，要求摄制组将录像抹掉，而摄制组不同意，产妇因此起诉该音像出版社和妇婴医院共同侵犯母子二人的名誉权和隐私权。为了妥善保护患者隐私权不受侵害，同时合理界定诊疗行为与侵害隐私权行为的界限，《侵权责任法》第62条规定：医疗机构及其医务人员应当对患者的隐私保密。泄露患者隐私或者未经患者同意公开其病历资料，造成患者损害的，应当承担侵权责任。《中华人民共和国执业医师法》第22条第3项规定：医师应当关心、爱护、尊重患者，保护患者隐私。第37条规定：医师在执业活动中，泄露患者隐私，造成严重后果的，由县级以上人民政府卫生行政部门给予警告或者责令暂停6个月以上1年以下执业活动；情节严重的，吊销其执业证书；构成犯罪的，依法追究刑事责任。

（一）患者隐私权的界定

隐私，是指自然人免于外界公开和干扰的私人秘密和私生活的安宁状态。而隐私权，则是指个人享有私人生活安宁不受他人干扰以及私人生活信息不受他人侵犯、知悉、使用、披露的权利。

在患者接受医疗机构及其医务人员的诊疗过程中，医疗机构及其医务人员出于诊疗的需要会掌握患者的诸多隐私。此外，在诊疗过程中，医疗机构及其医务人员所制作的病历资料真实而详细地记载了患者的许多个人私密信息，这些病历资料又形成了患者新的隐私。医疗机构及其医务人员在诊疗活动中掌握患者与病情相关的隐私是合法的，这也是顺利完成诊疗活动所必须的。但是医疗机构及其医务人员对于所掌握的隐私必须加以保密而不能泄露出去，否则便构成对患者隐私权的侵犯。

(二) 侵害患者隐私权责任的构成要件

具体而言，侵害患者隐私权责任的构成要件有下述几点：

1. 医疗机构及其医务人员侵害患者隐私权

根据《侵权责任法》的规定侵害患者隐私权存在两种情形：

(1) 泄露患者隐私；

(2) 未经患者同意而公开病历资料。

然而在实践中侵害患者隐私权的情形比较多样，例如某女患者在医院做流产手术，院方未经患者同意安排多名与手术无关的实习学生观摩手术全过程，从而导致患者隐私权受到侵害。① 此类因为医方安排实习生观摩患者诊疗过程的案件，如果没有取得患者的同意，往往形成侵害隐私权的后果。另外，有的医院疏于尊重患者隐私权，对诊疗过程缺少防护措施，引发非医护人员围观的情形，也可以解释为泄露患者隐私的行为。

2. 患者遭受了损害

医疗机构及其医务人员侵害患者隐私权的后果，往往是导致当事人承受精神上的痛苦以及社会评价的降低，这种损害后果体现为精神损害。对于患者隐私权是否受到侵害，要结合患者的性别、年龄、病情、侵害行为持续时间、乃至一般社会观念等因素加以考量。

三、医疗产品责任

医疗产品是一种特殊的产品，例如药物、消毒药剂、医疗器械、血液等，这些产品直接关系到患者的身体健康。合格的医疗产品是患者恢复健康的必要条件，反之，医疗产品一旦存在缺陷，它给患者带来的损害也会大于一般的产品。由于医疗产品的特殊性，《侵权责任法》将医疗产品责任与产品责任进行分别立法处理。《侵权责任法》第 59 条规定：因药品、消毒药剂、医疗器械的缺陷，或者输入不合格的血液造成患者损害的，患者可以向生产者或者血液提供机构请求赔偿，也可以向医疗机构请求赔偿。患者向医疗机构请求赔偿的，医疗机构赔偿后，有权向负有责任的生产者或者血液提供机构追偿。而在第五章专门规定了产品责任。

---

① 案例载自《患者隐私权纠纷 凸显法律空白》，央视国际，2004 年 06 月 23 日。

（一）医疗产品责任的归责原则

医疗产品责任是无过错责任，这不是说医疗产品缺陷的生产者、销售者没有过错，而是确定这种责任不考察过错，无论其有无过错，只要受害人能够证明医疗产品存在缺陷，即构成侵权责任。

（二）医疗产品责任的构成要件

（1）医疗产品须为有缺陷的医疗产品。医疗产品主要由四种：药品、消毒药剂、医疗器械、血液及血液制品①。

（2）须有患者人身损害事实。患者证明损害时，首先要证明缺陷医疗产品曾经被使用或消费；其次，要证明使用或消费该有缺陷的医疗产品是损害发生的原因。

（3）医疗产品的缺陷与受害人的损害事实之间存在引起与被引起的关系，医疗产品缺陷是原因，损害事实是结果。

（三）医疗产品责任的承担

患者可以向生产者或者血液提供机构请求赔偿，也可以向医疗机构请求赔偿。患者向医疗机构请求赔偿的，医疗机构赔偿后，有权向负有责任的生产者或者血液提供机构追偿。

结合侵权责任法第二章有关责任构成和责任方式的规定，这一条的规定表明，医疗机构在药品、消毒药剂、医疗器械有缺陷，以及血液不合格的情况下，与生产者和血液提供机构共同承担连带责任。此项规定，旨在保护被害人的利益，这里毋庸赘述。

第五节 医疗损害责任的免责事由

由于医疗损害产生于医患之间，为保障正常的医疗活动，维护医疗工作者的合法权利，对于医疗损害有必要设置相应的免责事由，从而避免由于对于诊疗活动动辄得咎，以及其进一步可能引发的医疗危机。医疗损害责任是过错责任。因此，《侵权责任法》第三章规定的过错相抵、受害人故意、第三人的原因、不可抗力、正当防卫、紧急避险等责任减免事由，在医疗损害责任中具有普遍的适用性。但是，鉴于医疗损害责任的特殊性，《侵权责任法》第60条对于医疗损害

① 血液虽然是人体组成部分，但是与人体分离后，就成为特殊的物，且血液的所有权属于血液提供机构，将其出卖于医院，医院又将其出卖给患者，完全具有产品的特征，应当视为产品。

中医疗机构的免责情形还作出了特别规定。

一、患者或者其近亲属不配合医疗机构进行符合诊疗规范的诊疗

实践中患者一方不配合诊疗的行为可以分为两类：

（一）患者因医疗知识水平的局限而不配合诊疗

患者囿于其医疗知识水平的局限而对医疗机构采取的诊疗措施难以建立正确的理解，从而导致其不遵医嘱、错误用药等与诊疗措施不相配合的现象。对于因患者上述行为导致损害后果的发生，并不能当然视为患者一方的“不配合”具有主观过错，从而医疗机构可以免除责任。判断患者一方是否存在过错的前提，是医务人员是否向患者一方履行了合理的说明告知义务。医务人员是否尽到了上述说明告知义务，是否足以使患者一方对于医疗机构采取的诊疗措施及其风险和后果具有合理的认识，这是判断患者一方客观上不配合诊疗的行为是否具有主观过错的关键。在判断是否履行说明告知义务，以及该义务的履行是否合理适当时，还要考虑医疗行业的特殊性，结合个案进行分析。

（二）患者一方因过错而不配合诊疗

患者一方主观上具有过错，该过错又可分为故意和过失。故意的情形一般比较少见，患者就医就是为了治疗疾病、康复身体，而非追求身体损害的结果。但现实情况是复杂的，也不能完全排除患者主观追求损害结果的可能。例如患者为获取保险金而故意不遵守医嘱而导致损害的发生。除故意的情形外，过失的情况比较常见。

例如，某建筑工人不慎从两米高的脚手架跌落，当时只是稍感头晕，身上仅擦伤了几处皮肉，就未引起重视，干完活就回宿舍休息了。第二天上午，此工人呕吐、昏迷，被送往当地医院医治，经诊断为颅内出血，院方要求其住院手术，但该工人自认为伤势不重，不愿住院手术治疗。在医院向其表明如不予手术治疗可能会有生命危险时，该工人执意出院，并声称后果由自己负责不找医院。后该工人强行出院回到工地后，一直处于浅昏迷状态，于第三日死亡。该工人的子女听说如果该工人能及时得到救治不至于死亡，便要求当地医院赔偿因该工人死亡而造成的经济损失。从医学角度上来说，颅内出血如果能及时得到救治，一般是不会死亡的。

本案中该建筑工人之所以最终死亡，并不在于医院方的责任。当该工人被送至当地医院医治时，该医院经诊断为颅内出血后，即刻提出了明确的治疗方案——手术治疗。但此时该工人拒绝住院治疗，在这种情形下，医院向其陈述利害关系——如不及时予以手术将有可能死亡，该工人还是自我感觉良好，坚持出

院，拒绝抢救，使医院无法对其进行治疗。并且该工人为了能够出院，声称出了任何事故由本人负责，与医院无关，使得医院无可奈何让其出院。可见，正是由于该工人本人拒绝治疗，致使医院不能按其伤情采用恰当的方式抢救治疗，才导致了该工人的死亡。根据《侵权责任法》第60条第1项规定以及《医疗事故处理条例》第33条之规定，“有下列情形之一的，不属于医疗事故：……（五）因患方原因延误诊疗导致不良后果的。”本案情形完全适用于此条规定，因此，本案不属于医疗事故，该工人子女要求医院赔偿经济损失的要求不予支持。

在上述两种情形下，医务人员已经合理尽到说明告知义务，且采取的诊疗措施并无不当，患者的行为即属于《侵权责任法》第60条第1项规定的“不配合医疗机构进行符合诊疗规范的诊疗”，对此，医疗机构不承担赔偿责任。如果损害后果完全是由于病员及其家属不配合治疗造成的，则应免除医疗单位或医务人员的赔偿责任。如果病员及其家属不配合治疗是构成损害事故的原因之一，医护人员也具有医疗过失时，构成混合过错，应依过失相抵原则，由双方分担责任。

二、医务人员在抢救生命垂危的患者等紧急情况下已经尽到合理诊疗义务

紧急治疗是医疗机构及其医务人员履行职责所必须承担的法定义务。这种义务自医方接到患者伤病紧急求救或对患者实施治疗过程中发生紧急情况时产生，如果医方怠于履行紧急治疗义务，则构成医疗过错且应当承担赔偿责任。国务院《医疗事故处理条例》第33条第一款规定：“在紧急情况下为抢救垂危患者生命而采取紧急医学措施造成不良后果的”不属于医疗事故，也就是说因采取紧急医疗措施造成患者损害后果的，医方应当免责。因此，紧急治疗构成要件的界定及医方在治救活动中的合理注意义务，是确定医疗机构及其医务人员是否应当承担责任的关键。

根据侵权行为法理论和民法通则关于紧急避险规定的精神，紧急治疗能够作为紧急避险的法定情形，是指为了使患者的生命免遭正在发生的、实际存在的危险而不得已对患者的人身和财产造成合理损害的医疗措施。因而，紧急治疗应当具备三个构成要件：一是患者的生命健康受到伤病急剧恶化的威胁。这种威胁应当限定为对患者生命的威胁，而不能是对患者一般健康状况的威胁。如果是为避免因拖延时间导致患者残疾后果而采取的紧急救治措施，也可以认定为紧急治疗。二是患者生命受到的威胁是正在发生和实际存在的。患者伤病的急剧恶化对其生命安全的威胁不能是假想的，而应当是正在发生和实际存在的，不立即采取紧急救治措施必然导致患者死亡的后果。如果医师主观想象或虚幻地认为存在需

要采取紧急救治的危险，而实际上这种危险并不存在，由于假想危险认识错误所采取的救治措施导致了不必要损害后果的，医方还是应当承担责任。三是医方的紧急救治措施对患者造成的损害在合理限度之内。即医方采取紧急救治措施及其所导致的损害应当限制在必要的限度内，其目的是为了使病员脱离危险，出于保护其生命健康权的善意。同时医方应当予以必要的注意，以免对患者健康造成其他损害。

根据《侵权责任法》的规定，紧急治疗的免责情形包含两个要件，只有在两要件均符合的情况下，医疗机构才对于患者的损害不承担赔偿责任。这两个要件分别为：

（一）抢救生命垂危的患者等紧急情况

1. 对“紧急情况”的界定

《执业医师法》第24条规定，对急危患者，医师应当采取紧急措施进行诊治；不得拒绝急救处置。所谓“紧急情况”，是指患者因疾病发作、突然外伤受害及异物侵入体内，身体处于危险状态或非常痛苦的状态，在临床上表现为急性外伤、脑挫伤、意识消失、大出血、心绞痛、急性严重中毒、呼吸困难、各种原因所致的休克等。

2. 紧急情况的判断标准

判断是否构成紧急情况，除了依据法律、法规和规章的规定外，还需要考虑以下两个方面：

（1）患者的生命健康受到伤病急剧恶化的威胁，这种威胁应当限定为对患者生命的威胁，而不能是对患者一般健康状况的威胁；

（2）患者生命受到的威胁是正在发生和实际存在的。如果医师主观想象或虚幻地认为存在需要采取紧急救治的危险，而实际上这种危险并不存在，由于假想危险认识错误所采取的救治措施导致了不必要损害后果的，医疗机构还是应当承担责任。

仅仅是“抢救受到生命威胁的患者等紧急情况”，医疗机构是否能够完全免除责任，还不能一概而论。《侵权责任法》第56条规定，因抢救危急患者等紧急情况，不能取得患者或者其近亲属意见的，经医疗机构负责人或者授权的负责人批准，可以立即实施相应的医疗措施。但是，该条只是回答了紧急情况下难以取得患者一方意见时，医疗机构是否可以“治”的问题。如果“治”的过程中产生损害，医疗机构是否承担赔偿责任，这就涉及到第二个关键的要件，即医务人员在紧急情况下是否尽到合理的诊疗义务。

（二）医务人员在紧急情况下是否尽到合理的诊疗义务

在紧急情况下为抢救垂危患者生命而采取紧急医学措施造成不良后果的，医疗机构是否承担责任，还要看医务人员是否已经尽到了合理的诊疗义务。

1. “合理诊疗义务”的判断

要考虑到在紧急情况下，患者生命危在旦夕，抢救时间紧迫，医务人员对患者的病情及病状无法作详细的检查、观察、诊断，难以要求医生具有与平常一样的思考时间、判断能力和预见能力。对于这种情况，法律对医生在注意程度上的要求相对低于一般医疗时的情形。

2. 紧急情况下“合理的诊疗义务”的内容

由于医疗行为直接关系患者的生命健康权，医务人员实施医疗行为必须履行高度注意的法定义务。从医疗关系的特殊性来看，医方具有提供医疗服务和对患者疾病、治疗所引起生命健康上危险性的预见和防止的义务，也即高度危险的注意义务。如我国临床实践选择手术疗法的一般原则：（1）手术必须是确实需要的，意即手术在当前条件下是最理想、最现实、最有希望的治疗方法；（2）术式选择（包括麻醉选择）必须是最佳的。医师在手术中应重视和履行服务义务，谨慎操作，避免差错和事故发生。因此，认真履行医疗危险注意义务也是确保医疗行为合法性的重要依据之一。若医方疏于注意或者将风险置于患者，则有违法律规定的义务和社会公平理念，这种情况下对医方不应免责。因此，在紧急情况下实施的紧急救治措施，医务人员依法必须履行高度注意义务。一是对患者伤病的准确诊断。对患者伤病的准确诊断是正确实施治疗措施的前提。如情况紧急，应当采取控制患者伤病恶化的紧急措施后，再作进一步诊断和治疗。二是治疗措施的正确无误。包括治疗措施和治疗用药的正确性。如果治疗措施和治疗用药发生错误，依法构成医疗事故，医方应当承担责任。三是谨慎履行告知义务。根据民事活动的诚实信用原则，医方对患者的病情、治疗措施、风险和医疗费用应当履行事先告知义务。紧急情况下，采取紧急救治措施后仍然应当履行告知义务。如真实告知对患者健康不利，则应当向其家属告知。

结合上述情况，如果医务人员已经尽到在紧急救治情况下其通常应尽到的诊疗义务，即合理诊疗义务的，医疗机构不承担赔偿责任；否则，即便是为抢救生命垂危的患者，但医务人员未尽到紧急救治情况下其应尽到的合理诊疗义务，医疗机构仍难以免除其赔偿责任。

三、限于当时的医疗水平难以诊疗

医疗行为具有高技术性、高风险性、复杂性以及不可控因素，还有很多未知领域需要探索，医疗结果有时具有不确定性和不可预见性。现代医学技术水平的发展具有局限性，目前还不能达到百分之百的治愈率。此外，由于病人个体的差异性，就是治疗常见病或者治疗同一种疾病，即便医生采取相同的诊疗措施，所达到的效果也不尽一样。

因此，法律对医务人员采取的诊疗行为是否存在过错的判断，只能基于当时的医学科学本身的发展，即是否尽到与当时的医疗水平相应的诊疗义务，尽到该项义务的，就视为医疗机构及其医务人员没有过错，对于患者的损害不承担赔偿责任。

第六节　医疗损害责任的承担

依据《侵权责任法》第 54 规定“患者在诊疗活动中受到损害，医疗机构及其医务人员有过错的，由医疗机构承担赔偿责任。”第 57 条规定：“医务人员在诊疗活动中未尽到与当时的医疗水平相应的诊疗义务，造成患者损害的，医疗机构应当承担赔偿责任。”因此，在符合医疗损害责任的构成要件，并且不存在免责事由时，由医务人员所属的医疗机构承担侵权责任。由此可断，医疗损害责任是《侵权责任法》第 34 条规定用人单位责任规则的具体化。

换言之，用人单位的工作人员因执行工作任务造成他人损害的，由用人单位承担侵权责任。因此，患者在诊疗活动中受到损害，医疗机构及其医务人员有过错的，“由医疗机构承担赔偿责任”。

本章小结

《侵权责任法》专章规定了医疗损害赔偿责任，结束了医疗事故责任与医疗过错责任的双轨制，意义重大。本章首先需要明确医疗损害责任的归责原则、医疗过错的界定与过错推定，还有免责事由。除此之外，本章对医疗机构的义务与患者的权利也作出了必要规定，包括患者的知情同意权及其例外、医疗机构填写、保管并向患者提供病历资料的义务、保护患者隐私权的义务以及不得过度检查的义务。

思考题

1. 如何认定医疗过错？
2. 侵权责任法如何规定医疗机构的过错推定？
3. 医疗产品责任中责任主体包括哪些？
4. 医疗损害责任的免责事由有哪些？

第十一章

环境污染责任

第一节　环境污染责任概述

一、环境污染与环境污染责任

环境，按照《环境保护法》第 2 条的规定，是指“影响人类生存和发展的各种天然的和经过人工改造的自然因素的总体，包括大气、水、海洋、土地、矿藏、森林、草原、野生生物、自然遗迹、人文遗迹、自然保护区、风景名胜区、城市和乡村等”。环境污染，是指由于人为的原因致使环境发生化学、物理、生物等特征上的不良变化，从而影响人类健康和生产生活，影响生物生存和发展的现象。

环境污染责任，是指实施污染环境的行为造成他人损害应当依法承担的民事责任。我国学界也有学者使用“环境侵权责任”、“环境损害的民事责任”等术语。

二、环境污染责任的法律规制

《民法通则》第 124 条规定：“违反国家保护环境防止污染的规定，污染环境造成他人损害的，应当依法承担民事责任。”我国在保护环境、防治污染方面制定了一系列法律，如《环境保护法》、《海洋环境保护法》、《水污染防治法》、《大气污染防治法》、《固体废物污染环境防治法》、《环境噪声污染防治法》、《放射性污染防治法》等。这一系列法律形成环境保护的法律体系，其中也规定了一些污染环境致人损害的侵权法规范。依据这些法律，因污染环境造成损害的，除法律明确规定的不承担责任的情形，都属环境污染侵权行为，行为人应当对受害人承担赔偿损失等民事责任。这对于保护公民、法人的合法权益和生态环境不受环境污染的侵害，具有重要的意义。

国外和我国台湾地区有关环境侵权规定的形式不尽相同，有的采用概括式，有的采用列举式，有的概括式和列举式结合，但环境侵权的内容和方式大致相同。如日本《环境基本法》第二条规定："本法所称'公害'是指伴随企（事）业活动及其他人为活动而发生的相当范围的大气污染、水体污染、土壤污染、噪声、振动、地面沉降和恶臭，并由此而危害人的健康或生活环境（包括与人的生活有密切关系的财产以及动植物及其繁衍的环境）。"德国《环境赔偿责任法》第三条第一款规定："一项损害系因材料、振动、噪声、压力、射线、气体、蒸汽、热量或者其他现象而引起的，以这些现象是在土地、空气或者水中传播为限，此项损害系因环境侵害而产生。"瑞典《环境损害赔偿法》第三条规定："由下列原因造成的损害或伤害应当予以赔偿：(1) 河流、湖泊或者其他水域的污染；(2) 地下水的污染；(3) 地下水位的变化；(4) 空气污染；(5) 土壤污染；(6) 噪声；(7) 振动；(8) 其他类似的侵害。"我国台湾地区"环境基本法"第4条第2款规定："环境污染者、破坏者应对其所造成之环境危害或环境风险负责。"

三、环境污染责任的范围与类型

侵权法所指的环境污染，既包括对生活环境的污染，也包括对生态环境的污染。对大气、水体、海洋、土地等生活环境的污染属于环境污染，对生物多样性的破坏、破坏生态环境和自然资源造成水土流失等生态环境的污染也属于环境污染。环境污染的形式既包括水污染、大气污染、噪音污染等传统的污染形式，还包括光污染、辐射污染等新型的污染形式。总之，因污染者的行为污染生活、生态环境造成损害的，污染者应当承担侵权责任。对于环境污染责任如何分类，《侵权责任法》没有规定，从具体的表现形式可以进行分析。

常见的几种环境污染主要是传统的污染形式，但是随着人们生活水平和科技日新月异的发展，新型的污染形式逐渐引起人们的注意。常见的比如水污染，是指水体因某种物质的介入而导致其化学、物理生物或者放射性等方面特征改变，从而影响水的有效利用，危害人体健康、破坏生态环境，造成水质恶化的现象。我国水资源严重紧缺，水污染防治在我国至关重要。水污染造成他人人身、财产损害的有责任进行赔偿 。

大气污染，按照国际标准化组织（ISO）的定义，"大气污染通常是指由于人类活动或自然过程引起某些物质进入大气中，呈现出足够的浓度，达到足够的时间，并因此危害了人体的舒适、健康和福利或环境污染的现象”。为了进一步保护大气环境，应当确定两个层次的责任：首先，向大气中排放有毒物质污染大气环境，排放者有责任消除危害；其次，对他人的人身、财产造成的损失，应当承担赔偿责任。

光污染是新型的环境污染，广义的光污染包括一些可能对人的视觉环境和身体健康产生不良影响的事物，包括生活中常见的书本纸张、墙面涂料的反光甚至是路边彩色广告的“光芒”亦可算在此列，光污染所包含的范围之广由此可见一斑。在日常生活中，人们常见的光污染的状况多为由镜面建筑反光所导致的行人和司机的眩晕感，以及夜晚不合理灯光给人体造成的不适。依据不同的分类原则，光污染可以分为不同的类型，国际上一般将光污染分成三类，即白亮污染、人工白昼和彩光污染。光污染造成的主要是人身损害，对此行为人要承担损害赔偿责任。下文也会论述，环境污染责任承担方式并非仅损害赔偿一种，停止侵害等也是其责任方式之一。

四、环境污染责任的归责原则

环境污染责任作为一种特殊的侵权责任，其特殊性首先表现在其采用了无过错责任的归责原则。依无过错责任原则，在受害人有损害，污染者的行为与损害有因果关系的情况下，不论污染者有无过错，都应对其污染造成的损害承担侵权责任。在立法过程中，对环境污染责任采用无过错责任的归责原则争议不大。值得注意的是，从侵权纠纷角度研究环境污染责任，根据不同的污染源，适用不同的归责原则。居民之间生活污染适用过错责任，主要由物权法规定的相邻关系解决，不受本章调整。而企业生产污染等污染环境的适用无过错责任，主要由侵权责任法、环境保护法、大气污染防治法、水污染防治法等相关法律调整。

此外，对企业排污符合规定的标准但造成损害的情况是否应当承担侵权责任的问题，在立法过程中有不同意见。有的认为，企业排污符合规定的标准时应减轻或者免除企业的侵权责任。如果符合规定的标准也应承担侵权责任，会削弱企业的环保意识，加重企业的负担，就有经营困难甚至破产的可能，如果符合排放标准仍造成损害，应由国家出台更高的标准，否则应由国家承担相应的责任。有的意见认为，即使排污符合规定的标准，造成损害也应当承担侵权责任。本条规定“因污染生活、生态环境造成损害的，污染者应当承担侵权责任。”环境污染责任采用无过错责任，国家或者地方规定的污染物排放标准，是环境保护主管部门决定排污单位是否需要缴纳排污费和进行环境管理的依据，并不是确定排污者是否承担赔偿责任的界限。即使排污符合标准，给他人造成损害的，也应当根据有损害就要赔偿的原则，承担赔偿责任。

对企业生产等环境污染责任采用无过错责任的归责原则，主要是由以下几个原因决定的。

（一）环境污染已经成为我国发展中的突出问题

环境问题关系到人民群众切身利益，关系到人与自然和谐相处和经济社会永续发展，我国目前正处于工业化中期，重工业比重高，原材料消耗高，污染风险也高。由于国际经济结构的变化，西方发达国家已经完成了经济结构的调整，第二产业比重下降，第三产业比重大幅提升。我国有些企业一方面大量开发和利用资源，以获取利润，另一方面为节省处理成本大量排污，造成他人人身、财产和公共环境的损害。无过错责任原则有利于追究侵权人的责任，促使其积极治理污染，预防和减少污染，保护环境和救济受害人。

（二）与现行的环境保护法律中归责原则的规定一致

我国现行的《民法通则》和环境保护法律中对环境污染侵权都规定了无过错责任的归责原则。《民法通则》第124条规定："违反国家保护环境防止污染的规定，污染环境造成他人损害的，应当依法承担民事责任。"《环境保护法》第41条第1款规定："造成环境污染危害的，有责任排除危害，并对直接受到损害的单位或者个人赔偿损失。"《海洋环境保护法》第90条第1款规定："造成海洋环境污染损害的责任者，应当排除危害，并赔偿损失；完全由于第三者的故意或者过失，造成海洋环境污染损害的，由第三者排除危害，并承担赔偿责任。"《水污染防治法》第85条第1款规定："因水污染受到损害的当事人，有权要求排污方排除危害和赔偿损失。"《大气污染防治法》第62条第一款规定："造成大气污染危害的单位，有责任排除危害，并对直接遭受损失的单位或者个人赔偿损失。"《固体废物污染环境防治法》第85条规定："造成固体废物污染环境的，应当排除危害，依法赔偿损失，并采取措施恢复环境原状。"《环境噪声污染防治法》第61条第1款规定："受到环境噪声污染危害的单位和个人，有权要求加害人排除危害；造成损失的，依法赔偿损失。"《放射性污染防治法》第59条规定："因放射性污染造成他人损害的，应当依法承担民事责任。"侵权责任法规定环境污染责任采用无过错责任的归责原则与这些法律的规定是一致的。

（三）符合国际上通行的做法

对于环境污染侵权，是适用一般的过错原则还是无过错原则，不同国家针对不同情况在立法上也有所不同，大都区分不同环境侵权的类型，分别采用过错责任和无过错责任。大多数国家对企业生产等危害较大的环境污染采用无过错责任的归责原则。

日本的环境立法中对一般的环境侵权依据其民法典第709条承担过错责任，但在公害事件中适用无过错原则。公害无过错原则的适用对象为大气污染、水质污染和放射性污染等有害物质所引起的公害，对于因噪声、振动、地面沉降、恶臭等造成的环境损害，无过错原则并不适用。对于适用无过错归责原则的公害事件，赔偿范围仅限于对人生命、健康损害的救济，对于财产的损害则不适用无过错原则。日本政府自1967年以来陆续出台了《公害对策基本法》、《噪声控制法》、《大气污染防治法》、《水污染防治法》和《环境影响评价法》等十多部环境保护法律。《大气污染防治法》、《水污染防治法》等法律中确定了无过错责任的归责原则。

德国法对于环境侵害作了两类区分：其一是由于人们的日常活动或者企业无需政府许可的营业活动所引起的环境侵害，这被称为一般性的环境侵害；其二是经政府许可的营业活动，也即企业的产业活动所引起的环境侵害，这被称为特殊类型的环境侵害。与此相对应，德国环境侵权方面的法律主要涉及两个层面：一是民法典关于侵权行为、干扰侵害和侵害排除的一般性规定，主要解决一般性的环境侵权问题。德国民法典第906条规定："在干扰不损害或者较轻微损害土地的使用的范围内，土地所有权人不得禁止煤气、蒸汽、臭气、烟气、煤烟、热气、噪声、震动和其他来自他人土地的类似的干扰的侵入。如果此类干扰对土地的通常使用或者对土地的收益所造成的妨害超出预期的程度，所有权人可以要求适当的金钱赔偿。"对于无法用相邻关系制度调整的其他一般性环境侵权损害赔偿，应适用德国民法典第823条规定的过错原则，即"因故意或过失不法侵害他人的生命、身体、健康、自由、所有权或其他权利者，负向他人赔偿因此所生损害的义务"。当此类环境侵害造成的后果仅限于精神层面，而不涉及被侵害人生命、身体、健康、自由和财产权利时，即便加害人存在故意或者过失，被侵害人也不能依据德国民法典第823条的规定得到赔偿。德国司法判例认为，对清洁的空气、水和舒适生活环境的利益（即所谓的环境权等法益），并不属于德国民法典第823条所称"其他权利"的范畴。二是涉及环境侵权的专门性法律，如《公害防治法》、《水利法》、《环境责任法》和《联邦固体废弃物防治和固体废弃物管理法》等，主要解决特殊类型的环境侵权问题。德国法将其纳入危险责任，在民法典之外通过特别法加以规范。《德国环境赔偿责任法》第1条规定："因环境侵害而致人死亡，侵害其身体或者健康，或者使一个物发生毁损的，以此项环境侵害是由附件一中所列举的设备引起的为限，对于由此发生的损害；设备的持有人负有向受害人给付赔偿的义务。”《德国水利法》第22条规定：“向水体（包括河流、湖泊、沿海和地下水）投放或导入物质，或者变更水体原来的物理、化学或生物性质，致损害他人者，就其所生损害负赔偿责任。如果是多人使水域产生影响，那他们作为整体负债人而承担责任。”

英美法系的干扰妨害和严格责任在环境侵权救济中运用比较普遍。自1970年以来，美国逐渐采取以环境专门立法的形式来确立严厉的行政控制制度以及损害赔偿的严格责任原则，如《综合环境治理损害赔偿法》（或称1980超级基金法）、《安全饮用水法》、《清洁空气法》和《清洁水法》等，均以严格责任为原则。

第二节　环境污染责任的构成

一、责任构成概述

环境污染责任构成即环境污染责任的构成要件，是指环境污染者应当承担侵权责任必须具备的条件。我国侵权责任法将环境污染责任的归责原则规定为无过错责任，即行为人是否有过错无需考虑。

对于环境污染责任的构成要件有不同的观点，主要有二要件说和三要件说。二要件说或认为，环境污染责任构成要件包括污染环境的行为，以及行为造成他人损害；或认为，包括污染环境造成损害的事实，以及损害与污染环境行为之间具有因果关系。三要件说认为，环境污染责任的成立要件包括违反环境保护法律的污染环境行为、客观的损害事实以及因果关系。本书采三要件说。

二、环境污染行为

环境污染行为是环境污染责任的首要构成要件，无环境污染行为即不存在环境污染责任问题。环境污染是由于人为的原因致使环境发生化学、物理、生物等特征上的不良变化，从而影响人类健康和生产生活，影响生物生存和发展的现象。依据不同的划分标准可以将环境污染分为不同的类型。按环境要素可分为大气污染、水污染、噪声污染和土壤污染等；按污染物性质可分为生物污染、化学污染和物理污染等；按污染物的形态可分为废气污染、废水污染和固体废弃物污染以及噪声污染、辐射污染等；按污染产生的原因可分为生产污染和生活污染，生产污染又可分为工业污染、农业污染和交通污染等；按污染物的分布范围又可分为全球性污染、区域性污染、局部性污染等。

三、环境污染损害

侵权责任法的功能之一在于对损害的赔偿，无损害即无责任。环境污染责任的成立也需要环境污染造成一定的损害。环境污染致人损害的事实是指受害人因接触或者暴露于被污染的环境从而受到的人身伤害、死亡以及财产的损失等后果。环境污染的损害一般具有以下特点：

1. 环境污染损害具有复杂性

首先，由于环境污染的污染源来自生产生活的各个方面、各个领域。诸多的污染源产生的污染物质种类繁多，性质各异，并且这些污染物常常是经过转化、代谢，富集等各种反应后，才导致污染损害。其次，与一般民事违法行为所造成损害不同，污染环境行为造成他人损害的过程非常复杂。比如，1956 年日本发生的“水俣病”，是因当地的一家氮肥厂将含汞的废水排入河中，使汞富集于鱼体之内，当地居民吃了这种鱼而致病。应该说在这个系列环节中，单一的某个环节并不会致“水俣病”，但经过这一完整的过程，最后导致了“水俣病”这一损害后果。

2. 环境污染损害具潜伏性

环境损害一般具有很长的潜伏期，这是因为环境本身具有消化人类废弃物的机制，但环境的这种自净能力是有限的，如果某种污染物的排放超过环境的自净能力，环境所不能消化掉的那部分污染物就会慢慢地蓄积起来，最终导致损害的发生。如 70 年代日本发现的“富山骨痛病”，其潜伏期就达十几年。而因石棉污染引起的石棉性肺癌潜伏期可达 30 年之久。

3. 环境污染损害具有持续性

环境损害常常透过广大的空间和长久的时间，经过多种因素的复合积累后才形成，因此而造成的损害是持续不断的，不因侵权的行为停止而停止。同时，由于受科学技术水平的制约，对一些污染损害缺乏有效的防治方法。因此，环境污染损害并不因为污染物的停止排放而立即消除，具有持续性。因此，我们的环境保护工作要贯彻预防为主的方针。

4. 环境污染损害具有广泛性

环境污染损害的广泛性表现在：一是受害地域的广泛性，比如海洋污染往往涉及周边的数个国家；二是受害对象的广泛性，环境污染的受害对象包括全人类及其生存的环境；三是受害利益的广泛性，环境污染往往同时侵害人们的生命健康权、休息权、财产权等等。

环境污染造成的损害既包含对人身权的损害也包含对财产权的损害。当然，人身权主要是生命健康权、身体权等，不包括姓名权、名誉权、肖像权等人格权。财产权的损害表现在对于现有财产造成的直接损失。当然，也存在间接损失，比如因为土壤污染造成今后几年内无法使用土地的可得利益的损失等。

环境污染损害的广泛性、持续性等特点决定了损害赔偿受到限额的限制，完全赔偿原则并不能完全适用。

四、因果关系及其证明

环境污染行为和损害之间的因果关系于被侵权人而言至关重要。环境污染责任的无过错责任原则使被侵权人免于证明行为人主观上是否具有过错，但是需要承担因果关系的证明责任。

在一般侵权案件中，加害行为实施后，损害结果往往会即时发生，如侵害人身权案件，被侵权人的损害往往表现在身体、健康等诸方面。环境污染行为及污染损害的特点使得证明其间因果关系非常困难。鉴于此，我国环境保护法律法规和相关的司法解释对环境污染责任的因果关系证明实行举证责任倒置的模式。《水污染防治法》第 87 条规定："因水污染引起的损害赔偿诉讼，由排污方就法律规定的免责事由及其行为与损害结果之间不存在因果关系承担举证责任。"《固体废物污染环境防治法》第 86 条规定："因固体废物污染环境引起的损害赔偿诉讼，由加害人就法律规定的免责事由及其行为与损害结果之间不存在因果关系承担举证责任。"《最高人民法院关于民事诉讼证据的若干规定》第 4 条规定："下列侵权诉讼，按照以下规定承担举证责任：……（三）因环境污染引起的损害赔偿诉讼，由加害人就法律规定的免责事由及其行为与损害结果之间不存在因果关系承担举证责任。"《最高人民法院关于适用〈中华人民共和国民事诉讼法〉若干问题的意见》第 74 条规定："在诉讼中，当事人对自己提出的主张，有责任提供证据。但在下列侵权诉讼中，对原告提出的侵权事实，被告否认的，由被告负责举证：……（3）因环境污染引起的损害赔偿诉讼……"

《侵权责任法》第 66 条规定"因污染环境发生纠纷，污染者应当就法律规定的不承担责任或者减轻责任的情形及其行为与损害之间不存在因果关系承担举证责任。"由此，因环境污染发生纠纷，污染者应当就法律规定的不承担责任或者减轻责任的情形及其行为与损害之间不存在因果关系承担举证责任。规定了环境污染侵权因果关系的举证责任倒置，由污染者就行为与损害之间的因果关系承担举证义务。污染者必须证明其行为与损害之间没有因果关系，才能不承担侵权责任，否则依据本条规定，其应承担环境污染的侵权责任。

第三节　环境污染责任的承担

一、环境污染责任的责任方式

《侵权责任法》第 15 条规定了 8 种侵权责任承担方式，损害赔偿是主要的责任承担方式。其适用于实际损失发生的情况下。除了损失赔偿，第 15 条规定的停止侵害、排除妨碍、消除危险也适用于环境污染责任案件中，当然，不同于损害赔偿，其不以实际损害结果的发生为要件。

停止侵害是指当污染者正在实施污染环境的行为时，被侵权人得依法请求停止侵害，人民法院基于受害人的请求，得判令污染者停止正在实施的污染行为的民事责任承担方式。排除妨碍是指依据被侵权人的请求，法院判令污染者采取一定的积极行为除去污染，对污染进行清理、整治、以使被侵权人能够正常行使合法权益的民事责任方式。消除危险是指污染者的污染行为对他人的人身或财产造成了现实的威胁，受到威胁的当事人请求污染者消除危险状况，保障其人身财产安全的民事责任方式。消除危险的适用必须以危险确实存在为前提。

二、数人侵权的环境污染责任承担

在一定的时间、空间里，环境容量是有限的，多个污染者共同排污的行为可能超过环境容量和环境的自净能力，污染环境给受害人造成损害。在这种情况下，多个污染者之间对受害人如何承担责任，污染者之间的责任大小如何确定是本条所规范的内容。

（一）两个以上污染者造成损害的责任

本条所规范的环境污染侵权行为有以下要件：一是多个侵权主体，有两个或者两个以上的污染者；二是污染者存在无意思联络的侵权行为，即污染者都有污染环境的行为，但其行为之间没有意思联络；三是数个侵权行为与损害有总体上的因果关系，并不是单个侵权行为与损害之间有因果关系；四是造成了同一损害。本条规定的两个以上污染者污染环境，污染者之间不存在污染环境的意思联络。现实中的环境污染共同侵权，从各行为人的角度考察，在污染者彼此实施侵权行为之前，一般没有主观上的意思联络。如果污染者之间有意思联络，则不是本条调整的范围，应由本法第八条规定的“二人以上共同实施侵权行为，造成他人损害的，应当承担连带责任”所调整，构成有意思联络的共同侵权，污染者承担连带责任。

在立法过程中，关于两个以上污染者污染环境造成损害，污染者对外是承担连带责任还是按份责任有不同意见。有的提出，应当规定污染者对外承担连带责任，再根据污染物排放量等因素确定排污者的内部责任，这样有利于救济受害人。另一种意见认为，应当规定污染者承担按份责任。经研究认为，承担连带责任虽然能更好地保护受害人，但从社会公平的角度来说，值得商榷。污染损害发生后，受害人从赔付能力考虑，一般会起诉经济能力较强的大企业，而大企业由于处理污染物能力较强，不一定比小企业排放污染物多，规定连带责任会加重大企业的负担，不利于社会公平，也不利于排污多的小企业积极治理污染。同时，部分排污者承担连带责任后还需另行起诉，根据污染物排放量等因素在排污者之间追偿，增加诉累。应当规定按份责任，直接根据污染物的种类、排放量等因素确定排污者责任的大小。如数家企业向同一河流排污，河水被污染致使饮用该河水的居民感染疾病，受害人起诉这数家企业，允许被告依据本法第66条提出反证，如果任何一个企业能够证明其行为与损害之间没有因果关系，则不承担责任。剩余企业承担按份责任，根据污染物的种类、排放量等因素确定责任大小。

（二）判断污染者责任大小的依据

在确定两个以上污染者污染环境，应当承担按份责任后，如何判断污染者承担责任的份额，其责任大小根据什么因素确定。本条规定，污染者承担责任的大小，根据污染物的种类、排放量等因素确定。

污染者承担责任大小的依据主要是污染者的行为在导致损害的结果中所占的原因力的比例。环境污染中原因力的确定比较复杂，具体到确定责任大小，应考虑污染者排放污染物的种类、排放量等因素。排放污染物的种类是指导致损害结果的污染物的种类，如一家企业既排放A有害物质又排放B有害物质，在确定致害污染物只是A有害物质的情况下，只考虑A有害物质的排放来确定。排放量的概念是排放污染物总量乘以排放浓度，如一家企业排放污水十吨，浓度是百分之零点一，另一家企业排放污水五吨，浓度是百分之零点二，排放量的计算是排放污水总量乘以排放浓度，并非单指排放污水总量。突发事故的排污量可以参照监测数据，累积型的排污量可以以排污单位申报量、日常监测数据、环保部门监测数据、物量核算等方式确定。

另外，在确定责任大小时不仅仅只考虑污染物的种类、排放量两种因素，还应考虑其他因素，如排放地距离、排放持续时间、污染物的致害程度等等。

三、环境污染责任的减免

《侵权责任法》规定，因污染环境造成损害的，污染者应当承担侵权责任。同时第5条还规定，其他法律对侵权责任另有特别规定的，依照其规定。对于适用无过错责任的环境侵权，其责任并非绝对责任，侵权人可以依据法律规定的不承担责任或者减轻责任的情形提出抗辩，从而免除或者减轻自己的侵权责任。不同类型的环境污染，关于不承担 责任或者减轻责任的法律规定也不尽相同。如因核材料或者核设施泄漏引起的核污染责任，与工业废水排放引起的污染责任，法律规定其不承担责任或者减轻责任的情形有所不同。

我国环境保护方面的法律中对不承担责任或者减轻责任的情形有所规定，主要涉及不可抗力、受害人故意和第三人责任。《环境保护法》第41条第3款规定："完全由于不可抗拒的自然灾害，并经及时采取合理措施，仍然不能避免造成环境污染损害的，免予承担责任。"《海洋环境保护法》第90条第1款规定："造成海洋环境污染损害的责任者，应当排除危害，并赔偿损失；完全由于第三者的故意或者过失，造成海洋环境污染损害的，由第三者排除危害，并承担赔偿责任。"《海洋环境保护法》第92条规定："完全属于下列情形之一，经过及时采取合理措施，仍然不能避免对海洋环境造成污染损害的，造成污染损害的有关责任者免予承担责任：（1）战争；（2）不可抗拒的自然灾害；（3）负责灯塔或者其他助航设备的主管部门，在执行职责时的疏忽，或者其他过失行为。"《水污染防治法》第85条第2、3、4款规定："由于不可抗力造成水污染损害的，排污方不承担赔偿责任；法律另有规定的除外。""水污染损害是由受害人故意造成的，排污方不承担赔偿责任。水污染损害是由受害人重大过失造成的，可以减轻排污方的赔偿责任。""水污染损害是由第三人造成的，排污方承担赔偿责任后，有权向第三人追偿。"《大气污染防治法》第63条规定："完全由于不可抗拒的自然灾害，并经及时采取合理措施，仍然不能避免造成大气污染损失的，免于承担责任。"在发生这些环境污染侵权时，污染者可以依据这些法律的规定不承担责任或者减轻责任。

国外对于环境污染责任不承担责任或者减轻责任的情形也有规定，其中，不可抗力、受害人过错和第三方责任是国外立法例中最多见的规定。《德国环境赔偿责任法》第4条规定："以损害系因不可抗力引起的为限，不存在赔偿的义务"。《德国水利法》第22条第2款规定："因制造、加工、贮藏、堆积、运送或毁弃物品，从其设备向水体投放物质，致损害于他人者，设备营运人就所生损害负赔偿责任。如果损失由暴力引起，则没有赔偿义务。"《日本大气污染防治法》第25条第3款规定："关于第二十五条第一款规定的损害的发生，与天灾及其他不可抗力联系在一起时，法院在对损害赔偿责任与赔偿额的认定上，应该斟酌这一情况。"《日本水污染防治法》第20条第2款规定："第十九条第一款规定的损害的发生，如果是天灾及其他不可抗力等多种原因造成的，则法院在认定损害赔偿责任和赔偿金额时，可以斟酌这一情况。"《美国综合环境反应、赔偿和责任法（1980）》第七部分（b）款规定："如果某人能证明泄漏某种有害物质及由此造成的损失是由于以下原因引起的，则不承担本条（a）款的责任：（1）不可抗力；（2）战争；（3）损害仅因第三方的过失引起，并且第三方同该人（被告）之间不存在雇佣或者代理关系，不存在任何直接或者间接的合同关系，同时，被告必须能够证明他不仅对于该有害物质的性质以及所有相关的因素都已尽到谨慎的注意义务，并且对能够合理预见到的第三方过失都已采取谨慎的预防措施；（4）任何以上原因的组合。"《加拿大环境保护法》第205条第2款规定："依据第一款规定的个人责任并不依靠过失或疏忽的证据，但是如果财产所有人确定环境事件有如下情形，则依据该款的规定不承担责任：（1）因战争、敌对或叛乱行为所导致，或者因一种异常的、不可避免、不可克服的自然现象所导致；（2）完全是由故意引起损害的第三方的作为或不作为引起的；（3）完全是由于政府公共部门或者公共管理机关的疏忽或其他错误行为引起的。"

一些国际公约对环境污染责任不承担责任或者减轻责任的情形也有规定。《欧盟关于预防和补救环境损害的环境责任指令》第4条规定："该指令不调整由以下情况导致的环境损害或者紧急的环境威胁：（1）武装冲突，敌对行动，内战或者骚乱；（2）不可避免和不可抑制的自然现象。该指令不适用于由建立欧洲原子能共同体条约所调整的活动导致的核风险或者环境损害或者紧急的环境损害。"《关于核损害的民事责任的维也纳公约》第4条第3款规定："（一）管理人对直接由武装冲突、敌对行动、内战或者暴动等行为引起的核事件所造成的核损害一律不承担责任；（二）管理人对由于特大自然灾害直接引起的核事件所造成的核损害不负责任，除非装置国的法律有相反的规定。"《国际油污损害民事责任公约》第3条第2款规定："船舶所有人如能证实损害系属于以下情况，即对之不负责任：（1）由于战争行为、敌对行动、内战或者武装暴动，或者特殊的、不可避免的和不可抗拒的自然现象所引起的损害；（2）完全由于第三者有意造成损害的行为或者怠慢所引起的损害；（3）完全是由于负责灯塔或其他助航设备的政府或其他主管当局在执行其职责时，疏忽或其他过失行为所造成的损害。"《关于危险废弃物越境转移及其处置所造成损害的责任和赔偿问题议定书》第4条第5款规定："如果本条第1和第2款中所述之人证明损害系由以下原因之一所致，则该人便不应对之负任何赔偿责任：（a）武装冲突、敌对行动、内战或叛乱行为，（b）罕见、不可避免、不可预见和无法抵御的自然现象，（c）完全系因遵守损害发生所在国的国家公共当局的强制性措施或，（d）完全由于第三者的蓄意不当行为，包括遭受损害者的不当行为。”

如果第三人与污染者有意思联络，则第三人与污染者构成共同侵权，《侵权责任法》第68条规定：“因第三人的过错污染环境造成损害的，被侵权人可以向污染者请求赔偿，也可以向第三人请求赔偿。污染者赔偿后，有权向第三人追偿。”第三人的过错，是指除污染者与被侵权人之外的第三人，对被侵权人损害的发生具有过错，此种过错包括故意和过失。如果污染环境造成损害是由于第三人的过错引起的，涉及到责任如何承担的问题。这种情况需具备以下几个条件：首先，第三人是指被侵权人和污染者之外的第三人，即第三人不属于被侵权人和污染者一方，第三人与受害者和污染者之间不存在法律上的隶属关系，如雇佣关系等。其次，第三人和污染者之间不存在意思联络。如果第三人与污染者有意思联络，则第三人与污染者构成共同侵权。共同侵权的情形下根据《侵权责任法》第二章的规定承担责任。

本章小结

环境污染责任，是指实施污染环境的行为造成他人损害应当依法承担的民事责任。侵权责任法规定的环境污染责任归责原则是无过错责任，其责任构成要件包括环境污染行为、污染损害和因果关系三项，承担环境污染责任的主要方式是损害赔偿。环境污染责任的因果关系证明采取的是举证责任倒置。

思考题

1. 简述环境污染责任的概念。
2. 简述环境污染责任的归责原则。
3. 简述环境污染责任的构成要件。
4. 简述环境污染责任的责任承担方式。
5. 简述环境污染责任的免责事由。

第十二章

高度危险责任

第一节　高度危险责任概述

一、高度危险责任的概念和特征

（一）高度危险责任的概念

高度危险责任，是指行为人实施高度危险作业造成他人损害所应承担的侵权责任。这里的“高度危险作业”应当包括“高度危险活动”和“管领危险物”两个方面。《侵权责任法》第69条高度抽象地界定了高度危险责任。《民法通则》第123条规定了“高度危险作业致害责任”，但采取的是“列举+概括”的方式，鉴于生活中出现了《民法通则》没有列举的其他高度危险作业，以及遵循《侵权责任法》整体的立法结构设计，《侵权责任法》第69条对《民法通则》第123条进行了再次抽象，提炼出高度危险责任的一般条款，规定：“从事高度危险作业造成他人损害的，应当承担侵权责任。”这就使得高度危险责任的适用保持了开放性，不仅使我国侵权责任法可以应对将来发生的新类型高度危险责任案件，而且也为法官裁判提供了弹性条款。

（二）高度危险责任的特点

1. 高度危险责任是特殊侵权责任

高度危险责任是特别针对高度危险作业致人损害而设计的责任形式，不适用一般侵权责任的归责原则和归责要件，属于特殊侵权责任。

2. 高度危险责任是无过错责任

从《侵权责任法》第69条可以看出，只要是“从事高度危险作业造成他人损害的”，除非有法定免责事由，均应承担侵权责任。而通观相关立法，高度危险作业人的过错状态是不作为免责事由的，因此归责无须考虑作业人的过错，作业人也不能以证明自己对损害的发生没有过错而免责。

法律对高度危险责任采用无过错责任原则，主要有三个方面的原因。第一是风险分配。因为高度危险作业本身的专业性和对作业区周围环境的高度危险性，其风险防范的义务应该归属于作业人而非第三人，适用无过错责任原则有利于促使作业人尽最大努力采取措施防止损害的发生，从而保障作业区周围环境的安全。第二是举证责任分配。如采过错责任原则，则须由受害人举证证明作业人有过错，主要是证明作业人的风险防范措施失误，这无异于让受害人成为风险防范专家，加重了受害人的举证负担，有失公平，即使是采过错推定，因为何种程度的防范措施算是“无过错”，难有统一标准，从而缺乏可操作性，徒增讼累。采无过错责任原则则可避免这一切问题的产生。第三是利益平衡。高度危险作业人一般都是作业的受益人，而受害人未从高度危险作业中受有任何益处反而遭受损害，除非受害人是故意或有重大过失（《侵权责任法》第73条），受害人不应当承担这些损害，将责任分配给高度危险作业人，是公平合理的。

3. 高度危险责任是不考虑行为违法性的责任

一般情况下，高度危险作业都是法律允许进行的作业活动，其本身不具有不法性，《侵权责任法》和《民法通则》对高度危险责任均未规定高度危险作业须“违反法律规定”等术语，可见法律对高度危险责任的承担不以违法性为要件。但是依据我国《民法通则意见》第154条规定，从事高度危险作业，没有按有关规定采取必要的安全防护措施，严重威胁他人人身、财产安全的，人民法院应当根据他人的要求，责令作业人消除危险。可见在“消除危险”责任的适用方面，司法解释要求作业人“没有按有关规定采取必要的安全防护措施”，似乎是有“违法性”要件的要求，不过这条规定与《侵权责任法》和《民法通则》的规定并不矛盾，因为《民法通则意见》的规定是适用于没有损害“消除危险”的情形，而后二者的规定则是适用于已有损害的情形。不过我们认为，依据《侵权责任法》第21条的规定，侵权行为危及他人人身、财产安全的，被侵权人可以请求侵权人承担消除危险的侵权责任，这是关于“消除危险责任”适用条件的明确规定，而《民法通则》缺乏这样的明确规定，因此《民法通则意见》154条是对《民法通则》的补充而不是对《侵权责任法》的补充，《侵权责任法》施行以后，《民法通则意见》154条应无适用之余地。也就是说，在高度危险作业责任中，并不要求权利人证明高度危险作业人“没有按有关规定采取必要的安全防护措施”才能请求其承担“消除危险”的责任。这是符合高度危险责任立法的宗旨和现代法制发展的趋势的。

4. 它是可以适用赔偿限额的责任

赔偿限额责任是指责任人不需要全部赔偿而仅在法律规定的最高限额内赔偿的责任。《侵权责任法》第77条规定：承担高度危险责任，法律规定赔偿限额的，依照其规定。这就认可了高度危险责任可以设置赔偿限额。需要注意的是，这里的赔偿限额，只能由“法律”规定，也就是只能由全国人大及其常委会制定的规范性文件规定，其他规范性文件规定的赔偿限额无适用之余地。

二、高度危险责任之立法比较

（一）《民法通则》中的高度危险责任

该法第123条规定：从事高空、高压、易燃、易爆、剧毒、放射性、高速运输工具等对周围环境有高度危险的作业造成他人损害的，应当承担民事责任；如果能够证明损害是由受害人故意造成的，不承担民事责任。

该规定具有如下特点：

（1）通过常见的高度危险作业形式，同时也在其后加上“等对周围环境有高度危险的作业”来界定高度危险作业的范围。但还缺乏关于高度危险责任的独立的一般条款。

（2）明确了高度危险责任的成立不以行为人的过错为要件，适用无过错责任原则。此点奠定了《侵权责任法》关于本责任的归责原则。

（3）明确了受害人故意作为惟一的免责事由。就这一点而言，该法的规定过于狭窄。

（二）《侵权责任法》中的高度危险责任

《侵权责任法》第九章以9个条文的篇幅专章规定了高度危险责任，具有如下特点：

（1）规定了高度危险责任的一般条款。这使得高度危险责任的适用保持了开放性，为法官应对将来发生的新类型高度危险责任案件提供了弹性条款。

（2）列举了高度危险责任的四种具体类型：民用核设施致害责任、民用航空器致害责任、高度危险活动致害责任以及高度危险物致害责任，设置了更为详尽的适用规则。

（3）区分不同类型的高度危险责任，设置了个性化的免责事由。这一点，比《民法通则》单一规定故意为惟一免责事由有明显进步。

（4）明确认可了高度危险责任的赔偿限额。

（三）其他法律法规中的高度危险责任

高度危险作业的范围很广，因此，凡是属于高度危险作业致人损害应当承担的民事责任都应是高度危险责任。除上述两部法律规定了高度危险责任以外，我国在《道路交通安全法》（2002）①、《民用航空法》（1995）②、《电力法》（1995）③、《铁路法》（1990）④、《最高人民法院关于审理铁路运输人身损害赔偿纠纷案件适用法律若干问题的解释》（2010，以下简称《铁路运输赔偿解释》）等特别法和司法解释中，还确立了机动车交通事故责任、民用航空器致害责任、电力运行事故责任、轨道交通运输工具损害责任等高度危险责任类型。这些立法或司法解释均有各自的责任适用条件和免责事由规定，从法律适用的原则来看，特别立法就特别的高度危险作业有规定的，应该适用之，没有特别规定时才适用《侵权责任法》和《民法通则》的规定。

三、高度危险责任的构成要件

高度危险责任作为适用无过错责任原则的危险责任类型，需要具备如下构成要件：

（一）须有高度危险作业行为

危险责任固以危险归责称之，但首先是危险行为的存在，这是判断责任成立与否的首要条件。

如前所述，“高度危险作业”既包括使用民用核设施、高速轨道运输工具和从事高压、高空、地下采掘等高度危险活动，也包括管领即占有、使用易燃、易爆、剧毒和放射性等高度危险物的行为。但也有学者认为，高度危险活动一般指生产经营活动、科研活动和自然勘探活动，不包括国家机关的公务活动和军队的军事活动。⑤ 周围环境，是指高度危险作业以外的处于该作业发生事故可能范围的一切人和财产。

高度危险作业具备以下基本条件：

（1）该作业对周围环境具有严重的危险性。这是对高度危险作业危险度的判断。这指的是在现有科技发展水平下，某些活动在进行过程中或某些物品在占

---

① 该法第76条规定的“交通事故责任”，应当包含高速公路上发生的交通事故责任，从文义上理解，高速驾驶的行为也应属于“高度危险作业”的范围。

② 该法第十二章（157条～172条）专门规定了民用航空器“对地面第三人损害的赔偿责任”。

③ 该法第60条规定：“因电力运行事故给用户或者第三人造成损害的，电力企业应当依法承担赔偿责任。”

④ 该法第58条规定：“因铁路行车事故及其他铁路运营事故造成人身伤亡的，铁路运输企业应当承担赔偿责任。”

⑤ 杨立新．侵权行为法专论．北京：高等教育出版社，2005：230.

有、使用过程中存在不受人控制的或者不完全受人控制的严重危及他人人身或财产安全的因素。生活中的许多活动或物品都具有一定危险性，例如刀有刺伤人的危险，但这些危险都可以通过一般的注意就可以避免，因此不具有严重的危险性，只有那些表现出不受人控制的或者不完全受人控制的严重危及不特定多数人人身或财产安全的作业才具有严重的危险性。高度危险作业的防范措施一般都是根据现有科学技术水平或经验而设计的，难免存在有限性，这就导致某些作业具有严重危险性。例如炸药在保管过程中，可能保管人已经尽了很大努力以防事故发生但仍有发生自燃自爆的可能或者轻易被人引爆的可能。因此炸药的保管就是高度危险作业。

（2）该作业的危险性变为现实损害的概率很大，超过了公认的一般危险程度。这是对高度危险作业发生现实损害的概率的判断。

（3）该作业只有在采取特别的技术安全措施的情况下才能实施。高度危险作业不同于一般作业如田间劳作或装修装璜，它要求必须在采取特别的技术安全措施的情况下才能实施。这些技术安全措施国家一般都有严格的规定，如国家对民用核设施对周围环境的安全保障就有非常严格的要求，[①] 另如从事民用爆炸物品生产、销售、运输、爆破作业和储存等，国家法律法规也对安全措施有特别的要求。[②]

（二）须有损害后果或者严重危险的存在

这是损害后果要件或损害危险要件。高度危险作业的致害后果，是指对高度危险作业人之外的他人造成的损害，包括人身损害和财产损害。该“他人”包括：（1）与高度危险作业本身无关的一般的第三人，如飞机坠落砸伤在路上行走之自然人；（2）与高度危险作业有特定法律关系的人，如失事飞机或失事火车上的乘客。高度危险作业的作业人如飞机驾驶员、火车司机等不属于“他人”之列。[③]

在高度作业中，由于危险活动或者危险物品的极高的危险性，如果一定要等到有损害后果才能要求作业人承担责任的话，对作业人并无任何益处可言，就人身损害而言，甚至受害人和作业人都遭到了损害，这是极不合理的。因此在某些情况下，在损害后果尚未出现、仅仅出现致害的高危性时，他人即可依照《侵

① 参见我国《民用核设施安全监督管理条例》（1986）第3条。

② 参见我国《民用爆炸物品安全管理条例》（2006）第11条、第28条、第31条等。

③ 如《铁路运输赔偿解释》第1条第2款规定：“与铁路运输企业建立劳动合同关系或者形成劳动关系的铁路职工在执行职务中发生的人身损害，依照有关调整劳动关系的法律规定及其他相关法律规定处理。”

权责任法》第21条请求作业人消除危险。

（三）高度危险作业与损害后果之间具有因果关系

损害后果必须是由高度危险作业引起的，作业人才承担侵权责任。在通常情况下，这种因果关系须由受害人证明，但由于高度危险作业的特殊性，在某些情况下，如在专业的科技作业领域（如核电作业），受害人往往仅能证明高度危险作业与损害后果间表面的因果关系，即证明该种损害是来源于高度危险作业而非其他因素，但却不能从技术上证明此种高度危险作业必然或相当高概率会引起此种结果发生。为切实救济受害人，应当对实质的因果关系采用推定的方式，由作业人承担不存在因果关系的证明责任。①

四、高度危险责任的承担

（一）高度危险责任的主体

高度危险责任的主体，是指承担高度危险责任的人。就法律规定分析，高度危险责任的主体应当是实际从事高度危险活动或者管领高度危险物的人，即高度危险作业人。但对于脱离占有的高度危险物的所有人（间接占有人），如果其对高度危险物的脱离有过错的，也应当承担责任。这里的"作业人"，是指高度危险作业的最终受益人或最高意志支配人，不一定是具体作业人。如具体作业人与最终受益人或最高意志支配人存在委托关系或者劳动关系时，根据《侵权责任法》第34条、第35条的规定应由后者即委托人或者用人单位承担责任。如在《铁路法》中规定，因铁路行车事故及其他铁路运营事故造成人身伤亡的，是由"铁路运输企业"（用人单位）而不是"火车司机"（工作人员）承担责任，我国《民用航空法》有类似的规定。

《民法通则》第123条规定和《侵权责任法》第69条都确认高度危险作业的作业人是承担侵权责任的主体。具体到各类高度危险责任中，对于高度危险活动致害责任的主体，《侵权责任法》第70、71、73条使用"经营者"（《民用航空法》第158条使用的"经营人"）的概念；而对于高度危险物致害责任的主体，《侵权责任法》第72、74、75条使用"占有人或使用人"、"所有人"、"管理人"以及"非法占有人"等概念。由此可以看出，法律事实上是坚持了危险控制理论，即谁控制危险谁承担责任。无论是"经营者"，还是"占有人或使用人"、"所有人"、"管理人"以及"非法占有人"都是危险的控制人。

① 房绍坤．民商法问题研究与适用．北京：北京大学出版社，2002：401.

（二）高度危险责任的方式

高度危险责任的方式有停止侵害、排除妨碍、消除危险、恢复原状、赔偿损失五种。依据《侵权责任法》第21条的规定，侵权行为危及他人人身、财产安全的，被侵权人可以请求侵权人承担停止侵害、排除妨碍、消除危险等侵权责任。高度危险作业具有高度危险性，完全可能危及他人人身、财产安全，因此被侵权人可以请求侵权人承担停止侵害、排除妨碍、消除危险等侵权责任。另根据《侵权责任法》第15条和69条的规定，从事高度危险作业造成他人损害的，作业人还应当赔偿损失。

五、高度危险责任的减免事由

《侵权责任法》第69条虽然没有明确规定高度危险责任的一般责任减免事由，但是高度危险责任毕竟不是绝对责任，因此，在作业人具备法定责任减免事由时，可以对造成的损害不承担责任或者减轻其责任。依照国外立法例和我国现行立法，即使最为严格的民用核 设施损害责任都规定了责任减免事由。因此，高度危险责任原则上满足构成要件即要承担责任，但是若存在法律规定的高度危险责任的减免事由，高度危险作业人可以依法进行抗辩。

从《侵权责任法》和现有的其他法律规定看，高度危险责任的免责事由，主要是受害人过错和不可抗力，并在一定范围内，适用过失相抵规则，以受害人过失为减责事由。具体包括：

（一）受害人过错

受害人的过错包括故意和过失两个方面。依据体系解释，《侵权责任法》第27条规定的受害人故意造成损害由受害人自担损失，是侵权责任法上的一般抗辩事由。该条规定同样适用于高度危险责任，并且是高度危险责任普遍适用的免责事由。也就是说，即使《侵权责任法》或某些特别法对高度危险责任的免责事由未予明确规定（如《侵权责任法》第74~76条），受害人故意也应成为高度危险作业人的免责事由。受害人故意包括两种情形：第一是受害人对损害的发生有故意，即受害人故意造成自己损害，只能自担损失，而不能让他人担责，例如利用他人的高度危险活动或高度危险物自杀等；① 第二是受害人故意针对他人的高度危险活动或高度危险物实施违法行为，即受害人对于损害的发生不存在故意，但损害是因受害人的故意的违法行为造成的，从事高度危险的作业人也可以

---

① 如《铁路运输赔偿解释》第5条第（二）项规定“受害人故意以卧轨、碰撞等方式造成”人身损害的，铁路运输企业不承担赔偿责任。

不承担责任。例如，某人偷割高压电线被高压电击伤，电力运营企业可以不承担责任①；另如有人盗窃火车运输物资而从高速运行的火车上摔下受到伤亡，铁路运输企业也不应当承担责任。关于受害人故意可以作为高度危险作业人的免责事由，《民法通则》（123条）、《侵权责任法》（70～73条）作了明确规定。

受害人故意是高度危险作业人免除侵权责任的事由，但受害人过失一般仅是作为高度危险作业人减轻责任的事由，而不是免除责任的事由。

从理论上讲，受害人过失包括重大过失和一般过失。《侵权责任法》对此作了区分，有的明确规定了必须是重大过失才能减轻高度危险作业人的责任，如第72条②；有的又未分过失程度而规定受害人有过失就可以减轻高度危险作业人的责任，如第73条③。

然而，包括《侵权责任法》在内的许多法律法规和司法解释，也有规定不区分故意和过失，而是统称为"过错"的，如《电力法》（"用户自身的过错"）、《民用航空法》（"受害人或者其受雇人、代理人的过错"）等。这里的"过错"，如果按文义解释，应当包括"故意和过失"，但依体系解释，受害人"故意"属于免除责任的情形，故这些"过错"应相当于"过失"。

根据过失相抵规则，在受害人过错是损害发生的原因时，要根据受害人的过错程度减轻（直至免除）高度危险作业人的责任。但如何确定受害人的过错程度，则是司法实践中的一大难题。我们认为应当根据高度危险作业人的警示义务履行情况、受害人对危险的认识能力、受害人对危险的避免措施等方面综合判断。④

（二）不可抗力

虽然《侵权责任法》第29条规定不可抗力为免责事由，但是该条同时规定

---

① 如根据《最高人民法院关于审理触电人身损害赔偿案件若干问题的解释》（2001）第3条第（三）项规定，受害人盗窃电能，盗窃、破坏电力设施或者因其他犯罪行为而引起触电事故，电力设施产权人不承担民事责任。

② 该条规定："占有或者使用易燃、易爆、剧毒、放射性等高度危险物造成他人损害的，……被侵权人对损害的发生有重大过失的，可以减轻占有人或者使用人的责任。"

③ 该条规定："从事高空、高压、地下挖掘活动或者使用高速轨道运输工具造成他人损害的，……被侵权人对损害的发生有过失的，可以减轻经营者的责任。"

④ 如《侵权责任法》第76条规定："未经许可进入高度危险活动区域或者高度危险物存放区域受到损害，管理人已经采取安全措施并尽到警示义务的，可以减轻或者不承担责任。"另如《铁路运输赔偿解释》第6～第8条的规定，综合考虑了铁路运输企业是否充分履行安全防护、警示等义务，受害人是否经许可或听从值守人员劝阻进入铁路线路、车站、货场等铁路作业区域以及其民事行为能力状况等因素来确定过错程度并据以划分责任比例。

“法律另有规定的，依照其规定”。立法中存在不可抗力能否作为高度危险责任中普遍适用的免责事由的争论。从《侵权责任法》的条文来看，在高度危险责任一章的不同条文，有的规定了不可抗力为免责事由，有的则没有规定。有观点认为，依据《侵权责任法》以“被侵权人保护为中心”的立法理念以及高度危险责任强化受害人救济的制度功能，不可抗力不宜作为高度危险责任的普遍抗辩事由，而是根据各类具体高度危险责任的情况确定不可抗力是否适用以及适用的限度，法律明确规定不可抗力为免责事由的，才予以适用，否则不可抗力不能作为抗辩事由。① 我们认为这种理解有失偏颇，不可抗力作为独立于人之外的不受当事人意志所支配的现象，是各国通行的抗辩事由。②《侵权责任法》是将不可抗力作为所有侵权责任的一般免责事由进行规定的，所谓“法律另有规定，依照其规定”是指法律有相反规定即特别规定不能以不可抗力作为抗辩事由的从其规定。如我国《邮政法》第 34 条规定汇款和保价邮件的损失即使是不可抗力造成的，邮政企业也不得免除赔偿责任。但《侵权责任法》关于高度危险责任的某些条款即使没有规定不可抗力作为抗辩的事由，但也无类似《邮政法》这样明确的相反规定，故不可抗力应当作为高度危险责任的一般抗辩事由。但是，鉴于高度危险作业对周围环境的高度危险性，在对损害结果的发生有不可抗力作为原因的情况下，应该严格区分不可抗力的原因力大小确定作业人的责任，除非不可抗力是惟一原因，作业人不能免责。

第二节　民用核设施致害责任

一、民用核设施致害责任的界定

民用核设施致害责任，是指民用核设施发生核事故造成他人损害，其经营者应当承担的危险责任。核科学技术的发展和核能的和平利用是 20 世纪人类最伟大的成就之一。我国自 1958 年第一座重水型实验用反应堆和回旋加速器建成并投入运行以来，核能开发由军用逐渐转为军民两用。20 世纪 80 年代初，我国决定建造秦山核电站和广东大亚湾核电站，开始发展核电工业。1991 年 12 月，中国自行设计、建造的秦山核电站并网发电；1993 年 8 月和 1994 年 2 月，大亚湾

① 这是最高人民法院侵权责任法研究小组的观点。参见奚晓明．中华人民共和国侵权责任法条文理解与适用．北京：人民法院出版社，2010：481.

② 王利明．民法．北京：中国人民大学出版社，2005：802.

核电站1号机组和2号机组分别并网发电。近年来，按照“适度发展核电”的政策，我国的核工业得到了更快的发展。截至2007年，我国（不包括台湾地区）有9台核电机组在运行，总装机容量为8.54GWe。根据我国核电中长期规划，到2020年，核电装机容量争取达到40GWe，占全部发电装机容量的4%左右。总的来说，核能是一种安全、经济、清洁的能源。然而，美国三哩岛和前苏联切尔诺贝利核电站的事故警示我们，尽管核电站发生严重事故的几率极低，但是，由于其后果极为严重，因此必须采取严格措施保证核设施安全稳定运行。此外，民用核设施的运行是一种危险程度很高的行为，其不承担责任的情形应当更加严格限制，因此，有必要对民用核设施的致害责任作出单独规定。《侵权责任法》第70条在吸收《民法通则》第123条及《放射性污染防治法》第58条等规定，并借鉴《关于核损害民事责任的维也纳公约》等比较法经验的基础上，确立了民用核设施致害责任。

所谓“民用核设施”，是相对于军用核设施而言的，是指经国家有关部门批准，为和平利用核能和民用目的而建立的核设施。根据我国《放射性污染防治法》第62条和《民用核设施安全监督管理条例》第2条的规定，核设施是指核动力厂（核电厂、核热电厂、核供汽供热厂等）和其他反应堆（研究堆、实验堆、临界装置等）；核燃料生产、加工、贮存和后处理设施；放射性废物的处理和处置设施等。

对于民用核设施以外的核设施造成的损害，不适用《侵权责任法》第70条的规定，而适用关于国家赔偿责任的规定。

二、民用核设施致害责任的构成要件

（一）民用核设施发生核事故

这是民用核设施的危险实现要件。根据《民用核设施安全监督管理条例》第24条第（五）项的规定，所谓“核事故”，是指核设施内的核燃料、放射性产物、废料或运入运出核设施的核材料所发生的放射性、毒害性、爆炸性或者其他危害性的事故，或一系列事故。这些事故，一般是指在核设施内发生了意外情况，造成放射性物质外泄，致使工作人员和公众受超过或相当于规定限值的照射。国际上，根据核设施发生的核损害的严重程度，分为七个等级。只有4至7级才称为“核事故”。如英国的温茨凯尔事故和美国的三哩岛事故和前苏联的切尔诺贝利事故等。在我国，按照核电厂核事故应急管理条例规定，只有民用核设施可能或者已经引起放射性物质释放并造成重大辐射后果的，才能构成核事故。除此之外，核设施造成他人人身、财产损害的，可以适用《侵权责任法》或其他法律法规的相关规定。是否是核事故，由有关部门或独立专业委员会认定为准。

（二）发生损害后果

损害后果是指有第三人的人身、财产损害。这里的损害不包括民用核设施本身和核设施经营者员工的损害。对于核设施本身的损害，属于核设施经营者的财产损失，应由核设施的经营者自担责任，或者由保险公司承担责任；对于核设施经营者员工的人身损害，应属于工伤，依劳动法相关规定处理。

（三）核事故与损害之间存在因果关系

损害后果必须是由民用核设施的核事故引起的，如果损害后果是由于核事故以外的原因引起的，则不构成民用核设施致害责任。由于核设施致害的判断具有很高的技术要求，受害人往往仅能证明核事故与损害后果间表面的因果关系，即证明该种损害是来源于核事故而非其他因素，但却不能从技术上证明此种核事故必然或相当高概率会引起此种结果发生。为切实救济受害人，应当对实质的因果关系采用推定的方式，由核设施经营者承担不存在因果关系的证明责任。

三、民用核设施致害责任的承担

1. 责任主体

根据《侵权责任法》第70条的规定，民用核设施致害的责任主体，是民用核设施的经营者，也就是营运民用核设施的人。营运者以外的其他人不承担赔偿责任。区别于一般侵权责任主体的是，此处的经营者仅是法人组织。根据国务院给国际原子能机构《关于核事故损害赔偿责任问题的批复》（国函〔2007〕64号）的意见，中华人民共和国境内，依法取得法人资格，营运核电站、民用研究堆、民用工程实验反应堆的单位或者从事民用核燃料生产、运输和乏燃料贮存、运输、后处理且拥有核设施的单位，为该核电站或者核设施的营运者。因民用核设施的设计人、建筑人的过错，导致该民用核设施发生核事故造成他人人身、财产损害的，也应当由该民用核设施的经营者向受害人承担责任，然后由经营者依照合同的约定，向设计人或者施工人等责任人追偿。

2. 责任方式

民用核设施致害责任的方式有停止侵害、消除危险、赔偿损失。因为核事故对周围环境的损害几乎是不可逆的，所以一般不存在恢复原状的可能性，不适用恢复原状责任。由于一旦发生核事故，可能对周围环境带来很大的危害，因此，民用核设施的经营者不仅在事后应向受害人进行损害赔偿，而且在事发前就有义务积极采取停止侵害、消除危险等措施。

四、民用核设施致害责任的免责事由

民用核设施致害责任，实行无过错原则，按照《侵权责任法》第70条的规定，只有在能够证明损害是因战争等情形或者受害人故意造成的才可以不承担责任。该条没有一般性地规定不可抗力可以作为免责事由，而是用的“战争等情形”，其具体适用留给法官自由裁量。也没有规定减责事由。但我们认为，不可抗力作为一般抗辩事由，在民用核设施致害责任中应有适用余地，特别异常的自然灾害等不可抗力引起的核事故应该也可以作为民用核设施致害责任的抗辩事由，但其条件应该是不可抗力为核事故的惟一原因。例如德国、日本等国家的核损害法中都规定了特别异常的自然灾害导致的核事故可以免责。

根据《国务院关于核事故损害赔偿责任问题的批复》的规定，直接由于武装冲突、敌对行动或者暴乱所引起的核事故造成的核事故损害，营运者不承担赔偿责任。另根据《国务院关于处理第三方核责任问题给核工业部、国家核安全局、国务院核电领导小组的批复》（1986）的规定，由于特大自然灾害所引起的核事故造成的核损害，任何营运人都不承担责任。由于民用核设施的高度危险性，为了更好地保护受害人，对于民用核设施致害责任的免责事由应该严格界定，比如“武装冲突”、“敌对行动”、“暴乱”或者“特大自然灾害”等应该符合不可抗力的条件才能构成免责事由。

五、民用核设施致害责任的赔偿限额

在损害赔偿责任上，由于核事故造成的危害面比较广，其损害赔偿的数额可能是天文数字，对经营者而言可能导致其破产，为了兼顾核工业的正常发展和保护受害人的权益，民用核设施的赔偿一般都有限额规定。如上述2007年国务院的批复规定，核电站的营运者对一次核事故所造成的核事故损害的最高赔偿额为3亿元人民币。核事故损害的应赔总额超过规定的最高赔偿额的，国家提供最高限额为8亿元人民币的财政补偿。但是如前所述，依《侵权责任法》的规定，只有“法律”对高度危险责任作出的赔偿限额规定才对受害人有约束力，在《侵权责任法》生效以后，国务院关于核事故责任的赔偿限额规定应属无效规定。如果国家要坚持平衡民用核设施的经营者与受害人的利益，对民用核设施致害责任进行赔偿限额的话，可以通过修改《放射性污染防治法》来实现，其方式可以有两种，一是在该法中直接规定民用核设施致害责任的赔偿限额，二是如《民用航空法》那样通过授权相关主管部门制定具体赔偿限额规定。为保持法律的稳定性和适应性，我们主张采取第二种方式。

第三节　民用航空器致害责任

一、民用航空器致害责任的界定

民用航空器致害责任，是指因飞行中的民用航空器失事或者从飞行中的民用航空器上坠落的人或者物造成他人损害，其经营者所承担的侵权责任。1903 年，美国莱特兄弟发明第一架飞机成功飞上天空，标志着人类进入了航空时代。如今，随着人们收入水平的提高、消费结构的升级和生活节奏的加快，航空运输以其快速、便捷、舒适、安全等特点，日益成为长距离客运最重要的方式之一。随着技术的发展和管理的不断完善，航空运输的安全性远远高于铁路、水路运输，更高于公路运输。但是，航空运输中航空器一旦发生事故常常会造成较大规模的人员伤亡和巨大的财产损失，并造成很大的社会影响甚至政治影响，因此，如何处理民用航空器造成他人损害的民事责任是法律面临的重要问题。《侵权责任法》第 71 条在《民法通则》第 123 条和《民用航空法》等法律规定的基础上，并借鉴《华沙公约》等比较法经验的基础上，确立了民用航空器致害责任制度。

所谓航空器，是指通过空气的反作用，而不是由空气对地面发生的反作用在大气中取得支撑的任何机器，主要包括固定翼飞机、直升机、滑翔机等飞机，此外，热气球、飞艇也属于航空器。但气垫船和地面效应船不属于航空器，因为它们虽然能够离开地面或水面，在离地面较低的高度上滑行，但它们的飞升力大部分都是靠地面效应产生的，以至于它们根本无法真正在大气中飞行。航天器也不是航空器。因为航天器是借助燃料所产生的反作用力或按照天体力学的规律在太空运行，执行探索、开发、利用太空和天体等特定任务的各类飞行器，与航空器在运行原理和方式上有本质区别。有些学者曾在其《侵权责任法草案建议稿》中将航天器致害责任也列入此等高度危险责任。① 但在我国，航天器尚未用于民用目的，在将来相当长时间内也不可能用于民用目的，因此将航天器规定进来没有必要，所以《侵权责任法》没有规定民用航天器致害责任。如因航天器致人损害，只能按国家公务行为致人损害处理。

根据《民用航空法》第 5 条规定，民用航空器是指除用于执行军事、海关、

---

① 杨立新．中华人民共和国侵权责任草案建议稿及说明．北京：法律出版社，2007：240.

警察飞行任务外的航空器。区分民用航空器与非民用航空器的标准是其飞行目的，民用航空器飞行的目的是民用运输任务，非民用航空器飞行的目的是执行军事、海关、警察任务等公务。从事民用运输任务的航空器被临时征用于执行军事、海关、警察任务等公务时也不是民用航空器。非民用航空器致人损害的赔偿责任等应该适用国家赔偿法。

二、民用航空器致害责任的构成要件

（一）民用航空器运营危险的实现

所谓民用航空器的运营危险，是指民用航空器飞行过程中产生的可能损害他人的危险。民用航空器运营危险的实现，是指航空器飞行过程现实产生了运营危险。民用航空器只有在飞行过程中才具有高度危险性，其处于静止状态时与其他物并无差别，因此，静止状态的民用航空器以及相对静止的民用航空器内部的危险实现如停在机场的飞机弦梯松动、座椅松动等并不属于民用航空器运营危险的实现。飞行过程，是指自民用航空器为实际起飞而使用动力时起至着陆冲程终了时止的过程；就轻于空气的民用航空器而言，是指自其离开地面时起至其重新着地时止这段过程。由此可见，飞行过程之外由于航空器的原因发生的危险如停在机场的航空器爆炸等就不属于民用航空器运营危险的实现。具体而言，民用航空器运营危险的实现包括以下两种：（1）航空器失事，即因为机械故障或操作失误而致航空器坠落；（2）航空器上坠落人或物，即航空器部件脱落、运载的人或物品脱离航空器，或航空器上的人抛掷物品等。

（二）发生损害后果

损害后果是指第三人的人身、财产受有损害。这里的第三人，是指经营者及其员工之外的人，包括航空器所载的乘客和航空器之外如空中、地面、水面甚至地下的人。这里的损害不包括航空器本身和经营者的员工受到的人身损害。对于航空器本身的损害，属于航空器的经营者的财产损失，应由航空器的经营者自担责任，或者由保险公司承担责任；对于航空器经营者的员工受到的人身损害，应属于工伤或工亡。关于损害后果是否包括航空器所载的乘客或财产的损害，学界存在争议，有学者认为不包括航空器所载的人或者财产的损害。① 我们认为，否定说过于狭窄。事实上，对于航空器所载的乘客或者财产因运营事故受到的损害，兼有违约损害与侵权损害两个方面的性质，属于此处的损害结果范围。特别是对于乘客而言，依否定说，其人身损害只能请求航空器经营者承担违约责任，

---

① 杨立新．中华人民共和国侵权责任草案建议稿及说明．北京：法律出版社，2007：241.

而违约责任在赔偿范围方面狭窄于侵权责任，[①] 这对受害人是不利的，不符合《侵权责任法》切实保护受害人的立法精神。肯定说为受害人提供了更多的救济渠道，值得赞同。

（三）民用航空器运营危险的实现与损害后果之间存在因果关系

损害后果必须是由民用航空器的运营危险引起的，如果损害后果是由于民用航空器运营危险的实现以外的原因引起的，则不构成民用航空器致害责任。

三、民用航空器致害责任的承担

（一）责任主体

根据《侵权责任法》第71条的规定，民用航空器致害责任的主体是民用航空器的经营者。根据《民用航空法》有关规定，经营者指损害发生时使用民用航空器的人。这里就有两个限定：一个是时间限定，经营者应是"损害发生时"使用航空器的人；另一个是控制限定，经营者应该是实际"使用"民用航空器的人，一般指航空器的所有人，还包括承租人、融资租赁人等。民用航空器的使用权已经直接或者间接地授予他人，本人保留对该民用航空器的航行控制权的，本人仍被视为经营者。经营者的受雇人、代理人在受雇、代理过程中使用民用航空器，无论是否在其受雇、代理范围内行事，均视为经营者使用民用航空器。鉴于民用航空器的权利变动采取登记公示方式，除非有相反证据，登记所有权人应当被推定为经营者，发生致害责任时登记的所有人应当被视为经营者；除非在判定其责任的诉讼中，所有人证明实际经营者是他人，并在法律程序许可的范围内采取适当措施使该人成为诉讼当事人之一。

（二）责任方式

民用航空器致害责任为无过错责任，民用航空器造成他人损害的，民用航空器的经营者应当承担侵权责任。其责任的方式包括高度危险责任的所有方式。由于发生航空器飞行过程中可能对周围环境带来很大的危害，因此，民用航空器的经营者不仅在事后应停止侵害、恢复原状、排除妨碍并向受害人进行损害赔偿外，而且在其本身存在安全隐患等情况下，任何人可以要求经营者积极采取措施消除危险。为了保证民用航空器的经营者具有赔偿能力，《民用航空法》第166条确立了民用航空器强制责任保险制度。

需要特别说明的是，对于航空器所载的乘客或者财产因运营事故受到的损

① 王利明．民法．北京：中国人民大学出版社，2005：807.

害，受害人可以依我国《合同法》第122条选择适用违约责任还是侵权责任进行救济。

四、民用航空器致害责任的减免事由

（一）受害人过错

依据《侵权责任法》第71条规定，受害人故意是民用航空器致害责任的惟一免责事由。根据《民用航空法》第161条的规定，经营者证明损害是完全由于受害人或者其受雇人、代理人的过错造成的，免除其赔偿责任；经营者证明损害是部分由于受害人或者其受雇人、代理人的过错造成的，相应减轻其赔偿责任。就《民用航空法》第161条规定分析，经营者在受害人有过错的情况下，仅能免除或减轻赔偿责任，并不影响其他侵权责任的承担。

（二）武装冲突

根据《民用航空法》第160条第1款的规定，因武装冲突直接造成的飞行中民用航空器对地面第三人损害的，民用航空器经营者不承担责任。在国际法上，武装冲突主要是指国家或地区间相互使用武力而发生的未构成法律上战争状态的武装敌对行为。因武装冲突直接造成飞行中民用航空器对地面第三人损害的，对于经营者而言是相当于战争这种不可抗力引起的结果，因此不应当承担责任。

（三）乘客或货物自身问题

依据《民用航空法》第124条和125条的规定，如果旅客的人身伤亡完全是由于旅客本人的健康状况造成的，或者旅客随身携带物品或者托运行李的毁灭、遗失或者损坏完全是由于行李本身的自然属性、质量或者缺陷造成的，承运人不承担责任。

需要特别说明的是，《侵权责任法》没有单独明确规定受害人故意之外的其他情形是否可以免责。相对于《侵权责任法》而言，《民用航空法》属于特别法，其关于民用航空器致害责任的减免事由，只要不与《侵权责任法》的立法精神和相关规定相矛盾，应予优先适用，反之则不应适用。例如根据《民用航空法》第160条第2款的规定，对地面第三人造成损害的人如果对民用航空器的使用权业经国家机关依法剥夺的，则不承担侵权责任。由此可见，如果民用航空器的经营者对民用航空器的使用权已经国家机关依法剥夺即是非法经营者，则它不需要对自己的侵权行为承担侵权责任。对于该款的规定，我们认为似有不妥，合法的经营者致人损害要承担无过错责任，非法的经营者致人损害反而不承担责任，这毫无道理可言，对受害者而言也无从获得救济，是极不公平的，与侵权责任法应当最大限度地保护受害人利益的立法价值相冲突。因此该款规定不应适用。

有观点认为因为《侵权责任法》没有规定不可抗力作为免责事由，所以即使是因为自然原因引起的不可抗力事件，造成他人损害的，民用航空器的经营者也要承担责任。

五、民用航空器致害责任的赔偿限额

根据《民用航空法》第 128 条第 1 款规定，国内航空运输承运人的赔偿责任限额由国务院民用航空主管部门制定，报国务院批准后公布执行。该款属于授权立法条款，依据该条款，国务院民用航空主管部门制定赔偿责任限额规定有法律约束力。如 2006 年中国民用航空总局制定并报国务院批准的《国内航空运输承运人赔偿责任限额规定》即是。这种授权立法条款的设计，将赔偿责任限额的具体确定权交给国务院民用航空主管部门确定，可以在维持法律稳定性的同时使赔偿责任限额保持与物价等因素的变化相一致，具有很强的适应性，十分合理，并值得其他法律借鉴。

依据《国内航空运输承运人赔偿责任限额规定》第 3 条的规定，除非《民用航空法》另有规定，国内航空运输承运人（以下简称承运人）应当在下列规定的赔偿责任限额内按照实际损害承担赔偿责任：（1）对每名旅客的赔偿责任限额为人民币 40 万元；（2）对每名旅客随身携带物品的赔偿责任限额为人民币 3 000 元；（3）对旅客托运的行李和对运输的货物的赔偿责任限额，为每公斤人民币 100 元。第 5 条规定，旅客自行向保险公司投保航空旅客人身意外保险的，此项保险金额的给付，不免除或者减少承运人应当承担的赔偿责任。

根据《民用航空法》第 128 条第 2 款规定，旅客或者托运人在交运托运行李或者货物时，特别声明在目的地点交付时的利益，并在必要时支付附加费的，除承运人证明旅客或者托运人声明的金额高于托运行李或者货物在目的地点交付时的实际利益外，承运人应当在声明金额范围内承担责任。

根据《民用航空法》第 129 条规定，国际航空运输承运人的赔偿责任限额包括：（1）对每名旅客的赔偿责任限额为 16 600 计算单位①；但是，旅客可以同承运人书面约定高于本项规定的赔偿责任限额。（2）对托运行李或者货物的

① 根据该法第 213 条规定，计算单位是指国际货币基金组织规定的特别提款权；其人民币数额为法院判决之日、仲裁机构裁决之日或者当事人协议之日，按照国家外汇主管机关规定的国际货币基金组织的特别提款权对人民币的换算办法计算得出的人民币数额。

赔偿责任限额，每公斤为17计算单位。旅客或者托运人在交运托运行李或者货物时，特别声明在目的地点交付时的利益，并在必要时支付附加费的，除承运人证明旅客或者托运人声明的金额高于托运行李或者货物在目的地点交付时的实际利益外，承运人应当在声明金额范围内承担责任。托运行李或者货物的一部分或者托运行李、货物中的任何物件毁灭、遗失、损坏或者延误的，用以确定承运人赔偿责任限额的重量，仅为该一包件或者数包件的总重量；但是，因托运行李或者货物的一部分或者托运行李、货物中的任何物件的毁灭、遗失、损坏或者延误，影响同一份行李票或者同一份航空货运单所列其他包件的价值的，确定承运人的赔偿责任限额时，此种包件的总重量也应当考虑在内。（3）对每名旅客随身携带的物品的赔偿责任限额为332计算单位。

责任赔偿限额不允许免除和降低。根据《民用航空法》第130条规定，任何旨在免除本法规定的承运人责任或者降低本法规定的赔偿责任限额的条款，均属无效。这是为防止出现经营者擅自免除或者降低法律规定的赔偿责任限额而对受害人不利的情况。

第四节　高度危险物致害责任

一、高度危险物致害责任的界定

高度危险物致害责任，是指因高度危险物的自然属性造成他人损害，责任人应当承担的危险责任。高度危险物是指其自然属性极易危及人身、财产安全的物质或物品。对于高度危险物的范围，国家有标准的，依国家标准①，国家没有标准的，依行业标准或专家委员会对其自然属性的界定判断。高度危险物致害责任在《民法通则》第123条即有规定，但考虑到社会生活中关于高度危险物致害问题与其他高度危险作业致害问题有所不同，并因占有控制高度危险物的情形不同，其责任归属和免责事由也不应相同，因此《侵权责任法》在吸收《民法通则》第123条经验的基础上，单独规定了高度危险物致害责任。其中，《侵权责任法》第72条确立了高度危险物致害责任的一般构成要件和责任承担，属于一般规则；第74条和第75条调整的是高度危险物致害特殊情

① 例如认定易燃、易爆、剧毒、放射性物品，国家就颁布有《危险货物分类和品名编号》（GB 6944—2005）、《危险货物品名表》（GB 12268—90）和《常用危险化学品分类及标志》（GB 13690—92）三个标准。

形，即遗失或抛弃高度危险物致人损害责任和非法占有高度危险物致害责任，属于特殊规则。

《侵权责任法》和《民法通则》只是部分列举了高度危险物的几种类型（易燃、易爆、剧毒、放射性物质或物品），并不表示高度危险物只有这几种，对于其他因其自然属性极易危及人身、财产的物质或物品，如高传染性物质、高腐蚀性物品致人损害的，也应适用高度危险物致害责任相关规定。但对于民用核设施致人损害的，适用民用核设施致害责任，不适用本类型责任。

二、高度危险物致害责任的一般构成要件

（一）高度危险物危险的实现

高度危险物危险的实现，是指高度危险物现实地发生了其本身的危险性质必然引起的危险，这是适用高度危险物致害责任的前提。例如易爆物质发生了爆炸、易燃物质发生了燃烧、剧毒物质接触人体或动物身体，放射性物质辐射人体或其他物等等。非因高度危险物本身的危险性质必然引起的危险不属于高度危险物危险的实现。例如，易爆物质并非因爆炸而导致损害，而是因从高处掉落砸伤他人，就不属于其危险的实现，也就不能适用高度危险物致害责任。

（二）发生损害后果

这些损害，可能是财产损害，如房屋被炸毁或烧毁、动物中毒等，也可能是人身损害，如毁容、中毒、丧失生育能力、得上传染病等等。

（三）高度危险物危险的实现与损害之间存在因果关系

损害后果必须是由高度危险物危险的实现引起的，如果损害后果是由于高度危险物危险的实现以外的原因引起的，则不构成高度危险物致害责任。

三、高度危险物致害责任的承担

（一）责任主体

根据《侵权责任法》的规定，高度危险物致害责任的主体一般是高度危险物的占有人和使用人（第 72 条），包括受委托进行管理的管理人（第 74 条）和非法占有人（第 75 条）。这符合危险控制和损益同归的原理。因为高度危险物的占有人或使用人一般都是为了自己的利益开启或者持续危险的人，所以责任主体应当是高度危险物的占有人或使用人。这样规定有利于促使高度危险物的实际占有人或使用人提高安全意识，加强安全保护措施，从而更好地预防高度危险物危险的实现，保护周围环境安全。

除一般规则以外，《侵权责任法》还根据现实生活的具体情况，规定了以下一些特殊责任主体规则：

1. 遗失人或抛弃人责任

所谓遗失，是指所有人或管理人非基于自己的意思丧失对高度危险物的占有。所谓抛弃，是指所有人或管理人基于自己的意思放弃对高度危险物的所有权。高度危险物的生产、储存和处置都有严格的安全规范，所有人应当依法采取必要的安全措施保管或者处置其所有的高度危险物。如果所有人违反有关规定抛弃或者遗失高度危险物，则存在过错，虽然归责无须考虑这点，即只需考虑其遗失或抛弃行为，但其有过错则更有法律上的可非难性，应当承担责任。

现实中，所有人根据生产、经营需要，有时会将其所有的高度危险物交由他人管理。如所有人可能不具备大量储存高度危险物的条件，将生产所需的高度危险物交给储存单位保管；或者因生产、经营需要将高度危险物交给承运人运输等。在这里根据所有人的委托，对高度危险物进行占有并进行管理的单位就是管理人，如专业的危险化学品仓储公司、危险化学品运输公司等。高度危险物的管理人应当具有相应的资质，并应当按照国家有关安全规范，妥善管理他人所交付的高度危险物。如果因为管理不善，遗失、抛弃高度危险物的，管理人应当承担侵权责任。

如果是抛弃高度危险物，所有人应当尽快将高度危险物回收并加以妥善保管；如果是遗失高度危险物的，所有人和管理人应当立即组织力量追查寻找遗失的高度危险物，采取一切可能的警示措施，同时还要立即报告公安、环保等有关主管部门并配合采取应急措施。只有这样，才能督促所有人和管理人进一步提高安全意识，加强安全保护措施，从而更好地预防高度危险物危险实现。

2. 所有人、管理人有过错时的连带责任

所有人将高度危险物交由他人管理的，应当选择有相应资质的管理单位，并如实说明高度危险物的名称、性质、数量、危害、应急措施等情况。如果所有人未选择符合资质的管理人，或者未如实说明有关情况，所有人即有过错。如果管理人抛弃、遗失高度危险物造成他人损害，所有人有过错的，与管理人承担连带责任。

在高度危险物被他人非法占有致人损害的情况下，所有人、管理人不能证明对防止他人非法占有尽到高度注意义务的，与非法占有人承担连带责任。所谓非法占有，指明知自己无权占有，而通过非法手段将他人的物品占为己有，如使用抢劫、抢夺、盗窃、诈骗等非法手段取得的占有。如果是所有人自己占有高度危险物被他人非法占有的，由所有人与非法占有人承担连带责任；如果所有人将高度危险物交由他人管理被非法占有的，但所有人对选任管理人没有过错的，由管理人与非法占有人承担连带责任；如果所有人和管理人对高度危险物被他人非法占有都有过错的，所有人、管理人和非法占有人一起承担连带责任。这里对所有人和管理人的过错认定采取的是过错推定规则，并且给所有人、管理人施加了高度注意义务。因为非法占有人一般情况下责任能力都有限（甚至没有能力），如果仅仅由非法占有人承担责任，不利于更好地保护受害人，而且防止高度危险物被非法占有，也是所有人、管理人应当高度注意的安全义务，由其承担连带责任，有利于促使其履行高度注意义务。

（二）责任方式

高度危险物致害责任包括停止损害、恢复原状、消除危险、赔偿损失等。特别是消除危险，应当更多地适用，以防造成现实的损害结果。在危险事故发生后，责任人应当迅速采取有效措施，组织抢救，防止事故扩大，减少人员伤亡和财产损失。

四、高度危险物致害责任的免责事由

按照《侵权责任法》第 72 条的规定，高度危险物致害责任的免责事由包括不可抗力和受害人故意，而减责事由则是被侵权人对损害的发生具有重大过失。

第五节　高度危险活动致害责任

一、高度危险活动致害责任的界定

高度危险活动致害责任，是指从事高空、高压、地下挖掘活动或者使用高速轨道运输工具造成他人损害的，经营者应当承担的危险责任。《民法通则》123条原本规定了“从事高空、高压和高速运输工具”等高度危险活动致害的责任，但比较而言，高空、高压活动的危险程度比高度危险物的危险程度低一些。同时，考虑到“高速运输工具”包括机动车、民用航空器以及铁路等轨道运输工具等，而在《道路交通安全法》、《民用航空法》及《侵权责任法》等其他条款中分别对机动车交通事故责任和民用航空器致害责任作出了规定，而且随着科学技术水平的发展，轨道运输工具也呈现出新类型如轻轨列车等，为《铁路法》所不能包含，因此《侵权责任法》将“高速运输工具”限定在“高速轨道运输工具”。另外，现实中时常发生的因煤矿挖掘和地下施工建设（如修地铁、修隧

道）等“地下挖掘活动”导致地表坍塌容易造成他人损害事故，也存在相当高的危险性，属于高度危险活动，应当在《侵权责任法》法中作出明确规定。《侵权责任法》第73条综合考虑了上述因素，在《民法通则》第123条的基础上，确立了完善的高度危险活动致害责任。

二、高度危险活动致害责任的构成要件

（一）高度危险活动危险的实现

高度危险活动危险的实现是责任成立的要件之一，该要件包括两个方面：

1. 行为人实施了高度危险活动

（1）高空作业。高空作业也称为高处作业，根据《国家标准高处作业分级》（GB3608－83）的规定，凡距坠落高度基准面2米及其以上，有可能坠落的高处进行的作业，称为高处作业。坠落基准面是指从作业位置到最低坠落着落点的水平面，坠落高度（也称作业高度）是指从作业位置到坠落基准面的垂直距离。高处作业分为一级、二级、三级和特级高处作业。高空作业在实践中很常见，包括符合规定的高度的建筑施工、在建筑物顶部安装广告牌、对高层建筑物表面进行清洁工作等，都属于高空作业。

（2）高压作业。这里的高压属于工业生产意义上的高压，包括高压电、高压容器等。在不同行业里认定高压的标准不同。如在电力行业，何谓高压，也有不同标准。根据有关技术标准的规定，设备对地高压高于250伏为高电压；输送电力线路10千伏以上的为高压线路。依据2001年最高人民法院《关于审理触电人身损害赔偿案件若干问题的解释》（法释〔2001〕3号）中规定的高压电是指1千伏以上电压等级。该司法解释中所称高电压的具体指标，是以电对人体的危害性作为判断标准，是一个法律标准，并非电力行业上的技术标准。在压力容器中，高压容器的设计压力为10MPa以上低于100MPa；100MPa以上为超高压容器。

（3）地下挖掘活动。地下挖掘活动就是在地表向下一定深度进行挖掘的行为。这些挖掘行为，一般要借助特定的支撑架构进行，另外通常不像地面施工那样有明显设施，其危险具有隐蔽性。正因如此，地下挖掘活动才可归入高度危险活动范围。例如挖矿、构筑坑道、挖掘隧道、修建地铁等。一般生活中的挖坑、挖土等和地面施工挖掘不属于地下挖掘活动。

（4）使用高速轨道运输工具。高速轨道运输工具就是沿着固定轨道上行驶的车辆。通常来说，高速轨道运输工具包括铁路、地铁、轻轨、磁悬浮、有轨电车等。高速轨道运输一个主要的特点是速度快。以铁路为例，铁路速度的分档

为：时速 100－120 公里称为常速；时速 120－160 公里称为中速；时速 160－200 公里称为准高速和快速；时速 200－400 公里称为高速，时速 400 公里以上称为特高速。此外，列车的质量大，如果列车与车外的人员、物体发生碰撞或者发生脱轨、列车相撞，所产生的冲击力巨大，会产生严重的损害后果。地铁和轻轨列车的速度虽然相对较慢，但因为其列车本身重量大、体积大，与其他物体碰撞时产生的动能也非常大，也会造成伤亡。因此，运营速度较低的地铁、轻轨列车等也属于高速轨道运输工具。高速轨道运输工具的另一个主要特点就是不可避让性。因为高速轨道运输工具只能在固定的轨道上运行，如果在前方轨道上出现人员或者其他物体，列车无法避让，即使紧急制动，也会因为高速和本身的重量大，由于惯性必然向前滑行一段距离。因此，高速轨道运输工具对近距离内轨道上出现的人员和车辆或者其他物品，将无法避免地产生严重碰撞损害。正因为这种高速性和不可避让性，使用高速轨道运输工具便会产生高度危险性。

2. 该高度危险活动的危险实现

这是指该高度危险活动本身性质潜在的危险现实地发生。如高空作业中的脚手架倒塌、保险绳断裂、高压线路裂断、高压容器泄露、地下挖掘活动中的工程塌方等等。如果不是该高度危险活动的危险实现，而是有其他危险的实现如地面湿滑等则不能适用《侵权责任法》第 73 条的规定。

（二）损害后果

第三人发生了人身或财产损害。受害人只能是经营者之外的第三人，不包括实施高度危险活动相关的财产损害，也不包括经营者的员工的损害。对于经营者的员工受到损害的赔偿，应当按工伤或工亡处理。对于高速轨道运输工具发生碰撞、脱轨等事故致运输工具上的乘客的损害，同航空器致害责任的道理一样，可以属于此处的损害后果①。

（三）高度危险活动危险的实现与损害之间存在因果关系

第三人发生的人身或财产损害必须是由高度危险活动危险的实现引起的。例如在地下挖掘的工程中摔伤，或在火车站因路滑摔倒而受伤，就不属于高度危险活动危险的实现引起的损害，二者间不具有因果关系。此时只能适用《合同法》相关规定或《侵权责任法》的其他规定进行救济。

---

① 依据《最高人民法院关于审理铁路运输人身损害赔偿纠纷案件适用法律若干问题的解释》[法释〔2010〕5 号]（以下简称“铁路赔偿解释”）第 12 条的规定，铁路旅客运送期间发生旅客人身损害，赔偿权利人可以要求铁路运输企业承担违约责任，也可以要求铁路运输企业承担侵权赔偿责任。

三、高度危险活动致害责任的承担

（一）责任主体

依据《侵权责任法》第73条的规定，高度危险活动致害的责任主体是高度危险活动的“经营者”。这里的经营者特指为了自己的利益开启或者持续危险的人。在高度危险活动中，作为责任主体的经营者，应当是事实上或者经济上控制高度危险活动的人，并不包括其员工，因为他们只是受他人的指示来从事高度危险活动。

由于高度危险活动不同，高度危险活动责任主体也不同。具体包括：

（1）在高压电致人损害中，责任主体是“电力设施产权人”。所谓电力设施是指一切发电设施、变电设施和电力线路设施及其有关辅助设施的总称。电力设施的产权人是指依法享有电力设施的所有权或使用权的人。高压电致害，无法通过电力本身如来源等确定归责主体，另外其主要是由电力设施问题引起，由电力设施产权人承担责任有利于促使其采取安全保护措施，避免对高压电周围环境造成损害。随着电力体制改革的推进，我国逐步实现了“发电、供电、电网”的分离。发电、输电、配电和用电通常分属不同的产权人。因此，要根据具体情况来认定责任主体。如果是在发电企业内的高压设备造成损害的，责任主体就是发电企业。如果是高压输电线路造成损害的，责任主体就是输电企业，在我国主要是电网公司。如果是在生产生活区内高压电致害，责任主体就是该生产生活区内高压电力设施的产权人如工厂、学校等等。

需要说明的是，高压电致害不同于“电力设施致害”，电力设施致害是由于电力设施本身而非电力设施所载电力导致的损害（如电线杆倒塌致人损害），属于物件致害等其他损害，不属于高度危险活动致害责任范围。

（2）高速轨道运输工具致害责任的主体，应该是高速轨道运输工具的运营企业，如铁路运输中就是各地方铁路局，轻轨和地铁运输中就是各轻轨运营公司或地铁运营公司等。

（3）地下挖掘活动致害责任的主体应该是具体从事挖掘活动的经营者，如挖掘工程存在发包人、承包人，应该是承包人，但发包人对承包人的选任有过错的，应该承担连带责任。

（二）责任方式

高度危险活动致害责任的方式包括高度危险责任的所有方式。特别是在电力设施出现异常可能危及周围环境安全、高速轨道运输工具的运行轨道出现异常可能致运输工具发生事故、地下挖掘活动安全措施不到位或出现事故征兆等情形下，任何人有权要求责任人消除危险。

四、高度危险活动致害责任的减免事由

根据《侵权责任法》第73条的规定，高度危险活动致害责任有受害人故意、不可抗力两种免责事由，并有受害人过失作为减责事由。受害人过失的轻重与责任人减轻责任是成反比关系的，司法实践中认定受害人过失的程度应本着保护受害人的精神认定，不可轻易偏重。特别是在高度危险活动人有法定警示义务而未警示或警示不明显时，在认定受害人过失方面应从轻。① 另外，一些特别法或司法解释对高度危险责任的减免事由有些特别的规定，值得注意。

根据《电力法》第60条规定，因用户自身的过错引起电力运行事故造成自己损害的，电力企业不承担责任。这里的“过错”既包括故意，也包括过失。故意作为免责事由与《侵权责任法》的规定是一致的，但过失作为免责事由则与《侵权责任法》的规定相矛盾，并且不符合更好地保护受害人利益的立法精神，因此无适用余地。另根据《最高人民法院关于审理触电人身损害赔偿案件若干问题的解释》第3条的规定，受害人盗窃电能，盗窃、破坏电力设施或者因其他犯罪行为而引起触电事故以及受害人在电力设施保护区从事法律、行政法规所禁止的行为的，电力设施产权人不承担责任，也就是说，这两种情况是作为免责事由的。对于因对电力设施的犯罪行为引起的触电事故的，可以认为属于行为人故意的行为，作为免责事由与《侵权责任法》的规定并不矛盾。但对于“在电力设施保护区从事法律、行政法规所禁止的行为”的则不能当然作为免责事由，因为根据《电力设施保护法》和《电力设施保护条例》（1998）的规定，许多禁止行为就是人们的日常行为（如通行②，堆放谷物、草料、垃圾、矿渣，烧窑、烧荒等等），而电力设施又往往从人们的日常活动区域经过，不可能要求每个处于电力设施保护区域内的人都熟知法律法规，并用标尺测量其保护范围，所以“在电力设施保护区从事法律、行政法规所禁止的行为”几乎是不可避免而且往往是过失行为，如果发生损害就免除责任人的责任，对保护受害人而言有失公平，也不利于促进经营者加强管理，改进措施以减少损害。因此高法的司法

---

① 如根据“铁路赔偿解释”，铁路运输企业未充分履行安全防护、警示等义务，受害人有某些过错行为并致损害的，铁路运输企业应当在全部损失的百分之八十至百分之二十之间承担赔偿责任。

② 如2008年发生在安徽省怀远县的一起因吊车吊臂误触高压线造成人员意外死亡的案件中，受害人开吊车却未收起吊臂，被告有通过路面的高压线而未按法律规定高度架空也未设置其限度标志，法院判决原告有50%的过失，被告减轻50%的责任。参见最高人民法院网：http：//www. chinacourt. org/html/article/200902/10/343855. shtml。

解释的该项规定与《侵权责任法》的规定相矛盾，应无适用之余地。

《铁路法》第58条规定，因铁路行车事故及其他铁路运营事故造成人身伤亡，如果人身伤亡是由于受害人自身的原因（违章通过平交道口或者人行过道，或者在铁路线路上行走、坐卧）造成的，铁路运输企业不承担赔偿责任。这里没有区分受害人自身的原因是"故意"还是"过失"。将过失也作为免责事由，与《侵权责任法》的规定相矛盾，应无适用之余地。《最高人民法院关于审理铁路运输人身损害赔偿纠纷案件适用法律若干问题的解释》对此款的适用作了限制性解释，并对铁路运输人身损害赔偿中的责任人的责任减免事由规定非常详细，具有很强的操作性，且与《侵权责任法》无明显冲突之处，故可以适用于处理铁路运输人身损害赔偿纠纷案件。

本章小结

高度危险责任，是指行为人实施高度危险作业造成他人损害所应承担的侵权责任。侵权责任法中"高度危险作业"应当包括"高度危险活动"和"管领危险物"两个方面。侵权责任法除了规定高度危险责任的一般条款，还列举了高度危险责任的四种具体类型：民用核设施致害责任、民用航空器致害责任、高度危险活动致害责任以及高度危险物致害责任。

思考题

1. 简述高度危险责任的概念和特征。
2. 简述高度危险责任的类型。
3. 简述民用核设施致害责任的构成与承担。
4. 简述民用航空器致害责任的构成与承担。
5. 简述高度危险活动致害责任的构成与承担。
6. 简述高度危险物致害责任的构成与承担。

第十三章

饲养动物致害责任

第一节 饲养动物致害责任概述

一、饲养动物致害责任的界定

饲养动物致害责任，是指因饲养动物危险的实现致使他人人身和财产遭受损害时，应当由该动物饲养人或者管理人承担侵权责任。饲养动物致害责任是一类历久弥新的典型侵权责任类型，滥觞于罗马法，并随《法国民法典》、《德国民法典》、英美侵权法的传播而为现代法治国家所继受①。

我国《侵权责任法》继受《民法通则》第127条的规定，专章规定了饲养动物致害责任，不仅填补了既存法律漏洞，也拓展了饲养动物致害责任的具体类型。我国《侵权责任法》上的饲养动物致害责任具有如下特点：

（1）我国的动物致害责任中的动物限于饲养的动物。这就与野生动物致害责任区分开来。饲养动物不仅包括私人饲养的动物，也包括动物园饲养的动物；不仅包括处于饲养人现实管领下的动物，也包括遗失和逃逸期间的曾被饲养的动物。

（2）我国的饲养动物致害责任具有独特的类型划分。《侵权责任法》没有遵循德国民法中按照饲养目的作出的使用类动物致害责任和奢侈类动物致害责任的立法模式，而是独创普通的饲养动物致害责任、违规的饲养动物致害责任、禁养

① 有关饲养动物致害责任的比较法考察，请参见王泽鉴．侵权行为．北京：北京大学出版社，2009：466－469；王利明，周友军，高圣平．中国侵权责任法教程．北京：人民法院出版社，2010：700－704.

的危险动物致害责任、动物园的动物致害责任以及遗失或逃逸的动物致害责任的立法模式，这是“就事论事”式的、不周延的事实列举。

（3）我国的饲养动物致害责任以危险责任为原则、以过错推定责任为例外。其中，过错推定责任仅适用于动物园的动物致害责任，而其他的饲养动物致害责任则适用危险责任。

（4）我国的饲养动物致害责任的抗辩事由各异。其中，违规的饲养动物致害责任和禁养的危险动物致害责任未规定任何抗辩事由，实质上成为绝对的危险责任；而普通的饲养动物致害责任则以不可抗力、受害人故意或者重大过失为抗辩事由。

二、我国法上的饲养动物致害责任的制度变迁

（一）中国“旧民法”中的动物致害责任

1929～1930年，南京国民政府制定的“中华民国民法”（本书称之为中国“旧民法”）于第190条①继受《瑞士债务法》第56条、《日本民法》第718条确立的过错推定责任立法模式，规定了动物占有人责任，即动物的占有人应负“推定过失”，推定“因果关系”的侵权责任②。

依据中国“旧民法”的规定，动物占有责任的构成要件为：其一，因动物加损害于他人；其二，动物占有人管束有过失；其三，动物占有人的过失与损害间具有因果关系。在成就上述条件时，由动物占有人承担侵权责任。若动物致害是由第三人或其他动物挑逗引起的，受害人可请求该第三人或动物占有人承担责任，并且动物占有人享有追偿权。

（二）《民法通则》中的饲养动物致害责任

《民法通则》于第127条规定了饲养动物致害责任制度③。该制度具有如下特点：（1）饲养动物致害责任中的“动物”抽象限定为“饲养动物”，未作类型划分；（2）饲养动物致害责任为危险责任，不以动物饲养人或者管理人是否

---

① 中国“旧民法”第190条第1款规定：“动物加损害于他人者，由其占有人负损害赔偿责任。但依动物之种类及性质已为相当注意之管束，或纵为相当注意之管束而仍不免发生损害者，不在此限。”第2款规定：“动物系由第三人或其他动物之挑逗，致加损害于他人者，其占有人对于该第三人或该他动物之占有人，有求偿权。”

② 参见王泽鉴．侵权行为．北京：北京大学出版社，2009：470.

③ 《民法通则》第127条规定：“饲养的动物造成他人损害的，动物饲养人或者管理人应当承担民事责任；由于受害人的过错造成损害的，动物饲养人或者管理人不承担民事责任；由于第三人的过错造成损害的，第三人应当承担民事责任。”

存在过错为要件，以利于充分救济受害人；（3）饲养动物致害的责任主体是动物的饲养人或管理人；（4）饲养动物致害责任笼统地规定了受害人的过错为免责事由；（5）因第三人过错使得饲养动物致害的，由第三人承担侵权责任。

在《民法通则》颁行二十多年的司法实践中，饲养动物致害责任存在以下弊端①：其一，在抗辩事由方面，仅规定受害人过错为免责事由，而没有限制受害人的过错类型，这就使得因受害人的轻微过失免除动物饲养人、管理人的责任，法律的天平过度倾斜到动物饲养管理人一方，对于受害人显失公平。其二，在责任承担方面，因第三人过错使得动物造成他人损害的，仅规定由该第三人承担责任。至于动物的饲养人、管理人是否承担侵权责任，《民法通则》则语焉不详，形成立法漏洞。

（三）《侵权责任法》中的饲养动物致害责任

在《侵权责任法》制定过程中，有关饲养动物致害责任的争议并不大，该法草案（一次审议稿）以“动物致人损害责任”为名专章规定了此类侵权类型，将动物分为饲养动物和野生动物，分别对其致害行为作出规定，但对饲养动物致害责任较之《民法通则》第127条的规定，没有任何调整。2008年12月提交审议的《侵权责任法（草案）》（二次审议稿）基本形成了正式立法的基本结构，仅欠缺遗失和逃逸的动物致害责任的规定。

相比《民法通则》的规定，《侵权责任法》中的饲养动物致害责任，力图改变饲养动物适用统一的归责原则、责任抗辩事由的立法模式，而是按照饲养动物的主体、饲养动物的状态进行类型化处理，确立了以危险责任为原则、以过错推定责任（仅适用于动物园动物致害责任一种情形）为例外的归责体系，并就责任抗辩事由、因第三人过错导致动物致害的责任承担主体作出明确规定。

第二节　饲养动物致害责任的基本规则

一、饲养动物致害责任的归责原则

由于归责原则事关自由保障和权益保护两大法益的衡平，故饲养动物致害责任的归责原则并不是亘古不变的，而是因时代、经济、文化等的不同而作出不同

① 王利明，周友军，高圣平．中国侵权责任法教程．北京：人民法院出版社，2010：704.

的抉择。具体而言，饲养动物致人损害的民事责任，依罗马法，采无过失责任原则。此种立法例为法国、西班牙、葡萄牙、意大利和荷兰等国民法所继受。《德国民法典》原亦采无过失责任原则，然由于其引起农民强烈的反对，德国在1908年将其民法典第837条增列第2款，将用益性动物（供其持有人职业上、生业活动上或生计上需要的家畜）占有人的责任，改为举证责任倒置的过失责任（即推定过错责任或中间责任）。对所谓奢侈性动物（如宠物）占有人的责任，仍适用无过失责任原则①。日本和中国“旧民法”则未对动物加以区分，一律采用举证责任倒置的过失责任。英美法系诸国对此均采取“严格责任”即无过失责任原则。

我国《民法通则》颁行后，学界关于饲养动物致害责任的归责原则得出了不同的解释结论，认识不一。有的学者认为它采取的是过错责任（推定过错）原则②；大多学者认为它采取的是无过失责任原则③。本书赞同后一种观点，主要依据：其一，《民法通则》并没有明确规定动物的饲养人或管理人尽到相当注意义务作为免责事由；其二，动物致人损害属于危险物致人损害的范畴，任何动物其本性决定了都不同程度地存在致人损害的危险。

饲养动物致害责任的归责事由，是基于危险责任的法理，对于占有危险动物所生损害应负赔偿责任④，并由《侵权责任法》第78条规定的饲养动物致害责任的基本规则可知，饲养动物致害责任适用无过错责任原则，但第81条规定的动物园的动物致害责任则适用过错责任原则，但过错的举证责任由动物饲养人或者管理人负担。

二、饲养动物致害的责任构成要件

由《侵权责任法》第78条可知，普通饲养动物致害责任的认定，需要满足以下构成要件：

（一）致害物必须为饲养动物

1. 动物的界定

只有动物造成他人损害的，才能产生动物致人损害的侵权责任。那么，何为动物，可以从生物学角度也可以从法学角度作出不同的界定。按照一般的社会观

---

① 黄立．民法债编总论．北京：中国政法人学出版社，2002：314.

② 王利明．民法·侵权行为法．北京：中国人民大学出版社，1993：475.

③ 张新宝．侵权责任法原理．北京：中国人民大学出版社，2005：413；杨立新．侵权法论（第三版）．北京：人民法院出版社，2005：500.

④ 曾隆兴．详解损害赔偿法．北京：中国政法大学出版社，2004：108.

念，动物是指“有器官的、能呼吸的、以动物或植物为食物的、一般可以自由行走的、但不能符合逻辑的思考也不能说话的生命体”①。需要说明的是，动物不限定其种类，除犬、牛、马、猿、猪、象等外，毒蛇等猛兽也包括在内。

关于动物致害责任，其最具争议的一个问题，是细菌或病毒等微生物是否为“动物”。通说对此持否定见解，认为，“霉菌不问其在动物学上为动物与否，不包含在内，盖本条立法为保护动物之有意的动作所生之危险，霉菌则无此性质”②。依现代生物科学的分类，生物包括动物、植物与微生物。微生物包括细菌与病毒，单就文义而言，动物并不包括细菌或病毒在内，并且，法律之所以特别规定动物致害责任，是因为动物具有危险性，此项动物危险是基于动物因其独立的动作侵害他人权益，细菌或病毒不具有此种侵害的危险性③。至于细菌等微生物致人损害，是否应当承担责任，可借鉴荷兰民法的做法，将微生物列入高度危险物，从而适用高度危险物致害责任的规定④。

2. 饲养动物的界定

《侵权责任法》规定的动物致害责任，继受《民法通则》的规定，将动物限定为饲养动物。所谓“饲养的动物”，是相对于野生动物而言，是指被人所占有、控制并喂养的动物，但不应局限于“供给食物的喂养”，凡处于人的照料、控制、管束之下的均应包括在内⑤。

有学者指出，“饲养的动物”应同时具备以下条件：（1）它为特定的人所有或占有，质言之，它为特定的人所饲养或管理；（2）饲养或管理者对动物具有适当程度的控制力；（3）该动物依其自身的特性，有可能对他人的人身或财产造成损害；（4）该动物为家畜、家禽、宠物或驯养的野兽、爬行类动物。据此可断，处于野生状态的虎、豹、狮子、毒蛇等不属于饲养的动物；自然保护区（或野生动物保护区）的野兽，虽可能为人们在一定程度上所饲养或管理（如定期投放食物），但人们对它的控制力较低，而不能认为是“饲养的动物”，但是某些封闭管理而收费的场所（如“虎园”里的动物属于“饲养动物”，因为人们对它有较强的控制力；动物园里驯养的猛兽，同时符合上述四个条件，而属于

① 王利明，周友军，高圣平．中国侵权责任法教程．北京：人民法院出版社，2010：706.

② 史尚宽．债法总论．北京：中国政法大学出版社，2000：197.

③ 王泽鉴．侵权行为．北京：北京大学出版社，2009：472 页。

④ 马俊驹，余延满．民法原论（第三版）．北京：法律出版社，2007：1084；张新宝．侵权责任法原理．北京：中国人民大学出版社，2005：412；王利明，周友军，高圣平．中国侵权责任法教程．北京：人民法院出版社，2010：707.

⑤ 马俊驹，余延满．民法原论（第三版）．北京：法律出版社，2007：1083.

"饲养的动物"①。

（二）须因动物危险的实现造成他人损害

由前所述，饲养动物致害责任为危险责任，必须以特定危险的实现为其归责事由。饲养动物致害责任的归责事由是动物危险的实现。本书认为，所谓"动物危险"，是指动物基于其本能的自主动作而具有侵害他人权益的危险性。因此，不论其是动物自主加害动作还是在外界刺激下加害动作，亦不论其是积极状态加害举动，还是消极状态加害举动。

动物危险的判断关键在于，动物招致的危险，是基于动物本能的自身动作，在不受人的外力驱使下或强制下所为。尽管在外界的刺激下，若是因动物本性而为，使他人受损，仍不失动物的危险，如马受惊吓后而狂奔伤人，猫受惊吓而乱咬人、抓人等，皆是。上述动物的积极行为固然可以构成动物危险，其消极状态即自身的静止状态，也是动物的独立动作，也可以构成动物危险。例如牛卧铁轨而致火车颠覆，亦为动物引起的侵权行为②。

但是，动物在人的驾驭、支配下所实施的致人损害的行为，如主人唆使其狗扑咬他人，则不属于动物致人损害的独立动作，即不存在动物危险的实现，而属于人为加害。如果因动物带有某种传染病菌而致人损害，则是以动物为媒介所致的损害，不属于动物危险的实现。例如某人购回患口蹄疫之牛而致全村牲畜受传染；如果因动物带有病菌加重动物致损后果的，则仍应为动物独立动作致人损害。如狗咬伤人，若该狗患有狂犬病，咬伤人后致人死亡，该损害仍为动物危险实现招致的损害后果。

（三）受害人必须遭受人身或者财产损害

由于侵权责任是损害填补的同质救济措施，饲养动物致害责任的承担必须以损害的发生为前提。动物致害责任中的损害事实，主要是人身伤害事实和财产损害事实。就动物致害责任的侵害对象而言，动物危险的实现必须侵害了法律明确列举的权益类型，即常见的动物致人损害有《侵权责任法》第 2 条第 2 款规定的生命权、健康权等物质性人格权以及有体物。此外，因动物危险实现使人格尊严受到侵害的，也应可构成动物致人损害的民事责任，如鹦鹉辱骂客人或揭露他人隐私，致受损人名誉受损、社会评价降低的。权威学者认为，民法之所以规定动物致害责任，是因为动物具有危险性，而纯经济损失不是动物危险的保护

① 张新宝．侵权责任法原理．北京：中国人民大学出版社，2005：412.

② 杨立新．侵权法论（第三版）．北京：人民法院出版社，2005：500.

范围①。

动物致损害的客观事实除人身伤害或财产损害事实以外，还包括某种动物造成的妨害状态。例如，学童因某家恶犬常立于其赴校必经之路而不敢上学，邻人之猫撬开鸟笼，纵未伤鸟而致鸟飞出，或者为邻家每夜犬之狂吠而妨害安眠②，等等，均构成损害事实。

（四）动物危险实现与受害人遭受的损害存在因果关系

在法律责任构成要件中，因果关系是其基本构成要件，侵权责任也概莫能外。因此，饲养动物致害责任必须以动物危险的实现与受害人遭受损害之间存在因果关系为必要。此因果关系的举证责任应由受害人承担举证责任，以彰显因果关系限制责任的功能。

某些饲养动物对他人的人身和财产具有内在危险性，这种内在危险性爆发出来导致他人损害。如果饲养的动物根本就不具有对他人人身、财产的内在危险，则不能证明损害是动物的致害危险的实现造成的。同样还需要证明的是，动物的内在危险以一定的方式爆发出来（如狗确实咬了受害人）。如果不能证明饲养的动物之内在危险曾爆发出来、它“实施”了加害“举动”，也不能证明承担责任所需要的因果关系。

在认定因果关系时，并不要求动物危险的实现是损害发生的惟一原因，即使动物危险的实现与其他原因相结合而导致损害，只要动物危险的实现与损害之间存在因果关系，饲养人或管理人就要承担责任。如果受害人自己的行为也是导致损害发生的因素之一，只要受害人的行为没有导致因果关系中断，就不能否定动物危险的实现与损害之间的因果关系。此为过失相抵规则在动物致害责任领域的适用提供了可能。

三、饲养动物致害的责任承担

（一）饲养动物致害责任的主体确定

《侵权责任法》第78条将饲养动物致害责任的承担主体限于“饲养人或者管理人”。动物的饲养人是指动物的所有人，即对动物享有占有、使用、收益、处分权的人；动物的管理人是指实际控制和管束动物的人，管理人对动物不享有所有权，而只是根据某种法律关系直接占有和控制动物。

在实际生活中，动物的饲养人与管理人有时为同一人，有时则为不同人。动

① 王泽鉴．侵权行为．北京：北京大学出版社，2009：475.

② 史尚宽．债法总论．北京：中国政法大学出版社，2000：198.

物的饲养人与管理人为同一人时，也就是由动物的所有人自己占有和管束动物，在这种情况下，赔偿主体是很清楚的。当动物饲养人与管理人为不同人时，管束动物的义务由饲养人转移给管理人，这时的赔偿主体应为管理人。至于管理人是有偿管理还是无偿管理，是长期管理还是临时管理，在所不问。

（二）饲养动物致害责任的承担规则

在符合饲养动物致害责任的一般构成要件后，动物的饲养人或管理人要承担责任，此时，适用侵权责任的一般规则，其赔偿范围包括财产损害和精神损害，前者如被烈犬咬伤的医药费；后者如被烈犬咬伤的精神痛苦。

饲养动物致害责任的承担还具有以下特殊情形：其一，依照《物权法》第102条关于共有的立法精神，如果动物属于数人共有，共有人对外承担连带责任；就对内关系而言，按份共有人按照份额来分担；共同共有人共同承担。其二，分属于不同饲养人或管理人的数个动物因其动物危险的实现造成同一损害时，可以类推适用《侵权责任法》第12条的规定，由数个责任人承担按份责任。能够确定责任大小，各个责任人按照责任大小各自承担相应的责任；难以确定责任大小的，平均承担赔偿责任。其三，数个动物都可能造成他人损害，但无法确定哪一个或哪些动物造成了损害，可类推适用《侵权责任法》第10条有关共同危险责任的规定，由数个动物的饲养人或管理人承担连带责任①。

四、饲养动物致害责任的抗辩事由

并非动物的饲养人或者管理人需要对其饲养或者管理的动物造成的一切损害都要承担赔偿责任，根据《侵权责任法》第78条的规定，动物饲养人或者管理人能够证明损害是因被侵权人故意或者重大过失造成的，可以不承担或者减轻责任。与《民法通则》第122条相比，《侵权责任法》第78条的规定更倾向于保护受害人。

饲养动物致害责任具有以下抗辩事由：

(1) 受害人故意为饲养动物致害责任的免责事由。受害人故意，是指受害人由于自己的故意导致损害，属于咎由自取。这意味着是因为自身故意造成的，而不是由动物危险的实现造成，从而使得动物危险未实现，或者受害人人为切断了动物危险的实现与受害人遭受的损害之间的因果关系。受害人遭受的损害既然是由受害人故意造成，则损害责任应当由其自身承担，与动物的饲养人或者管理人无关。

① 王利明，周友军，高圣平．中国侵权责任法教程．北京：人民法院出版社，2010：716.

（2）受害人的重大过失是责任减免事由。受害人的重大过失是造成损害的全部原因，动物饲养人或管理人毫无过失，被侵权人的重大过失就是免责事由。被侵权人的重大过失是造成损害的主要原因，动物饲养人或者管理人在管束动物中也有一定疏忽，尚未善尽管束义务则属于减责事由，实行过失相抵。

从举证责任的角度来看，由《侵权责任法》“能够证明损害是因被侵权人故意或者重大过失造成的”的表述，可知，动物致害责任的抗辩事由应当由动物饲养人或者管理负有举证责任。这是“谁主张、谁举证”的证据法原理使然。

第三节　饲养动物致害责任的特别规则

一、违规的饲养动物致害责任

（一）违规的动物致害责任的界定

违规的动物致害责任，是指动物饲养人或管理人违反管理规定，未对动物采取安全措施造成他人损害，应承担的侵权责任。《侵权责任法》第 79 条首次规定了此类责任。

（二）违规的动物致害责任的构成要件

违规的动物致害责任与普通的饲养动物致害责任类似，除了满足饲养动物致害责任的一般构成要件外，它还要求特殊构成要件，即违反管理规定未对动物采取安全措施：

首先，关于管理规定的认定。这里的管理规定，应限于规范性法律文件的规定，包括法律、行政法规、规章、条例、办法等。

其次，何为未对动物采取安全措施。即没有按照规范性法律文件的要求，采取保护社会公众安全的措施。

（三）违规的动物致害责任的承担

依据《侵权责任法》第 79 条的规定可知，未采取安全措施的动物致害的责任主体是饲养人和管理人。该条虽然没有明确其归责原则，但是既然没有强调过错，就应当属于无过错责任。

在责任减免事由上，《侵权责任法》第 79 条未作规定。违规的动物致害责任独立成条的立法目的，在于对动物的饲养人或管理人的行为加以规范，而课以较重的责任。因此，在逻辑体系上，《侵权责任法》第 79 条是第 78 条的特别规定，故在法律适用上应当优先适用《侵权责任法》第79条的规定，以符合《侵权责任法》第5条规定的特别规定优于普通规定的法律适用规则。因此，违规的动物致害责任不能适用第78条的责任减免事由，此种责任为绝对的无过错责任，不允许动物饲养人或管理人以受害人故意或者重大过失而主张责任减免，这与动物饲养人或管理人无视管理规定未采取安全措施所造成的巨大危险是匹配的。

二、禁养的危险动物致害责任

（一）禁养的危险动物致害责任的界定

禁止饲养的危险动物致害责任，是指禁止饲养的危险动物造成他人损害，动物饲养人或管理人应当承担的危险责任。《侵权责任法》第80条首次确立此种责任，是更为严格的无过错责任。因为禁止饲养的动物的特殊危险性，要求饲养人或管理人承担更重的责任，既符合无过错责任的法理，也有利于避免损害的发生。

（二）禁养的危险动物致害责任的构成要件

与饲养动物致害责任的一般构成要件类似，禁止饲养的危险动物致害责任的构成要件也包括：（1）禁止饲养的危险动物的特别危险的实现；（2）受害人遭受损害；（3）禁止饲养的危险动物的特别危险的实现与受害人遭受损害之间存在因果关系。此处需要明确以下两点：

第一，禁止饲养的危险动物的认定。首先，禁止饲养的危险动物，是指依照规范性法律文件禁止饲养的动物。如果是当事人之间通过法律行为禁止饲养的动物，则不属于《侵权责任法》第80条的适用范围。例如，小区业主通过管理规约禁止饲养的危险动物，则不能适用。其次，禁止饲养的动物必须是危险动物。《侵权责任法》第80条通过具体列举和兜底规定相结合的方式来予以明确，即与烈性犬具有类似特点的动物。

第二，禁止饲养的危险动物的特别危险的实现。这是禁止饲养的危险动物致害责任成立的前提。因为该条规定的目的就是，避免因禁止饲养的危险动物的特殊危险实现而导致对社会公众的威胁。

（三）禁养的危险动物致害责任的承担

依据《侵权责任法》第80条的规定，禁止饲养的危险动物致害的责任主体是动物的饲养人或管理人。在满足禁止饲养的危险动物致害责任的构成要件后，由动物的饲养人或管理人承担侵权责任，适用饲养动物致害责任的一般规则。

《侵权责任法》第80条未规定禁止饲养的危险动物致害责任的减免事由。

因为该条为特别规定，所以排除《侵权责任法》第三章以及第78条规定的责任减免事由的适用。因此，禁止饲养的危险动物致害责任是绝对的无过错责任，即使受害人具有故意或者重大过失，也不允许其主张责任减免。

三、动物园的动物致害责任

（一）动物园的动物致害责任的界定

动物园的动物致人损害责任，是指动物园的动物造成他人损害，应由动物园承担的侵权责任。《侵权责任法》第81条首次确立此类特殊的饲养动物致害责任。此种责任具有如下特点：

（1）它是动物园作为责任主体所承担的侵权责任。此种责任的主体是特定的，必须是动物园。

（2）它是过错推定责任。与其他的饲养动物致害责任不同，动物园的动物致害原因由动物基于本能的危险实现和动物园未尽到管理职责的不作为两部分构成，因此动物园的动物致害责任的归责原则采取过错责任原则，但为了充分救济受害人而对动物园的过错采取举证责任倒置技术。

（3）它属于自己责任。动物园是就自己的行为承担责任，即就自己没有尽到管理职责（即作为义务）所承担的责任，属于不作为侵权的责任。

（4）它是动物园违反安全保障义务产生的责任。动物园承担责任的基础在于，其开启或持续了危险，而危险的具体产生原因是保有危险动物。

（二）动物园的动物致害责任的构成要件

动物园的动物致害责任为过错推定责任，因此，与本章其他适用危险责任的饲养动物致害责任相比，在构成要件上具有责任主体和归责事由两大方面的不同：

1. 致害动物必须是动物园的动物

依据建设部颁布的《城市动物园管理规定》第2条，动物园包括综合性动物园、专类性动物园、野生动物园、城市公园的动物展区、珍稀濒危动物饲养繁殖研究所。“动物园”不是严格的法律概念，需要结合一般社会观念对其认定。

《侵权责任法》第81条中的动物仅限于动物园的动物，对于马戏团的野生动物或者个人驯养的野生动物均不能适用。对于动物园的动物，不限制其种类，只要属于动物园管理的动物，均处于该条的规范范围内。

对于动物园的动物危险的实现地点，《侵权责任法》第81条也有所限制，即在动物园实际控制的区域内：应当限制在动物园内；对于动物园在运送、转移动物途中受动物园控制的动物致人损害的，也属于该条的适用范围。

关于动物的危险实现，不仅包括动物的直接致害举动，比如动物园的大猩猩抓伤孩童，还包括动物的间接致害举动，比如动物园的老虎冲出围栏，游客为躲避而摔伤。但是，动物危险的实现应限于动物园所能管理的动物的独立动作，即动物的致害举动是由于动物的本性或者受到外部刺激造成的。如果动物的致害举动并非出于动物本身的独立举动，则不构成动物危险的实现，如以动物园的动物作为武器来投掷他人，就不属于动物危险的实现。

此外，对于动物园动物的噪音或者气味，如果超出了一般人的容忍限度，危及他人人身财产安全的，也属于动物危险的实现，可以根据《侵权责任法》第21条的规定要求停止侵害、排除妨碍或者消除危险，造成损害的，还可要求赔偿损失。

2. 动物园不能证明其已尽到管理职责

《侵权责任法》第81条规定，动物园能够证明其尽到管理职责的，不承担责任。这就是说，动物园负有举证责任，证明其已经尽到管理职责，否则应当对受害人承担侵权责任。

动物园的管理职责，就是动物园对动物的看管义务。动物园应当考虑动物的特点和动物利用的目的，采取一般社会观念所要求的措施，以避免动物危险的实现。动物园的看管义务取决于动物的种类、特性和其他情况，当然，规范性法律文件也可能对动物园的管理职责作出规定，此时动物园的管理职责的判断应适用该规范性法律文件。

（三）动物园的动物致害责任的承担

动物园承担侵权责任时，应当适用侵权责任承担的一般规则。动物园的动物致害责任的主体是动物园。

依据《侵权责任法》第81条的规定，在受害人证明致害动物为动物园管理的动物、动物危险的实现、受害人遭受损害、损害与动物危险的实现之间存在因果关系、动物园没有尽到管理职责等法定的基础事实后，法律推定动物园具有过错，由动物园承担证明自己尽到管理职责的举证责任，从而减轻受害人的举证负担，提高胜诉几率。

至于责任减免事由，《侵权责任法》第81条并未作出规定。鉴于动物园的动物致害责任，是过错推定责任，因此，《侵权责任法》第三章规定的在过错责任领域具有普遍适用效力的责任减免事由，同样适用于动物园的动物致害责任。这也是《侵权责任法》第81条未单独规定责任减免事由的原因之一。

四、遗弃或逃逸的动物致害责任

（一）遗弃或者逃逸的动物致害责任的界定

遗弃或者逃逸动物致害责任，是指动物在遗弃或逃逸期间造成他人损害，园动物饲养人或管理人应当承担侵权责任。《侵权责任法》第 83 条新增此类责任以解决实践中出现的流浪动物致害问题。此条规定与《侵权责任法》第 74 条遗弃、抛弃高度危险物损害责任具备相同的法理基础，即让原保有人承担无过错责任，以保障公众安全，避免其给社会带来的现实威胁。

（二）遗弃或者逃逸的动物致害责任的构成要件

被遗弃或逃逸动物致害责任的构成要件无法一般性地确定，而应当考虑逃逸或者被遗弃的动物的类型来确定。尤其是对于动物园的动物逃逸或被遗弃的动物情形，应当考虑动物园是否尽到其管理职责，来确定其是否承担侵权责任。

遗弃或者逃逸的动物致害责任尽管存在类型的不同，但其构成要件中都必须考虑的因素是遗弃或者逃逸的动物在被遗弃或者逃逸期间致害。

1. 致害动物是被遗弃或者逃逸的动物

所谓遗弃，是指基于动物饲养人或管理人的意思而抛弃其动物。例如，将患病的宠物狗丢弃在公园里。所谓逃逸，是指饲养人暂时地丧失了对动物的占有和控制。例如，带着宠物狗逛公园，因疏忽导致狗走失。

2. 在被遗弃或者逃逸期间动物危险得以实现

从危险责任的角度看，在遗弃或者逃逸期间，并不改变动物原饲养人或管理人的责任主体地位，因为此种情况加剧了动物危险，更需要动物饲养人或管理人承担危险责任。

（三）遗弃或者逃逸的动物致害责任的承担

遗弃、逃逸的动物在遗弃、逃逸期间造成他人损害的，由原动物饲养人或者管理人承担侵权责任。

五、因第三人过错导致动物致害责任

（一）因第三人过错导致动物致害责任的界定

因第三人过错导致动物致害责任，是指因第三人的过错致使动物造成他人损害，动物饲养人或管理人应当承担的侵权责任。《侵权责任法》第 83 条弥补了《民法通则》第 127 条的不足，确立第三人过错导致动物致害责任。

第三人过错导致动物致害责任具有如下特点：（1）它以动物饲养人或管理

人为责任主体。虽然第三人也可能承担责任，但是，第三人所承担的责任并不是因第三人过错导致动物致害责任的范畴。（2）它是特殊类型的饲养动物致害责任，涉及第三人与动物饲养人或管理人之间的关系。（3）它可以适用于所有类型的饲养动物的责任。（4）它原则上是无过错责任。因第三人过错导致动物致害责任的归责原则取决于致害动物的类型，原则上适用无过错责任原则，但因第三人过错导致动物园的动物致害，则应当承担过错推定责任，适用过错责任原则。

（二）因第三人过错导致动物致害责任的构成要件

在因第三人过错导致动物致害时，无论是何种动物，其责任构成要件中，都必须有如下两项要件，即第三人实施了具有过错的行为；第三人具有过错的行为与动物危险共同构成受害人所受损害的原因。具体而言：

（1）第三人实施了具有过错的行为。《侵权责任法》第83条使用了“第三人的过错致使动物造成他人损害”的表述，明确了此类动物致害责任的构成要件中，必然包括第三人实施的具有过错的行为。这里的“第三人”，是指动物饲养人或者管理人之外的人。动物饲养人或管理人是法人或者其他组织的，其工作人员不是第三人。受害人是被监护人时，其监护人也不属于这里所说的第三人，因为监护人的过错要视为受害人的过错，直接适用过失相抵规则。第三人实施的具有过错的行为，可以是作为，也可以是不作为。前者如第三人故意驱使他人的动物攻击第三人；后者如第三人负有避免动物致害行为的作为义务而未尽到该义务。

（2）第三人具有过错的行为与动物危险相结合。动物饲养人或管理人之所以要承担责任，是因为其动物危险的实现导致受害人的损害。这是饲养动物致害责任之危险责任的本质使然。如果仅有第三人具有过错的行为，没有其与动物危险的实现相结合，就不能要求动物饲养人或管理人承担责任。例如，第三人将他人的宠物狗当作武器，将楼下的行人砸伤，此时因没有动物危险的实现，动物的饲养人或管理人就无须承担责任。

（三）因第三人过错导致动物致害责任的承担

《侵权责任法》第83条规定：因第三人的过错致使动物造成他人损害的，被侵权人可以向动物饲养人或者管理人请求赔偿，也可以向第三人请求赔偿。动物饲养人或者管理人赔偿后，有权向第三人追偿。该条规定符合不真正连带责任的适用规则。在因第三人过错导致动物致害责任中，第三人是终局责任人，承担责任后的动物饲养人或者管理人，有权向第三人追偿。

本章小结

饲养动物致害责任，是指因饲养动物危险的实现致使他人人身和财产遭受损害时，应当由该动物饲养人或者管理人承担侵权责任。饲养动物致害责任的归责事由，是基于危险责任的法理，对于占有危险动物所生损害应负赔偿责任，并由《侵权责任法》第78条规定的饲养动物致害责任的基本规则可知，饲养动物致害责任适用无过错责任原则，但第81条规定的动物园的动物致害责任则适用过错责任原则，但过错的举证责任由动物饲养人或者管理人负担。

思考题

1. 简述饲养动物致害责任的概念与特征。
2. 简述饲养动物致害责任的构成要件。
3. 简述饲养动物致害责任的特殊规则。

第十四章

物件损害责任

第一节　建筑物等设施致害责任

一、建筑物等设施致害责任的界定

建筑物等设施致害责任，是指建筑物、构筑物或者依附于地面的其他设施及其搁置物、悬挂物造成他人损害，侵权人应当承担的侵权责任。这包括两个方面，一个是建筑物等设施脱落、坠落致害责任即建筑物、构筑物或者其他设施及其搁置物、悬挂物发生脱落、坠落造成他人损害，所有人、管理人或者使用人应当承担的侵权责任；另一个是建筑物等设施倒塌致害责任即建筑物、构筑物或者其他设施倒塌造成他人损害，建设单位与施工单位应当承担的侵权责任。此类责任具有如下特点：

（一）致害原因与建筑物等设施相关

本责任的引起原因包括两个大的方面，一个是建筑物等设施本身致人损害，另一个是建筑物等设施上的搁置物、悬挂物致人损害。但这两个方面都是以建筑物等设施为中心发生的。建筑物是指人工建造的、固定在土地上，其空间用于居住、生产或者存放物品的设施，例如住宅、写字楼、车间、仓库等。构筑物或者其他设施是指人工建造的、固定在土地上、建筑物以外的某些设施，例如道路、桥梁、隧道、城墙、堤坝等。建筑物、构筑物或者其他设施上的搁置物、悬挂物是指搁置、悬挂在建筑物、构筑物或者其他设施上，非建筑物、构筑物或者其他设施本身组成部分的物品。例如，搁置在阳台上的花盆、悬挂在房屋天花板上的吊扇、脚手架上悬挂的建筑工具等。

（二）实行过错推定规则或无过错责任原则

对于建筑物等设施脱落、坠落致害，无论是《民法通则》第 126 条规定管领人“能够证明自己没有过错的”不承担侵权责任，还是《侵权责任法》第 85 条的规定“不能证明自己没有过错的，应当承担侵权责任”，其实质都是一样的，那就是建筑物等设施的管领人可以证明自己对损害的发生没有过错而免责。这是过错责任原则，但实行的过错推定。

所有人、管理人或者使用人控制着建筑物等设施及其搁置物、悬挂物，一般情况下，这些设施或者物体的脱落、坠落与所有人、管理人或者使用人在管理、维护时存在过错有很大关系。另外，被侵权人通常并不了解建筑物等设施及其搁置物、悬挂物的管理、维护情况，很难获得足够的证据。因此，让被侵权人来证明所有人、管理人或者使用人的过错，对被侵权人来说不公平。采用过错推定原则，损害发生后，被侵权人证明自己的损害是因建筑物等设施或者其搁置物、悬挂物脱落、坠落造成的，所有人、管理人或者使用人对自己没有过错承担举证责任，其不能证明自己没有过错的，就应当承担侵权责任。这既符合社会生活的实际情况，也有利于保护被侵权人的合法权益。

现代侵权责任法在过错的判断标准走向客观化，即以注意义务作为判断过错有无的标准。建筑物等脱落、坠落损害责任中的所有人、管理人或者使用人对于脱落、坠落的过错应以所有人、管理人或者使用人对建筑物、构筑物或者其他设施及其搁置物、悬挂物所负有的维护、管理义务为判断标准。所谓维护、管理义务，是指建筑物的所有人、管理人、使用人等实际占有建筑物的人应当谨慎地、持续地检验建筑物的状态并应当采取一切从技术角度来看适当的措施，以避免第三人的危险。

对于建筑物等设施倒塌致害，《民法通则》第 126 条规定的是过错推定规则，但《侵权责任法》第 86 条规定的是无过错责任原则，即只要建筑物、构筑物或者其他设施倒塌造成他人损害，不问建设单位与施工单位有无过错，均应当承担的侵权责任，且没有无过错免责的规定。这是为了加强建设单位与施工单位的责任感，促使建设单位等提高建设工程质量，杜绝“豆腐渣”工程，保障人民群众的生命财产安全。《侵权责任法》作为特别法和新法，修改了《民法通则》的规定，应以《侵权责任法》为准。

（三）责任人有追偿权

根据《侵权责任法》的规定，在该类责任中，如果有其他责任人的，责任人承担了责任后有权向其他责任人追偿。建筑物等设施致害，原因非常复杂，特别是无法直接发现致害人，只能知道致害物的来源，将法律责任首先归属于作为致害物来源的建筑物等设施的所有人、管理人、使用人、设计单位或施工单位，有利于受害人明确找到责任人，从而更好地保护自己的合法权益，这也符合危险控制原理和损益同归原理。但如果损害并非真正来自所有人、管理人、使用人、设计单位或施工单位，而是这些人之外的人为原因，则允许责任人在承担责任之后向真正的致害人追偿，由后者承担责任符合公平正义的理念。

其实，世界上不少国家和地区立法也对该类责任规定有追偿权，《侵权责任法》充分借鉴了这些规定。如《日本民法典》第717条规定："因土地的工作物设置或保存有瑕疵，致他人产生损害时，工作物的占有人对受害人负损害赔偿责任。但是，占有人为防止损害发生已尽了必要注意时，损害应由所有人赔偿。就损害原因另有责任者时，占有人或所有人可以对其行使求偿权。"瑞士债法第58条规定："（1）房屋或者其他建筑物的所有人对因设计缺陷，或者结构缺陷，或者维修不足造成的损害承担赔偿责任。（2）所有人可以向应当承担责任的人追偿。"我国台湾地区"民法"第191条规定："土地上之建筑物或其他工作物所致他人权利之损害，由工作物之所有人负赔偿责任。……如别有应负责任之人时，赔偿损害之所有人，对于该应负责者，有求偿权。"

二、建筑物等设施致害责任之立法比较

（一）《民法通则》中的规定

《民法通则》第126规定了建筑物等设施致害责任，① 该规定具有以下特点：

（1）它的适用范围包括建筑物和其他设施以及建筑物上的搁置物、悬挂物，未明确规定"构筑物"，但使用了"其他设施"一词，保持了其开放性；

（2）它救济的损害包括由于建筑物等设施倒塌、脱落、坠落所致的损害；

（3）它实行过错推定责任，以过错责任原则为归责原则；

（4）它的责任主体是建筑物等设施的所有人或者管理人。

《民法通则》第126条的规定，在调整对象、责任主体方面没有区分不同的情况而采取统一的责任归属规则，缺乏可操作性，容易给司法实践带来困难。但该条规定具有一定开放性，并确立了此类责任的归责原则。

（二）《人身损害赔偿解释》中的规定

《人身损害赔偿解释》第16条对《民法通则》第126条关于建筑物等设施

① 《民法通则》第126条规定："建筑物或者其他设施以及建筑物上的搁置物、悬挂物发生倒塌、脱落、坠落造成他人损害的，它的所有人或者管理人应当承担民事责任，但能够证明自己没有过错的除外。"

致害责任的具体适用进行了明确和扩张，基本形成了《侵权责任法》第 85 条和第 86 条的雏形。[①] 其特点表现为：

（1）提出“构筑物”的概念，并列举了部分构筑物。并将建筑物等设施脱落、坠落致害责任的适用范围扩大到道路、桥梁、隧道等人工建造的构筑物；

（2）限定了此类责任的适用条件，如对于构筑物致人损害的要有“维护、管理瑕疵”才承担责任，增强了此类责任构成要件的可操作性；

（3）增加了此类责任中因构筑物设计、施工缺陷致害，所有人、管理人与设计、施工者之间连带责任规则。

（三）《侵权责任法》中的规定

《侵权责任法》在吸收司法实践经验和前述立法经验的基础上，通过第 85 条、86 条规定了建筑物等设施致害责任。该规定具有以下特点：

（1）在适用范围方面，综合了《民法通则》第 126 条和《人身损害赔偿解释》第 16 条的规定，明确采用了“构筑物”的概念；

（2）扩大了责任主体范围，在原所有人、管理人、设计者、施工者的基础上，增加“使用人”作为责任主体；

（3）明确了责任人的追偿权。规定如果存在其他责任人的，责任人在承担责任后有权向其他责任人追偿。这种规定虽然来源于《人身损害赔偿解释》第 16 条的连带责任规则，但将原来的连带责任人内部的追偿关系外部化了。

总之，《侵权责任法》在保留《民法通则》第 126 条规定调整范围的基础上，克服了其笼统、粗糙的缺点，更多吸收了《人身损害赔偿解释》第 16 条规定的精髓却未简单沿袭，有自己的特色。

三、建筑物等设施致害责任的构成要件

（一）建筑物等设施发生危险事件

这是指建筑物等设施现实地发生了可能损害他人的危险事件。包括（1）建筑物、构筑物或者其他设施本身的结构性脱落、坠落，如其墙上装修的瓷砖、玻璃幕墙、室内装修、屋顶装饰、防护栏、支撑结构脱落、坠落等等；（2）建筑物、构筑物或者其他设施上的搁置物、悬挂物发生脱落、坠落，如防护栏上的花

---

① 《人身损害赔偿解释》第 16 条第 1 款规定：“下列情形，适用民法通则第一百二十六条的规定，由所有人或者管理人承担赔偿责任，但能够证明自己没有过错的除外：（一）道路、桥梁、隧道等人工建造的构筑物因维护、管理瑕疵致人损害的”；该条第 2 款规定：“前款第（一）项情形，因设计、施工缺陷造成损害的，由所有人、管理人与设计、施工者承担连带责任。”

盆掉落等等；（3）建筑物、构筑物或者其他设施倒塌，即建筑物、构筑物或者其他设施坍塌、倒覆，造成该建筑物、构筑物或者其他设施丧失基本使用功能。例如，房屋倒塌、桥梁的桥墩或桥面坍塌断裂、电视塔折断、烟囱倾倒等。

（二）损害后果

实际损害的发生是侵权损害赔偿责任的基本前提。这里的损害既包括财产损失，也包括人身损害。如果实际损害并未发生，而只是危及他人人身、财产安全，例如某个阳台上摆放的花盆摇摇欲坠危及楼下行人的安全，则可以依据《侵权责任法》第21条的规定请求消除危险或者排除妨碍。

（三）建筑物等设施发生危险事件与损害之间存在因果关系

受害人受到的损害须是由建筑物等设施发生危险事件引起的结果。如因躲避建筑物上掉落的物件，或因躲避建筑物等设施倒塌，在跑动过程中摔倒受伤，就与建筑物等设施发生危险事件之间没有因果关系。

四、建筑物等设施致害责任的承担

（一）责任主体

1. 所有人

所有人是指对建筑物等设施拥有所有权的人。建筑物、构筑物等设施的所有人依法享有所有权，同时也承担维护、管理的义务，建筑物、构筑物或者其他设施及其搁置物、悬挂物脱落、坠落造成他人损害的，所有人应当依法承担侵权责任。

在建筑物等设施倒塌致害责任中，倒塌是因超过合理使用期限、业主擅自改变承重结构等特殊情形造成的，被侵权人可以根据本条第2款的规定，依法直接请求造成建筑物等设施倒塌的其他责任人承担侵权责任。

2. 管理人

管理人是指对建筑物等设施及其搁置物、悬挂物负有管理、维护义务的人。管理人对建筑物等设施的管理权利，可能来源于国家法律的授权，也可能直接来自于所有人的授权，如接受委托为他人看管房屋等等。我国国有资产一般由特定的机关或者单位进行管理。例如，物权法第54条规定："国家举办的事业单位对其直接支配的不动产和动产，享有占有、使用以及依照法律和国务院的有关规定收益、处分的权利。"教育法第28条规定，学校及其他教育机构管理、使用本单位的设施和经费。因此，一般来讲，国防单位、科研单位、公立学校、公立医院等事业单位里国家所有的建筑物、构筑物等由相关单位管理，相关单位是其管理人。

3. 使用人

一般来讲，使用人是指因租赁、借用或者其他情形实际使用建筑物等设施的人。实践中，建筑物等设施的所有人将其出租或者出借，使用人的不当使用是导致建筑物等设施及其搁置物、悬挂物发生脱落、坠落的原因之一，因此，建筑物等设施及其搁置物、悬挂物脱落、坠落致人损害，使用人不能证明自己没有过错的，也应当承担侵权责任。使用人过错的判断，与使用人对建筑物等设施的管理、维护、使用义务有关。一般情况下，使用人不承担建筑物等设施的管理、维护义务，只承担正当使用的义务，而由建筑物等设施的所有人承担管理、维护义务，但若根据当事人间的协议由使用人承担管理维护义务，其管理维护不当的，就是有过错。

另外，在建筑物等设施倒塌致害责任中，非因建筑物等设施的质量原因，而是由于所有人、管理人或者使用人管理不善等原因造成建筑物等设施倒塌致害，所有人、管理人或者使用人应当承担侵权责任（《侵权责任法》第 86 条第 2 款）。如根据《建设工程质量管理条例》第 42 条规定，建设工程在超过合理使用年限后需要继续使用的，产权所有人应当委托具有相应资质等级的勘察、设计单位鉴定，并根据鉴定结果采取加固、维修等措施，重新界定使用期。如果建筑物等设施已经超过合理的使用年限，所有人不采取必要的加固、维修等安全措施，导致建筑物等设施倒塌造成他人损害的，所有人应当承担侵权责任。另根据《物权法》第 71 条和《建设工程质量管理条例》第 69 条规定，房屋建筑使用者在装修过程中擅自变动房屋建筑主体和承重结构，造成损失的，依法承担赔偿责任。如果业主或者其他房屋使用者在装修房屋的过程中，擅自拆改房屋的承重墙导致房屋倒塌造成他人损害的，应当承担侵权责任。

4. 建设单位与施工单位

根据《侵权责任法》第 86 条第 1 款的规定，对于建筑物等设施倒塌致害，其责任主体是建设单位与施工单位，并且二者承担的是连带责任。建设单位对建筑物等设施质量有最终验收的义务，并且是建筑物等设施最初的所有人、管理人和使用的直接提供者，施工单位对建筑物等设施有最直接的质量控制义务，要求二者对建筑物等倒塌致害承担连带责任，完全合理。

通常情况下，建设单位是指依法取得土地使用权，在该土地上建造建筑物、构筑物或者其他设施的单位，是建设工程合同的总发包人。实践中，房地产开发企业、机关、事业单位法人和企业法人都是比较常见的建设单位。建设单位作为建筑活动的组织者，其应当尽到相应的监督义务，通过其对设计单位、施工单位的选任、通过其委托的监理单位进行过程监理等，保证其建设工程质量合格、安全。根据《合同法》和《建设工程质量管理条例》（2000）的规定，建设单位对建设工程发包的，应当发包给具有相应资质等级的单位，建设单位可以与总承包人订立建设工程合同，也可以分别与勘察人、设计人、施工人订立勘察、设计、施工承包合同。但是，不得将应当由一个承包人完成的建设工程肢解成若干部分发包给几个承包人。建设单位依法对建设工程质量负责。建设单位违反建设工程质量管理方面的规定，对建设工程未组织竣工验收，擅自交付使用，或者验收不合格，擅自交付使用，或者对不合格的建设工程按照合格工程验收，造成损失的，依法承担赔偿责任。

施工单位是与建设单位或者其他发包人签订建设工程合同，对建设工程进行施工的单位。根据建筑法的规定，承包建筑工程的单位应当持有依法取得的资质证书，并在其资质等级许可的业务范围内承揽工程。施工单位负责建设工程的具体施工工作，对建设工程质量有着比较直接的影响，应当对建设工程的质量负责。施工单位既包括总承包施工单位，也包括分包施工单位。我国相关的法律对施工单位的责任作了规定，如《建筑法》（1998）第55条规定："建筑工程实行总承包的，工程质量由工程总承包单位负责，总承包单位将建筑工程分包给其他单位的，应当对分包工程的质量与分包单位承担连带责任。"第58条规定："建筑施工企业对工程的施工质量负责。建筑施工企业必须按照工程设计图纸和施工技术标准施工，不得偷工减料。工程设计的修改由原设计单位负责，建筑施工企业不得擅自修改工程设计。"第67条规定："承包单位将承包的工程转包的，或者违反本法规定进行分包的，……对因转包工程或者违法分包的工程不符合规定的质量标准造成的损失，与接受转包或者分包的单位承担连带赔偿责任。"

建筑物等设施倒塌致害责任中建设单位和施工单位及被追偿的责任人都是因为建筑物等设施的质量不合格倒塌造成他人损害的责任。对于此种责任之外的原因如因他人违法改变承重结构或因他人在建筑物等设施周边挖掘导致建筑物等设施倒塌造成的损害不负责任，由其他责任人承担侵权责任（《侵权责任法》第86条第2款）。

（二）责任方式

建筑物等设施致害责任，是一种财产责任，其责任方式应当有消除危险、停止侵害、排除妨碍和赔偿损失。

（三）责任的追偿

责任人在承担赔偿责任后，如果还有其他责任人的，有权向其他责任人追偿。这里的追偿权意味着：第一，建筑物等设施致害的第一责任人是所有人、管理人、使用人或建设单位、施工单位，即使存在其他责任人，它们也应成为侵权之诉的被告，不可以存在其他责任人进行抗辩；第二，追偿权只能是在第一责任人承担了赔偿责任以后才可以行使，是第一责任人与其他责任人的相对关系，第一责任人不可以“正在追偿其他责任人”等理由对抗受害人履行赔偿义务的请求。追偿权的行使，“其他责任人”的判断至关重要。

1. 建筑物等设施脱落、坠落致害责任中的“其他责任人”

这里“其他责任人”，是指所有人、管理人或者使用人之外的，对损害的发生负有责任的人。实践中，有时损害的发生除了与所有人、管理人或者使用人的过错有关外，还与其他人有关，只是该其他人不直接对被侵权人承担侵权责任。例如，房屋所有人与承揽人签订承揽合同，由承揽人为房屋安装玻璃幕墙。由于承揽人的过错，玻璃幕墙没有安装牢固，后来坠落将他人砸伤。房屋所有人不能证明自己没有过错的，应当对被侵权人承担侵权责任。另外，由于玻璃幕墙的坠落与承揽人的过错有关，根据合同法的规定，承揽人应当向房屋所有人承担责任。因此，房屋所有人对被侵权人赔偿后，有权向承揽人追偿。

2. 建筑物等设施倒塌致害责任中的“其他责任人”

这里的“其他责任人”，是指建设单位和施工单位之外的，对因质量原因引起倒塌致害负有责任的人。包括：

（1）勘察单位、设计单位等。《建筑法》第56条规定：“建筑工程的勘察、设计单位必须对其勘察、设计的质量负责。勘察、设计文件应当符合有关法律、行政法规的规定和建筑工程质量、安全标准、建筑工程勘察、设计技术规范以及合同的约定。设计文件选用的建筑材料、建筑构配件和设备，应当注明其规格、型号、性能等技术指标，其质量要求必须符合国家规定的标准。”第73条规定：“建筑设计单位不按照建筑工程质量、安全标准进行设计的，……造成损失的，承担赔偿责任”。《建设工程质量管理条例》第19条规定：“勘察、设计单位必须按照工程建设强制性标准进行勘察、设计，并对其勘察、设计的质量负责。注册建筑师、注册结构工程师等注册执业人员应当在设计文件上签字，对设计文件负责。”

（2）监理单位。根据《建筑法》第35条规定，工程监理单位不按照委托监理合同的约定履行监理义务，对应当监督检查的项目不检查或者不按照规定检查，给建设单位造成损失的，应当承担相应的赔偿责任。工程监理单位与承包单位串通，为承包单位谋取非法利益，给建设单位造成损失的，应当与承包单位承担连带赔偿责任。根据《建设工程质量管理条例》第36条规定，工程监理单位代表建设单位对施工质量实施监理，并对施工质量承担监理责任。

（3）勘察、设计、监理单位以外的责任人。例如，根据《建筑法》第79条的规定，负责颁发建筑工程施工许可证的部门及其工作人员对不符合施工条件的建筑工程颁发施工许可证，负责工程质量监督检查或者竣工验收的部门及其工作人员对不合格的建筑工程出具质量合格文件或者按合格工程验收，造成损失的，由该部门承担相应的赔偿责任。

五、关于建筑物中不明抛掷物、坠落物致害责任的特殊规则

《侵权责任法》第 87 条规定："从建筑物中抛掷物品或者从建筑物上坠落的物品造成他人损害，难以确定具体侵权人的，除能够证明自己不是侵权人的外，由可能加害的建筑物使用人给予补偿。"这就是关于建筑物中不明抛掷物、坠落物致害责任的特殊规定。该规定是在总结司法实践经验的基础上，经过很长时间的争论最终被确定在《侵权责任法》中的。

实践中，建筑物不明抛掷物、坠落物致人损害的情形时有发生，比较典型的有 2000 年发生在重庆的"烟灰缸案"[①]、2001 年发生在济南的"菜板案"[②]，2008 年发生在重庆的"小狗坠楼伤人案"[③] 等等。从已有的案例判决结果看，同为建筑物不明抛掷物致害责任，不同的法院判决结果截然相反，理论界的观点亦各说不一。[④]《侵权责任法》制定过程中就该问题争论十分激烈，但最后选择了由"可能的加害人承担补偿责任"这种折衷的责任归属规则设计。我们认为，本规则的政策性强于其理论性，也就是说，其传统侵权行为法基础理论支撑有些薄弱，其设计更多在于实现侵权责任法"预防侵权行为"这一目的，可能部分填补受害人的损失和合理分散损失，更主要的是它可以督促建筑物的使用人尽最

---

① 2000 年 5 月 10 日，渝中区郝某在某高楼下被一只烟灰缸砸在他头上，当场昏迷，后鉴定为伤残。受害人将开发商及两幢楼一层以上 24 户居民告上法庭。一审法院驳回原告对开发商的诉讼请求，但根据过错推定原则，判决 24 户居民中的 22 户共同分担 16 万余元的赔偿责任。二审法院维持原判。关于该案的一些社会反响，参见中国民商法律网："抛掷物致人损害典型案件"重庆烟灰缸案"质疑?!"网址：http：//bbs. civillaw. com. cn/dispbbs. asp？boardid = 1&id = 250233。

② 2001 年，济南市孟老太在自家楼道入口前与邻居说话时，被楼上坠落的一块菜板砸中头部死亡。死者近亲属将该楼二层以上 15 家居民告上法庭。一审法院认为无法确定菜板所有人，裁定驳回原告起诉。原告上诉，二审法院仍裁定驳回。经申诉，山东省高级人民法院提审，经再审后仍驳回上诉，维持一审法院裁定。参见刘士国："楼上落下物致人损害加害人不明的法律救济"，网址：http：//www. civillaw. com. cn/article/default. asp？id = 35005。

③ 唐中明："狗从楼上掉下砸昏过路老太"，网址：http：//news. sina. com. cn/s/2009 - 11 - 27/023019135526. shtml。

④ 参见刘士国："楼上落下物致人损害加害人不明的法律救济"，网址：http：//www. civillaw. com. cn/article/default. asp？id = 35005；范婷："高空坠物伤人，谁来赔偿"，网址：http：//www. chinacourt. org/html/article/200808/14/317055. shtml。

大努力注意自己的行为，不要轻易往外抛掷物品，或管理好自己可能坠落的物品。也许争论还会继续，但判决依据已经定格，具体的问题是如何适用的问题。理解本规则需要注意以下几点：

（一）致害物应是建筑物中的物

造成他人损害的物品须是从建筑物中抛掷或者建筑物上坠落的。抛掷是指由人为抛出或掷出，坠落可能是建筑物本身的结构性脱落、坠落，也可能是建筑物上的悬挂物、搁置物发生脱落、坠落。例如在道路上被机动车上的抛掷物砸伤而无法确定具体的加害车辆时，被侵权人不能主张由当时所有经过的可能加害的车辆承担赔偿责任。实践中区分是“抛掷物”还是“坠落物”意义并不大，其最直观的表现是从建筑物中或建筑物上坠落了物品。

（二）加害人无法确定

加害人无法确定是指通过所有的手段最后仍无法确定物品具体是从哪一个地方抛掷、坠落而无法确定具体的加害人。这是适用本规则的核心要件。如果可以确定加害人，则按前述建筑物等设施脱落、坠落致害责任处理。在建筑物区分所有的情况下，一栋楼往往要住若干户人家，或者几栋楼互相毗邻，从建筑物中抛掷物品或者从建筑物上坠落的物品造成他人损害时，有时的确难以确定具体加害人，但这种不确定性，只有在诉讼中穷尽一切可能手段仍无法确定时才属于“加害人无法确定”。

（三）责任人是“可能加害的建筑物的使用人”

虽然具体的加害人无法确定，但从理论角度而言，总有一个确定的可能加害人范围，如果按照社会生活实践经验、科学手段以及其他方法推测，抛掷物、坠落物有可能是从某人使用的建筑物中抛掷或坠落且没有相反证据的，则该使用人就是“可能加害的建筑物使用人”。例如事发当时不在家的人或者根本无人居住的房屋的所有人就可以排除出去。这里的“建筑物使用人”是指在侵权行为发生时建筑物的实际使用人。包括使用建筑物的所有权人、承租人、借用人以及其他使用建筑物的人。物业服务公司是否属于建筑物使用人，要视具体情况而定，一般情况下，物业服务公司只是与业主签订合同，负责对物业的管理、服务，并不占有、控制建筑物本身，其不属于建筑物使用人。但是，如果物业服务公司实际占有、使用的建筑物在致害物的可能来源范围内，则其也属于建筑物使用人。

当然，这里的“可能加害的建筑物使用人”范围应当控制在一定的合理范围内，不可随意扩大。因为这毕竟涉及没有进行侵权行为的人分担损失的问题，甚至是个涉及社会稳定的问题。① 至于何谓合理范围，应由诸如物证方面的专家委员会认定为准。在这个范围内确定的建筑物的使用人推定是责任人，再由建筑物使用人证明自己不是加害人。例如，如果被侵权人在一座居民楼的北面被从该楼上抛掷或坠落的物品砸伤，一般认为，居住在该楼南面的居民不属于“可能加害的建筑物使用人”。

（四）责任性质是补偿责任

也就是说，建筑物中不明抛掷物、坠落物致害责任并不是一种严格意义上的赔偿责任，因为具体加害人不能确定，但从理论上讲，这既不是共同加害责任，也不是共同危险责任，所以不是严格意义上的侵权赔偿责任而是补偿责任。因此我们认为：第一，可能加害的建筑物使用人无须就受害人受到的全部损失进行补偿，而应依公平原则对受害人的损失进行分配，特别是受害人的精神损失，一般不予补偿；如果受害人参加了保险并能够获得保险金，保险金中已可补偿损失，则应免除可能加害人的补偿责任，并禁止保险公司行使代位权。第二，各个可能加害的建筑物使用人之间不承担连带责任，而是按份分别对受害人进行补偿。受害人不能要求某一个或一部分可能加害的建筑物使用人补偿其全部的损害，可能加害的建筑物使用人按照自己应承担的份额对被侵权人进行补偿后，也不能向其他可能加害的建筑物使用人追偿。另外，如果事后确定了真正加害人的，其他可能加害的建筑物的使用人可依不当得利向真正的加害人进行追偿。

第二节　地面物件致害责任

一、地面物件致害责任的界定

地面物件致害责任，是指附着于地面的物体致人损害，责任人应当承担的责任。包括地面堆放物倒塌致害责任、妨碍通行物致害责任和林木致害责任等几种。该责任具有如下特点：

（一）致害物是地面物体

即致害物是附着于地面的物体，这些物体包括动产如人工堆放的物体，也包括不动产如林木，但不包括前述的建筑物等设施。

① 四川新闻网“麻辣社区”频道：就民法典（草案）与“烟灰缸案”请教法学专家，网址：http：//bbs. newssc. org/thread－6145－1－1. html。

（二）实行过错推定规则或无过错责任原则

根据《侵权责任法》第88条、第90条和《人身损害赔偿解释》第16条①的规定，堆放物倒塌致人损害，以及林木倾倒、折断致人损害，责任人不能证明自己没有过错的，应当承担侵权责任。这就表明对于堆放物倒塌致害责任和林木致害责任，实行过错责任原则，但适用过错推定规则。②

根据《侵权责任法》第89条规定，在公共道路上堆放、倾倒、遗撒妨碍通行的物品造成他人损害的，有关单位或者个人应当承担侵权责任。对于此种责任的承担不问责任人是否有过错，责任人也不能以自己没有过错而免责，因此属于无过错责任。

二、地面物件致害责任的构成要件

（一）地面物件危险的实现

地面物件危险的实现是指地面物件现实地发生可能导致他人损害的事件。包括：

1. 堆放物倒塌

堆放物是指成堆放置在土地上或者其他地方的物品。堆放物须是非固定在其他物体上的物品，并且是成堆放置。例如码头或仓库中堆放的货物，建筑工地上堆放的建材，木料场堆放的木材等等。堆放物倒塌，包括堆放物整体的倒塌和部分的脱落、坠落、滑落、滚落等。

2. 在公共道路上堆放、倾倒、遗撒物品妨碍通行

公共道路是指公共通行的道路，包括通行机动车的道路（公路渡口、公路路基、路面、桥梁、涵洞、隧道等），也包括人行道路。另外，广场、停车场等可供公共通行的场地、建筑区划内属于业主共有但允许不特定的公众通行的道路都属于公共道路。公共道路的使用关系到公众的利益，在道路上堆放、倾倒、遗撒物品，会对他人的安全造成不合理的危险，法律一般禁止此类行为。③ 妨碍通

---

① 《人身损害赔偿解释》第16条第1款（二）规定，堆放物品滚落、滑落或者堆放物倒塌致人损害的，所有人或者管理人承担赔偿责任，但能够举证证明自己没有过错的除外。

② 《民法通则意见》第155条规定："因堆放物倒塌造成他人损害的，如果当事人均无过错，应当根据公平原则酌情处理。"该规定实行的衡平责任原则，与《侵权责任法》的规定相矛盾，应予废止。

③ 如《公路法》（2004）第46条规定，任何单位和个人不得在公路上及公路用地范围内摆摊设点、堆放物品、倾倒垃圾、设置障碍、挖沟引水、利用公路边沟排放污物或者进行其他损坏、污染公路和影响公路畅通的活动。《道路交通安全法》第48条规定，机动车载物的长、宽、高不得违反装载要求，不得遗洒、飘散载运物。

行，是指对公众正常利用公共道路进行通行造成妨碍，制造了不合理的危险。如可能导致车辆打滑、翻车，行人摔倒等。在公共道路上堆放、倾倒、遗撒物品可能妨碍通行，也可能不会妨碍通行，当属于前者时，便是地面物件危险的实现。

3. 林木倒伏、折断等

林木，包括自然生长和人工种植的林木。有人认为，应当将林木限于公共场所的林木或者分布在城镇规划区、居民点和村庄的林木，不包括林地规划范围和非人类居住区的林木。但《侵权责任法》并未限定林木生长的地域范围，林地中的林木、公共道路旁的林木以及院落周围零星生长的树木等都属于此处的“林木”范围。林木倒伏，是指林木根部自然松动倒下。林木折断，是指林木的树干或树枝自然断裂，部分垂下或脱离坠落。生活中还发生过椰果等果实坠落伤人的案件①，应认为林木果实的自然坠落是林木折断的特殊情况。

（二）损害后果

即受害人受到的人身损害或财产损害。

（三）地面物件危险的实现与损害后果间存在因果关系

即受害人受到的损害是由于地面物件危险的实现引起的。如果因第三人行为或者其他因素介入导致因果关系中断的，则认为地面物件危险的实现与损害后果间不存在因果关系。如某人在公路上置一大石头，该石头足以妨碍车辆通行，但并不会妨碍行人通行，某人绕过该石头时被路过的车撞伤，则放置妨碍通行的石头的行为与受害人受伤间并无因果关系。

三、地面物件致害责任的承担

（一）责任主体

1. 地面物件的所有人

地面物件的所有人，是对地面物件享有所有权的人。如堆放物的所有人，妨碍通行物的所有人、林木的所有人等等。这些人对地面物件具有直接或间接的控制权利，但却因为对地面物件管理不善等原因，导致地面物件危险的实现并给他人造成损害，应当承担侵权责任。

2. 地面物件的管理人

地面物件的管理人，是对地面物件具有直接管理义务的人。如受委托保管堆

---

① 曹健．“椰子砸伤人是常事?”，http：//www.people.com.cn/GB/channel4/1001/20001010/265238.html。

放物的保管人①，租赁他人的物并进行堆放的承租人，受托管理他人物却实施妨碍通行行为的人（如承运人），林木的管理人，以及负有维护公共道路正常通行条件的相关单位（如公路管理机构）和个人等等②。

（二）责任方式

地面物件致害责任的方式也是财产责任，包括停止侵害、消除危险、排除妨碍、赔偿损失。特别是在地面物件出现危险，可能危及他人人身财产安全时，即使未发生损害，任何人也可以要求所有人或者管理人及时采取措施消除危险，以防损害后果现实地发生。

第三节 地下设施致害责任

一、地下设施致害责任的界定

地下设施致害责任，是指在公共场所或者道路上挖坑、修缮安装地下设施等或者已经竣工的地下设施造成他人损害，责任人应当承担的侵权责任。关于在公共场所或者道路上挖坑、修缮安装地下设施等致害责任，《民法通则》第 125 条即有规定，③《侵权责任法》第 91 条第 1 款完全沿用了《民法通则》的规定，并作了适度抽象。但实践中，经常出现已经竣工的地下设施缺乏防护措施而致人损害的情形。适用《民法通则》第 125 条解决这类问题存在理论上的障碍。④ 为了

---

① 参见“陆爱丽诉徐文成在桓仁食品厂存人的锅炉被其子拴住玩吊床游戏时倾倒砸伤其子致死赔偿案”，原审法院（1998 年）判决认为徐文成作为代销锅炉的保管人，虽保管无过错，也应承担 40% 的责任。最高人民法院中国应用法学研究所．人民法院案例选——民事卷（下）．北京：中国法制出版社，2000：1537.

② 如根据《公路法》第 35 条规定和《公路管理条例》（2008）第 16 条规定，公路管理机构应当按照国务院交通主管部门规定的技术规范和操作规程对公路进行养护，保证公路经常处于良好的技术状态，保持公路完好、平整、畅通，提高公路的耐久性和抗灾能力。

③ 该条规定：“在公共场所、道旁或者通道上挖坑、修缮安装地下设施等，没有设置明显标志和采取安全措施造成他人损害的，施工人应当承担民事责任。”

④ 如“亓玉珍因陷入路面上的自来水水井坑中诉济南市自来水公司、济南市槐荫区市政工程管理养护处人身损害赔偿案”，该案一审法院当时（2001 年）根本没有适用《民法通则》第 125 条进行判决，也没有适用第 126 条进行判决。参见最高人民法院中国应用法学研究所．人民法院案例选（2004 年民事专辑）．北京：人民法院出版社，2005（131）。从理论上讲，该案判决根本未明确原告的请求权基础。事实上，在明确《民法通则》第 126 条相关用语的外延之前，即使适用《民法通则》第 126 条也显勉强。《人身损害赔偿解释》第 16 条第 1 款第（一）项规定“道路、桥梁、隧道等人工建造的构筑物因维护、管理瑕疵致人损害的”属于《民法通则》第 126 条的“建筑物或者其他设施致害责任”，从而使司法实践解决地下设施致害责任问题有了明确的依据。

适应实践需要，《侵权责任法》91 条第 2 款规定了窨井等地下设施致人损害时责任的承担，有利于全面保护被侵权人的利益，也有利于促使地下设施的管理人认真履行职责，确保窨井等地下设施的安全，保护公众合法权益。该责任具有如下特点：

（一）地下设施致害责任的致害物是地下设施

所谓地下设施，是指位于地表以下的设施。如坑、水井、地窖、窨井（指上下水道或者其他地下管线工程中，为便于检查或疏通而设置的井状构筑物）、下水道、输油管道、输水管道、排污管道、输电（强电）管道、通信（弱电）管道以及其他地下坑道等等。地下设施与地面物件或建筑物等设施相比，差异在于位置不同。地下设施处于地表以下，地面物件和建筑物等设施处于地表以上。地下设施包括人工形成的地下设施，也包括天然形成的地下设施（如天坑、溶洞等等），但后者必须是处于专门的人工管理之下（如位于各旅游景点的天然地下设施）。地下设施包括正在施工尚未投入使用的设施，也包括已经竣工投入使用的地下设施。

（二）地下设施致害责任是不作为侵权责任

由于地下设施具有隐蔽性，对周围环境具有一定危险，因此要求地下设施的施工人或管理人必须尽到提示、维护等管理职责，防止地下设施给他人造成损害。与高度危险作业不同，地下设施的施工人或管理人如果尽到了管理职责，损害极可能可以避免，所以如果因施工人或管理人不尽管理职责就应承担责任。

（三）地下设施致害责任实行过错推定规则

虽然法律未明确规定施工人或管理人没有过错可以免责，但根据《民法通则》第 125 条和《侵权责任法》第 91 条的规定，施工人“没有设置明显标志和采取安全措施”，或者“管理人不能证明尽到管理职责的”，应当承担侵权责任。反过来说，如果其已经“设置明显标志和采取安全措施”或者能够证明“尽到管理职责”，则不承担侵权责任。“没有设置明显标志和采取安全措施”或者没有“尽到管理职责”表面上看是一种不作为（行为），实际上是过错的客观表现，是判断其有过错的行为要素，是推定的过错。因此我们认为地下设施致害责任实行过错责任原则，但适用过错推定规则。

二、地下设施致害责任的构成要件

（一）地下设施危险的实现

地下设施危险的实现是指地下设施现实地发生有可能导致他人损害的事件。

如没有任何警示标志和安全措施的坑道、没有井盖的窨井、塌陷的下水道等等。地下设施危险的实现，给周围环境造成了现实的威胁。但这种危险的程度相对较轻，不如“地下挖掘活动”等高度危险活动对周围环境造成的危险程度重，所以“地下挖掘活动”致害适用高度危险责任。

（二）损害后果

受害人受到了人身或财产损害。受害人应当是施工人（包括其员工）或者管理人（包括其员工）以外的人。从事具体施工或者具体管理事务的人在施工过程或管理过程中受到损害，应该适用工伤等其他规定确定责任归属。此点也适用于对同一地下设施有数个施工人或管理人的情形，如数个管理人中的一人跌落窨井等地下设施，则无法要求其他管理人承担地下设施致害责任。

（三）地下设施危险的实现与损害后果间存在因果关系

受害人受到的损害，必须是由地下设施危险的实现引起的，如果不是，则不具有因果关系。如某人为避开没有井盖的窨井而在绕开时被车撞伤，则不是窨井引起的损害后果，窨井没有井盖与其受伤间没有因果关系。

（四）责任人未尽到管理职责

地下设施的责任人如果尽到了管理职责，则无须承担责任。如何判断责任人是否“尽到了管理职责”？不同的地下设施有不同的要求。

（1）在公共场所或者道路上挖坑、修缮安装地下设施等施工的施工人应当设置明显标志和采取安全措施。其设置的标志应当“明显”，使具有一般生活常识的人能够轻易明白这里有施工，有危险；例如，在生活区施工，在高速公路上施工，必须在距离施工现场较远的地方就要设置警示标志，而不能只在直接施工的地点设置警示标志；阴天或者夜间的施工，应当设置必要的照明设备等等。其采取的措施应当“安全”，使诸如步行等一般行为不足以轻易破坏其安全措施。法律对设置标志或安全措施有特别规定动作的，应当符合法律的规定并足以保障周围环境的安全。如根据《公路法》第 32 条的规定，改建公路时，施工单位应当在施工路段两端设置明显的施工标志、安全标志。需要车辆绕行的，应当在绕行路口设置标志；不能绕行的，必须修建临时通道，保证车辆和行人通行。根据《道路交通安全法》第 32 条和第 104 条的规定，因工程建设需要占用、挖掘道路，或者跨越、穿越道路架设、增设管线设施……施工作业单位应当在距离施工作业地点来车方向安全距离处设置明显的安全警示标志，采取防护措施；施工作业完毕，应当迅速清除道路上的障碍物，消除安全隐患，经道路主管部门和公安机关交通管理部门验收合格，符合通行要求后，方可恢复通行。根据《城市道路管理条例》（1996）第 24 条和第 35 条的规定，城市道路的养护、维修工程应当按照规定的期限修复竣工，并在养护、维修工程施工现场设置明显标志和安全防围设施，保障行人和交通车辆安全。经批准挖掘城市道路的，应当在施工现场设置明显标志和安全防围设施；竣工后，应当及时清理现场，通知市政工程行政主管部门检查验收。

（2）窨井等已经竣工的地下设施，其管理人应当经常维护，保障其处于安全状态。如果法律对管理职责有特别要求的，应当符合法律的规定并足以保障周围环境的安全。例如根据《城市道路管理条例》第 23 条规定，设在城市道路上的各类管线的检查井、箱盖或者城市道路附属设施，应当符合城市道路养护规范。因缺损影响交通和安全时，有关产权单位应当及时补缺或者修复。

三、地下设施致害责任的承担

（一）责任主体

1. 施工人

根据《民法通则》第 125 条和《侵权责任法》第 91 条第 1 款的规定，在公共场所或者道路上挖坑、修缮安装地下设施等施工损害责任的主体为施工人。所谓施工人，是指组织施工的自然人、法人或者其他组织。施工人一般是承包或者承揽他人的工程进行施工的单位或者个人，有时也可能是为自己的工程施工的人，但施工人不包括法人或者其他组织的工作人员或者自然人的雇员。施工人直接控制着施工场地，因此应当承担对施工场地的管理和维护义务，保障他人的安全并承担未尽职产生的责任。

2. 管理人

根据《侵权责任法》第 91 条第 1 款的规定窨井等地下设施致害的责任人是地下设施的管理人。所谓管理人是指负责对该地下设施进行管理、维护的单位或者个人。城市地下设施复杂，不同的地下设施可能属于不同的单位管理，在损害发生后要明确具体的管理人，由相关的管理人依法承担侵权责任。

（二）责任方式

地下设施致害责任的方式属于财产责任，包括停止侵害、消除危险和赔偿损失。特别是在地下设施危险实现以后，产生损害之前，任何人有权要求责任人消除危险，以防损害结果发生。

本章小结

物件致害责任包括建筑物等设施致害责任、地面物致害责任和地下设施致害责任。建筑物等设施致害责任，是指建筑物、构筑物或者依附于地面的其他设施及其搁置物、悬挂物造成他人损害，侵权人应当承担的侵权责任。这包括两个方面，一个是建筑物等设施脱落、坠落致害责任即建筑物、构筑物或者其他设施及其搁置物、悬挂物发生脱落、坠落造成他人损害，所有人、管理人或者使用人应当承担的侵权责任；另一个是建筑物等设施倒塌致害责任即建筑物、构筑物或者其他设施倒塌造成他人损害，建设单位与施工单位应当承担的侵权责任。地面物件致害责任，是指附着于地面的物体致人损害，责任人应当承担的责任。地下设施致害责任，是指在公共场所或者道路上挖坑、修缮安装地下设施等或者已经竣工的地下设施造成他人损害，责任人应当承担的侵权责任。

思考题

1. 简述物件致害责任的类型。
2. 简述建筑物等设施致害责任的类型。
3. 简述地面物致害责任的责任构成和承担。
4. 简述地下设施致害责任的责任构成和承担。

附录　中华人民共和国侵权责任法

（2009年12月26日第十一届全国人民代表大会常务委员会第十二次会议通过）

目　录

第一章　一般规定

第一条　为保护民事主体的合法权益，明确侵权责任，预防并制裁侵权行为，促进社会和谐稳定，制定本法。

第二条　侵害民事权益，应当依照本法承担侵权责任。

本法所称民事权益，包括生命权、健康权、姓名权、名誉权、荣誉权、肖像权、隐私权、婚姻自主权、监护权、所有权、用益物权、担保物权、著作权、专利权、商标专用权、发现权、股权、继承权等人身、财产权益。

第三条　被侵权人有权请求侵权人承担侵权责任。

第四条　侵权人因同一行为应当承担行政责任或者刑事责任的，不影响依法承担侵权责任。

因同一行为应当承担侵权责任和行政责任、刑事责任，侵权人的财产不足以支付的，先承担侵权责任。

第五条 其他法律对侵权责任另有特别规定的，依照其规定。

第二章 责任构成和责任方式

第六条 行为人因过错侵害他人民事权益，应当承担侵权责任。

根据法律规定推定行为人有过错，行为人不能证明自己没有过错的，应当承担侵权责任。

第七条 行为人损害他人民事权益，不论行为人有无过错，法律规定应当承担侵权责任的，依照其规定。

第八条 二人以上共同实施侵权行为，造成他人损害的，应当承担连带责任。

第九条 教唆、帮助他人实施侵权行为的，应当与行为人承担连带责任。

教唆、帮助无民事行为能力人、限制民事行为能力人实施侵权行为的，应当承担侵权责任；该无民事行为能力人、限制民事行为能力人的监护人未尽到监护责任的，应当承担相应的责任。

第十条 二人以上实施危及他人人身、财产安全的行为，其中一人或者数人的行为造成他人损害，能够确定具体侵权人的，由侵权人承担责任；不能确定具体侵权人的，行为人承担连带责任。

第十一条 二人以上分别实施侵权行为造成同一损害，每个人的侵权行为都足以造成全部损害的，行为人承担连带责任。

第十二条 二人以上分别实施侵权行为造成同一损害，能够确定责任大小的，各自承担相应的责任；难以确定责任大小的，平均承担赔偿责任。

第十三条 法律规定承担连带责任的，被侵权人有权请求部分或者全部连带责任人承担责任。

第十四条 连带责任人根据各自责任大小确定相应的赔偿数额；难以确定责任大小的，平均承担赔偿责任。

支付超出自己赔偿数额的连带责任人，有权向其他连带责任人追偿。

第十五条 承担侵权责任的方式主要有：

（一）停止侵害；

（二）排除妨碍；

（三）消除危险；

（四）返还财产；

（五）恢复原状；

（六）赔偿损失；

（七）赔礼道歉；

（八）消除影响、恢复名誉。

以上承担侵权责任的方式，可以单独适用，也可以合并适用。

第十六条 侵害他人造成人身损害的，应当赔偿医疗费、护理费、交通费等为治疗和康复支出的合理费用，以及因误工减少的收入。造成残疾的，还应当赔偿残疾生活辅助具费和残疾赔偿金。造成死亡的，还应当赔偿丧葬费和死亡赔偿金。

第十七条 因同一侵权行为造成多人死亡的，可以以相同数额确定死亡赔偿金。

第十八条 被侵权人死亡的，其近亲属有权请求侵权人承担侵权责任。被侵权人为单位，该单位分立、合并的，承继权利的单位有权请求侵权人承担侵权责任。

被侵权人死亡的，支付被侵权人医疗费、丧葬费等合理费用的人有权请求侵权人赔偿费用，但侵权人已支付该费用的除外。

第十九条 侵害他人财产的，财产损失按照损失发生时的市场价格或者其他方式计算。

第二十条 侵害他人人身权益造成财产损失的，按照被侵权人因此受到的损失赔偿；被侵权人的损失难以确定，侵权人因此获得利益的，按照其获得的利益赔偿；侵权人因此获得的利益难以确定，被侵权人和侵权人就赔偿数额协商不一致，向人民法院提起诉讼的，由人民法院根据实际情况确定赔偿数额。

第二十一条 侵权行为危及他人人身、财产安全的，被侵权人可以请求侵权人承担停止侵害、排除妨碍、消除危险等侵权责任。

第二十二条 侵害他人人身权益，造成他人严重精神损害的，被侵权人可以请求精神损害赔偿。

第二十三条 因防止、制止他人民事权益被侵害而使自己受到损害的，由侵权人承担责任。侵权人逃逸或者无力承担责任，被侵权人请求补偿的，受益人应当给予适当补偿。

第二十四条 受害人和行为人对损害的发生都没有过错的，可以根据实际情况，由双方分担损失。

第二十五条 损害发生后，当事人可以协商赔偿费用的支付方式。协商不一致的，赔偿费用应当一次性支付；一次性支付确有困难的，可以分期支付，但应当提供相应的担保。

第三章　不承担责任和减轻责任的情形

第二十六条　被侵权人对损害的发生也有过错的，可以减轻侵权人的责任。

第二十七条　损害是因受害人故意造成的，行为人不承担责任。

第二十八条　损害是因第三人造成的，第三人应当承担侵权责任。

第二十九条　因不可抗力造成他人损害的，不承担责任。法律另有规定的，依照其规定。

第三十条　因正当防卫造成损害的，不承担责任。正当防卫超过必要的限度，造成不应有的损害的，正当防卫人应当承担适当的责任。

第三十一条　因紧急避险造成损害的，由引起险情发生的人承担责任。如果危险是由自然原因引起的，紧急避险人不承担责任或者给予适当补偿。紧急避险采取措施不当或者超过必要的限度，造成不应有的损害的，紧急避险人应当承担适当的责任。

第四章　关于责任主体的特殊规定

第三十二条　无民事行为能力人、限制民事行为能力人造成他人损害的，由监护人承担侵权责任。监护人尽到监护责任的，可以减轻其侵权责任。

有财产的无民事行为能力人、限制民事行为能力人造成他人损害的，从本人财产中支付赔偿费用。不足部分，由监护人赔偿。

第三十三条　完全民事行为能力人对自己的行为暂时没有意识或者失去控制造成他人损害有过错的，应当承担侵权责任；没有过错的，根据行为人的经济状况对受害人适当补偿。

完全民事行为能力人因醉酒、滥用麻醉药品或者精神药品对自己的行为暂时没有意识或者失去控制造成他人损害的，应当承担侵权责任。

第三十四条　用人单位的工作人员因执行工作任务造成他人损害的，由用人单位承担侵权责任。

劳务派遣期间，被派遣的工作人员因执行工作任务造成他人损害的，由接受劳务派遣的用工单位承担侵权责任；劳务派遣单位有过错的，承担相应的补充责任。

第三十五条　个人之间形成劳务关系，提供劳务一方因劳务造成他人损害的，由接受劳务一方承担侵权责任。提供劳务一方因劳务自己受到损害的，根据双方各自的过错承担相应的责任。

第三十六条　网络用户、网络服务提供者利用网络侵害他人民事权益的，应当承担侵权责任。

网络用户利用网络服务实施侵权行为的，被侵权人有权通知网络服务提供者采取删除、屏蔽、断开链接等必要措施。网络服务提供者接到通知后未及时采取必要措施的，对损害的扩大部分与该网络用户承担连带责任。

网络服务提供者知道网络用户利用其网络服务侵害他人民事权益，未采取必要措施的，与该网络用户承担连带责任。

第三十七条　宾馆、商场、银行、车站、娱乐场所等公共场所的管理人或者群众性活动的组织者，未尽到安全保障义务，造成他人损害的，应当承担侵权责任。

因第三人的行为造成他人损害的，由第三人承担侵权责任；管理人或者组织者未尽到安全保障义务的，承担相应的补充责任。

第三十八条　无民事行为能力人在幼儿园、学校或者其他教育机构学习、生活期间受到人身损害的，幼儿园、学校或者其他教育机构应当承担责任，但能够证明尽到教育、管理职责的，不承担责任。

第三十九条　限制民事行为能力人在学校或者其他教育机构学习、生活期间受到人身损害，学校或者其他教育机构未尽到教育、管理职责的，应当承担责任。

第四十条　无民事行为能力人或者限制民事行为能力人在幼儿园、学校或者其他教育机构学习、生活期间，受到幼儿园、学校或者其他教育机构以外的人员人身损害的，由侵权人承担侵权责任；幼儿园、学校或者其他教育机构未尽到管理职责的，承担相应的补充责任。

第五章　产品责任

第四十一条　因产品存在缺陷造成他人损害的，生产者应当承担侵权责任。

第四十二条　因销售者的过错使产品存在缺陷，造成他人损害的，销售者应当承担侵权责任。

销售者不能指明缺陷产品的生产者也不能指明缺陷产品的供货者的，销售者应当承担侵权责任。

第四十三条　因产品存在缺陷造成损害的，被侵权人可以向产品的生产者请求赔偿，也可以向产品的销售者请求赔偿。

产品缺陷由生产者造成的，销售者赔偿后，有权向生产者追偿。

因销售者的过错使产品存在缺陷的，生产者赔偿后，有权向销售者追偿。

第四十四条 因运输者、仓储者等第三人的过错使产品存在缺陷，造成他人损害的，产品的生产者、销售者赔偿后，有权向第三人追偿。

第四十五条 因产品缺陷危及他人人身、财产安全的，被侵权人有权请求生产者、销售者承担排除妨碍、消除危险等侵权责任。

第四十六条 产品投入流通后发现存在缺陷的，生产者、销售者应当及时采取警示、召回等补救措施。未及时采取补救措施或者补救措施不力造成损害的，应当承担侵权责任。

第四十七条 明知产品存在缺陷仍然生产、销售，造成他人死亡或者健康严重损害的，被侵权人有权请求相应的惩罚性赔偿。

第六章 机动车交通事故责任

第四十八条 机动车发生交通事故造成损害的，依照道路交通安全法的有关规定承担赔偿责任。

第四十九条 因租赁、借用等情形机动车所有人与使用人不是同一人时，发生交通事故后属于该机动车一方责任的，由保险公司在机动车强制保险责任限额范围内予以赔偿。不足部分，由机动车使用人承担赔偿责任；机动车所有人对损害的发生有过错的，承担相应的赔偿责任。

第五十条 当事人之间已经以买卖等方式转让并交付机动车但未办理所有权转移登记，发生交通事故后属于该机动车一方责任的，由保险公司在机动车强制保险责任限额范围内予以赔偿。不足部分，由受让人承担赔偿责任。

第五十一条 以买卖等方式转让拼装或者已达到报废标准的机动车，发生交通事故造成损害的，由转让人和受让人承担连带责任。

第五十二条 盗窃、抢劫或者抢夺的机动车发生交通事故造成损害的，由盗窃人、抢劫人或者抢夺人承担赔偿责任。保险公司在机动车强制保险责任限额范围内垫付抢救费用的，有权向交通事故责任人追偿。

第五十三条 机动车驾驶人发生交通事故后逃逸，该机动车参加强制保险的，由保险公司在机动车强制保险责任限额范围内予以赔偿；机动车不明或者该机动车未参加强制保险，需要支付被侵权人人身伤亡的抢救、丧葬等费用的，由道路交通事故社会救助基金垫付。道路交通事故社会救助基金垫付后，其管理机构有权向交通事故责任人追偿。

第七章 医疗损害责任

第五十四条 患者在诊疗活动中受到损害，医疗机构及其医务人员有过错的，由医疗机构承担赔偿责任。

第五十五条 医务人员在诊疗活动中应当向患者说明病情和医疗措施。需要实施手术、特殊检查、特殊治疗的，医务人员应当及时向患者说明医疗风险、替代医疗方案等情况，并取得其书面同意；不宜向患者说明的，应当向患者的近亲属说明，并取得其书面同意。

医务人员未尽到前款义务，造成患者损害的，医疗机构应当承担赔偿责任。

第五十六条 因抢救生命垂危的患者等紧急情况，不能取得患者或者其近亲属意见的，经医疗机构负责人或者授权的负责人批准，可以立即实施相应的医疗措施。

第五十七条 医务人员在诊疗活动中未尽到与当时的医疗水平相应的诊疗义务，造成患者损害的，医疗机构应当承担赔偿责任。

第五十八条 患者有损害，因下列情形之一的，推定医疗机构有过错：

（一）违反法律、行政法规、规章以及其他有关诊疗规范的规定；

（二）隐匿或者拒绝提供与纠纷有关的病历资料；

（三）伪造、篡改或者销毁病历资料。

第五十九条 因药品、消毒药剂、医疗器械的缺陷，或者输入不合格的血液造成患者损害的，患者可以向生产者或者血液提供机构请求赔偿，也可以向医疗机构请求赔偿。患者向医疗机构请求赔偿的，医疗机构赔偿后，有权向负有责任的生产者或者血液提供机构追偿。

第六十条 患者有损害，因下列情形之一的，医疗机构不承担赔偿责任：

（一）患者或者其近亲属不配合医疗机构进行符合诊疗规范的诊疗；

（二）医务人员在抢救生命垂危的患者等紧急情况下已经尽到合理诊疗义务；

（三）限于当时的医疗水平难以诊疗。

前款第一项情形中，医疗机构及其医务人员也有过错的，应当承担相应的赔偿责任。

第六十一条 医疗机构及其医务人员应当按照规定填写并妥善保管住院志、医嘱单、检验报告、手术及麻醉记录、病理资料、护理记录、医疗费用等病历资料。

患者要求查阅、复制前款规定的病历资料的，医疗机构应当提供。

第六十二条 医疗机构及其医务人员应当对患者的隐私保密。泄露患者隐私或者未经患者同意公开其病历资料，造成患者损害的，应当承担侵权责任。

第六十三条 医疗机构及其医务人员不得违反诊疗规范实施不必要的检查。

第六十四条 医疗机构及其医务人员的合法权益受法律保护。干扰医疗秩序，妨害医务人员工作、生活的，应当依法承担法律责任。

第八章 环境污染责任

第六十五条 因污染环境造成损害的，污染者应当承担侵权责任。

第六十六条 因污染环境发生纠纷，污染者应当就法律规定的不承担责任或者减轻责任的情形及其行为与损害之间不存在因果关系承担举证责任。

第六十七条 两个以上污染者污染环境，污染者承担责任的大小，根据污染物的种类、排放量等因素确定。

第六十八条 因第三人的过错污染环境造成损害的，被侵权人可以向污染者请求赔偿，也可以向第三人请求赔偿。污染者赔偿后，有权向第三人追偿。

第九章 高度危险责任

第六十九条 从事高度危险作业造成他人损害的，应当承担侵权责任。

第七十条 民用核设施发生核事故造成他人损害的，民用核设施的经营者应当承担侵权责任，但能够证明损害是因战争等情形或者受害人故意造成的，不承担责任。

第七十一条 民用航空器造成他人损害的，民用航空器的经营者应当承担侵权责任，但能够证明损害是因受害人故意造成的，不承担责任。

第七十二条 占有或者使用易燃、易爆、剧毒、放射性等高度危险物造成他人损害的，占有人或者使用人应当承担侵权责任，但能够证明损害是因受害人故意或者不可抗力造成的，不承担责任。被侵权人对损害的发生有重大过失的，可以减轻占有人或者使用人的责任。

第七十三条 从事高空、高压、地下挖掘活动或者使用高速轨道运输工具造成他人损害的，经营者应当承担侵权责任，但能够证明损害是因受害人故意或者不可抗力造成的，不承担责任。被侵权人对损害的发生有过失的，可以减轻经营者的责任。

第七十四条 遗失、抛弃高度危险物造成他人损害的，由所有人承担侵权责任。所有人将高度危险物交由他人管理的，由管理人承担侵权责任；所有人有过错的，与管理人承担连带责任。

第七十五条 非法占有高度危险物造成他人损害的，由非法占有人承担侵权责任。所有人、管理人不能证明对防止他人非法占有尽到高度注意义务的，与非法占有人承担连带责任。

第七十六条 未经许可进入高度危险活动区域或者高度危险物存放区域受到损害，管理人已经采取安全措施并尽到警示义务的，可以减轻或者不承担责任。

第七十七条 承担高度危险责任，法律规定赔偿限额的，依照其规定。

第十章 饲养动物损害责任

第七十八条 饲养的动物造成他人损害的，动物饲养人或者管理人应当承担侵权责任，但能够证明损害是因被侵权人故意或者重大过失造成的，可以不承担或者减轻责任。

第七十九条 违反管理规定，未对动物采取安全措施造成他人损害的，动物饲养人或者管理人应当承担侵权责任。

第八十条 禁止饲养的烈性犬等危险动物造成他人损害的，动物饲养人或者管理人应当承担侵权责任。

第八十一条 动物园的动物造成他人损害的，动物园应当承担侵权责任，但能够证明尽到管理职责的，不承担责任。

第八十二条 遗弃、逃逸的动物在遗弃、逃逸期间造成他人损害的，由原动物饲养人或者管理人承担侵权责任。

第八十三条 因第三人的过错致使动物造成他人损害的，被侵权人可以向动物饲养人或者管理人请求赔偿，也可以向第三人请求赔偿。动物饲养人或者管理人赔偿后，有权向第三人追偿。

第八十四条 饲养动物应当遵守法律，尊重社会公德，不得妨害他人生活。

第十一章 物件损害责任

第八十五条 建筑物、构筑物或者其他设施及其搁置物、悬挂物发生脱落、坠落造成他人损害，所有人、管理人或者使用人不能证明自己没有过错的，应当承担侵权责任。所有人、管理人或者使用人赔偿后，有其他责任人的，有权向其他责任人追偿。

第八十六条 建筑物、构筑物或者其他设施倒塌造成他人损害的，由建设单位与施工单位承担连带责任。建设单位、施工单位赔偿后，有其他责任人的，有权向其他责任人追偿。

因其他责任人的原因，建筑物、构筑物或者其他设施倒塌造成他人损害的，由其他责任人承担侵权责任。

第八十七条 从建筑物中抛掷物品或者从建筑物上坠落的物品造成他人损害，难以确定具体侵权人的，除能够证明自己不是侵权人的外，由可能加害的建筑物使用人给予补偿。

第八十八条 堆放物倒塌造成他人损害，堆放人不能证明自己没有过错的，应当承担侵权责任。

第八十九条 在公共道路上堆放、倾倒、遗撒妨碍通行的物品造成他人损害的，有关单位或者个人应当承担侵权责任。

第九十条 因林木折断造成他人损害，林木的所有人或者管理人不能证明自己没有过错的，应当承担侵权责任。

第九十一条 在公共场所或者道路上挖坑、修缮安装地下设施等，没有设置明显标志和采取安全措施造成他人损害的，施工人应当承担侵权责任。

窨井等地下设施造成他人损害，管理人不能证明尽到管理职责的，应当承担侵权责任。

第十二章 附 则

第九十二条 本法自2010年7月1日起施行。

高等院校法学专业规划教材

1. 法理学教程
2. 宪法教程
3. 民法总论教程
4. 民法分论教程
5. 行政法教程
6. 经济法教程
7. 刑事诉讼法教程
8. 民事诉讼法教程
9. 刑法教程
10. 商法教程
11. 侵权法教程
12. 婚姻与继承法教程
13. 知识产权法教程
14. 国际公法教程
15. 国际私法教程
16. 国际商法教程
17. 国际经济法教程
18. 国际投资法教程
19. 国际贸易法教程
20. 国际货物买卖法教程
21. 海洋法教程
22. 中国法制史教程
23. 外国法制史教程
24. 法律英语教程
25. 合同法教程
26. 公司法教程
27. 金融法教程
28. 税法教程
29. 票据法教程
30. 电子商务法教程
31. 仲裁法教程
32. 担保法教程
33. 保险法教程
34. 海商法教程
35. 破产法教程
36. 房地产法教程
37. 证券法教程
38. 物权法教程
39. 债权法教程
40. 法律文书写作教程
41. 环境与资源法教程
42. 国家赔偿法教程
43. 律师实务教程
44. 劳动法教程
45. 竞争法教程
46. 航空法教程
47. 外层空间法教程
48. 信托法教程
49. 中国法律思想史教程
50. 外国法律思想史教程
51. 世界贸易组织法教程
52. 贸易救济法教程